D1723086

MIRBACH
IHR RECHT AUF
SELBSTÄNDIGE
ARBEIT

Mirbach

Ihr Recht
auf
selbständige
Arbeit

Unternehmensgründung
und Handwerksrecht

Ein Leitfaden für Existenzgründer
und ihre Rechtsberater
anhand der Rechtsprechung von
Bundesverfassungsgericht und Bundesverwaltungsgericht

NR
VERLAG
NORMAN RENTROP

Der Autor ist Oberregierungsrat im Bundesministerium für Wirtschaft. Er spricht in diesem Buch jedoch nicht für das Ministerium, sondern vertritt ausschließlich seine persönliche Ansicht als Experte des Handwerks- und Gewerberechts.

Mirbach, Horst Gottfried : Ihr Recht auf selbständige
Arbeit : Unternehmensgründung u. Handwerksrecht; e. Leitf.
für Existenzgründer u. ihre Rechtsberater anh.
der Rechtsprechung von Bundesverfassungsgericht u.
Bundesverwaltungsgericht / Mirbach. –
Bonn – Bad Godesberg : Rentrop, 1986.
ISBN 3-8125-0053-1

1. Auflage Januar 1986

© Copyright 1986 by Verlag Norman Rentrop, 5300 Bonn 2 (Bad Godesberg)

Satz: Fotosatz L. Huhn, Maintal
Druck: Druckerei Laub, Elztal-Dallau
Verlag Norman Rentrop, Theodor-Heuss-Str. 4, 5300 Bonn 2 (Bad Godesberg),
Telefon 0228/364055, Telex 17228309 (ttx d), Teletex 228309 = rentrop

ISBN 3-8125-0053-1

Inhaltsverzeichnis

Geleitwort

Die Berufsfreihcit ist ein Grundrecht — Art. 12 Abs. 1 Grundgesetz. Sie ist in ihrem Wesensgehalt unantastbar. Berufsfreiheit ist auch die Wahl der Selbständigkeit.

Die Rechts- und Verwaltungspraxis kennt diese Grundsätze zwar, im Dickicht der spezialrechtlichen Regelungen und in der Routine der täglichen Bewältigung vieler Einzelfälle verschwindet das Grundsätzliche aber allzuleicht aus dem Blickfeld. Es ist eine bedauerliche Tendenz der Verwaltungs- und z.T. auch der Gerichtspraxis, sich auf eine bloß vordergründige Rechtsanwendung zu beschränken und die Elle der Verfassung als Maßstab der Rechtmäßigkeit nur selten zur Hand zu nehmen. Je mehr einzelne Rechtsgebiete zur Domäne von Spezialisten werden, desto mehr scheint sich diese Tendenz zu verfestigen.

Das vorliegende Buch durchbricht den Trend. Es fragt nach der Verwirklichung der Berufsfreiheit im Bereich des Handwerksrechts, legt eine Fülle von Antworten aus der Rechtsprechung des Bundesverfassungsgerichts und des Bundesverwaltungsgerichts vor und ordnet sie systematisch — stets nach dem Grundsatz „Im Zweifel für die Freiheit". Im Spannungsfeld von Berufsfreiheit und Handwerksrecht fehlte bisher Vergleichbares.

Dabei gebührt diesem Buch das Verdienst, praxisnah und bürgerfreundlich zu sein. Es bringt das Recht dem Bürger wieder ein Stück näher — dem (künftigen) Unternehmer, indem es ihm in der Art eines Leitfadens einen Überblick und einen praktischen „Fahrplan" für seinen Weg in die Selbständigkeit bietet. Den Rechtspraktiker erfreut das Buch durch die Zusammenstellung vieler ihm sonst nur schwer zugänglicher Auszüge der höchstrichterlichen Rechtsprechung. Zusammen mit den systematischen Ausführungen bildet sie eine wichtige Argumentationshilfe für jeden Rechtsanwalt.

Es ist zu wünschen, daß dieses Buch eine weite Verbreitung findet.

Prof. Dr. Joachim Rottmann
Bundesverfassungsrichter a.D.

„Der Staat darf sich nicht darauf beschränken, den Betrieb der Gewerbe jedermann zu gestatten... Vielmehr ist es nötig, daß auch die Schließung der Märkte durch private Machtgruppen unterbleibt. Was nutzt staatlich gesetzte Gewerbefreiheit, wenn sie durch die Politik der Machtgruppen faktisch aufgehoben wird? ... Jede Art des ‚Behinderungswettbewerbes‘ ... (ist) zu verbieten."

WALTER EUCKEN

„Vor allem liegt die Vermutung nahe, die Beschränkung des Zugangs zum Beruf sollte dem Konkurrenzschutz der bereits im Beruf Tätigen dienen – ein Motiv, das nach allgemeiner Meinung niemals einen Eingriff in das Recht der freien Berufswahl rechtfertigen könnte."

BUNDESVERFASSUNGSGERICHT

Einführung

Arbeit soll Freude machen. Selbständigkeit macht Freude. Selbständige Arbeit ist daher begehrt – aber nicht immer einfach zu erreichen.

Selbständigkeit als Vollzeit- oder Teilzeitunternehmer, hauptberuflich oder nebenberuflich, in welchem Tätigkeitsfeld, mit welcher Ausbildung und gegen welche Widerstände? Die Liste der Fragen für den jungen Unternehmer ist noch viel länger. In diesem Buch geht es vor allem um mögliche Widerstände und die guten Chancen, sie zu überwinden.

Nicht irgendwelche Widerstände: *Handwerksrecht* heißt die spröde Materie, und *Verbandsinteressen* sind es, mit denen Sie sich möglicherweise auseinandersetzen müssen. Die Praxis eines Teils der Handwerksorganisationen macht es vielen schwer, zum Ziel zu kommen. Dieses Buch soll Ihnen den Weg erleichtern – als „Pfadfinder" durch rechtliches und bürokratisches Gestrüpp und als „juristische Kraftnahrung" mit vielen Hinweisen auf die Rechtsprechung der höchsten Gerichte, die letzt(-instanz-)lich entscheidend ist.

Dies allein reicht natürlich nicht. Es ist nur Hilfe zur Selbsthilfe. Ob er etwas unternehmen will und was er tatsächlich unternehmen – und durchhalten – kann, das muß ein junger Unternehmer selbst entscheiden.

Selbständigkeit – rechtlich und wirtschaftspolitisch

Die Selbständigkeit wurzelt in der Freiheit, der *Berufsfreiheit*. Das Recht jedes einzelnen, selbst seine Arbeit und seinen Beruf wählen zu dürfen, ist in der Bundesrepublik Deutschland nicht nur eine bloße Forderung, nicht nur politische Deklaration. Das Recht auf Berufsfreiheit ist verfassungsrechtlich geschützt, es ist einklagbar. Artikel 12, Abs. 1 Satz 1 des Grundgesetzes lautet: ,,Alle Deutschen haben das Recht, Beruf, Arbeitsplatz und Ausbildungsstätte frei zu wählen."

Dies bedeutet nicht nur die Freiheit, den Tätigkeitsbereich zu wählen. Die Berufsfreiheit schützt auch die Entscheidung über Abhängigkeit oder Selbständigkeit – und beides kann sogar nebeneinander bestehen. Die zunehmende Arbeitszeitverkürzung macht es vielen möglich, zum Beispiel neben einer abhängigen Vollzeitbeschäftigung als ,,Teilzeit-Unternehmer" selbständig tätig zu sein und in dieser zweiten (Neben-) Tätigkeit ebenso ein Zusatzeinkommen zu suchen wie einen Ausgleich für Langeweile, Mangel an schöpferischem Tun und fehlende Erfolgserlebnisse. Technologische Neuerungen und der Strukturwandel der Wirtschaft hin zu einem immer vielfältigeren, dynamischen Dienstleistungsangebot unterstützen diesen Trend, der sich aus dem Wandel der Arbeitswelt und den Wünschen der Bürger ergibt: *Selbständigkeit ist ,,in"*.

Die Garantie der Berufsfreiheit im Grundgesetz bedeutet aber mehr als nur individuelle Freiheit: Hierin liegt zugleich eine glückliche Versöhnung von Recht und Wirtschaft. Denn ohne Berufsfreiheit gibt es keinen *freien Wettbewerb*. Dieser aber ist das tragende und unentbehrliche Element einer erfolgreichen, Arbeit und Wohlstand sichernden Wirtschaftsverfassung – der *sozialen Marktwirtschaft*.

Sie mußte gegen den Widerstand vieler Interessen und Verbände durchgesetzt werden, und es wird immer Interessen- und Machtgruppen geben, die sich von einer Beschränkung des Wettbewerbs Vorteile erhoffen – zu Lasten anderer. Mit den Worten *Ludwig Erhards*:

,,Die Privilegierten, die drinnen sitzen, wollen allen anderen, die herein wollen, das Leben sauer machen. Frage ich nach dem Geist, der hinter all diesen Bemühungen steht, dann bin ich zu harter Antwort genötigt: Es ist der pure Egoismus und nichts anderes, der versucht, solche Forderung mit gesellschaftswirtschaftlichen Idealen und ethischen Prinzipien zu verbrämen. Tatsächlich möchte man sich abschirmen, Zäune um Berufe ziehen, man möchte abwehren, möchte schützen, Positionen mit künstlichen Mitteln bewahren."

Im Bereich des *Handwerksrechts* liegt das Problem nicht in den Rechtsvorschriften, sondern in der Art, wie sie angewandt werden und in dem übergroßen Einfluß der Handwerksorganisationen dabei. Rechtsvorschriften werden zum Teil falsch angewandt. Die Spielräume tatsächlicher Wettbewerbsbeschränkung zugunsten der etablierten Handwerksbetriebe werden ausgiebig genutzt.

Viele Handwerkskammern, andere Handwerksorganisationen und Vertreter der Interessen des Handwerkerstandes – sowie ihnen folgend viele Verwaltungsbehörden und untere Gerichte – nehmen das gesamte Handwerksrecht pauschal als verfassungsrechtlich gesicherten Bestand. Sie tun dies ohne Beachtung der Einschränkungen des Bundesverfassungsgerichts und des Bundesverwaltungsgerichts, ohne ständige Berücksichtigung der Bedeutung des Grundrechts der Berufsfreiheit. Sie legen das Handwerksrecht zum Teil sehr weit aus, auch dort, wo hierdurch die Berufsfreiheit des einzelnen zugunsten des Handwerks empfindlich eingeschränkt wird.

Diese Abirrungen der – von überzogenen Handwerksinteressen inspirierten und über die Einzelheiten der höchstrichterlichen Rechtsprechung oft nicht informierten – Praxis sollte man nicht tatenlos hinnehmen. Sie sind sowohl wirtschaftspolitisch wie rechtsstaatlich bedenklich. Die Erhaltung der sozialen Marktwirtschaft und die Stärkung ihrer Leistungsfähigkeit bei der Sicherung von Arbeit und Wohlstand erfordern es, übermäßige und rechtswidrige Beschränkungen des Wettbewerbs abzubauen und künftig zu verhindern. Jeder *fleißige Bürger* soll eine *faire Chance* erhalten. Dies ist nicht nur eine staatliche Aufgabe. Wenn jeder junge Unternehmer – soweit möglich – auf dem ihm zustehenden großen Maß an Berufsfreiheit auch tatsächlich beharrt, dann setzt dies Maßstäbe.

Berufsfreiheit bedeutet aber nicht Freiheit von *Steuern und Abgaben*. Halten wir fest: Steuern und Sozialabgaben nicht zu bezahlen, indem man gewerbliche Leistungen „nicht abrechnet", ist Steuer- und Abgabenhinterziehung. Dies ist sozialschädlich und immer zu verurteilen, egal wer Steuern und Abgaben nicht bezahlt, ein „Schwarzarbeiter" oder ein „ordentlicher Handwerksmeister".

Abgesehen von der Steuer- und Abgabenhinterziehung aber stellt echte *Schwarzarbeit* (das heißt insbesondere unzulässige Handwerksausübung ohne Eintragung in die Handwerksrolle) auch eine Ordnungswidrigkeit dar, einen Verstoß gegen das Schwarzarbeitsgesetz und die Handwerksordnung als Gesetz „zur Erhaltung der Leistungsfähigkeit des Handwerks". Solche Verstöße werden vom Handwerk häufig behauptet. Man muß aber sehr sorgfältig prüfen, ob tatsächlich ein Verstoß gegen die Handwerksordnung vorliegt. Denn zwischen den Grundsätzen der höchstrichterlichen Rechtsprechung des Bundesverfassungsgerichtes (BVerfG) und des Bundesverwaltungsgerichtes (BVerwG) zum Handwerksrecht und der Praxis der Handwerkskammern, vieler Verwaltungsbehörden und auch unterer Gerichte, so wie sie sich im Spiegel der handwerksrechtlichen Veröffentlichungen darstellt, klafft ein immer breiter werdender Spalt: Es besteht die Gefahr eines Zwei-Klassen-Rechts:
– Das volle Grundrecht der Berufsfreiheit nach dem Stand der Gesetze und der höchstrichterlichen Rechtsprechung nur für die wirtschaftlich Starken und Streitlustigen, die sich durch alle Instanzen „durchprozessieren" können.

– Ein halbes Grundrecht aber nur für all jene, die weder Geld noch Zeit noch Nervenkraft für einen jahrelangen Kampf aufbringen können; sie müssen sich mit dem vom Handwerk nicht beanspruchten Rest zufriedengeben und auf freien Wettbewerb verzichten.

Aus rechtsstaatlichen wie aus wirtschaftspolitischen Gründen muß diesem Zwei-Klassen-Recht entgegengetreten werden. Es muß verhindert werden, daß eine rechtswidrige Wettbewerbsbeschränkung praktiziert wird. Dies gilt für Verwaltungsbeamte, Richter und Rechtsanwälte ebenso wie für junge Unternehmer.

Die Organisationen des Handwerks haben zwar einen Vorsprung an Kenntnissen und Informationen in handwerksrechtlichen Dingen und sind ausgezeichnet organisiert. Sie, liebe Leser, können den Vorsprung aber aufholen. Dieses Buch hilft Ihnen dabei.

Erster Teil

Hinweise für den jungen Unternehmer und seine rechtliche Vertretung

I. „Handwerkliche" Tätigkeit?

Sie haben einen Tätigkeitsbereich gesucht, in dem Sie besondere Kenntnisse und Erfahrungen besitzen, in dem Sie gute Zukunftschancen erwarten.

Ist Gewerbe „Handwerk"?

Prüfen Sie zuerst, ob es sich bei dem in Aussicht genommenen Betrieb überhaupt um eine handwerkliche Tätigkeit handelt (s. Zweiter Teil „Rechtsfragen", II, S. 43 ff.).

Zu diesem Zweck die örtliche Gewerbebehörde, das für die Gewerbeanmeldung in der Regel zuständige Ordnungsamt zu befragen, hat meist keinen Sinn. Sie werden nur weiterverwiesen, und zwar häufig an die Handwerkskammer. Dies ist grundsätzlich nicht richtig.

Gewerbebehörde *nicht* fragen

A. Gespräch mit der Industrie- und Handelskammer

Die erste Stelle, an die sich jeder Gewerbetreibende wenden kann und die ihn berät, ist die Industrie- und Handelskammer (IHK).

Industrie- und Handelskammer

Denn alle Gewerbetreibenden sind kraft Gesetzes Pflichtmitglieder der Industrie- und Handelskammer, auch alle Kleingewerbetreibenden, die im üblichen Sinne hand-werklich tätig sind. Nur wenn ausnahmsweise und zweifelsfrei ein Handwerk im Sinne des § 1 Handwerksordnung oder ein handwerksähnliches Gewerbe gemäß Anlage B zur Handwerksordnung ausgeübt wird, ist der Gewerbetreibende Mitglied der Handwerkskammer. Auch in diesen Fällen kann er aber gleichzeitig Mitglied der Industrie- und Handelskammer sein: wenn er in das Handelsregister einge-

Kleingewerbetreibende sind IHK-Mitglieder

tragen ist und wenn der Betrieb als juristische Person – als GmbH zum Beispiel – geführt wird.

IHK-Mitglieds-beiträge niedriger

Es liegt daher nahe, daß Sie sich zuerst an die nächste Industrie- und Handelskammer mit der Bitte um Beratung wenden (Adressen siehe Anhang 2 „Materialien", Nr. 12). Im übrigen: Die Mitgliedsbeiträge der Industrie- und Handelskammern liegen in der Regel wesentlich niedriger als die der entsprechenden Handwerkskammern! Unternehmen, die von der Gewerbesteuer befreit sind – und das sind die meisten jungen und kleinen Unternehmen – sind sogar vom Mitgliedsbeitrag der Industrie- und Handelskammer völlig freigestellt!

Gespräch mit der IHK

Stellen Sie dem zuständigen Mitarbeiter der Industrie- und Handelskammer *in allen Einzelheiten* die beabsichtigten Tätigkeiten Ihres Unternehmens dar. Am besten bereiten Sie dies schriftlich als Unternehmenskonzept vor und überreichen diese Unterlage im persönlichen Gespräch. Mögliche Rückfragen können dann sofort geklärt werden. Auch kleinste Unternehmen zählen unter Umständen bereits zur „Industrie", etwa dann, wenn die Arbeit im wesentlichen maschinell und in großen Serien ausgeführt wird (Beispiel: Einmannbetrieb mit Stanzautomaten für kleine Metallteile); andererseits zählen größere Betriebe zum „Klein"-Gewerbe, wenn zum Beispiel relativ einfache aber jeweils individuelle Tätigkeiten ausgeübt werden (Beispiel: „Schuh-Bar"-Filialkette).

Ihr Gewerbe ist „Handwerk"

Kommt Ihr Berater bei der Industrie- und Handelskammer zu dem Ergebnis, daß es sich bei Ihrem Unternehmen wohl um einen Handwerksbetrieb handelt, so müssen Sie sich an die zuständige Handwerkskammer wenden. Dort sollten Sie allerdings *nicht* erwähnen, daß Sie bereits Kontakt mit der Industrie- und Handelskammer hatten; geben Sie den Mitarbeitern der Handwerkskammer die Chance, völlig unbeeinflußt zu prüfen.

Nicht „Handwerk"

Wenn die Prüfung der Industrie- und Handelskammer aber zu dem Ergebnis führt, daß es sich bei Ihrem Unternehmen um ein sogenanntes „Klein-Gewerbe" handelt oder um eine industrielle Tätigkeit, so sollten Sie den Mitarbeiter um schriftliche (!) Bestätigung dieses Prüfungsergebnisses bitten. Die Bestätigung sollte den ausdrücklichen Hinweis enthalten, daß es sich um kein Handwerk oder handwerksähnliches Gewerbe handelt.

Dieses Schriftstück legen Sie auf jeden Fall zusammen mit der Gewerbeanmeldung der örtlichen Gewerbebehörde vor. Diese wird dann üblicherweise von Ihrer Anmeldung nur noch die Industrie- und Handelskammer benachrichtigen.

Gewerbeanmeldung

Damit haben Sie – zumindest vorläufig – Ruhe und eine relativ gesicherte Position für Ihre Unternehmensgründung. Sie ist aber nicht absolut sicher. Die Handwerkskammer kann von Ihrem Unternehmen erfahren, etwa durch den Hinweis eines Konkurrenten. Bei der Beurteilung Ihres Unternehmens kann die Handwerkskammer auch zu einem anderen Ergebnis gelangen als die Industrie- und Handelskammer – Abgrenzungsstreitigkeiten zwischen Handwerkskammern und Industrie- und Handelskammern sind keineswegs selten.

Wie verhalten Sie sich nun, wenn die Handwerkskammer Sie z.B. aufgrund der Anzeige eines Konkurrenten um Stellungnahme bittet? Am besten ist es, wenn Sie der Handwerkskammer zunächst keine inhaltliche Stellungnahme übermitteln, sondern
– der Handwerkskammer nur eine Kopie der Bestätigung der Industrie- und Handelskammer zusenden,
– die Industrie- und Handelskammer von dem Schreiben der Handwerkskammer informieren und
– den Mitarbeiter der Industrie- und Handelskammer um Rat und Unterstützung bitten.

Stellungnahme gegenüber der Handwerkskammer

Industrie- und Handelskammer und Handwerkskammer werden dann in einem sogenannten Abgrenzungsverfahren den Fall Ihres Unternehmens zu klären versuchen. Da sich die Industrie- und Handelskammer bereits einmal zu Ihren Gunsten festgelegt hatte, wird sie sich in der Regel für das Verbleiben Ihres Unternehmens im Bereich der Industrie- und Handelskammer einsetzen. Sie haben also einen starken Verbündeten und relativ gute Aussichten auf Erfolg.

Abgrenzungsverfahren

Aber Sie können sich nicht zu 100 Prozent darauf verlassen, daß Sie bei der Industrie-und Handelskammer bleiben; unterschätzen Sie nicht die Überzeugungskraft und den Einsatz der Handwerkskammern. Zudem schafft der Streit zwischen der Industrie- und Handelskammer und der Handwerkskammer über die Zuordnung Ihres Unternehmens – unter Umständen für längere Zeit – eine Unsicherheit, der nicht jedes junge Unternehmen gewachsen ist, etwa dann nicht, wenn die Kundschaft empfindlich reagieren

Unsicherheit

könnte auf den Vorwurf „mangelnder Qualifikation" oder einer „unzulässigen Gewerbeausübung". Es ist daher eine Frage des Einzelfalles (und nicht zuletzt Ihrer guten Nerven und Risikofreude), ob Sie diese begrenzte Unsicherheit in Kauf nehmen wollen und die Gewerbeanmeldung ohne zusätzliche Rückfrage bei der Handwerkskammer durchführen.

B. Gespräch mit der Handwerkskammer

Einvernehmen anstreben

Wenn Ihnen diese Rest-Unsicherheit zu groß erscheint und Sie auf jeden Fall an einem schnellen, reibungslosen Fortgang Ihrer Unternehmensgründung interessiert sind, dann sollten Sie alles tun, um mit der Handwerkskammer zu einem Einvernehmen zu gelangen. Erkennt diese (schriftlich bitte!) die korrekt und detailliert dargestellten Tätigkeiten Ihres Unternehmens als nichthandwerklich, als kleingewerblich oder industriell an, so haben Sie für die Zukunft von seiten der Handwerksorganisationen nichts mehr zu befürchten (es sei denn, Sie änderten den Tätigkeitsbereich Ihres Unternehmens).

Vorab-Information

Genaue Tätigkeitsangabe

Der erste Schritt zu einem solchen Einvernehmen kann eine – von Ihnen ausdrücklich als allgemeine Vorab-Information gekennzeichnete – Besprechung mit dem zuständigen Sachbearbeiter in der Handwerkskammer sein, in der Sie – falls nötig – auch verschiedene Variationen des Tätigkeitsbereichs des von Ihnen geplanten Unternehmens durchspielen, in allen Einzelheiten, und um Beurteilung bitten. Ein Beispiel: Schuh-Bar-Betrieb (Schuh-Schnellreparatur) mit
– nur einfacher Absatzbesohlung oder
– einfachen Flickschuster-Arbeiten aller Art oder
– Flickschuster-Arbeiten jeder Art.

Anpassung an die Wünsche der Handwerkskammer

Handelt es sich nach Ansicht des Handwerkskammer-Sachbearbeiters bereits um eine handwerkliche Tätigkeit, so bitten Sie ihn zu sagen, unter welchen Umständen er noch von einer kleingewerblichen Tätigkeit Ihres Unternehmens ausgehen würde, welche Einzeltätigkeiten Sie dann aber unterlassen müßten.

Erscheint Ihnen eine Anpassung Ihres Unternehmenskonzeptes an die Wünsche der Handwerkskammer ohne Schwierigkeiten möglich, so wäre dies der einfachste Weg, wenn Sie weder die betreffende Meisterprüfung abgelegt haben noch eine entsprechende Qualifikation besitzen (vgl. Zweiter Teil „Rechtsfragen", VIII, S. 83 ff.).

C. Kampf um das Recht?

Steht Ihr Unternehmenskonzept auf dem Spiel, so müssen Sie prüfen, ob es sich lohnt, zu kämpfen.

Lohnt es sich, zu kämpfen?

1. Eintragungspflichtige „Handwerks"-Tätigkeiten

Zur rechtlichen Unterscheidung eintragungspflichtiger „Handwerks"-Tätigkeiten im Sinne des § 1 Handwerksordnung von nicht eintragungspflichtigen anderen Tätigkeiten vergleiche erneut im einzelnen Zweiter Teil „Rechtsfragen", II, S. 43 ff. Soweit Sie nicht völlig sicher sind, sollten Sie sich sowohl an den zuständigen Mitarbeiter der Industrie- und Handelskammer als auch an einen Rechtsanwalt Ihres Vertrauens wenden.

2. Wie finden Sie einen geeigneten Anwalt?

Welcher Rechtsanwalt?

Das Handwerksrecht ist ein Spezialgebiet, mit dem sich ein Rechtsanwalt in der Regel nur sehr selten befassen muß. Daher sind die meisten hiermit nicht vertraut!

Wenn Sie bereits einen Anwalt haben:
- Fragen Sie ihn, ob er schon in Fällen tätig geworden ist, in denen es um die Zulassung zur Handwerksausübung ging!
- Oder hat er wenigstens häufiger mit Fällen des Gewerberechts zu tun?
- Oder zumindest mit anderen Fällen des Verwaltungsrechts? (Hat Ihr Anwalt häufig Prozesse gegen die Gemeinde, den Kreis oder andere öffentlich-rechtliche Körperschaften geführt?)
- Vielleicht kennt Ihr Anwalt einen anderen Rechtsanwalt, der mit Fragen des Verwaltungsrechts besonders vertraut ist? Der bereits in Fällen wie Ihrem erfolgreich tätig geworden ist?

Fragen an Ihren Rechtsanwalt

Wenn Sie noch keinen Anwalt haben:
- Fragen Sie im Bekanntenkreis. Sprechen Sie andere Geschäftsleute an.
- Bei der Industrie- und Handelskammer, der Anwaltskammer oder dem Verwaltungsgericht wird man Ihnen – aus verständlichen Gründen – keine Empfehlungen geben können, die eine Art offiziellen Charakter haben könnten. Man kann Ihnen

Suche nach einem Rechtsanwalt

dort aber vielleicht jemanden nennen, der Ihnen bei der Suche nach einem geeigneten Anwalt weiterhelfen kann.

Kennt Ihr Anwalt dieses Buch?

Schließlich: Fragen Sie Ihren Anwalt, ob er dieses Buch kennt –es kann auch ihm weiterhelfen! Denn:

Häufig falsche Auslegung des Handwerksrechts

Viele Handwerkskammern, Handwerksorganisationen und andere Vertreter der Interessen des organisierten Handwerkerstandes – sowie ihnen folgend viele Verwaltungsbehörden und untere Verwaltungsgerichte – nehmen das gesamte Handwerksrecht pauschal als verfassungsrechtlich gesicherten Bestand. Sie tun dies ohne Rücksicht auf die Einschränkungen des Bundesverfassungsgerichts und des Bundesverwaltungsgerichts, ohne ständige Berücksichtigung der Bedeutung des Grundrechts der Berufsfreiheit. Sie legen das Handwerksrecht zum Teil sehr weit aus, auch dort, wo hierdurch die Berufsfreiheit des einzelnen zugunsten des Handwerks empfindlich eingeschränkt wird. Den genauen Ursachen hierfür mögen Fachleute einmal nachspüren:

Ursachen

- Ob es tatsächlich die Überzeugungskraft der Vertretung ständischer Interessen durch die Handwerksorganisationen oder ob nicht vielmehr
- der ganz natürlicherweise in der Regel *begrenzte Informationsstand* der befaßten Rechtsanwälte, Verwaltungsbeamten oder Richter in einem von ihnen meist nur relativ selten zu bearbeitenden Spezialgebiet entscheidend war.
- Ob die größere Bedeutung einer ,,handwerksfreundlichen Schlagseite'' der meisten Werke und Publikationen zum Handwerksrecht zukommt, deren Autoren entweder selbst den Handwerksorganisationen angehören oder ihnen in jahrzehntelanger enger Zusammenarbeit (etwa als bezahlte Gutachter) verbunden sind, oder dem
- Mißverständnis, bei den Handwerkskammern als Körperschaften des öffentlichen Rechts handele es sich in Fragen der Berufsfreiheit um neutrale Institutionen, denen man ohne besondere Prüfung folgen könne (sie sind kraft Gesetzes Vertreter der Interessen des Handwerks, nichts anderes; vgl. §§ 90, 91 Handwerksordnung).

Nicht alles ist tatsächlich ,,Schwarzarbeit''

Im Ergebnis wird jedenfalls in der Praxis zum Teil deutlich weniger Berufsfreiheit gewährt als es das Grundgesetz, das Bundesverfassungsgericht und das Bundesverwaltungsgericht vorsehen. Nach ihren Maßstäben ist keineswegs alles als ,,Schwarzarbeit'' anzusehen, was von Handwerksorganisationen, Verwaltungsbehörden und den unteren Gerichten mit diesem Vorwurf abgelehnt wird.

Für Sie und Ihren Anwalt ist es daher *sehr wichtig*, die in diesem Buch eingehend dargestellte Rechtsprechung des Bundesverfassungsgerichts und des Bundesverwaltungsgerichts genau zu kennen.

Höchstrichterliche Rechtsprechung

Sie und Ihr Anwalt sollten sich nicht von abweichenden Urteilen unter- und mittelinstanzlicher Gerichte verunsichern lassen. Es gibt leider viele solcher Urteile, die das Grundrecht der Berufsfreiheit übermäßig einschränken. Von der Praxis des Handwerks werden sie selbst nicht immer ernst genommen. Diese Urteile sind weitgehend ohne genaue Kenntnis der einschlägigen Rechtsprechung des Bundesverfassungsgerichtes und des Bundesverwaltungsgerichtes entstanden. Sonst hätten sie sich zumindest mit der höchstrichterlichen Rechtsprechung auseinandersetzen müssen – was nur sehr selten der Fall ist. Viele der von den Handwerksorganisationen besonders häufig zitierten Urteile aber wären wohl bei genauer Kenntnis und Berücksichtigung der Rechtsprechung des Bundesverfassungsgerichtes und des Bundesverwaltungsgerichtes so nicht ergangen.

Abweichende Urteile

Die abweichenden Urteile der unteren Gerichte haben nur eine – allerdings sehr wichtige – Bedeutung: Sie erleichtern den Handwerksorganisationen die Vertretung ihrer Interessen. Die vom Handwerk selbst verfaßte oder ihm nahestehende Kommentarliteratur stützt sich bei ihrer – die Berufsfreiheit übermäßig einschränkenden – Auslegung der Handwerksordnung gerade auf diese Urteile. Wer sie überwinden will, hat zwar im Ergebnis gute Erfolgsaussichten – es kann aber sein, daß er einige Jahre kämpfen muß, zumindest dann, wenn er nicht für gute Verbündete gesorgt hat.

Interessenvertretung des Handwerks

3. Tätigkeitsbereich enger fassen?

Nun sollten Sie noch einmal sehr genau überlegen, ob sich Ihr Tätigkeitsbereich nicht – ohne wirtschaftlich uninteressant zu werden – so eng fassen läßt, daß er nur einen kleinen Teil des gesamten Bereichs des betreffenden Handwerks umfaßt. Denn wenn nach § 8 Abs. 2 Handwerksordnung Ausnahmebewilligungen auch für Teilhandwerke erteilt werden können, so sind auch so

Sehr enge Teilbereiche sind nicht mehr „Handwerk"

enge „Teilhandwerksbereiche" denkbar, daß diese nicht mehr unter den Handwerksbegriff des § 1 Handwerksordnung fallen; die erforderliche Ausbildungszeit liegt dann weit unter den handwerksüblichen 6 bis 9 Jahren, zum Beispiel noch im Rahmen der bei „handwerksähnlichen Gewerben" nach Anlage B der Handwerksordnung üblichen Zeiträume bis zu 2 Jahren.

Gespräch mit der Handwerkskammer

Der nächste Schritt ist dann, dem Sachbearbeiter der Handwerkskammer noch einmal alle Argumente (siehe Zweiter Teil „Rechtsfragen", II, S. 43 ff.) vorzutragen, die aus Ihrer Sicht dagegen sprechen, daß es sich bei der beabsichtigten Tätigkeit um „Handwerk" im Sinne des § 1 Handwerksordnung handelt. Bitten Sie die Handwerkskammer – für den Fall, daß sie Ihren Argumenten nicht folgt –

Schriftliche Stellungnahme erbitten

– Ihnen dies ausdrücklich (möglichst schriftlich) mitzuteilen und hierbei
– weiter darzulegen, was sie (die Handwerkskammer) unternehmen wird, falls Sie ohne Eintragung in die Handwerksrolle Ihren Gewerbebetrieb beginnen.

Hat Ihnen die Handwerkskammer mitgeteilt, sie halte die von Ihnen beabsichtigte Gewerbetätigkeit für „Handwerk" und sie werde gegebenenfalls die Verhängung eines Bußgeldes nach § 117 Handwerksordnung und die Untersagung der Fortsetzung Ihres Betriebes nach § 16 Abs. 3 Handwerksordnung anregen bzw. beantragen, so können Sie folgenden weiteren Schritt gehen:

Bescheid der Verwaltungsbehörde beantragen, ob Ihr Betrieb untersagt werden würde

Sie wenden sich an die nach § 16 Abs. 3 Satz 3 Handwerksordnung zuständige Behörde für die Untersagung eines unzulässigen Handwerksbetriebs und bitten um einen verbindlichen Bescheid, ob die von Ihnen beabsichtigte Gewerbetätigkeit untersagt werden würde. Im einzelnen:

D. Vorab-Bescheid über die „Handwerks"-Eigenschaft

1. Zuständige Landesbehörde

Hierzu fragen Sie zunächst die Handwerkskammer oder die Industrie- und Handelskammer, wer die in Ihrem Fall nach § 16 Abs. 3 Handwerksordnung zuständige Landesbehörde ist; in der Regel wird dies der Regierungspräsident oder die Kreisverwaltung sein.

Bei den Behörden werden Sie möglicherweise auf Erstaunen sto-ßen. Es ist nämlich – bisher – keineswegs üblich, einen Antrag auf Vorab-Bescheid nach § 16 Abs. 3 Handwerksordnung zu stellen. Die Behörden werden auch überlegen, ob sie zu einem solchen Vorab-Bescheid verplichtet sind (Sie sind es! Siehe dazu S. 61 (69). Und ein solcher Antrag macht auch Arbeit.

Anspruch auf Vorab-Bescheid

2. Antrag auf Vorab-Bescheid

Daher sollten Sie für Ihren Antrag folgendes beachten:
- Stellen Sie den Tätigkeitsbereich des von Ihnen geplanten Unternehmens in allen Einzelheiten dar.
- Sagen Sie, daß die Handwerkskammer dies für „Handwerk" hält (Fotokopie der Mitteilung der Handwerkskammer beilegen).
- Legen Sie dar, daß Sie gegenteiliger Ansicht sind und die Tätigkeiten zum Beispiel für „Kleingewerbe" halten (zur Argumentation vgl. Zweiter Teil „Rechtsfragen", insbes. II).
- Führen Sie aus, warum für Sie die Notwendigkeit besteht, baldmöglichst, vor Beginn der Tätigkeit Ihres Unternehmens, Klarheit über die Rechtslage zu haben, etwa weil große Investitionen erforderlich sind (Kostenschätzung beifügen) oder andere Maßnahmen von weitreichender Bedeutung nötig sind (zum Beispiel Kündigung eines gesicherten Arbeitsverhältnisses). Im übrigen ist die vorherige Klärung der Rechtslage nötig, um ein Bußgeld nach § 117 Handwerksordnung zu vermeiden. Das Risiko eines Bußgeldes ist dem Bürger nicht zuzumuten.
- Weisen Sie weiter darauf hin, daß für Sie keine Möglichkeit besteht, zwischen Ihnen und der Handwerkskammer in einem Rechtsstreit die Frage abschließend klären zu lassen, ob die von Ihnen beabsichtigten Tätigkeiten „Handwerk" sind (zur Argumentation vgl. Zweiter Teil „Rechtsfragen", II H und X A). Wenn Sie die persönlichen Voraussetzungen für eine Eintragung in die Handwerksrolle (zum Beispiel Meisterprüfung oder Ausnahmebewilligung, vgl. Zweiter Teil „Rechtsfragen", VIII A, S. 83 ff.) nicht erfüllen, darf die Handwerkskammer Sie auf keinen Fall in die Handwerksrolle eintragen; ein Gericht wird gar nicht erst prüfen, ob Sie tatsächlich ein Handwerk betreiben.
- Wirtschaftlich ist für Sie von ausschlaggebender Bedeutung, daß nach § 16 Abs. 3 Satz 1 Handwerksordnung die zuständige Behörde (in der Regel der Regierungspräsident oder die Kreisverwaltung) – nur sie, nicht die Handwerkskammer – die Fortsetzung Ihres Betriebes untersagen kann, und zwar nicht nur auf Antrag der Handwerkskammer, sondern auch von Amts

„Rechtsschutz-Interesse" begründen

wegen, d.h. daß die Behörde auf jeden Fall verpflichtet ist, sich ein eigenes Urteil zu bilden und entsprechend zu handeln. Wenn aber die Handwerkskammer erklärt hat, sie halte die von Ihnen beabsichtigten Tätigkeiten für Handwerk im Sinne des § 1 Handwerksordnung, so müssen Sie sowohl
– mit einem Untersagungsantrag der Handwerkskammer als auch
– mit einer Untersagung der Behörde von Amts wegen rechnen, denn wenn die Handwerkskammer zu einer solchen Beurteilung kommt, dann liegt es nicht fern, daß auch die Behörde unabhängig von der Handwerkskammer zu einer derartigen Einschätzung kommen kann.

Verbindlichen Bescheid erbitten

Geben Sie sich bereits gegenüber der zuständigen Untersagungsbehörde (dem Regierungspräsidenten oder der Kreisverwaltung) alle Mühe; es kann Ihnen langwierige Gerichtsverfahren ersparen. Bitten Sie ausdrücklich um einen verbindlichen Bescheid.

3. Weiteres Vorgehen

Bestätigung, daß kein „Handwerk"

Teilt die Untersagungsbehörde (Regierungspräsident oder Kreisverwaltung in der Regel) Ihre Ansicht, daß es sich bei den von Ihnen beabsichtigten Tätigkeiten nicht um „Handwerk" handelt, so haben Sie (zunächst) gewonnen:
– Sie haben in absehbarer Zeit keine Untersagung Ihres Betriebes zu befürchten.

Handwerkskammer kann gegen Behörde klagen

– Die Handwerkskammer kann zwar nach § 16 Abs. 3 Satz 2 Handwerksordnung Klage gegen die Verwaltungsbehörde erheben; sie wird sich dies jedoch sehr genau überlegen, denn in der Verwaltungsbehörde hat sie nun einen Gegner, der einen Prozeß ohne Schwierigkeiten über Jahre hinweg durchhalten und z.B. bis vor das Bundesverwaltungsgericht tragen könnte.

Sie sind nur „Beigeladener"

– Sie als betroffener Bürger wären in einem solchen Rechtsstreit zwischen Verwaltungsbehörde und Handwerkskammer zwar beteiligt, aber nur „Beigeladener". Das heißt, daß Sie im Prozeß wie ein Kläger oder Beklagter aktiv auftreten können, aber dies nicht müssen. Sie können sich auch auf die Rolle des reinen Beobachters beschränken, so daß Ihnen keine Kosten entstehen müssen.

Bescheid, daß „Handwerk

Teilt die Behörde *nicht* Ihre Ansicht, so können Sie zunächst Widerspruch bei der Behörde einlegen (Frist: 1 Monat ab Bekanntgabe des ablehnenden Bescheids; innerhalb eines Jahres, wenn dem Bescheid eine Rechtsmittelbelehrung fehlt). Wird auch der Widerspruch zurückgewiesen, so können Sie hiergegen Klage vor dem Verwaltungsgericht erheben (Fristen wie beim Widerspruch; Klage gegen die Untersagungsbehörde richten, nicht gegen die Behörde, die den Widerspruchsbescheid erlassen hat). **Widerspruch/ Anfechtungs- klage**

Lehnt die Behörde es ab, zur Frage der Handwerkseigenschaft der von Ihnen beabsichtigten gewerblichen Tätigkeit eine bindende Stellungnahme abzugeben, so können Sie gleichfalls Widerspruch bei der Behörde einlegen (Fristen wie vorstehend). Wird der Widerspruch zurückgewiesen, können Sie vor dem Verwaltungsgericht Klage erheben (Fristen wie vorstehend). Bleibt die Behörde einfach untätig, so können Sie Klage vor dem Verwaltungsgericht erheben (frühestens nach 3 Monaten, spätestens innerhalb eines Jahres in der Regel) und wie im vorstehenden Falle die Verpflichtung der Behörde zum Erlaß eines bindenden Bescheids begehren, der die Feststellung enthält, daß die von Ihnen beabsichtigte Tätigkeit nicht handwerklicher Natur im Sinne des § 1 Handwerksordnung ist. (siehe S. 61 (65)). Hier kommt es erneut darauf an, daß Sie ein „berechtigtes Interesse" an der Feststellung der Nicht-Handwerklichkeit der beabsichtigten Gewerbetätigkeit darlegen (siehe S. 13, Nr. 2).

E. Sachverständige: das Handwerk?

In vielen Fällen wird es für die Verwaltungsbehörden wie die Gerichte letztlich entscheidend weniger um Rechtsfragen als um Tatsachen gehen, um gutachtliche Einschätzungen. Im Mittelpunkt stehen hier nach der Rechtsprechung des Bundesverwaltungsgerichts die Fragen wie einfach oder wie schwer die von Ihnen beabsichtigten Tätigkeiten sind und wie lange die Ausbildung in der Regel dauert, die Sie oder Ihre Mitarbeiter befähigt, die betreffenden Tätigkeiten einwandfrei und selbständig auszuführen.

1. Neutralität der vom Handwerk benannten Sachverständigen

In der Regel verlassen sich die Verwaltungsbehörden wie die Gerichte gerne auf den Sachverstand des Handwerks, die vom Handwerk benannten Sachverständigen.

Diese Sachverständigen bringen zwar in der Regel große Kenntnisse mit – es fehlt aber nicht selten an der erforderlichen *Neutralität!* Dies ist den betreffenden Sachverständigen nicht vorzuwerfen; es ist sehr natürlich und ginge Ihnen vielleicht genauso, wenn Sie in deren Lage wären:

Konkurrenz-verhältnis	– Sie sind zukünftiger Konkurrent der bereits etablierten Handwerker. Dies ist besonders wichtig, wenn der Sachverständige aus Ihrem künftigen Tätigkeitsbereich stammt.
Solidarität der Handwerker	– Darüber hinaus besteht aber eine allgemeine Solidarität unter den Handwerkern, die von den Organisationen des Handwerks gefördert und Dritten gegenüber vertreten wird.
	– Sie als Antragsteller wollen nicht, wie all die anderen selbständigen Handwerker, die übliche Meisterprüfung ablegen. Es ist natürlich und sehr menschlich, wenn dann so mancher Handwerksmeister denkt: „Wenn ich die Prüfung machen mußte – warum der nicht?" Die Neutralität des Sachverständigen kann auch so leicht auf der Strecke bleiben.
Besorgnis der Befangenheit	Sie können daher gegenüber den vom Handwerk benannten oder ihm nahestehenden Sachverständigen „Besorgnis der Befangenheit" geltend machen und die Verwaltungsbehörden und gegebenenfalls die Gerichte auf die §§ 20, 21 und 26 Verwaltungsverfahrensgesetz, § 98 Verwaltungsgerichtsordnung und §§ 41, 42 und 406 Zivilprozeßordnung hinweisen. Sachverständige, die möglicherweise nicht streng neutral sind, dürfen weder von der Verwaltung noch von einem Gericht gehört werden.

2. Beweisverfahren nach §§ 8, 16 Handwerksordnung

Meisterprüfung	Allgemein gilt: Für die Meisterprüfung sind nach § 47 Handwerksordnung zwar die Meisterprüfungsausschüsse zuständig, deren Mitglieder auf Vorschlag der Handwerkskammer ernannt werden und überwiegend dem Handwerk angehören; die Meisterprüfung ist insoweit eine „Angelegenheit des *Handwerks*".
Ausnahme-bewilligung, Untersagung	Eine Ausnahmebewilligung nach § 8 Handwerksordnung und eine Untersagung der Handwerksausübung nach § 16 Handwerksordnung sind jedoch keine Angelegenheiten des Handwerks. Hier werden *staatliche Verwaltungsbehörden* tätig, nach den für sie geltenden Rechtsvorschriften. Ob es sich bei den von Ihnen beabsichtigten Tätigkeiten um „Handwerk" handelt oder ob Sie die erforderlichen Kenntnisse und Fertigkeiten für die selbständige Handwerksausübung besitzen, hat die Verwaltung festzustellen. Wenn die Verwaltung nicht selbst die nötige Sachkunde besitzt, so hat sie die Sachkunde Außenstehender im Rahmen der üblichen Beweisverfahren heranzuziehen wie ein Gericht.

Es gelten die Regeln des Freibeweises. Das heißt: Grundsätzlich ist jedes geeignete Beweismittel zulässig. Soweit Sie als Beweispflichtiger nicht selbst Beweismittel anbieten, wählt die Behörde nach pflichtgemäßem Ermessen die erforderlichen Beweismittel aus, hört ggf. Zeugen und Sachverständige an oder holt schriftliche Gutachten ein.

Freibeweis

Hierbei darf sich die Behörde aber selbstverständlich nicht jener Personen bedienen, die nach den betreffenden Vorschriften ausdrücklich nicht tätig werden dürfen oder bei denen Besorgnis der Befangenheit besteht. Dies muß die Behörde bereits von Amts wegen berücksichtigen. Wenn Sie als Unternehmer aber von vornherein ausdrücklich auf einen Ihres Erachtens bestehenden Ausschließungsgrund oder auf eine Ihrer Ansicht nach vorliegende Besorgnis der Befangenheit hinweisen, dann ist es besser. Dieser Hinweis sollte jedoch *vor* Erstattung des Gutachtens erfolgen – im Prozeß *muß* er nach ständiger Rechtsprechung des Bundesverwaltungsgerichts sogar stets vorher gegeben werden; man darf nicht abwarten, ob das Ergebnis vielleicht doch positiv für die eigene Sache ist.

Ausgeschlossene Personen

Besorgnis der Befangenheit rechtzeitig geltend machen

3. Rolle des Handwerks im Verfahren: Interessenvertreter oder „neutrale" Sachverständige?

Mit der Ansicht, die Handwerkskammer, die Vertreter anderer Handwerksorganisationen und die dem Handwerk Nahestehenden seien als „ausgeschlossene Personen" oder als „Befangene" anzusehen, werden Sie vielleicht zunächst auf Erstaunen stoßen, bei einzelnen Vertretern des Handwerks gar auf helle Empörung. Entscheidend ist aber letztlich die Rechtslage (vgl. dazu im einzelnen Zweiter Teil „Rechtsfragen", X C 3 und X C 4, S. 111 ff.). Hier zunächst folgende Kernpunkte:

Es geht nur um die Rolle, in der die Vertreter des organisierten Handwerks am Verfahren teilnehmen, ob als „neutrale Gutachter" oder als „Interessenvertreter". Am Verfahren sind die Handwerkskammern auf jeden Fall zu beteiligen und sie können dort ihre besonderen handwerklichen Interessen geltend machen (zum Beispiel § 8 Abs. 3 und 4, § 16 Abs. 3, § 22 Abs. 3, § 91 Abs. 3 Handwerksordnung).

Als „neutrale Sachverständige" scheiden aus:

Ausgeschlossene Personen

- die zuständige Handwerkskammer,
- die Mitglieder des Vorstandes und der Mitgliederversammlung dieser Handwerkskammer sowie alle gegen Entgelt bei der Handwerkskammer Beschäftigten,
- jene Handwerker, die als mögliche (auch spätere) Konkurrenten ein persönliches Sonderinteresse am Ausgang des Verwaltungsverfahrens haben könnten (das heißt wohl viele der fachkundigen Prüfer der Handwerkskammern).

Besorgnis der Befangenheit gegenüber Handwerksorganisationen

Zweifel des antragstellenden Bürgers, ob die Beurteilung bei der Prüfung der Handwerkseigenschaft einer gewerblichen Tätigkeit oder bei der Überprüfung des Vorliegens der erforderlichen Kenntnisse und Fertigkeiten tatsächlich völlig unparteiisch erfolgt, sind grundsätzlich gegenüber allen Handwerksorganisationen und den in ihrem Rahmen und auf ihre Empfehlung Tätigen sowie den ihnen Nahestehenden gerechtfertigt, denn:

Kraft Gesetzes Interessenvertreter

Erklärtes Interesse: Verhinderung zusätzlicher Konkurrenz

- Wesentliche Aufgabe der Handwerksorganisationen, insbesondere auch der Handwerkskammern ist kraft Gesetzes die Förderung der wirtschaftlichen Interessen der organisierten Handwerker. Zusätzliche Konkurrenten entsprechen nicht den wirtschaftlichen Interessen des Handwerks. Es liegen viele Äußerungen auch von höchsten Stellen der Handwerksorganisationen vor, die sich gegen zusätzliche Konkurrenz aussprechen.

Nur berufsständische Selbstverwaltung

Staat entscheidet über Berufsfreiheit

- Der Gesetzgeber hat den Handwerksorganistionen in der Handwerksordnung ausdrücklich nur die Rolle der berufsständischen Selbstverwaltung und der Interessenvertretung zugeordnet, nicht die des Neutralen, des Richters oder Sachverständigen, sofern das Grundrecht des einzelnen auf Berufsfreiheit einschränkend betroffen sein kann. In diesen Fällen (siehe z.B. § 8 Abs. 3, § 16 Abs. 3 Handwerksordnung) steht die Entscheidungsbefugnis allein dem Staate zu, dem Handwerk ist ausdrücklich ein Mitwirkungsrecht (als ,,Beteiligter", zur Interessenwahrung!) eingeräumt. Diese Rollenverteilung des Gesetzgebers würde durchbrochen, wenn dem Handwerk durch Verwaltung oder Gerichte auch noch die Funktion des ,,neutralen" Sachverständigen eingeräumt würde.

Menschliche Überforderung

- Es stellt eine menschliche Überforderung der Sachverständigen dar, von ihnen zu erwarten, daß sie auch im Unterbewußtsein die Solidarität der Handwerker oder gar ein mögliches Konkurrenzverhältnis außer acht lassen können.

F. Nichthandwerkliche Sachverständige

Wer aber kommt als Sachverständiger in Frage,
– sei es als neutraler, von der zuständigen Verwaltungsbehörde oder von den Gerichten zu bestellender Gutachter,
– sei es zur Erstattung eines „Parteigutachtens", eines Gutachtens, das Sie selbst bei einem Sachverständigen bestellen und das Sie einer (partei-)gutachtlichen Äußerung des Handwerks entgegenhalten wollen?

Woher neutrale Sachverständige?

Wer hat die nötige Erfahrung bei der Feststellung des Schwierigkeitsgrades gewerblicher Tätigkeiten und der Dauer der für diese in der Regel erforderlichen Ausbildungszeit?

1. In Frage kommende Sachverständige

Grundsätzlich lassen sich folgende Möglichkeiten unterscheiden:
– *Industrie:*
Zu vielen Handwerksberufen bestehen eng verwandte Entsprechungen im industriellen Bereich. Zudem setzen Industriebetriebe in erheblichem Umfang angelernte Kräfte ein, die schon aus Kostengründen möglichst effizient auf ihren künftigen Tätigkeitsbereich vorbereitet werden müssen. Die Industrie verfügt daher über einen großen Erfahrungsschatz in der Bewertung des Schwierigkeitsgrades vieler möglicher Einzeltätigkeiten und des Umfangs der hierfür nötigen Ausbildung; sie wird in vielen Fällen über qualifizierten, sowohl relativ praxisnahen wie neutralen Sachverstand verfügen.

Große Erfahrung, praxisnah, neutral

– *Hochschulen, Institute:*
Nur in begrenztem Umfang verfügen Hochschulen über den praktischen Erfahrungsschatz, der – neben den wissenschaftlich-technischen Kenntnissen – erforderlich ist. Denn die Sachverständigen müssen sowohl den Schwierigkeitsgrad von Tätigkeiten als auch die hierzu erforderliche Ausbildungszeit hinreichend sachkundig beurteilen können. Bei den auf Fragen der gewerblichen Berufsbildung spezialisierten Instituten werden in der Regel solche Bedingungen eher gegeben sein.

begrenzte Qualifikation

Soweit es sich aber um Hochschulinstitute handelt, die sich auf Fragen des Handwerks spezialisiert haben, ist allerdings besonders eingehend zu prüfen, ob nicht auch hier Besorgnis der Befangenheit bestehen könnte, da eine häufige gutachtliche Tä-

Besorgnis der Befangenheit

Forschungsinstitute des „Deutschen Handwerksinstituts"

tigkeit für das Handwerk auf erhebliche tatsächliche und wirtschaftliche Bindungen schließen lassen kann. Von einer solchen Befangenheit ist insbesondere bei den Instituten auszugehen, die Teil des von den Handwerksorganisationen getragenen „Deutschen Handwerksinstituts" sind oder mit ihm eng zusammenarbeiten (vgl. Anhang 2, „Materialien" Nr. 10).
- *Sonstige Gutachter (zum Beispiel freiberufliche Kfz-Sachverständige, TÜV etc.):*
Hier gibt es eine Vielzahl fachkundiger Sachverständiger mit

Unterschiedliche Qualifikation

den unterschiedlichsten Qualifikationen. Technische Begutachtungsfähigkeit kann gerade hier unterstellt werden, die spezifischen Kenntnisse des Ausbildungswesens dürften aber nicht immer vorhanden sein. Es ist eine Frage des Einzelfalles,

Mehrere Gutachter

einen Sachverständigen mit den erforderlichen Einzelqualifikationen zu ermitteln. Manchmal kann es auch zweckmäßig sein, mehrere Gutachter jeweils für bestimmte Einzelfragen zu bestellen.

2. Wie finden Sie Zugang zu diesem Sachverstand?

Im wesentlichen gibt es drei Wege:
- *Anfrage bei den Industrie- und Handelskammern*

Erste Adresse

Die Industrie- und Handelskammern sind die erste Adresse: Sie führen umfangreiche Listen aller amtlich bestellten, vereidigten Sachverständigen ihres Bezirks. Über den Deutschen Industrie- und Handelstag haben Sie auch Zugang zu den Sachverständigen-Listen aller anderen Industrie- und Handelskammer-Bezirke.

Viele erfahrene Ausbilder

Darüber hinaus ist auf diesem Wege eine relativ große Zahl erfahrener Ausbilder in Industrie und übriger gewerblicher Wirtschaft sowie in den angeschlossenen Einrichtungen der Berufsbildung ansprechbar; sie verfügen über ständige eigene Prüfungspraxis im engen Kontakt mit den Unternehmen der Industrie und der übrigen gewerblichen Wirtschaft.

Sachverständige für spezielle Teilbereiche

Nur in jenen Bereichen, deren Tätigkeiten nie in einfacher Weise gewerblich ausgeübt werden, fehlt es den Industrie- und Handelskammern an umfassend kompetenten Sachverständigen; für Teilbereiche finden sich aber auch dort häufig spezielle Sachverständige. Beispiel: Friseurberuf; für die Anwendung bestimmter Präparate und Verfahren (zum Beispiel

Haarwaschmittel, Dauerwellen, Färben) lassen sich Sachverständige bei den Herstellern finden.

In anderen Fällen wird die Industrie- und Handelskammer an
zuständige Einrichtungen verweisen können, zum Beispiel an
die Kammern oder sonstigen Berufsorganisationen naheste-
hender freier Berufe. Beispiel: Hörgeräteakustiker; hier ist neben den Sachverständigen der Herstellerunternehmen von
Hörgeräten an Hals-Nasen-Ohren-Ärzte zu denken; die zuständige Ärztekammer wird weiterhelfen.

**Organisationen
der freien
Berufe**

Fragen Sie den zuständigen Mitarbeiter Ihrer Industrie- und
Handelskammer.

– *Anfrage bei Instituten und Verbänden*
Nur in jenen Fällen, in denen der Weg über die Industrie- und
Handelskammern nicht zum Erfolg führt, sollten Sie sich an
Institute und Verbände wenden. Sie sind meist *nicht* auf derar-
tige Anfragen vorbereitet.

Es gibt über 200 Universitäten, technische Hochschulen und
Fachhochschulen mit einer größeren Zahl von Fachinstituten
sowie eine Vielzahl von Berufsverbänden und wissenschaftlich-
technischen Vereinen mit der unterschiedlichsten Spezialisierung, die Ihnen weiterhelfen können. Die Anschriften finden
Sie im jährlich neu erscheinenden „Taschenbuch des öffentlichen Lebens", herausgegeben von Prof. Dr. Albert Oeckl,
Festland Verlag, Bonn. (Falls Sie das Buch nicht selbst kaufen
möchten: Sie finden es in den meisten öffentlichen Bibliothe-
ken und auch bei Ihrer Industrie- und Handelskammer.)

**Namen und An-
schriften**

Unter dem Kapitel „Universitäten, Hochschulen usw." finden
Sie die Adressen aller Universitäten, Technischen Hochschulen
und Fachhochschulen. Besonders unter den Kapiteln „Freiberufliche Organisationen" und „Wissenschaftliche Gesellschaften und Verbände" finden Sie eine große Zahl von Organisationen, die Ihnen weiterhelfen können und – wenn auch nicht
immer beim ersten Versuch – einen genau für Ihr Problem
kompetenten Sachverständigen ausfindig machen können.

– *Anfragen bei einzelnen Unternehmen der betreffenden
Branche*
Hier ist es am schwierigsten, Ihnen einen konkreten Rat zu ge-
ben. Sie kennen die in Ihrem Falle fachkundigen Unternehmen

IHK fragen

selbst am besten. Schauen Sie sich nur in Ihrer Region, in Ihrer Branche um. Ihre Industrie- und Handelskammer kann Ihnen auf jeden Fall auch hier mit konkreten Tips weiterhelfen.

Soweit in diesen Unternehmen amtlich bestellte, vereidigte Sachverständige tätig sind, können Ihnen die Namen bereits auf Anfrage bei der Industrie- und Handelskammer mitgeteilt werden.

Hersteller Ihrer Maschinen

Einführungskurse

Wenn Sie in Ihrem Betrieb sehr leistungsfähige Maschinen (zum Beispiel: automatischer Farb-Kopierer in einem Foto-shop) einsetzen: Bitten Sie den Hersteller Ihrer Maschinen um eine schriftliche (!) Auskunft darüber, wie lange die Anlernzeiten dauern, die jeweils ein Ungelernter und ein Geselle benötigen, um mit der Maschine einwandfrei und selbständig produzieren zu können. Veranstaltet der Hersteller gar selbst solche Einführungskurse? Kann er jemanden nennen, der sie veranstaltet?

Hersteller vorgefertigter Materialien, Anbieter bestimmter Verfahren

Anlernzeit, Kurse

Benutzen Sie in Ihrem Betrieb vorgefertigte Materialien (zum Beispiel Fertig-Fenster, Fertig-Türen, Markisen und so weiter) oder bestimmte, sehr einfache Produktions- und Montageverfahren (etwa einfache Steckverbindungen statt Lötverbindungen)? Dann bitten Sie den Hersteller Ihrer Vormaterialien um eine schriftliche (!) Auskunft darüber, welche Vorkenntnisse für den Einbau dieser Materialien oder für die Anwendung seines Verfahrens erforderlich sind, wie lange die Anlernzeit jeweils für einen Ungelernten und einen Gesellen beträgt. Veranstaltet der Hersteller entsprechende Kurse oder kann er jemanden nennen, der dies tut?

G. Andere Beweismittel

In manchen Fällen bedarf es möglicherweise noch nicht einmal ausführlicher Fachgutachten, weil Tatsachen bereits offenkundig sind. Man muß sie nur sammeln und darauf hinweisen. Tun Sie dies!

1. Selbstbauanleitungen

In den Bau- und Hobbymärkten sind sie sehr häufig zu finden, mittlerweile aber auch in Kaufhäusern und im Fachhandel: Industrieprodukte, die soweit vorbereitet sind, daß ein nicht gerade ungeschickter Laie sie selbst endgültig einbauen oder verarbeiten kann. In einfacher Form ist die Anleitung auf der Verpackung oder einem Beipackzettel enthalten.

Anleitungen: Beipackzettel, Bücher, Filme

Für etwas anspruchsvollere Tätigkeiten gibt es eine umfangreiche Ratgeber-Literatur, ausführliche Anleitungsbücher oder Videofilme.

Regel: Tätigkeiten, die in einer Anleitung für Laien enthalten sind, stellen keine vollhandwerklichen Tätigkeiten dar! Sammeln Sie möglichst mehrere verschiedene einschlägige Beispiele.

Laien-Tätigkeiten kein „Handwerk"

2. Erwachsenenbildung

Schulen und Volkshochschulen, aber auch andere Träger der Erwachsenenbildung bieten eine Vielzahl von Kursen an: Photographieren, Filmen, Entwickeln, Töpfern, Aufarbeiten alter Möbel und so weiter. Sammeln Sie die Ihren Tätigkeitsbereich betreffenden Programmangebote, informieren Sie sich über die Details des Unterrichtsprogramms, des Ausbildungsziels.

Volkshochschulkurse und ähnliche Angebote

Regel: Was noch Gegenstand eines Volkshochschulkurses (oder mehrerer) mit einigen Dutzend Stunden Unterricht sein kann, ist erheblich unterhalb des vollhandwerklichen Niveaus nach § 1 Handwerksordnung (6–9 Jahre Ausbildung!), auch wenn der Unterricht noch weitere eigene Übung verlangt.

Kein „Handwerk"

3. Berufliche Fortbildung

Handwerkskammern, Industrie- und Handelskammern sowie eine größere Zahl anderer Institutionen und auch größere Unternehmen bieten Kurse zur beruflichen Fortbildung an. Die Dauer beträgt in der Regel nur einige Wochen oder Monate. Insbesondere dort, wo wenige oder keine Vorkenntnisse gefordert werden, können auch diese Kurse zur Argumentation gut herangezogen werden:

Fortbildungsmaßnahmen: kein „Handwerk"

Regel: Was in einem speziell auf die Erfordernisse der beruflichen Praxis ausgerichteten Lehrgang von maximal einigen Monaten erlernt werden kann, liegt weit unterhalb des Niveaus der vollhandwerklichen Ausbildung mit einer Regeldauer von 6–9 Jahren bis zum Abschluß der Meisterprüfung.

4. Mehrere Einzeltätigkeiten

Mehrere Einzeltätigkeiten zusammen

Achtung: Wenn Sie in Ihrem Unternehmen mehrere Einzeltätigkeiten ausüben wollen, für die Sie jeweils Beispiele kurzer Ausbildung gefunden haben, reicht dies alleine noch nicht. Auch zusammengenommen muß die Ausbildungszeit für alle Tätigkeiten deutlich unter dem Handwerksüblichen liegen. Hierbei ist zu berücksichtigen, daß die Kombination verschiedener Tätigkeiten unter Umständen eine zusätzliche Ausbildung oder zumindest eine gewisse Erfahrung verlangen kann, die bei der Länge der gesamten Ausbildungszeit einzurechnen wäre. Jenseits der gesamten Ausbildungszeit von 24 Monaten, wie sie bei einigen handwerksähnlichen Gewerben üblich ist (siehe Zweiter Teil ,,Rechtsfragen'', II C 3, S. 50 ff.), dürfte die Argumentation zunehmend schwieriger werden.

II. ,,Unerheblicher'' Nebenbetrieb?

Prüfen: Reisegewerbe, Marktverkehr, Hilfsbetrieb

Wenn Sie bei der Prüfung der von Ihnen beabsichtigten Tätigkeiten festgestellt haben, daß es sich wohl doch um eine vollhandwerkliche Tätigkeit im Sinne des § 1 Handwerksordnung handelt und auch kein Fall des Reisegewerbes, des Marktverkehrs oder des Hilfsbetriebs vorliegt (vgl. Zweiter Teil ,,Rechtsfragen'', III und IV), so sollten Sie eingehend die Frage prüfen, ob Ihr Unternehmen den Voraussetzungen eines unerheblichen Nebenbetriebs genügt (Zweiter Teil ,,Rechtsfragen'', V) und daher von der Handwerksrollenpflicht ausgenommen sein könnte. Bei Betrieben, die sich auf reine Reparatur- oder kleinere Montagetätigkeiten spezialisiert haben, können die Bedingungen besonders leicht erfüllt sein (etwa Schuhgeschäft und Schuster; Elektrogeschäft und Radio- und Fernsehtechniker oder Elektroinstallateur; Einrichtungshaus und Raumausstatter).

A. Allgemeines

Es muß also zunächst ein Hauptunternehmen vorhanden sein, zu dem der Nebenbetrieb in einem gewissen organischen, wirtschaftlich-fachlichen Zusammenhang steht, aber von geringerer Bedeutung ist. Entscheidend ist dann weiter, ob bei einem Umsatzvergleich von Haupt- und Nebenbetrieb der umsatzmäßige Anteil der reinen handwerklichen Leistungen *ohne* gelieferte, be- oder verarbeitete Waren geringer ist als der Anteil des Hauptbetriebes (z.B. des Elektrogeschäftes oder des Einrichtungshauses). Schließlich darf die gesetzlich festgelegte allgemeine Umsatz-Höchstgrenze nicht überschritten sein. In ihrer tatsächlichen Feststellung für den Einzelfall liegt ein Kernproblem:

Hauptunternehmen erforderlich

Umsatzvergleich

B. Feststellung der Umsatz-Höchstgrenze

Nach § 3 Abs. 2 Handwerksordnung ist ein Nebenbetrieb nur dann unerheblich, wenn die dort ausgeübte Tätigkeit weder den durchschnittlichen Jahresumsatz noch die durchschnittliche Jahresarbeitszeit eines ohne Hilfskräfte arbeitenden Betriebes des betreffenden Handwerks übersteigt. Entsprechende genaue Statistiken aber fehlen!

Höchstgrenze: Jahresumsatz, Jahresarbeitszeit

Beispiel: Ein Elektrofachhandelsgeschäft hat einen Gesellen des Radio- und Fernsehtechniker-Handwerks angestellt. Er führt in einer kleinen Werkstatt Reparaturen an Kundengeräten aus und montiert Elektrogeräte. Seine Arbeitszeit entspricht dem laut Tarifvertrag Üblichen, sein Umsatz liegt 10 % über dem durchschnittlichen Umsatz, der allgemein auf eine im Radio- und Fernsehtechniker-Handwerk tätige Person entfällt.

1. Offizielle Statistiken fehlen

Weil es keine aktuellen, von offizieller Seite geprüften Statistiken gibt, nennen die Handwerksorganisationen eigene Zahlen. Die Berechnung dürfte auf Vergleichsmaßstäben und Fortschreibungen alter, ihrer Struktur nach nicht verwendbarer Werte beruhen; die ermittelten Zahlen liegen möglicherweise zu niedrig. Im Streitfalle, insbesondere vor Gericht, sollten Sie auf einem detaillierten Nachweis des Berechnungsganges bestehen. Es muß sichergestellt sein, daß Unsicherheiten nicht zu Ihren Lasten gehen:

Detaillierten Berechnungsgang vorlegen lassen

Im Zweifel für das Grundrecht der Berufsfreiheit, von der die Handwerksordnung nur eine – eng auszulegende – Ausnahme ist.

2. Durchschnittlicher Pro-Kopf-Umsatz als Vergleichsmaßstab unzulässig

Als Vergleichsmaßstab hilfsweise den (in der Regel wohl niedrigeren) durchschnittlichen Umsatz heranzuziehen, der ganz allgemein auf eine im betreffenden Handwerk tätige Person entfällt, ist unzulässig. Dies hat das Bundesverwaltungsgericht bestätigt. Es sind vielmehr eingehende Ermittlungen und Überlegungen anzustellen, die dazu führen dürften, daß der Umsatzwert wesentlich höher liegt (im einzelnen vgl. Zweiter Teil ,,Rechtsfragen", V, S. 73 ff.). Zweifel dürfen hierbei nur zu Ihren Gunsten wirken. Sie tragen zwar nach § 3 Abs. 1 u. 2 Handwerksordnung grundsätzlich die Beweislast für die Unerheblichkeit der Nebenbetriebstätigkeiten. Dies kann aber nur soweit gehen, wie Sie zur Beweisführung tatsächlich in der Lage sind – das heißt, der Nachweis Ihrer detaillierten Umsatzdaten ist erforderlich, nicht mehr. Lassen Sie sich also nicht vorzeitig entmutigen, es ist mehr ,,unerheblich" im Sinne des § 3 Abs. 2 Handwerksordnung als manchem lieb ist!

Beweislast: Nur detaillierte Umsatzdaten. Im Zweifel für die Berufsfreiheit

III. Juristische Person oder Personengesellschaft mit Betriebsleiter?

Sind Sie bei Ihrer Prüfung zu dem Ergebnis gekommen, daß in Ihrem Falle auch die Regelung über unerhebliche Nebenbetriebe nicht weiterführt, so sollten Sie prüfen, ob Ihnen die Gründung einer juristischen Person (GmbH zum Beispiel) oder einer Personengesellschaft (oHG zum Beispiel) weiterhelfen kann. Angesichts der hiermit verbundenen vielfältigen rechtlichen und steuerlichen Fragen sollten Sie hierzu aber unbedingt den Rat eines erfahrenen Rechtsanwalts und Ihres Steuerberaters oder Wirtschaftsprüfers einholen.

A. Träger des Befähigungsnachweises

Nach § 7 Abs. 3 Handwerksordnung verlagert sich das Problem des besonderen handwerklichen Befähigungsnachweises bei juristischen Personen und Personengesellschaften vom Inhaber – von Ihnen – auf den (technischen) Betriebsleiter. Ist die Anstellung eines Handwerksmeisters oder die Aufnahme eines Meisters als Partner in Ihrem Betrieb wirtschaftlich vertretbar, so bietet § 7 Abs. 4 Handwerksordnung sicher eine handwerksrechtlich gute Lösung.

Nur Befähigungsnachweis des technischen Betriebsleiters

B. Teilzeit-Betriebsleiter

Möchten oder müssen Sie allerdings die Kosten sehr niedrig halten, indem Sie nur einen Teilzeit-Betriebsleiter beschäftigen, so geraten Sie in jene durchaus zweifelhafte „Betriebsleiter-Problematik", das „Konzessionsträger"-(Un-)Wesen (hierzu ausführlich Zweiter Teil „Rechtsfragen", VII, S. 76 ff.). Sie haben gute Gründe anzunehmen, daß das Bundesverwaltungsgericht und das Bundesverfassungsgericht in diesen Betriebsleiter-Fragen eine dem Grundrecht der Berufsfreiheit wesentlich stärker Rechnung tragende, freiheitlichere Haltung vertreten werden, wenn sie sich dazu einmal zu äußern haben sollten.

Bis dahin aber haben Sie möglicherweise mit großem Widerstand aufgrund einer bisher gefestigten Praxis vieler Handwerkskammern, Verwaltungsbehörden und unteren Gerichtsinstanzen zu rechnen. Die höchstrichterliche Überprüfung der bisherigen Praxis ist überfällig. Sie ist aber nur etwas für Leute mit langem Atem, Zeit und gut gefülltem Bankkonto – es sei denn, Sie erwirken einen für Sie günstigen Vorab-Bescheid der Untersagungsbehörde nach § 16 Abs. 3 Handwerksordnung (vgl. oben Erster Teil „Hinweise", I B, S. 8).

Gefestigte Praxis

IV. Witwen- und Erbenprivileg

Auf die Möglichkeit, nach § 7 Abs. 6 in Verbindung mit § 4 Handwerksordnung ohne Befähigungsnachweis auf Zeit einen Handwerksbetrieb fortzuführen, sei hier nur der Vollständigkeit

Betriebsfortfüh-
rung

halber hingewiesen. Nach dem Tode eines selbständigen Handwerkers oder betriebsleitenden Gesellschafters einer Personengesellschaft dürfen der Ehegatte und der Erbe unter den in § 4 Handwerksordnung näher dargelegten Bedingungen den Betrieb für eine gewisse Zeit fortführen, zunächst ohne qualifizierten Betriebsleiter im Sinne des § 7 Abs. 1, 2, 3 oder 7 Handwerksordnung, falls keine Gefahren für die öffentliche Sicherheit drohen. Nach Ablauf eines Jahres muß aber spätestens ein solcher Betriebsleiter bestellt werden. (Hier kann sich der sonst nicht zulässige Fall eines Betriebsleiters im Einzelunternehmen ergeben.)

V. Persönlicher Befähigungsnachweis

A. Möglichkeiten des persönlichen Befähigungsnachweises

Meisterprüfung

Ist es nach dem Ergebnis der bisherigen Prüfung zweckmäßig oder gar erforderlich, daß Sie selbst als Inhaber den handwerksrechtlich notwendigen Befähigungsnachweis besitzen, so bedeutet dies im Regelfalle, daß Sie in dem von Ihnen zu betreibenden Handwerk oder in einem diesem verwandten Handwerk die Meisterprüfung bestanden haben müssen (§ 7 Abs. 1 Satz 1 Handwerksordnung).

1. Ausnahmemöglichkeiten

Meisterprüfung
eines verwand-
ten Handwerks

Hochschulab-
schluß mit
Praxis

Es gibt jedoch eine Reihe von Ausnahmemöglichkeiten, die Sie aufmerksam prüfen sollten.
– Haben Sie bereits die Meisterprüfung in einem anderen Handwerk abgelegt? Dann prüfen Sie, ob jenes Handwerk und das Handwerk, das Sie künftig betreiben wollen, „verwandte Handwerke" im Sinne der „Verordnung über verwandte Handwerke" vom 18. Januar 1968 (vgl. Listen in Anlage 1 zu § 1 der Verordnung über verwandte Handwerke; siehe Anhang 2 „Materialien", Nr. 4) sind. Wenn ja, dann können Sie nach § 7 Abs. 1 Satz 1 Handwerksordnung in die Handwerksrolle eingetragen werden.
– Haben Sie die Diplom- oder Abschlußprüfung einer deutschen staatlichen oder staatlich anerkannten wissenschaftlichen

Hochschule oder Fachhochschule bestanden und mindestens 3 Jahre Praxis oder die Gesellenprüfung in dem betreffenden Handwerk abgelegt? Dann stehen Sie nach § 7 Abs. 2 Handwerksordnung möglicherweise einem Meister gleich und können ohne weitere Prüfungen in die Handwerksrolle eingetragen werden. Die näheren Einzelheiten ergeben sich aus der „Verordnung über die Anerkennung von Prüfungen bei der Eintragung in die Handwerksrolle und bei Ablegung der Meisterprüfung im Handwerk" vom 2. November 1982 (siehe Anhang 2 „Materialien", Nr. 6).

– Als Vertriebener oder „Sowjetzonenflüchtling", der vor seiner Vertreibung oder Flucht außerhalb des Geltungsbereichs der deutschen Handwerksordnung eine der Meisterprüfung gleichwertige Prüfung bestanden hat, sind Sie nach § 7 Abs. 7 Handwerksordnung ebenfalls ohne weitere Prüfung in die Handwerksrolle einzutragen. Die Feststellung der Gleichwertigkeit von Prüfungen kann sich zwar in Einzelfällen länger hinziehen, Sie sollten sich aber hiervon nicht schrecken lassen. **Vertriebene, Flüchtlinge**

In allen drei Fällen wenden Sie sich bitte an die für Sie zuständige Handwerkskammer. Sie führt die Handwerksrolle und wird Ihnen gegebenenfalls bei den Einzelheiten des Antragsverfahrens Rat geben können.

2. Ausnahmebewilligung

Schließlich können Sie aufgrund einer Ausnahmebewilligung in die Handwerksrolle eingetragen werden (§ 7 Abs. 3 Handwerksordnung).

Eine Ausnahmebewilligung wird im allgemeinen nach § 8 Abs. 1 Handwerksordnung erteilt, „wenn der Antragsteller die zur selbständigen Ausübung des von ihm zu betreibenden Handwerks notwendigen Kenntnisse und Fähigkeiten nachweist" und ein „Ausnahmefall" vorliegt (vgl. hierzu, insbesondere zu den Einzelheiten des Nachweises Ihres Leistungsstandes, Erster Teil „Hinweise", VI, S. 33 ff. und Zweiter Teil „Rechtsfragen", X, S. 92 ff.). **Leistungsstand, Ausnahmefall**

Als Angehöriger eines EG-Landes (auch als Deutscher) können Sie sich aber auch auf die sogenannte „EWG-Handwerks-Verordnung" vom 4. August 1966 berufen. Sind die dort aufgeführten **EG-Bürger** besonderen Voraussetzungen gegeben, so wird Ihnen ohne weitere Prüfung eine Ausnahmebewilligung nach § 9 Handwerksordnung erteilt, so zum Beispiel, wenn Sie mindestens 6 Jahre lang in einem Mitgliedstaat der EG in dem betreffenden Handwerk selbständig tätig gewesen sind (vgl. hierzu und zu den anderen wahlweisen Voraussetzungen Zweiter Teil „Rechtsfragen", XI, S. 125 ff.).

3. Meisterprüfung

Meisterprüfung

Niveau

Durchfallquote

Könnte von diesen Ausnahmefällen für Sie nur die Beantragung einer allgemeinen Ausnahmebewilligung nach § 8 Abs. 1 Handwerksordnung mit dem erforderlichen Nachweis Ihrer Kenntnisse und Fertigkeiten in Frage kommen, so sollten Sie zunächst noch einmal ernsthaft prüfen, ob Sie nicht die normale Meisterprüfung in dem betreffenden Handwerk ablegen wollen und können:
– Die Meisterprüfung ist nicht nur der traditionelle Weg zur selbständigen Handwerksausübung. Sie garantiert Ihnen auch einen hohen Kenntnis- und Leistungsstand, der für besonders gute Chancen, für wirtschaftlichen Erfolg steht.
– Die Meisterprüfung ist bei guter Vorbereitung durchaus „zu schaffen"; drei Viertel aller Kandidaten bestehen sie im Durchschnitt: rund 30.000 jedes Jahr.
– Die Ablegung der Meisterprüfung erspart Ihnen möglicherweise einen jahrelangen Kampf mit der Handwerkskammer und die sich hieraus ergebende Unsicherheit – auch wenn ein Rechtsstreit z.B. nach § 16 Abs. 3 Handwerksordnung von der Verwaltungsbehörde geführt wird.

B. Zulässige Anforderungen an den Leistungsstand

Bei manchen Handwerkern und Teilen der Handwerksorganisationen führt das – sehr positive – Leistungsstreben dazu, bei der Meisterprüfung auch sehr anspruchsvolle Maßstäbe anzulegen. Lassen Sie sich hiervon aber nicht entmutigen!

Das Bundesverfassungsgericht hat in seiner Entscheidung vom 17.7.1961 mit der grundsätzlichen Feststellung der Verfassungsmäßigkeit des großen Befähigungsnachweises (in der Regel Meisterprüfung) zugleich die Breite und Tiefe der nachzuweisenden Kenntnisse und Fertigkeiten eng umgrenzt. Verkürzt kann man sagen: *„Meisterhaft"* = Niveau der Gesellenprüfung plus dreibis fünfjährige Berufserfahrung und Fähigkeit zu selbständigem Arbeiten als Unternehmer. Mehr nicht!

Sollten Sie bei den Prüfungsanforderungen Schwierigkeiten haben, so verweisen Sie nachdrücklich auf den Originalwortlaut der Bundesverfassungsgerichtsentscheidung (vgl. Zweiter Teil „Rechtsfragen", VIII B, S. 85 ff.). Er ist vielleicht unbeliebt, dürfte aber zumindest von den Verwaltungsbehörden und Gerichten nicht leichter Hand beiseite geschoben werden.

Gesellenprüfung plus 5 Jahre Berufserfahrung

C. Befreiung von Prüfungsteilen und -fächern

Der Prüfling muß auch nicht immer alle Teile einer Meisterprüfung erfolgreich ablegen. Sie können sich von der Prüfung in einzelnen Prüfungsteilen oder -fächern ganz oder teilweise befreien lassen, wenn Sie bereits im Rahmen anderer Prüfungen mindestens gleichwertige Kenntnisse und Fertigkeiten nachgewiesen haben.

1. Anerkannte Prüfungen

Dies gilt für Meisterprüfungen in anderen Handwerken ebenso wie für Prüfungen an deutschen staatlichen oder staatlich anerkannten Unterrichtsanstalten oder vor staatlichen Prüfungsausschüssen, vorausgesetzt, dort wurden mindestens die gleichen Anforderungen gestellt. Die Einzelheiten hierzu sind in zwei Verordnungen geregelt (vgl. Zweiter Teil „Rechtsfragen", IX, S. 87 ff.).

Mindestens gleiche Anforderungen

2. Befugnisse des Meisterprüfungsausschusses zur Befreiung

Zweifelhaft ist allerdings die Frage, ob der für eine solche Befreiung zuständige Meisterprüfungsausschuß Sie auch dann befreien kann, wenn Sie in der anderen Prüfung ebenfalls bereits aufgrund einer Ausnahmevorschrift befreit waren oder die andere Prüfung nicht als allgemeiner Befreiungsgrund in den genannten Verordnungen aufgeführt ist.

„Weitergereichte Befreiung", Befugnisse des Meisterprüfungsausschusses

Beispiel 1: Ausbilder-Eignung eines Technikers
Von einer Industrie- und Handelskammer wurde Ihnen die Ausbilder-Eignung nach der „Verordnung über die berufs- und ar-

beitspädagogische Eignung für die Berufsausbildung in der gewerblichen Wirtschaft" (Ausbilder-Eignungsverordnung gewerbliche Wirtschaft) bestätigt. Die übliche Prüfung nach den §§ 2 und 3 der Verordnung brauchten Sie allerdings nicht abzulegen; Sie wurden nach § 6 Abs. 3 der Verordnung hiervon befreit, weil Sie „eine sonstige staatliche, staatlich anerkannte oder von einer öffentlich-rechtlichen Körperschaft abgenommene Prüfung bestanden" hatten, die nach Auffassung des Prüfungsausschusses der Industrie- und Handelskammer den inhaltlichen Anforderungen der Ausbilder-Eignungsverordnung entspricht, zum Beispiel eine staatlich anerkannte Technikerprüfung. – Kann und muß der Meisterprüfungsausschuß Sie von Teil IV der Meisterprüfung (berufs- und arbeitspädagogische Kenntnisse) befreien?

Beispiel 2: Wirtschaftliche und rechtliche Kenntnisse eines Wirtschaftskundelehrers; Ausbilder-Eignung eines Sportlehrers
Sie haben an der Universität studiert und wollten Lehrer werden. In den Fächern Wirtschaftskunde (Schwerpunkt: Betriebswirtschaft) und Sport haben Sie erfolgreich Ihr erstes Staatsexamen abgelegt. Sie haben daneben noch den Lehrschein der DLRG und die Skilehrer-Prüfung absolviert und besitzen Erfahrung in der Schwimm- und Skiausbildung Jugendlicher und Erwachsener.

Wegen der besseren wirtschaftlichen Aussichten möchten Sie nun den elterlichen Handwerksbetrieb übernehmen, sich aber angesichts Ihrer Vorkenntnisse von Teil III (wirtschaftliche und rechtliche Kenntnisse) und Teil IV (berufs- und arbeitspädagogische Kenntnisse) der Meisterprüfung befreien lassen. Kann und darf der Meisterprüfungsausschuß dies tun, obwohl Ihre Prüfungen in den einschlägigen Verordnungen nicht ausdrücklich genannt sind?

Beispiel 3: Fachkenntnisse eines Bauingenieurs
Sie haben an einer technischen Hochschule studiert und Ihr Examen als Bauingenieur (Hochbau) erfolgreich abgelegt, unter anderem mit einer Diplomarbeit über Fragen des Flachdachbaus. Sie möchten nun den elterlichen Dachdecker-Betrieb übernehmen. Kann und darf der Meisterprüfungsausschuß Sie – insbesondere unter Berücksichtigung Ihrer Diplomarbeit – von Teil II der Meisterprüfung (fachtheoretische Kenntnisse) befreien, obwohl in der betreffenden Verordnung die Bauingenieur-Prüfung (im Gegensatz zum Architekten-Examen) *nicht* als eine Prüfung aufgeführt ist, die der Meisterprüfung im Dachdeckerhandwerk entspricht?

In diesen Fallgruppen wird von Seiten der Meisterprüfungsausschüsse und der Handwerkskammern als ihren Geschäftsführern seit langem eine sehr enge Auslegung praktiziert: keine selbständige Prüfung der Inhalte fremder Prüfungen durch die Meisterprüfungsausschüsse, keine Anerkennung einer Befreiung durch andere Prüfungsausschüsse. Sie als Unternehmer haben gute Gründe, dennoch stets auf einer Befreiung zu bestehen, wenn Sie einmal erwiesenermaßen den Nachweis der erforderlichen Kenntnisse und Fertigkeiten erbracht haben (vgl. hierzu unten Zweiter Teil „Rechtsfragen", IX, S. 87 ff.). Sie müssen dann nur die übrigen Teile der Meisterprüfung ablegen.

Handwerk: Sehr enge Auslegung

VI. Ausnahmebewilligungen

A. Zuständigkeit

Für die Erteilung einer Ausnahmebewilligung sind die Verwaltungsbehörden zuständig, und zwar, je nach Bundesland unterschiedlich, die Kreisbehörden, der Regierungspräsident (Bezirksverwaltung) oder der Wirtschaftsminister (-senator); die Handwerkskammer erteilt Ihnen hierzu Auskunft.

B. Vorfrage: „Handwerk"?

Zur Frage, ob die Verwaltungsbehörde vor Prüfung einer Ausnahmebewilligung zunächst prüfen muß, ob überhaupt ein handwerksrollenpflichtiges Gewerbe ausgeübt wird (vgl. Zweiter Teil „Rechtsfragen", X A, S. 93 ff.). Sie sollten diese Frage auf jeden Fall eingehend vorab geprüft haben! Gegebenenfalls sollte zunächst ein Vorab-Bescheid der Untersagungsbehörde beantragt werden (vgl. oben Erster Teil „Hinweise", I B, S. 8).

C. „Ausnahmefall"-Erfordernis

Falls Sie eine Ausnahmebewilligung nach § 8 Abs. 1 Handwerksordnung beantragen, so werden Sie vielleicht – vor jeder Prüfung Ihrer Kenntnisse und Fertigkeiten – zu hören bekommen:

Bedeutung des „Ausnahmefalls"

„Eine Ausnahmebewilligung setzt nach § 8 Abs. 1 Handwerksordnung neben einem bestimmten Leistungsstand gleichgewichtig einen Ausnahmefall voraus, das heißt die Meisterprüfung müßte unzumutbar sein. Ihnen ist sie aber zuzumuten. Daher scheidet eine Ausnahmebewilligung aus."

Bundesverwaltungsgericht: Zweitrangig

Bundesverfassungsgericht: Großzügige Praxis nötig

Hier gilt einmal mehr: Nicht entmutigen lassen! Das Bundesverwaltungsgericht und das Bundesverfassungsgericht wissen es besser (vgl. im einzelnen Zweiter Teil „Rechtsfragen", X B, S. 99 ff.):

– Nach der Rechtsprechung des Bundesverwaltungsgerichts kann zwar nicht völlig auf das Merkmal des „Ausnahmefalles" verzichtet werden; er ist jedoch zweitrangig. Zuerst kommt es auf den Stand der Kenntnisse und Fertigkeiten an.

– Das Bundesverfassungsgericht hat in seiner Grundsatzentscheidung vom 17.7.1961 mehrere wichtige Beispiele genannt, in denen ein Ausnahmefall anzunehmen ist (vgl. Zweiter Teil „Rechtsfragen", X B) und eine streng am Grundrecht der Berufsfreiheit – Artikel 12 Abs. 1 Grundgesetz – orientierte, nicht engherzige Praxis verlangt. Hiervon hat es die grundsätzliche Feststellung der Verfassungsmäßigkeit des „großen Befähigungsnachweises" abhängig gemacht.

– Das Bundesverfassungsgericht hat weiter aus der Entstehungsgeschichte der Handwerksordnung und dem verfassungsrechtlichen Zusammenhang heraus eine höchstrichterliche Auslegung des § 8 Abs. 1 Handwerksordnung vorgenommen, die – weil vom höchsten anrufbaren Gericht – praktisch verbindlich ist.

Ausnahmefall: „Anderer Ausbildungsgang"

Danach ist unter anderem stets dann ein Ausnahmefall anzunehmen, wenn der Antragsteller – Sie – einen anderen Ausbildungsgang zurückgelegt hat als den handwerksüblichen Weg: Lehrling – Geselle – Meister. Beispiel: Wer nach der Gesellenprüfung ein Techniker-Examen abgelegt hat, der hat einen solchen „anderen Ausbildungsgang" zurückgelegt!

Persönliche Verhältnisse: Hohes Lebensalter keine entscheidende Voraussetzung

Weiter müssen die persönlichen Verhältnisse des Antragstellers berücksichtigt werden. Hohes Lebensalter kann hierbei keine entscheidende Voraussetzung sein. Beispiel: Einem 30jährigen Frankfurter Familienvater mit zwei kleinen Kindern, dessen Frau halbtags berufstätig ist, ist es in der Regel nicht zuzumuten, einen sechsmonatigen Vollzeitkurs in Lübeck zu besuchen, um sich auf die Meisterprüfung vorzubereiten (im einzelnen siehe ausführlich S. 100 ff.), Zweiter Teil „Rechtsfragen", X B 3). Das Wohl der jungen Familie geht den Standesinteressen des Handwerks vor.

Berufen Sie sich ruhig auf die Urteile des Bundesverwaltungsgerichts und Bundesverfassungsgerichts, zitieren Sie den Originalwortlaut (vgl. Zweiter Teil „Rechtsfragen", X B). Nur wenn ganz offensichtlich ist, daß keinesfalls ein „Ausnahmefall" vorliegen kann, darf auf eine Prüfung der „notwendigen Kenntnisse und Fertigkeiten" verzichtet werden.

Zitieren Sie

D. Feststellung des Leistungsstandes

1. Keine „Ersatz-Meisterprüfung"

Bei dieser Prüfung des Leistungsstandes nach § 8 Abs. 1 Handwerksordnung handelt es sich nicht um eine „Ersatz-Meisterprüfung", sondern – wie bei der Prüfung nach § 16 Abs. 3 (vgl. oben Erster Teil „Hinweise", I C 2, S. 9 ff.) – um eine Beweisaufnahme durch die zuständige Behörde (dies ist nicht die Handwerkskammer!), bei der der Beweis als „Freibeweis", das heißt grundsätzlich in jeder geeigneten Weise geführt werden kann. Die Behörden bestellen hierzu häufig Sachverständige, insbesondere aus dem Handwerk. Zu den Einzelfragen, die mit einer solchen Sachverständigenbestellung und dem Recht des Antragstellers – Ihrem Recht – auf Ablehnung wegen Besorgnis der Befangenheit verbunden sind (vgl. oben Erster Teil „Hinweise", I E, S. 15 ff. und Zweiter Teil „Rechtsfragen", X C 3 und X C 4, S. 111 ff.).

Freibeweis

Befangenheit von Sachverständigen

2. Berücksichtigung früherer Prüfungen und Stellungnahmen Dritter

Der Nachweis Ihrer Kenntnisse und Fertigkeiten kann selbstverständlich auch in der Weise geführt werden, daß auf frühere Prüfungen mindestens des gleichen Niveaus verwiesen wird (z.B. je nach Einzelfall ganz oder teilweise auf Prüfungen an Technikerschulen) oder auf Stellungnahmen von kompetenter Seite – wobei aber einfache Bestätigungen von früheren Auftraggebern oder Arbeitgebern allein in der Regel nicht ausreichend sein werden.

3. Sachverständigen-Gutachten als letztes Mittel

Beachten Sie: Die Überprüfung des Leistungsstandes durch die Behörde (Sachverständige) ist nur als letztes Mittel zulässig, „sofern der Nachweis nicht anderweitig erbracht werden kann" (vergleiche Zweiter Teil „Rechtsfragen", X C 1, S. 108 ff.). Sie als Antragsteller haben das Recht, zuerst alle anderen denkbaren Beweismittel vorzulegen!

4. Reihenfolge der Überprüfung

Findet eine Überprüfung statt, so beachten Sie die Reihenfolge: In der Praxis werden häufig zuerst die „rechtlichen und wirtschaftlichen Kenntnisse" (entsprechend Teil III der Meisterprüfung) geprüft – ein Gebiet, auf dem die meisten Bewerber schwach sind. Versagen Sie, so werden Sie unsicher und auch die Ergebnisse der anderen Prüfungsteile werden zum Teil deutlich schlechter.

Mit dem Gebiet anfangen, auf dem Sie am stärksten sind

Sie können die Reihenfolge bestimmen

Bestehen Sie auf einer Reihenfolge, die Sie seelisch stärkt, die Mut macht: Fangen Sie mit dem Gebiet an, in dem Sie sich am stärksten fühlen! Meist wird es der „praktische Teil" sein – bei einigen werden es auch die „fachtheoretischen Kenntnisse" sein. Strengen Sie sich hier an und bringen Sie Ihre Höchstleistung! Sie werden sehen, dann geht es auch in den anderen Bereichen leichter. Lassen Sie sich von der Behörde und den Sachverständigen keine andere Reihenfolge aufzwingen: *Sie* haben nach § 8 Abs. 1 Handwerksordnung die Pflicht, Ihren Leistungsstand nachzuweisen. Damit haben Sie das Recht, die Reihenfolge zu bestimmen!

E. Beschränkte und befristete Ausnahmebewilligung

Gegebenenfalls können Sie Ihren Antrag auf Ausnahmebewilligung auch auf den wesentlichen Teil eines Handwerks beschränken oder nur eine befristete Ausnahmebewilligung beantragen. Zu beachten ist allerdings, daß grundsätzlich eine befristete Ausnahmebewilligung nicht dazu dient, dem Antragsteller die Möglichkeit einzuräumen, sich die erforderlichen Kenntnisse und Fertigkeiten für die Ausübung des angestrebten Berufs erst anzueignen. Das Bundesverwaltungsgericht hat sich daher stets gegen die – Ihnen eventuell entgegenkommende – großzügige Praxis mancher Verwaltungsbehörden bei der Erteilung befristeter Ausnahmebewilligungen gewandt. Sollten Sie allerdings zum Beispiel länger als fünf Jahre auf den Abschluß der Vorbereitungskurse zur Meisterprüfung warten müssen oder derartige

Überlange Wartezeit für Vorbereitungskurs zur Meisterprüfung

Kurse für Sie praktisch unerreichbar sein (zu weit entfernter Ort, zu lange Abwesenheit von zuhause), so kann Ihnen sehr wohl eine befristete Ausnahmebewilligung zustehen (vgl. Zweiter Teil „Rechtsfragen", X, insbesondere D bis F, S. 121 ff.).

F. Titelführung und Berechtigung zur Lehrlingsausbildung

Haben Ihre Bemühungen um eine Ausnahmebewilligung Erfolg gehabt und sind Sie nach § 7 Abs. 3 Handwerksordnung in die Handwerksrolle eingetragen worden, so stehen Sie dennoch in zweifacher Weise einem Meister *nicht* gleich:
– Sie dürfen den „Meister-Titel" nicht führen und
– Sie dürfen grundsätzlich keine Lehrlinge ausbilden.

Ausnahmebewilligung: Kein „Meister"-Titel, keine Lehrlinge

Den „Meister-Titel" dürfen Sie nur führen, wenn Sie die Meisterprüfung in einem Handwerk tatsächlich erfolgreich bestanden haben. Lehrlinge dürfen Sie allerdings auch in einigen anderen Fällen ausbilden. § 22 Handwerksordnung sieht hier Ausnahmen vor: Haben Sie die Abschlußprüfung an einer deutschen Technischen Hochschule oder einer staatlichen oder staatlich anerkannten Ingenieurschule bestanden, so werden Sie nach § 22 Abs. 1 Handwerksordnung ebenfalls als „fachlich geeignet" für die Ausbildung angesehen, wenn Sie in dem betreffenden Handwerk die Gesellenprüfung oder eine entsprechende Prüfung abgelegt haben oder mindestens vier Jahre praktisch tätig waren.

Ausbildungsberechtigung für Hochschulabsolventen

In allen anderen Fällen können Sie nach § 22 Abs. 3 Handwerksordnung bei der zuständigen Landesbehörde beantragen, daß Ihnen – allerdings nur widerruflich – die fachliche Eignung zur Lehrlingsausbildung ausdrücklich zuerkannt wird. Bei erfolgreichem Antrag auf Ausnahmegenehmigung nach § 8 Abs. 1 Handwerksordnung dürfte dies in der Regel keine Schwierigkeit bereiten.

Widerrufliche Ausbildungsberechtigung

Im Ergebnis können Sie also durch erfolgreiche Anträge nach § 8 Abs. 1 und § 22 Abs. 3 Handwerksordnung wirtschaftlich fast genauso stehen wie nach Ablegung der Meisterprüfung.

VII. Abgrenzung von Handwerken untereinander

Sind Sie nun in einem bestimmten Handwerk tätig, so kann es geschehen, daß Sie auch Tätigkeiten ausüben, die andere Handwerke für sich beanspruchen. Es wird leicht der Vorwurf rechtswidriger Handwerksausübung erhoben, wenn es um die Abgrenzung der Handwerke untereinander geht. Gerade hier ist auch Konkurrenzneid im Spiel, aber häufig erfolglos. Denn ,,Handwerk'' ist ein dynamischer Begriff, nicht nur im Verhältnis zur Industrie und zum Kleingewerbe, sondern auch in der Abgrenzung der Handwerkszweige untereinander. Viele Handwerke überschneiden sich nicht nur teilweise. Die Handwerke und Sie als Unternehmer können mit ihrem Tätigkeitsbereich auch ,,wandern'' durch Hinzunahme kleingewerblicher Tätigkeiten (die selbstverständlich kleingewerblich bleiben!) und durch regelmäßige Weiterbildung der betreffenden Handwerker auch in handwerklichen Tätigkeiten benachbarter Handwerke (im einzelnen vergleiche Zweiter Teil ,,Rechtsfragen'', XIII, S. 136 ff.).

Bereiche überschneiden sich, Tätigkeitsbereiche können ,,wandern''

VIII. Überleitung

Dies waren einige kurze, beispielhafte Hinweise darauf, welche Überlegungen Sie anstellen können, um Ihr Unternehmen auch handwerksrechtlich auf sicheren Boden zu stellen. Dabei gibt es viel Unbestrittenes, das Sie in aller Ausführlichkeit in der unten aufgeführten gängigen Spezialliteratur zum Handwerksrecht nachlesen können.

Unbestrittenes

Daneben gibt es in wichtigen Kernfragen der Berufsfreiheit einen streitigen Bereich, manches, um das Sie mit guten Gründen – und letztlich auch mit guter Aussicht auf Erfolg – kämpfen können. In vielen Urteilen unter- und mittelinstanzlicher Gerichte wird zwar aufgrund der dem Handwerk nahestehenden Kommentarliteratur eine andere Ansicht vertreten. Letztlich entscheidend ist aber die Rechtsansicht des Bundesverfassungsgerichts und des Bundesverwaltungsgerichts. Diesem streitigen Bereich gilt das Hauptaugenmerk der folgenden rechtlichen Ausführungen.

Streitiges

Entscheidend: Bundesverfassungsgericht, Bundesverwaltungsgericht

Auch der Kampf um das Recht gehört zum erfolgreichen jungen Unternehmer – zu Ihnen. Sie werden ihn bestehen, wenn Sie stets vorher sorgsam abwägen: Reichen Zeit und Geld? Ist die Ungewißheit tragbar? Kann ich Verbündete gewinnen, die Verwaltungsbehörden? Schließlich wird es immer auf die besonderen Umstände des Einzelfalles ankommen.

Abwägen: Kampf ums Recht sinnvoll?

Die weiteren Kapitel im zweiten Teil dieses Buches sollen Ihnen und vor allem Ihrem Rechtsanwalt helfen, Ihnen den vollen Genuß des Grundrechts der Berufsfreiheit zu sichern.

Zweiter Teil

Wichtige Fragen des Handwerksrechts, dargestellt anhand der Rechtsprechung des Bundesverwaltungsgerichts und des Bundesverfassungsgerichts

I. Grundlagen

A. Grundrecht der Berufsfreiheit

Jede kleingewerbliche, handwerkliche oder industrielle Tätigkeit steht unter dem Schutz des Grundgesetzes: Artikel 12 Grundgesetz sichert allen Deutschen das Recht, Beruf, Arbeitsplatz und Ausbildungsstätte frei zu wählen.

B. Auslegungsregel

Die Berufsausübung – und um der Berufsausübung willen auch die Berufswahl – kann durch Gesetz oder aufgrund eines Gesetzes geregelt werden. Das Bundesverfassungsgericht hat hierzu im „Apotheken-Urteil" (Urteil vom 11.6.1958 – 1 BvR 596/56 –, in BVerfGE 7,377) eine Stufentheorie entwickelt. Sie „ist das Ergebnis strikter Anwendung des Prinzips der Verhältnismäßigkeit bei den vom Gemeinwohl her gebotenen Eingriffen in die Berufsfreiheit. Sie geht von der Einsicht aus (a.a.O., S. 405), daß nach der Ordnung des Grundgesetzes die freie menschliche Persönlichkeit der oberste Rechtswert ist, daß ihr deshalb auch *bei der Berufswahl die größtmögliche Freiheit gewahrt bleiben muß*, daß diese Freiheit mithin nur soweit eingeschränkt werden darf, als es zum gemeinen Wohl

Grundsätzliche Freiheitsvermutung *unerläßlich* ist. Von der grundsätzlichen Freiheitsvermutung aus ergibt sich die Unterscheidung zwischen bloßen Regelungen der Berufs*ausübung* und Einschränkungen der Berufs*wahl,* bei diesen wiederum zwischen subjektiven und objektiven Voraussetzungen der Zulassung zum Beruf; es ergibt sich ferner der Grundsatz, daß Eingriffe jeweils nur auf der ‚Stufe' gerechtfertigt sind, die die geringste Beschränkung der Berufsfreiheit des einzelnen mit sich bringt" (Bundesverfassungsgericht, Beschluß vom 17.7.1961 – 1 BvL 44/55 –, in BVerfGE 13,97 (104 f.), Hervorhebungen vom Verfasser).

Geringstmögliche Beschränkung der Berufsfreiheit

Für alle Regelungen auf jeder Stufe gilt aber der allgemeine Grundsatz: „Das Grundgesetz ist als ranghöchstes innerstaatliches Recht nicht nur Maßstab für die Gültigkeit von Rechtsnormen aus innerstaatlicher Rechtsquelle; *auch inhaltlich ist jede dieser Rechtsnormen im Einklang mit dem Grundgesetz auszulegen.* Sie empfängt daraus im Rahmen ihres Wortlauts gegebenenfalls einen ergänzenden Sinn oder ist, wenn die übrigen Voraussetzungen hierfür erfüllt sind, im Einklang mit dem Grundgesetz fortzubilden. Auch das Grundgesetz ist Teil der Gesamtrechtsordnung, die als Sinnganzes verstanden werden muß und jeglicher Auslegung innerstaatlichen Rechts zugrunde zu legen ist" (Bundesverfassungsgericht, Beschluß vom 19.6.1979 – 2 BvL 14/75 –, in BVerfGE 51,304 (323), Hervorhebungen vom Verfasser).

Stets grundgesetzkonforme Auslegung

Man kann daher feststellen: Die gegenseitige Beziehung zwischen Grundrecht und allgemeinen Gesetzen ist nicht als einseitige Beschränkung der Geltungskraft des Grundrechts durch die allgemeinen Gesetze aufzufassen. Es findet vielmehr eine *Wechselwirkung* in dem Sinne statt, daß die allgemeinen Gesetze zwar dem Wortlaut nach dem Grundrecht Schranken setzen, ihrerseits aber aus der Erkenntnis der wertsetzenden Bedeutung dieses Grundrechts im freiheitlichen demokratischen Staat ausgelegt und so in ihrer das Grundrecht begrenzenden Wirkung selbst wieder eingeschränkt werden müssen (ständige Rechtsprechung des Bundesverfassungsgerichts; BVerfGE 7, 198 (208 f.); 7, 377 (404); 51, 304 (323); 52, 283 (299); 53, 257 (298); 54, 94 (97, 99); 54, 148 (151 f.); 54, 224 (235); 57, 170 (177); 58, 377 (396); 59, 330 (334); vergleiche auch Bundesverwaltungsgericht, Urteil vom 16.9.1966 – IC 53/65, S. 44).

Gesetze im Geiste der Berufsfreiheit einschränkend auslegen

Denn die Grundrechte sind dazu bestimmt, die Freiheitssphäre des einzelnen vor Eingriffen der öffentlichen Gewalt zu sichern. Sie sind Abwehrrechte des Bürgers gegen den Staat. Zugleich stellen sie eine objektive Wertordnung dar, die ihren Mittelpunkt in der innerhalb der sozialen Gemeinschaft sich frei entfaltenden menschlichen Persönlichkeit und Würde findet. Dies gilt als verfassungsrechtliche Grundentscheidung für alle Bereiche des Rechts. *Jede Vorschrift muß in ihrem Geiste ausgelegt werden* (BVerfGE 7, 198 (204 f.).

Auch bei der Beurteilung von bloßen Berufsausübungsregelungen sind die Auswirkungen der Grundrechte stets zu berücksichtigen. Notwendig ist eine konkrete Abwägung zwischen den durch die Vorschrift geschützten Rechtsgütern und der wertsetzenden Bedeutung des Grundrechts für den jeweils zu entscheidenden Einzelfall. Der besondere Wertgehalt des Rechts auf freie Wahl von Beruf, Arbeitsplatz und Ausbildungsstätte führt zu einer grundsätzlichen Vermutung für die Berufsfreiheit (BVerfGE 7, 377 (397, 400, 402–404, 405); 13, 97 (104 f., 113); 19, 330 (336 f.); 24, 278 (282); 25, 44 (55); 59, 330 (334); 59, 336 (357).

Grundsätzliche Vermutung: Berufsfreiheit

Höchstmögliche Wirkung der Grundrechte anstreben

Im Zweifel gilt: *Höchstmögliche Wirkung der Grundrechte anstreben.* Das Bundesverfassungsgericht hält in ständiger Rechtsprechung an dem Grundsatz fest, „wonach in Zweifelsfällen diejenige Auslegung zu wählen ist, welche die juristische Wirkungskraft der Grundrechtsnorm am stärksten entfaltet" (Bundesverfassungsgericht, Urteil vom 25.2.1975, in BVerfGE 39,1 (38); ebenso BVerfGE 32,54 (71) und 6,55 (72).

Zweierlei ist besonders hervorzuheben:

C. Kein Konkurrenzschutz

Die bereits im Beruf Tätigen vor weiterer Konkurrenz zu schützen, ist ein Motiv, das nach allgemeiner Meinung niemals einen Eingriff in das Recht der freien Berufswahl rechtfertigen könnte. Aus diesem Grunde die freie Berufswahl zu beschränken, wäre verfassungswidrig (BVerfGE 7, 377 (408); 13, 97 (122); 19, 330 (342)).

D. Verhältnismäßigkeit und Gleichbehandlung

In allen Einzelfällen muß Verhältnismäßigkeit gesichert sein

Auch soweit eine Berufszulassungsbeschränkung allgemein dem Grundsatz der Verhältnismäßigkeit entspricht, kann sie nach Artikel 12 Abs. 1 Grundgesetz in Verbindung mit Artikel 3 Abs. 1 Grundgesetz dennoch verfassungswidrig sein, wenn nicht auch in *allen* wesentlichen geregelten Einzelfällen die Verhältnismäßigkeit gewahrt oder in gleicher Weise gewahrt ist, d.h., wenn die

Beschränkung nicht die Ungleichheiten berücksichtigt, die typischerweise innerhalb der betroffenen Berufsgruppen bestehen. Eine *verfassungswidrige Beschränkung der Berufsfreiheit* ist daher anzunehmen, wenn nicht nur einzelne aus dem Rahmen fallende Sonderfälle, sondern bestimmte, wenn auch *zahlenmäßig begrenzte Gruppen typischer Fälle ohne zureichende sachliche Gründe verhältnismäßig stärker belastet* werden als andere (BVerfGE 34, 71 (78 f.); 65, 116 (126 ff.); 68, 155 (173)).

Einen besonderen, erhöhten Verwaltungsaufwand zu vermeiden, ist ein Ziel, das eine derartige Mehrbelastung nicht zu rechtfertigen vermag. Eine Mehrbelastung von einzelnen oder Gruppen allein aus Gründen der Verwaltungsvereinfachung ist verfassungswidrig (BVerfGE 34, 71 (79 f.); 65, 116 (129)). **Verwaltungserleichterung rechtfertigt keine Mehrbelastung der Bürger**

E. Ergebnis

Im Ergebnis ist also festzuhalten: Berufsfreiheit ist die Regel – Berufszulassung die Ausnahme. Solche Ausnahmen aber sind eng auszulegen im Geiste des Grundrechts der Berufsfreiheit, dessen Beschränkung möglichst gering gehalten werden muß, dessen Wirkung aber möglichst groß sein soll. **Handwerksordnung *eng* auslegen**

Kurz: Die Handwerksordnung ist möglichst eng auszulegen, soweit sie in die Berufsfreiheit eingreift.

II. Der Handwerksbegriff des § 1 Handwerksordnung

A. Wortlaut des § 1 HwO, Auslegung

1. Wortlaut

,,Der selbständige Betrieb eines Handwerks als stehendes Gewerbe ist nur den in der Handwerksrolle eingetragenen natürlichen und juristischen Personen und Personengesellschaften (selbständige Handwerker) gestattet (§ 1 Abs. 1 Satz 1 HwO). Ein Gewerbebetrieb ist Handwerksbetrieb im Sinne der Handwerksordnung, wenn er handwerksmäßig betrieben wird und vollständig oder in wesentlichen Tätigkeiten ein Gewerbe umfaßt, das in der Anlage A zur Handwerksordnung aufgeführt ist" (§ 1 Abs. 2 HwO).

2. Zur Auslegung des Handwerksbegriffs

Zur Auslegung des Handwerksbegriffs im Sinne der Handwerksordnung als Voraussetzung für die Eintragungspflicht und damit für die Berufszulassungsschranke des großen Befähigungsnachweises (in der Regel Meisterprüfung) hat das Bundesverwaltungsgericht grundsätzlich ausgeführt (Urteil vom 16.9.1966 – I C 53/65 – in: Gewerbearchiv 1967, 109 (110)):

Bundesverwaltungsgericht 16.9.66

Verfassungsrechtliche Überlegungen notwendig

Auslegung nur im Sinne des Ziels der Grundrechtsbeschränkung zulässig: Erhaltung der Leistungsfähigkeit des Handwerks (HwO dient *nicht* der Gefahrenabwehr)

„... bei der Auslegung (darf) nicht unberücksichtigt bleiben, daß die Freiheit der Berufswahl jetzt nicht mehr, wie nach Artikel 111 Weimarer Reichsverfassung, unter dem Vorbehalt des – einfachen – Gesetzes steht, sondern als Grundrecht gemäß Artikel 12 Abs. 1 Satz 1 Grundgesetz nur noch nach Maßgabe der Grundsätze, die das Bundesverfassungsgericht unter anderem im Apotheken-Urteil, im Handwerks-Beschluß und im Einzelhandels-Beschluß entwickelt hat, durch Gesetz beschränkt werden kann. In dem hier allein interessierenden Zusammenhang der Berufszulassung sind daher verfassungsrechtliche Überlegungen bei der Auslegung des Handwerksbegriffs entgegen der Ansicht von Fröhler (zur Abgrenzung von Handwerk und Industrie, 1965, S. 61 f.) nicht nur am Platze, sondern notwendig. Die Entscheidung des Bundesverfassungsgerichts, daß die Handwerksordnung die selbständige Ausübung der handwerklichen Berufe in verfassungsrechtlich einwandfreier Weise ordnet, läßt keineswegs jede denkbare Auslegung ihrer einschlägigen Vorschriften zu. *Die Gründe, mit denen allein das Bundesverfassungsgericht die Einengung der Berufswahl gerechtfertigt hat, setzen zugleich der Auslegung Grenzen.* Der Begriff des Handwerks und Handwerksbetriebes – nach dem Gesetzeswortlaut: eines handwerksmäßig betriebenen Gewerbes – ist daher wenigstens für seine Schlüsselfunktion in der Regelung des Zugangs zum Beruf – wie es sich bei der Anknüpfung anderer Rechtsfolgen verhält, ist hier nicht zu klären – nicht ohne weiteres als ein vorgegebenes soziologisches und wirtschaftliches Faktum zu verstehen und nicht ausschließlich auf einer so vorgegebenen begrifflichen Ebene auszulegen. Die *übergreifende verfassungsrechtliche Einwirkung* – nicht nur: Zielsetzung – des Artikel 12 Abs. 1 Grundgesetz *verbietet* jede solche *Auslegung* des Handwerksbegriffs in § 1 Abs. 2 HwO, *die* über § 1 Abs. 1 und § 7 oder § 8 HwO *zu einer verfassungswidrigen Beschränkung der Berufswahl führen würde"* (Hervorhebungen vom Verfasser).

B. Handwerksfähige Gewerbe nach Anlage A zur Handwerksordnung (Berufsbild, „dynamischer Handwerksbegriff", Gewerblichkeit)

Die Liste der handwerksfähigen Gewerbe (Anlage A der Handwerksordnung) ist in Anhang 2 („Materialien", Nr. 1) dieses Buchs abgedruckt. Welche Tätigkeiten im einzelnen diesen Gewerben zuzuordnen sind, ergibt sich aus dem jeweiligen tatsächlichen Berufsbild.

1. Tatsächliches Berufsbild, „dynamischer Handwerksbegriff"

Für die Zuordnung einer Tätigkeit zu einem handwerksfähigen Gewerbe können die betreffenden Ausbildungs-Berufsbilder sowie die fachlichen Ausbildungs- und Prüfungsvorschriften mit herangezogen werden, da sie erläuternde Einzelheiten über das Arbeitsgebiet und die zu seiner Bewältigung notwendigen fachlichen Fertigkeiten und Kenntnisse enthalten (Bundesverwaltungsgericht Urteil vom 15.12.1983 – 5 C 40.81 – in: Gewerbearchiv 1984, 98 (99). Vgl. auch BVerwGE 25, 66 (67); 58, 217 (219)). *Entscheidend* ist aber *ausschließlich das tatsächliche, gegenwärtige Berufsbild* zum Zeitpunkt der Entscheidung (Bundesverwaltungsgericht a.a.O. S. 99). Der Begriff des ‚Handwerks' ist nämlich keine statische, durch Vorschriften für alle Zukunft festgelegte Größe. Es gilt vielmehr ein „dynamischer Handwerksbegriff" (Bundesverwaltungsgericht, Urteil vom 16.9.1966 – I C 53/65 – in: Gewerbearchiv 1967, 109 (110)):

„Der *Begriff und die Abgrenzung des Handwerks* gegen andere Betriebsarten ... sind *nicht unveränderlich starr*. Von jeher wandeln sie sich – sei es zum Vorteil oder zum Nachteil des Handwerkerstandes – infolge technischer, wirtschaftlicher und sozialer Entwicklungen. So wechseln zuweilen einzelne Zweige des Handwerks – wie auch sonstige Berufszweige – zu anderen Betriebsformen über. Zuweilen erschließen solche Entwicklungen dem Handwerk auch neue Arbeitsbereiche oder die Möglichkeit, sich technische oder betriebswirtschaftliche Errungenschaften ohne Aufgabe des handwerklichen Charakters zu eigen zu machen. Entsprechend ändern sich auch Bedeutung und Gewicht der mannigfachen Merkmale, die sich zur Abgrenzung des Handwerksbegriffs heranziehen lassen ..." (Hervorhebungen vom Verfasser).

Bundesverwaltungsgericht 16.9.66

Beispiele: Schuhe werden heutzutage fast ausschließlich industriell in Fabriken hergestellt, der Schuhmacher ist zum „Flickschuster" geworden. Bekleidung wird heute in der Regel in großen Betrieben serienmäßig gefertigt, der Schneider ist meist zum bloßen „Änderungsschneider" geworden. Einfache Brot- und Gebäcksorten werden in zunehmendem Maße in Brotfabriken produziert.

2. Ausschließender Charakter der Anlage A

Kein Handwerk, was nicht Teil eines handwerksfähigen Gewerbes ist (Anlage A)

Alle gewerblichen Tätigkeiten, die nach den tatsächlichen, gegenwärtigen Berufsbildern zum Zeitpunkt der Entscheidung nicht einem der handwerksfähigen Gewerbe nach Anlage A zur Handwerksordnung zugeordnet werden können, sind im Sinne der Handwerksordnung kein Handwerk – auch wenn man diese Tätigkeiten in einem landläufigen, weiteren Sinne sehr wohl noch als „handwerklich" einstufen könnte; dies folgt aus dem typisierenden und ausschließenden Charakter der Liste handwerksfähiger Gewerbe in Anlage A.

3. Nur Gewerbebetriebe sind Handwerk

Gewerbebegriff der Gewerbeordnung

Nur „*Gewerbe*betriebe" können nach § 1 Abs. 2 HwO Handwerksbetriebe sein. Wer nicht „gewerblich" tätig wird, kann daher auch kein Handwerk im Sinne der Handwerksordnung betreiben. Der Begriff des „Gewerbes" ist gesetzlich nicht näher bestimmt. Nach heute allgemein anerkannter Auffassung ist Gewerbe im – hier heranzuziehenden – Sinne der Gewerbeordnung jede nicht sozial unwertige (generell nicht verbotene, das heißt „erlaubte") auf Gewinnerzielung gerichtete und auf Dauer angelegte selbständige Tätigkeit, ausgenommen bloße Verwaltung eigenen Vermögens, Urproduktion und freie Berufe.

Freie Berufe kein Handwerk

Zu den freien Berufen zählen unter anderem auch alle künstlerischen Tätigkeiten (Bundesverwaltungsgericht, Urteil vom 24.6.1976 – I C 56.74 – in: Gewerbearchiv 1976, 293 (294)). Wer also in seinem Betrieb in einer Weise tätig wird, die als spezifisch künstlerisch zu qualifizieren ist, betreibt kein Handwerk. Ob eine spezifisch künstlerische Tätigkeit vorliegt, ist Tatfrage. Zur Klärung kann es hilfreich sein, gutachtliche Stellungnahmen von anerkannten Künstlern, Kunstakademien oder Universitäten einzuholen. Der Nachweis einer künstlerischen Ausbildung dürfte den Beweis der künstlerischen Tätigkeit erleichtern, er ist aber keine notwendige Voraussetzung (vgl. entsprechend Zweiter Teil „Rechtsfragen", X C 2, S. 110 ff.).

Künstler

Beispiele: Handwerk sind die üblichen Tätigkeiten eines Steinmetzen oder eines Kunstschmiedes oder Kunstschlossers. Als künstlerische Tätigkeit hingegen ist die an künstlerischen Maßstäben orientierte Herstellung zum Beispiel von Stein- oder Metallskulpturen anzusehen. Die Grenzen sind fließend!

Ebensowenig liegt ein Handwerk vor, wenn es an der für ein Gewerbe erforderlichen Selbständigkeit fehlt, zum Beispiel bei großhandwerklichen Betrieben mit mehreren dezentralen Betriebsstätten (vergleiche im einzelnen Zweiter Teil „Rechtsfragen" VII C, S. 80 ff.).

Selbständigkeit erforderlich

C. Handwerksmäßige Betriebsweise

1. Allgemeines zur Abgrenzung (Industrie/Kleingewerbe)

Die Ausübung von Tätigkeiten, die einem handwerksfähigen Gewerbe nach Anlage A der Handwerksordnung zuzurechnen sind, reicht allein jedoch nicht aus, um die Vorschriften der Handwerksordnung anwenden zu dürfen. Der Gewerbebetrieb muß vielmehr „handwerksmäßig" betrieben werden. Die Prüfung auf handwerksmäßige Betriebsweise beinhaltet die Abgrenzung einerseits gegenüber der Industrie und andererseits gegenüber dem Kleingewerbe (Minderhandwerk).

„Handwerksmäßige" Betriebsweise

Das Bundesverfassungsgericht (BVerfGE 13, 97 (123)) hat „als ein typisches Strukturmerkmal der Handwerksbetriebe hervorgehoben, daß der Betriebsinhaber kraft persönlicher handwerklichfachlicher Qualifikation entscheidenden Einfluß auf den Wert der handwerklichen Leistung des Betriebes habe; gerade dies rechtfertige es, die selbständige Ausübung eines Handwerks vom Nachweis persönlicher Fertigkeiten und Kenntnisse abhängig zu machen" (Bundesverwaltungsgericht, Urteil vom 16.9.1966 – I C 53/65 – in: Gewerbearchiv 1967, 109).

Persönlicher Einfluß

Das Bundesverwaltungsgericht hat mehrfach ausgeführt (Urteil vom 6.12.1963 – VII C 18/63 – in: Gewerbearchiv 1964, 83; Urteil vom 17.4.1964 – VII C 228/59 – in: Gewerbearchiv

Keine allgemein-gültigen Merkmale

Bloßer Wille des Betriebsinhabers ohne Bedeutung

Industrielle Betriebsweise

Mögliche Abgrenzungsmerkmale

Maschinenein-satz

1964, 249), „daß sich allgemein gültige Merkmale, die in jedem Falle ohne weiteres eine eindeutige Klärung der Frage, ob ein Gewerbe handwerksmäßig betrieben wird, ermöglichen könnten, kaum festlegen lassen. Das scheitert schon daran, daß viele der in der Positivliste verzeichneten und damit von der Handwerksordnung gemäß § 1 Abs. 2 erfaßten Gewerbe bereits nach der ihnen jeweils gestellten Aufgabe so unterschiedlichen Wirtschafts-, Arbeits- und Absatzbedingungen unterliegen, daß sie nicht nach einem einheitlichen Maßstab beurteilt werden können. ... dem Willen des Betriebsinhabers, dem einen oder dem anderen Bereich (Handwerk oder Industrie) und den hierfür jeweils in Betracht kommenden Organisationen anzugehören, (kommt) keine entscheidende Bedeutung" zu (a.a.O. S. 250–252; Klammererläuterungen vom Verfasser).

Für die Abgrenzung zur industriellen Betriebsweise insbesondere können im Rahmen einer derartigen Gesamtbetrachtung unter anderem folgende Merkmale des Betriebs Bedeutung erlangen:
- Umfassende (insbesondere handwerksmäßige) Ausbildung der Arbeitskräfte,
- Art und Ausmaß der Arbeitsteilung,
- Möglichkeiten des Betriebsinhabers, die Arbeit seiner Mitarbeiter im einzelnen zu überwachen und ihnen erforderlichenfalls Anweisungen zu erteilen,
- Größe des Betriebes, Höhe des Umsatzes und des im Betrieb investierten Kapitals, Zahl der Beschäftigten (von Branche zu Branche erhebliche spezifische Abweichungen),
- Einzelfertigung oder (Groß-)Serienfertigung,
- Art und Umfang des Einsatzes technischer Hilfsmittel.

Obwohl diese herkömmlichen Kriterien je für sich allein für die Abgrenzung zwischen industrieller und handwerksmäßiger Betriebsweise nicht ausreichen, so können sie doch, wenn *mehrere* von ihnen einen Schluß in bestimmter Richtung nahelegen, für die Entscheidung wertvoll sein. Das gilt besonders für die Verwendung von Maschinen: „Für die Annahme industrieller Betriebsweise spricht es, wenn ihre (der Maschinen) Verwendung für die Entfaltung der Handfertigkeit keinen Raum mehr läßt, für einen handwerksmäßigen Betrieb (spricht), wenn der Handwerker sich ihrer (der Maschinen) nur zur Erleichterung seiner Tätigkeit und zur Unterstützung seiner Handfertigkeit bedient" (Bundesverwaltungsgericht, Urteil vom 17.4.1964 –VII C 228/59 – in: Gewerbearchiv 1964, 249 (252) (Klammererläuterungen vom Verfasser); vgl. auch Urteil vom 6.12.1963 – VII C 32/62 – in: Gewerbearchiv 1964, 105).

Allgemein gilt jedoch: „Die ständige und zum Teil rasch fort-schreitende wirtschaftliche und technische Entwicklung hat zunächst zur Folge, daß allgemein die Grenzen zwischen industrieller und handwerksmäßiger Betriebsweise in vieler Hinsicht flüssig werden. Sie führt darüber hinaus auch dazu, daß vielfach innerhalb des einzelnen Gewerbebetriebes die Verhältnisse in steter Entwicklung begriffen sind, womit sich das für die Zuordnung zum industriellen oder zum handwerklichen Bereich maßgebende Gesamtbild des Betriebes unter Umständen *kurzfristig grundlegend ändern* kann. Schließlich hat diese Entwicklung zur Folge, daß sich innerhalb eines einzelnen Gewerbebetriebes häufig Anzeichen finden, die mehr auf eine industrielle und andere Anzeichen, die mehr auf eine handwerksmäßige Betriebsweise hinzudeuten scheinen. In diesen Fällen kann die Entscheidung, ob es sich um einen den Vorschriften der Handwerksordnung unterliegenden Handwerksbetrieb oder um einen Industriebetrieb handelt, nur darauf abgestellt werden, ob nach dem wirtschaftlichen Gesamtbild des Betriebes die handwerksmäßige oder die industrielle Betriebsweise überwiegt" (Bundesverwaltungsgericht, Urteil vom 17.4.1964 – VII C 228/59 – in: Gewerbearchiv 1964, 249 (252); Hervorhebungen vom Verfasser).

Bundesverwaltungsgericht 17.4.64

Grenzen zwischen Industrie und Handwerk fließend

Wirtschaftliches Gesamtbild entscheidend

2. Abgrenzung zum Kleingewerbe

Wie auch bei der Abgrenzung zur industriellen Arbeitsweise gilt besonders bei der Abgrenzung des Handwerks im Sinne der Handwerksordnung zum Kleingewerbe (Minderhandwerk), daß nach dem Grundsatz der Verhältnismäßigkeit (vgl. insbesondere BVerfGE 13, 97 (104)) „... eine Beschränkung der Berufsfreiheit gerade durch den handwerklichen großen Befähigungsnachweis nur bei solchen Tätigkeiten gerechtfertigt sein (kann), für deren einwandfreie fachgerechte Ausübung es auf handwerkliche Kenntnisse und Fertigkeiten überhaupt ankommen kann" (Bundesverwaltungsgericht, Urteil vom 16.9.1966 – I C 53/65 – in: Gewerbearchiv 1967, 109).

Bei seinen Ausführungen zur Verfassungsmäßigkeit der Handwerksordnung ging das Bundesverfassungsgericht in der Entscheidung vom 17.7.1961 von solchen handwerklichen Arbeiten

Meisterliche Kenntnisse erforderlich?

aus, deren einwandfreie Ausführung eine *6–9jährige Ausbildung* erfordert (BVerfGE 17, 230 (233)). Erreicht nicht zumindest ein Teil der betrieblichen Arbeiten einen Schwierigkeitsgrad, bei dem zur Erzielung einwandfreier Leistungen eine derartig lange, spezifisch handwerkliche Ausbildung *nötig* wird, so wäre Artikel 12 Abs. 1 Grundgesetz verletzt, wollte man den großen Befähigungsnachweis als Voraussetzung der handwerklichen Zulässigkeit des Betriebes verlangen (vgl. Bundesverwaltungsgericht, Urteil vom 16.9.1966 – I C 53/65 – in: Gewerbearchiv 1967, 109 (109, 111)). Zu den grundsätzlichen Ausführungen des Bundesverwaltungsgerichts über den Handwerksbegriff im Sinne des § 1 Abs. 2 HwO als Voraussetzung für die Eintragungspflicht in die Handwerksrolle und damit für die Berufszulassungsschranke des großen Befähigungsnachweises vgl. den Originalwortlaut oben Zweiter Teil „Rechtsfragen", II A, S. 43 ff.

Das Bundesverwaltungsgericht hat diese Rechtsansicht erst jüngst in seinen Urteilen vom 23.6. und 15.12.1983 bestätigt (5 C 37.81 und 5 C 40.81 in: Gewerbearchiv 1984 S. 96 und 98).

3. Zum Schwierigkeitsgrad auszuführender Tätigkeiten („Jedermann-Tätigkeiten", mittlerer Schwierigkeitsgrad, „handwerksähnliche Gewerbe", Vergleichsfälle)

Von entscheidender Bedeutung für die Abgrenzung des handwerksrollenpflichtigen Handwerks vom freien Kleingewerbe ist der Schwierigkeitsgrad der auszuführenden Tätigkeiten.

Einfache Arbeiten kein Handwerk

– Daß Arbeiten einfacher Art nicht handwerksrollenpflichtig sind, wurde vom Bundesverwaltungsgericht bereits in einer größeren Zahl von Entscheidungen ausgesprochen: „Als Handwerksbetrieb im Sinne des § 1 Abs. 2 HwO ist also ein Betrieb nicht anzusehen, der die vom Bundesverfassungsgericht zur Rechtfertigung des sogenannten großen Befähigungsnachweises herangezogenen Belange nicht berühren kann, weil er sich auf „einfache", d.h. solche Arbeiten beschränkt, zu deren einwandfreier und gefahrloser Ausführung es der handwerklichen, in der Regel nur durch die 6–9jährige Lehr- und Gesellenzeit erlangbaren Befähigung nicht bedarf" (Bundesverwaltungsgericht, Urteil vom 24.10.1967 – I C 57/65 – in: Gewerbearchiv 1968, 59; vgl. auch Bundesverwaltungsgericht, Urteil vom 15.12.1983 – 5 C 40.81 – in: Gewerbearchiv 1984, 98 mit weiteren Nachweisen). Beispiele derartiger „Jedermann-Tätigkeiten" sind z.b. Arbeiten der Gebäudereinigung „nach Hausfrauen-Art" sowie einfache Reparatur- und Montagetätigkeiten, die mit entsprechend für die Verwendung durch Laien vorbereiteten Materialien (z.b. aus Hobby- und Baumärkten) vorgenommen werden.

„Jedermann-Tätigkeiten"

– Auch die Tätigkeiten mittleren Schwierigkeitsgrades wurden in der Rechtsprechung des Bundesverwaltungsgerichts noch dem kleingewerblichen Bereich zugeordnet. Bezogen auf das Gewerbe der „Schnellreiniger" hat das Bundesverwaltungsgericht festgestellt (Urteil vom 13.3.1973 – I C 10/70 – in: Gewerbearchiv 1973, 157 (158)): „Für diese Tätigkeit mittleren Schwierigkeitsgrades sind Kenntnisse und Fertigkeiten erforderlich, die den Betrieb zwar nicht als Handwerk, wohl aber als handwerksähnliches Unternehmen erscheinen lassen."

Mittlerer Schwierigkeitsgrad *kein* Handwerk

Das Bundesverwaltungsgericht konnte sich hierbei auf die Materialien zur Handwerksrechtsnovelle 1965 stützen, die den klaren Willen des Gesetzgebers deutlich machen. Im Bericht des federführenden Mittelstandsausschusses des Deutschen Bundestages heißt es (Schriftlicher Bericht des Ausschusses für Mittelstandsfragen vom 2.6.1965 (Berichterstatter: Schulhoff, Lange); zu Bundestagsdrucksache IV/3461, S. 5):

„Der Ausschuß war der Auffassung, daß für die handwerksähnlichen Gewerbe kein Befähigungsnachweis in Frage kommen kann, die *Gewerbefreiheit* also durch diese Einbeziehung in den Betreuungsbereich des Handwerks *nicht berührt* werden dürfe ... Der Ausschuß stellt auch zu diesem Teil der Novelle ausdrücklich fest, daß mit der Aufzählung (der handwerksähnlichen Gewerbe) in der neuen Anlage B keine Einschränkung der Gewerbefreiheit verbunden ist. Es darf auch – nach Meinung des Ausschusses – *aus dieser Anlage B nicht die Auffassung abgeleitet werden, daß das eine oder andere handwerksähnlich betriebene Gewerbe eigentlich ein handwerklich zu betreibendes Gewerbe sei* und deshalb den vollen Voraussetzungen der Handwerksordnung zu unterwerfen sei. Beispielhaft sind hierfür vor allem das unter Nummer 34 der Anlage B aufgeführte Gewerbe der Schnellreiniger ... einerseits und die unter den Nummern 96 und 98 namhaft gemachten (handwerklichen) Gewerbe der Anlage A („Färber und Chemisch-Reiniger"; „Wäscher und Plätter") andererseits. Es sei also noch einmal mit Nachdruck festgestellt, daß die Liste B und die darin aufgeführten Gewerbe ... nicht einen Übergang zu

Handwerksähnliche Gewerbe

Kein Handwerk

Kein Übergang zum Handwerk

einem Handwerk im Sinne der ursprünglichen Gesetzesbestimmungen der Handwerksordnung darstellen" (Hervorhebungen vom Verfasser).

Mittlerer Schwierigkeitsgrad

– Wann handelt es sich noch um Tätigkeiten mittleren Schwierigkeitsgrades? Nach den vorstehend zitierten Ausführungen des Gesetzgebers der Handwerksnovelle 1965 liegen sie zumindest dann vor, wenn die erforderliche Ausbildungsdauer nicht über jene hinausgeht, die bei handwerksähnlichen Gewerben üblich ist. Darüberhinaus kann auch ein Vergleich der Ausbildungsdauer der anerkannten Ausbildungsberufe aller Gewerbe Anhaltspunkte für die Abgrenzung liefern.

Ausbildungsdauer bis 24 Monate auf jeden Fall Kleingewerbe

Eine solche Untersuchung (siehe unten) ergibt, daß zumindest eine Ausbildungsdauer bis zu 24 Monaten in allen Gewerbebereichen – „Handwerk", Industrie – für Tätigkeiten mittleren Schwierigkeitsgrades kennzeichnend ist. Der Gesetzgeber hat im Rahmen der Handwerksnovelle 1965 erklärt, daß derartige Tätigkeiten mittleren Schwierigkeitsgrades noch nicht unter die Handwerksrollenpflicht nach §§ 1, 7 HwO fallen. Da das Bundesverwaltungsgericht sich bereits ausdrücklich auf die obigen Ausführungen des Gesetzgebers bezogen hat, ist davon auszugehen, daß es auch künftig entsprechend entscheiden wird. Tätigkeiten mit einer Ausbildungsdauer bis zu 24 Monaten sind daher in jedem Fall noch dem Kleingewerbe zuzurechnen.

Spezifisch handwerkliche Ausbildung dauert 6–9 Jahre

Ob auch Tätigkeiten mit einer längeren Ausbildungsdauer als 24 Monate noch als Tätigkeiten mittleren Schwierigkeitsgrades angesehen werden können – zum Beispiel solche mit einer Ausbildungsdauer bis zu 36 Monaten, entsprechend der regelmäßigen Dauer der handwerklichen Gesellenausbildung – wird maßgeblich von der weiteren Rechtsprechung des Bundesverwaltungsgerichts abhängen. Das Bundesverfassungsgericht hat jedenfalls nur eine Meßgröße vorgegeben: für eine spezifisch handwerkliche Ausbildung ging das Bundesverfassungsgericht von einer notwendigen Ausbildungsdauer von 6 bis 9 Jahren aus (BVerfGE 13, 97 (119)); erst dann kann eine Meisterprüfung abgelegt werden.

Der Mittelwert zwischen der auf jeden Fall dem mittleren Schwierigkeitsgrad zuzuordnenden Ausbildungsdauer von bis zu 2 Jahren und der kürzesten spezifisch handwerklichen Ausbildungsdauer von 6 Jahren läge bei 4 Jahren und damit über der regelmäßigen Ausbildungsdauer bis einschließlich Gesellenprüfung im Handwerk. Dies würde bedeuten, daß alle Tätigkeiten, zu deren einwandfreier und gefahrloser Ausführung die Kenntnisse und Fertigkeiten eines durchschnittlichen Handwerksgesellen bei der Gesellenprüfung ausreichen, keiner Eintragung in die Handwerksrolle bedürfen, also freies Kleingewerbe wären. Man wird auf die künftige Rechtsprechung des Bundesverwaltungsgerichts gespannt sein können.

Einfaches Gesellenniveau ist noch Kleingewerbe

– Zur Ausbildungsdauer der Berufe im einzelnen:
In jüngerer Zeit wurde im Bereich der handwerksähnlichen Gewerbe nur die Ausbildung zum Bodenleger (Nummer 3 der Anlage B) geregelt. Die Dauer der Ausbildung beträgt hier 24 Monate. Die Ausbildung zum Polster- und Dekorationsnäher sowie die Ausildung zum Schirmnäher betragen ebenfalls 24 Monate, die Ausbildung zum Mützennäher 18 Monate. Diese Gewerbe werden in dem offiziellen Verzeichnis der anerkannten Ausbildungsberufe vom Bundesinstitut für Berufsbildung dem „Ausbildungsbereich Handwerk" zugeordnet und sind etwa vergleichbar den handwerksähnlichen Gewerben der Anlage B Nummer 20 (Dekorationsnäher), Nummer 23 (Theaterkostümnäher), Nummer 25 (Posamentierer), Nummer 30 (Flickschneider) und teilweise Nummer 39 (Lampenschirmhersteller).

Ausbildungsdauer „handwerksähnlicher Gewerbe"

Darüber hinaus führt dieses offizielle Verzeichnis im „Ausbildungsbereich Handwerk" noch die Berufe des Fräsers, des Hoblers und des Bohrers mit jeweils 24 Monaten Ausbildungsdauer auf, die teilweise Handwerksberufen nach Anlage A der Handwerksordnung entsprechen (vgl. Nummer 19 (Schlosser), Nummer 22 (Werkzeugmacher), Nummer 23 (Dreher), Nummer 24 (Mechaniker), Nummer 29 (Feinmechaniker)).

Teilhandwerke

Im „Ausbildungsbereich Industrie" führt das Verzeichnis des Bundesinstituts für Berufsbildung eine Vielzahl von Ausbildungsberufen mit einer Ausbildungsdauer bis zu 24 Monaten auf. Hierbei handelt es sich teilweise um selbständige Ausbildungsberufe, teilweise um Stufen einer Stufenausbildung, die aber als solche durchaus auch eigenständiges Gewicht besitzen. Hier seien nur beispielhaft folgende Ausbildungsberufe genannt:

Industrieberufe mit kurzer Ausbildungsdauer

– Metallschleifer (24 Monate)
– Schleifer (24 Monate)
– Vorpolierer (Schmuck- und Kleingeräteherstellung) (24 Monate)

Vergleiche zu diesen drei Berufen Nummer 9, Anlage B der Handwerksordnung: Metallschleifer und Metallpolierer
- Klebeabdichter (24 Monate)
Vergleiche hierzu Anlage B der Handwerksordnung, Nummer 6 (Holz- und Bautenschutzgewerbe (Mauerschutz und Holzimprägnierung in Gebäuden)) sowie Nummer 11 (Tankschutzbetriebe (Korrosionsschutz in Öltanks für Feuerungsanlagen ohne chemische Verfahren)).
- Drahtwarenmacher (24 Monate)
Vergleiche hierzu Nummer 8 der Anlage B zur Handwerksordnung (Herstellung von Drahtgestellen für Dekorationszwecke in Sonderanfertigung).
- Federmacher (24 Monate)
Vergleiche Nummer 48 der Anlage A zur Handwerksordnung (Messerschmied), teilweise.
- Gerätezusammensetzer (18 Monate)
- Maschinenzusammensetzer (18 Monate)
- Teilezurichter (24 Monate)
Vergleiche Anlage A Nummer 21 (Maschinenbauer), Nummer 24 (Mechaniker), Nummer 29 (Feinmechaniker), Nummer 38 (Elektromaschinenbauer), je teilweise.
- Bekleidungsnäher (12 Monate) (1. Stufe)
- Bekleidungsfertiger (12 Monate) (2. Stufe)
- Bekleidungsschneider (12 Monate) (3. Stufe)
Vergleiche zu dieser dreifach geteilten Stufenausbildung Anlage A zur Handwerksordnung, Nummer 65 (Herrenschneider), Nummer 66 (Damenschneider) und Nummer 67 (Wäscheschneider) sowie Anlage B zur Handwerksordnung Nummer 20 (Dekorationsnäher), Nummer 23 (Theaterkostümnäher), Nummer 25 (Posamentierer), Nummer 30 (Flickschneider).
- Tiefbaufacharbeiter (24 Monate)
- Hochbaufacharbeiter (24 Monate)
- Ausbaufacharbeiter (24 Monate)
- Elektroanlageninstallateur (24 Monate)
- Fernmeldeinstallateur (24 Monate)
- Elektromaschinenwickler (24 Monate)
- Elektrogerätemechaniker (24 Monate)
- Nachrichtengerätemechaniker (24 Monate)
Dies sind die Grundstufen der Ausbildung zu einer Vielzahl industrieller Bau-, Ausbau- und Elektroberufe, die zu einem großen Teil mit entsprechenden Handwerksberufen übereinstimmen. Zur weiteren Spezialisierung folgt in der Regel auf

die 24monatige Grundstufe nur noch eine 9monatige zweite Stufe. Die Gesamtausbildungsdauer entspricht dann etwa der der jeweiligen spezialisierten Handwerksberufe bis zur Gesellenprüfung.

4. Nebeneinander von Kleingewerbe und Handwerk

Die Handwerksrollenpflicht entfällt nach dem vorstehend Ausgeführten allerdings nur für jenen Betrieb, der *ausschließlich* Tätigkeiten einfachen und mittleren Schwierigkeitsgrades ausführt. Denn: ,,Dem Kleingewerbe (Minderhandwerk) gehört er nur so lange an, wie er sich auf einfache, nicht handwerksmäßige Arbeiten beschränkt. Befaßt er sich aber daneben, wenn auch nur in geringem Umfang, mit der handwerksmäßigen Ausübung wesentlicher Tätigkeiten des handwerksfähigen Gewerbes, so wird er dadurch zur Gänze ein Handwerksbetrieb im Sinne von § 1 Abs. 1 und 2 HwO" – so das Bundesverwaltungsgericht (Urteil vom 16.1.1968 – I C 58/65 – in: Gewerbearchiv 1968, 161 (162)).

Geringer Umfang spezifisch handwerksmäßiger Tätigkeiten: bereits Handwerk

Es fügt aber hinzu: ,,Dann kann dem nicht in der Handwerksrolle eingetragenen Inhaber zwar nicht die völlige Einstellung des Betriebes aufgegeben, jedoch verboten werden, den Betrieb in dieser Form, d.h. mit den handwerksmäßigen Arbeiten fortzusetzen". Die kleingewerbliche Tätigkeit kann also auf keinen Fall verboten werden!

Kleingewerbe kann nicht verboten werden

D. Beschränkung auf Teile eines Berufsbildes nach Anlage A

1. Beschränkung nach freiem Willen

Die Beschränkung auf Teile des Berufsbildes eines Handwerksberufes der Anlage A zur Handwerksordnung ist grundsätzlich nach dem freien Willen des Gewerbetreibenden möglich. Aus der Sicht des Grundrechts auf Berufsfreiheit ,,ist der Begriff ,,Beruf" weit auszulegen. Er umfaßt nicht nur alle Berufe, die sich in bestimmten, traditionell oder sogar rechtlich fixierten ,,Berufsbildern" darstellen, sondern auch die vom einzelnen frei gewählten, untypischen (erlaubten) Betätigungen, aus denen sich dann wieder neue, feste Berufsbilder ergeben mögen (grundsätzlich ebenso

Beschränkung auf Teile eines Handwerksberufs zulässig

BVerwGE 2, 89 (92); 4, 250 (254 f.)" (Bundesverfassungsgericht, Urteil vom 11.6.1958 – BvR 596/56 –, in BVerfGE 7, 377 (397)).

2. Fixierung von Berufsbildern

Verhältnismäßigkeitsgrundsatz

Der Gesetzgeber hat zwar die Möglichkeit einer rechtlichen Fixierung von Berufsbildern, jedoch nur innerhalb gewisser Grenzen; die mit einer Typisierung verbundenen subjektiven Voraussetzungen der Berufsaufnahme müssen den Grundsatz der Verhältnismäßigkeit wahren, das heißt die mit der Festlegung von Berufsbildern verbundenen Belastungen für den einzelnen dürfen nicht außer Verhältnis zu dem angestrebten Zweck der ordnungsgemäßen Erfüllung der Berufstätigkeit stehen (Bundesverfassungsgericht a.a.O. S. 407 und Beschluß vom 17.7.1961 – 1 BvL 44/55 – in BVerfGE 13, 97 (106)).

3. Handwerksnovelle 1965: Freie Wahl von Teilbereichen – aber Typisierungspflicht

Zulassungsvoraussetzungen gelockert, Selbständigkeit erleichtert

Mit der Novellierung der Handwerksordnung im Jahre 1965 machte der Gesetzgeber deutlich (vgl. Schriftlicher Bericht des Ausschusses für Mittelstandsfragen a.a.O. S. 3–5, 8, 10, 15), daß es ihm nicht um den Versuch einer absoluten Fixierung der Berufsbilder der Handwerke nach Anlage A der Handwerksordnung geht. Die selbständige gewerbliche Tätigkeit in diesem Bereich sollte vielmehr erleichtert, die Zulassungsvoraussetzungen sollten gelockert und unnütze Härten wirtschaftlicher Art sollten vermieden werden. Um diese Ziele zu erreichen, wurde unter anderem § 8 Abs. 2 HwO neugefaßt. Er stellt zur vorher umstrittenen Frage der Teilhandwerke nunmehr eindeutig klar, daß die Bildung von Teilhandwerken zulässig ist. Der Zuschnitt dieser Teilhandwerke aber ist der *freien persönlichen Entscheidung* des Bürgers überlassen:

Zuschnitt der Teilhandwerke ist der freien persönlichen Entscheidung überlassen: Bundestagsausschuß

„... der Antragsteller (muß) den Nachweis der „notwendigen Kenntnisse und Fertigkeiten" lediglich für den Teilbereich, mit dem *er* in die Handwerksrolle eingetragen werden möchte und den *er* nach der Eintragung auch nur ausüben will und darf, nachweisen" (Schriftlicher Bericht des Ausschusses für Mittelstandsfragen, a.a.O. S. 10; Hervorhebungen vom Verfasser).

Das Bundesverwaltungsgericht hat in seinem Urteil vom 13.11.1980 (– 5 C 18.79 – in: Gewerbearchiv 1981, 166 f.) darauf hingewiesen, bei der Erteilung der Ausnahmebewilligung sei nicht auf die konkret beabsichtigte Art und Weise der Gewerbeausübung abzustellen, vielmehr sei die generelle Befähigung für die Führung eines einschlägigen Handwerksbetriebes nachzuweisen. Dies ist im Sinne der vorstehend genannten eindeutigen Willensäußerung des Gesetzgebers so zu verstehen, daß der Bürger – wenn er schon von der Typisierung der Berufe nach Anlage A abweicht – seinerseits einer gewissen Typisierungspflicht unterliegt. Das heißt, der gewählte Teilbereich eines Handwerks nach Anlage A oder der gewählte Zuschnitt des beabsichtigten Gewerbes muß grundsätzlich geeignet sein, (in der Praxis oder im Rahmen einer rechtlichen Regelung), Gegenstand einer neuerlichen Fixierung eines Berufsbildes zu sein; es darf sich nicht um eine völlig unzusammenhängende Mischung von Tätigkeiten ohne wirtschaftliche Bedeutung handeln.

Typisierungspflicht des Bürgers: Neues Berufsbild, keine unzusammenhängende Mischung

In seinem Urteil vom 28.5.1965 (– VII C 116/64 – in: Gewerbearchiv 1965, 228 f.) hat das Bundesverwaltungsgericht bereits ausgeführt: ,,Wenn der Kläger seine berufliche Tätigkeit im Malerhandwerk in dieser Weise nach Umfang und Dauer beschränken will (nur Ausführung kleinerer Arbeiten, als Zweitberuf neben einem Einzelhandelsgeschäft, nur für einige Jahre), so stehen dem gesetzliche Gründe, namentlich auch aufgrund der Handwerksordnung, nicht im Wege. *Es ist mit Artikel 12 Abs. 1 nicht vereinbar, den Kläger wegen dieser seiner freien Entschließung überlassenen Selbstbeschränkung seiner handwerklichen Tätigkeit überhaupt zu behindern,* sofern die gesetzlichen Voraussetzungen für die Erteilung einer Ausnahmebewilligung vorliegen sollten'' (Hervorhebungen und Klammererläuterungen vom Verfasser).

Bundesverwaltungsgericht 28.5.1965

Beschränkung auf Teilbereich ist durch Berufsfreiheit geschützt

Dies muß erst recht gelten, wenn aufgrund der Beschränkung des Tätigkeitsbereichs gemäß § 1 HwO sogar die gesetzlichen Voraussetzungen für eine nicht handwerksrollenpflichtige freie gewerbliche Tätigkeit vorliegen. Dann verstößt jede Behinderung des Gewerbetreibenden in der freien Entschließung über den Umfang seiner gewerblichen Tätigkeit erst recht gegen Artikel 12 Abs. 1 Grundgesetz.

Erst recht: Kleingewerblicher Teilbereich

E. Zusammenfassung

Fällt ein Gewerbe nicht unter Anlage A der Handwerksordnung, so ist es nicht eintragungspflichtig. Entscheidend hierfür ist das *tatsächliche* Berufsbild; die Meisterprüfungsverordnungen etwa geben Anhaltspunkte, nicht mehr.

Fällt ein Gewerbe unter Anlage A der Handwerksordnung, so ist *entscheidend,* welchen *Schwierigkeitsgrad* die auszuführenden Tätigkeiten besitzen. Handelt es sich um einfache Tätigkeiten (Jedermann-Tätigkeiten, Vorgehen nach Gebrauchs-/Montageanleitung) oder um Tätigkeiten mittleren Schwierigkeitsgrades, so ist das Gewerbe nach dem Willen des Gesetzgebers dennoch nicht eintragungspflichtig. Hierzu zählen auf jeden Fall alle Tätigkeiten, bei denen die erforderliche Ausbildungszeit insgesamt (für alle Einzeltätigkeiten) 24 Monate nicht überschreitet, so wie es z.b. bei den nur „handwerksähnlichen" Gewerben nach Anlage B zur Handwerksordnung der Fall ist.

In allen vorgenannten Fällen ist nur eine *Gewerbeanmeldung* nach § 14 Gewerbeordnung erforderlich.

Bei *schwierigen* Tätigkeiten (nur hier) handelt es sich um Handwerk im Sinne des § 1 HwO. Nur hier ist ein *„Großer Befähigungsnachweis"* erforderlich, das heißt in der Regel: die Meisterprüfung. In besonderen Fällen (z.b. anderer Ausbildungsgang, Unterhaltsleistung für Angehörige, vorgerücktes Alter) genügt eine Ausnahmebewilligung.

F. Folgen: Pflichtmitgliedschaft in der Handwerkskammer oder der Industrie- und Handelskammer

Der Umfang der Eintragungspflicht in die Handwerksrolle – sowie die sich hieraus ableitende Pflichtmitgliedschaft in der Handwerkskammer oder der Industrie- und Handelskammer – lassen sich schematisch wie in der Übersicht auf S. 60 abgebildet darstellen. Für die Pflichtmitgliedschaft gilt im einzelnen:

Nach § 90 Abs. 2 HwO gehören zur Handwerkskammer
– die selbständigen Handwerker (gemäß Anlage A zur Handwerksordnung),

– Die Inhaber handwerksähnlicher Betriebe (gemäß Anlage B zur Handwerksordnung des jeweiligen Handwerkskammerbezirks),
– die Gesellen und Lehrlinge dieser Gewerbetreibenden.

Handwerkskammer

Alle Gewerbetreibenden, die nicht gemäß § 90 Abs. 2 HwO der Handwerkskammer angehören, sind nach § 2 des „Gesetzes zur vorläufigen Regelung des Rechts der Industrie- und Handelskammern" Pflichtmitglied der jeweiligen Industrie- und Handelskammer. Bei gemischten Betrieben wird es in der Regel zu einer Doppelzugehörigkeit zur Industrie- und Handelskammer sowie zur Handwerkskammer kommen, und zwar jeweils nur mit dem betreffenden Betriebsteil.

Industrie- und Handelskammer

G. Übersicht zum Handwerksbegriff

Zur auf S. 60 abgebildeten Übersicht zum Handwerksbegriff ist zu bemerken: Die Tätigkeitsbereiche aller handwerksähnlichen Gewerbe nach Anlage B lassen sich jeweils einem oder mehreren handwerksfähigen Gewerben nach Anlage A zuordnen; sie werden auch nicht selten im Rahmen normaler Handwerksausübung mitbetrieben. Tatsächlich handelt es sich bei den handwerksähnlichen Gewerben nach Anlage B fachlich um Teilbereiche oder Spezialgebiete handwerksfähiger Gewerbe nach Anlage A. Wegen ihres geringeren Schwierigkeitsgrades können sie jedoch nicht „handwerksmäßig" betrieben werden und sind daher nach § 1 HwO nicht dem Schutz der Handwerksordnung unterstellt. Hier einige Beispiele:

Handwerk	*handwerksähnliche Gewerbe*
Straßenbauer (A7)	Asphaltierer (B4)
Maler und Lackierer (A15)	Holz- und Bautenschutzgewerbe (B6)
Herren-, Damen- und Wäscheschneider (A65–67)	Flickschneider (B30)
	Theaterkostümnäher (B23)
	Dekorationsnäher (B20)
Fleischer (A85)	Innerei-Fleischer (B31)

60

Übersicht zum Handwerksbegriff

Gewerbeart	Schwierigkeitsgrad der einzelnen Tätigkeiten	Betriebsform überwiegend dem Handwerk ähnlich		der Industrie
In Anlage A zur Handwerksordnung aufgeführte handwerksfähige Gewerbe	schwierig	Handwerk im Sinne des § 1 HwO – handwerksrollenpflichtig, § 6 HwO: Großer Befähigungsnachweis – Pflichtmitglied der Handwerkskammer, § 90 HwO		Industrie Pflichtmitglied der Industrie- und Handelskammer
	mittel	Handwerksähnliches Gewerbe nach Anlage B	Kleingewerbe	
	einfach	– Verzeichnis nach § 19 HwO – Pflichtmitglied der Handwerkskammer,	Pflichtmitglied der Industrie- und Handelskammer	
Sonstige Gewerbe	jeder Art	Pflichtmitglied der Industrie- und Handelskammer		

H. Vorab-Klärung der Handwerkseigenschaft eines Gewerbes durch Verwaltungsbehörden nach § 16 Abs. 3 HwO

Führt die Prüfung der Handwerksrollenpflichtigkeit einer beabsichtigten Gewerbetätigkeit nach dem vorstehend Ausgeführten zu dem Ergebnis, daß kein Handwerk im Sinne des § 1 HwO vorliegt, so bleibt noch eine Ungewißheit: Die Handwerkskammer und die Verwaltungsbehörden können anderer Ansicht sein. Ist dies der Fall, so kommt
– eine Geldbuße nach § 117 HwO und
– eine Untersagung der Fortsetzung des Betriebes nach § 16 Abs. 3 HwO

Geldbuße, Betriebsuntersagung

durch die jeweils zuständige Verwaltungsbehörde bei Aufnahme der Gewerbetätigkeit in Frage. Die Handwerkskammer wird erfahrungsgemäß nicht zögern, die Verhängung einer Geldbuße oder die Schließung des Betriebes anzuregen bzw. zu beantragen. Angesichts der zum Teil hohen wirtschaftlichen Risiken, die mit der Aufnahme einer selbständigen Gewerbetätigkeit in der Regel verbunden sind, besteht grundsätzlich ein erhebliches Interesse des Unternehmers, die Frage der Handwerkseigenschaft *vorab* zu klären.

Handwerkseigenschaft vorab klären

1. Verhältnis Unternehmer – Handwerkskammer

Wie kann das geschehen? Würde der Unternehmer eine der persönlichen Eintragungsvoraussetzungen des § 7 HwO erfüllen (d.h. den großen Befähigungsnachweis, z.B. die Meisterprüfung, besitzen) so könnte diese Frage unproblematisch bereits im Verhältnis Unternehmer – Handwerkskammer geklärt werden. Die Handwerkskammer ist nach § 10 Abs. 1 HwO verpflichtet, gegebenenfalls auch von Amts wegen eine Eintragung in die Handwerksrolle vorzunehmen. Der Unternehmer könnte gegen diesen Verwaltungsakt Widerspruch einlegen und, falls diesem nicht abgeholfen wird, vor dem Verwaltungsgericht Klage erheben. Allerdings: Ein Unternehmer, der die Eintragungsvoraussetzungen des § 7 HwO erfüllt, wird in der Regel kein großes Interesse haben, gegebenenfalls im Klagewege feststellen zu lassen, daß sein Betrieb nicht dem Handwerk im Sinne des § 1 HwO zuzurechnen ist.

§§ 7, 10 Abs. 1 HwO

2. Fehlen persönlicher Eintragungsvoraussetzungen

Wichtig ist eine solche Prüfung der Handwerkseigenschaft vor allem für jene Unternehmer, denen mangels Vorliegen der persönlichen Voraussetzungen zur Eintragung in die Handwerksrolle sonst eine Untersagung des Betriebes nach § 16 Abs. 3 HwO droht.

Keine isolierte Feststellung der Handwerkseigenschaft durch die Handwerkskammer

In diesem Falle aber kann im Verhältnis Unternehmer – Handwerkskammer keine endgültige Klärung der Handwerkseigenschaft herbeigeführt werden, denn die Handwerkskammer besitzt nach den Vorschriften der Handwerksordnung keine Befugnis zur isolierten Feststellung der Handwerkseigenschaft einer Gewerbetätigkeit. Sie kann daher auch keinen Verwaltungsakt erlassen, der isoliert diese Frage klärt und gegebenenfalls mit Widerspruch und verwaltungsgerichtlicher Klage angegriffen werden könnte (Bundesverwaltungsgericht, Urteil vom 17.2.1961 – VI C 83.60 – in: Gewerbearchiv 1961, 45 und Beschluß vom 11.1.1963 – VII B 9/62 – in Gewerbearchiv 1963, 106 (107); vergleiche S. 96). Im einzelnen:

Prüfung der Eintragung in die Handwerksrolle

– Die Handwerkskammer ist nach § 6 Abs. 1 Handwerksordnung nur zur Führung der Handwerksrolle verpflichtet und berechtigt. Die Eintragung in die Handwerksrolle kann hierbei sowohl auf Antrag als auch von Amts wegen erfolgen (§ 10 Abs. 1 HwO). In jedem Falle ist aber das Vorliegen *zweier* Voraussetzungen erforderlich:
  – Handwerkseigenschaft nach § 1 HwO *und*
  – Vorliegen der persönlichen Eintragungsvoraussetzungen nach § 7 HwO.

Fehlt die persönliche Qualifikation, dann keine Klärung der Handwerkseigenschaft

  – Fehlen die persönlichen Eintragungsvoraussetzungen, so kann die Handwerkskammer ohne Antrag des Unternehmers auf Eintragung keinen einschlägigen, angreifbaren Verwaltungsakt zur Handwerkseigenschaft erlassen. Die Mitteilung einer nach der Handwerksordnung nicht durchführbaren Eintragung in die Handwerksrolle ist unzulässig; eine lediglich der Klärung der vorliegenden Verhältnisse dienende Mitteilung der Handwerkskammer ist noch nicht im Verwaltungsrechtswege angreifbar (vgl. Bundesverwaltungsgericht wie vorstehend). Einen Eintragungsantrag des Unternehmers aber müßten sowohl die Handwerkskammer als auch die Widerspruchsbehörde und die Verwaltungsgerichte bereits deshalb ablehnen, weil jedenfalls die persönlichen Eintragungsvoraussetzungen fehlen, so daß auch hier die Handwerkseigenschaft des Gewerbes nicht geklärt würde –ganz abgesehen davon, daß der Unternehmer in diesem Falle ja gerade *kein* Interesse an der Stellung eines Eintragungsantrages hat.

– Für eine Feststellungsklage nach § 43 Verwaltungsgerichtsordnung *gegen die Handwerkskammer* fehlt es aber in der Regel an dem erforderlichen Rechtsschutzinteresse. Denn bei Fehlen der persönlichen Eintragungsvoraussetzungen des Unternehmers kann die Handwerkskammer nur bei den jeweils zuständigen Behörden die Verhängung einer Geldbuße nach § 117 HwO anregen oder gemäß § 16 Abs. 3 HwO die Untersagung der Fortsetzung des Betriebes beantragen – mehr nicht.

Keine Feststellungsklage gegen die Handwerkskammer

Folgen diese Behörden der Anregung bzw. dem Antrag der Handwerkskammer, so kann und muß sich der Unternehmer mit Widerspruch und Anfechtungsklage nach § 42 Verwaltungsgerichtsordnung unmittelbar gegen die Rechtsakte der *Behörden* wenden, um seine Rechte zu wahren. Eine Feststellungsklage gegen die Handwerkskammer könnte ihm nicht helfen und wäre unzulässig.

Anfechtungsklage gegen Behörde

Folgen die zuständigen Behörden der Handwerkskammer jedoch nicht und erlassen weder einen Bußgeldbescheid nach § 117 HwO noch eine Untersagungsverfügung nach § 16 Abs. 3 HwO, so fehlt erst recht ein beachtliches Rechtsschutzinteresse. Die bloße Tatsache, daß die Handwerkskammer erneut durch Anregungen oder Anträge Verfahren nach § 16 Abs. 3 und § 117 HwO einleiten kann, reicht nicht aus. Für das „ob" und das „wie" dieser Verfahren tragen allein die zuständigen Behörden die Verantwortung, nicht die Handwerkskammer. Selbst ein rechtskräftiges Urteil im Rahmen einer Feststellungsklage gegen die Handwerkskammer kann diese Behörde nicht binden; denn die Rechtskraft des Urteils wirkt nur zwischen den Parteien dieses Rechtsstreits, zwischen Unternehmer und Handwerkskammer (vgl. § 121 Verwaltungsgerichtsordnung).

Kein Rechtsschutzinteresse für Klage gegen die Handwerkskammer

Das Bundesverwaltungsgericht hat dies in seinem Urteil vom 14.5.1963 (– VII C 33/63 – in: Gewerbearchiv 1963, 252 (253, Nr. II 2)) bekräftigt: „An dieser Beurteilung vermag auch der Umstand nichts zu ändern, daß das von dem Kläger als unrechtmäßig empfundene Vorgehen der Behörden auf Anregung der Beklagten (der Handwerkskammer) zurückzuführen

Bundesverwaltungsgericht 14.5.1963

war. Denn dessen ungeachtet tragen allein die gegenüber dem Kläger tätig gewordenen Behörden die Verantwortung für ihr Vorgehen. Sie allein hätten es auch in einem Verfahren vor den Verwaltungsgerichten zu vertreten" (Klammerzusatz vom Verfasser).

Zusätzliche Beeinträchtigung durch Handwerkskammer

Nur dann, wenn die Meinungsverschiedenheit zwischen Handwerkskammer und Unternehmer über die bloße Möglichkeit von Anregungen und Anträgen zu Verfahren nach § 16 Abs. 3 und § 117 HwO hinaus zu einer *zusätzlichen tatsächlichen Beeinträchtigung* des Unternehmers geführt hat, ohne daß dieser hiergegen einen anderen Rechtsschutz erreichen konnte, wird man ein Rechtsschutzbedürfnis für eine Feststellungsklage des Unternehmers gegen die Handwerkskammer zur Klärung der Handwerkseigenschaft nach § 1 HwO bejahen können. Das Bundesverwaltungsgericht (wie vorstehend, S. 254) hat in einem Falle entsprechend entschieden, in dem

– seit 3 Jahren die Meinungsverschiedenheiten zwischen Handwerkskammer und Unternehmer bestanden,
– der Betrieb mehrfach (während der Geschäftszeit) von Beauftragten der Handwerkskammer besichtigt worden war,
– die Handwerkskammer in Schreiben an den Unternehmer und die zuständigen Behörden zwar mehrfach eine Änderung des Firmenschildes gefordert hatte und
– der Unternehmer die Handwerkskammer ausdrücklich aufgefordert hatte, zwecks gerichtlicher Klärung einen rechtsmittelfähigen Bescheid der Behörden zu veranlassen,
– die Handwerkskammer jedoch einer gerichtlichen Klärung ausgewichen war, indem sie zwar ihre Forderung nach Änderung des Firmenschildes aufrecht erhielt, von der Veranlassung eines Bußgeld- oder Untersagungsverfahrens für den Fall der Änderung aber ausdrücklich Abstand nahm.

An einer solchen außergewöhnlichen Konstellation fehlt es im Regelfall. Der junge Unternehmer hat es normalerweise nicht mit einer ihn hartnäckig – oder rechtlich nicht greifbar – bedrängenden Handwerkskammer zu tun. Ihm droht „nur" die Veranlassung eines Bußgeldes oder der Betriebsschließung wegen Verstoßes gegen § 1 HwO, beides Rechtsfragen, die nach den ausdrücklichen Feststellungen des Bundesverwaltungsgerichtes in seinem Urteil vom 14.5.1963 (– VII C 33/63 –, in: Gewerbearchiv 1963, 252 (253 Nr. II 2)) ausschließlich gegenüber den zuständigen Behörden, nicht aber gegenüber der Handwerkskammer zu klären sind.

Dies ist überzeugend. Denn es ist rechtsstaatlich nicht tragbar, die Entscheidung über den Umfang der Berufsfreiheit der Bürger zunächst in die Hände der etablierten Konkurrenten zu legen und dem Bürger das Risiko zuzumuten, hiergegen – möglicherweise jahrelang – zu prozessieren. Gesetzlicher Auftrag der Handwerkskammer ist die „Vertretung und Förderung der Interessen des (etablierten) Handwerks" (§ 90 Abs. 1, § 91 Abs. 1 Nr. 1 HwO); nur zum Zwecke der „Selbst"-verwaltung ist die Handwerkskammer Teil der öffentlichen Verwaltung – und nicht als Verwalterin der Berufsfreiheit Dritter (vergleiche S. 93 f.), Zweiter Teil „Rechtsfragen" X A).

Konkurrenten dürfen nicht über die Berufsfreiheit entscheiden

3. Verhältnis Unternehmer – Behörde

Die *Klärung der Handwerkseigenschaft* kann also – wenn die persönlichen Eintragungsvoraussetzungen fehlen – *nur im Verhältnis Unternehmer – Behörde* erfolgen, im Verfahren nach § 16 Abs. 3 HwO (Betriebsuntersagung) oder nach § 117 HwO (Geldbuße). Angesichts der zum Teil hohen wirtschaftlichen Risiken, die mit der Aufnahme einer selbständigen Gewerbetätigkeit verbunden sind, kann dem Bürger aber nicht zugemutet werden, zunächst das Gewerbe aufzunehmen und einen eventuellen Bußgeldbescheid oder eine Untersagungsverfügung abzuwarten. Eine Vorab-Klärung ist nötig.

Vorab-Prüfung der Handwerkseigenschaft

Für eine solche Vorab-Klärung bestehen grundsätzlich zwei Möglichkeiten:

Ein feststellender *Vorab-Bescheid* der Behörde oder eine *Feststellungsklage* des Bürgers nach § 43 Verwaltungsgerichtsordnung. Die Feststellungsklage ist jedoch das nachrangige Mittel. Sie setzt nicht nur das Vorliegen eines berechtigten Interesses an der Feststellung voraus – der Kläger muß auch ein Interesse an *baldiger* Feststellung haben. Dies fehlt aber, solange der Bürger die begehrte Feststellung möglicherweise auch von der zuständigen Verwaltungsbehörde erreichen kann.

Feststellungsklage nachrangig

Eine andere Auslegung, die sofort zur Feststellungsklage führte, würde im übrigen die bestehende Überlastung vieler Verwaltungsgerichte weiter verschärfen. Führt staatliches Handeln – hier der Erlaß der Handwerksordnung – im Einzelfall zu Zweifeln, ob die Grundrechte der Bürger eingeschränkt sind, so ist es zuallererst

Überlastung der Gerichte

Aufgabe der für die Durchführung des Gesetzes zuständigen staatlichen Verwaltungsbehörden, die Rechtslage zu klären. Das Recht ist hier eine Bringschuld des Staates – erst wenn die ausbleibt, kann der Bürger die Gerichte anrufen.

Rechtsschutzbedürfnis für Vorab-Prüfung

Machen nun viele künftige Unternehmer von der Möglichkeit eines Antrages auf Vorab-Bescheid über die Handwerkseigenschaft des beabsichtigten Gewerbes Gebrauch, so kann dies aber zu einer erheblichen Mehrbelastung der Behörden führen. Auf eine Vorab-Klärung zu verzichten, um der Verwaltung zusätzliche Arbeit zu ersparen, ist dem Unternehmer aber angesichts der erheblichen wirtschaftlichen Risiken des Schrittes in die Selbständigkeit als Gewerbetreibender nicht zuzumuten. Dies würde eine unverhältnismäßige Belastung des ohnehin bereits in seinem Grundrecht auf Berufsfreiheit beschränkten Unternehmers bedeuten. Das festzustellende Rechtsverhältnis wäre auch hinreichend konkretisiert; das Unternehmenskonzept ist im Detail erarbeitet, es fehlen nur noch die letzten, schwerwiegenden und mit hohen wirtschaftlichen Risiken verbundenen Schritte hin zum tatsächlichen Betriebsbeginn. Ein Rechtsschutzbedürfnis gemäß den Anforderungen an die Zulässigkeit einer Feststellungsklage (§ 43 Verwaltungsgerichtsordnung) wäre daher zu bejahen. Wenn dem aber so ist, dann besteht erst recht ein Interesse des Bürgers an einer Vorab-Bescheidung durch die nach § 16 Abs. 3, § 117 HwO zuständigen Behörden; diese würden ermessensfehlerhaft handeln, wenn sie in einem solchen Falle die Bescheidung des Bürgers ablehnten.

Dies gilt besonders, wenn die Handwerkskammer hat deutlich werden lassen, daß sie von der Handwerkseigenschaft des betreffenden Gewerbes ausgeht. Denn dann muß erfahrungsgemäß damit gerechnet werden, daß die Handwerkskammer sich um die Verhängung einer Geldbuße bemüht und ggf. auch einen Antrag auf Betriebsuntersagung nach § 16 Abs. 3 HwO stellt.

Pflicht zur Vorab-Bescheidung

Unabhängig von einer solchen Stellungnahme der Handwerkskammer ergibt sich aber bereits aus § 16 Abs. 3 HwO in Verbindung mit dem oben dargelegten Rechtsschutzinteresse des betroffenen Bürgers eine Pflicht der Behörde zur Vorab-Bescheidung, weil sie im Falle der Gewerbeeröffnung nach § 16 Abs. 3 HwO gegebenenfalls auch von Amts wegen tätig werden müßte.

Die Handwerkseigenschaft der beabsichtigten Gewerbetätigkeit eines Unternehmers kann also im Verfahren vor den betreffenden Verwaltungsbehörden und gegebenenfalls Verwaltungsgerichten bindend geklärt werden.

Nimmt man – wie hier – an, daß eine Pflicht der Behörden besteht, auf Antrag einen Vorab-Bescheid nach § 16 Abs. 3 HwO zu erlassen, so ergeben sich folgende Möglichkeiten:

Fallbeispiele

(1) Die Behörde erläßt einen bindenden Vorab-Bescheid und bestätigt hierin, daß es sich bei der beabsichtigten Tätigkeit nicht um „Handwerk" im Sinne des § 1 HwO handelt: Hiermit ist den Interessen des antragstellenden Bürgers in vollem Umfang Rechnung getragen. Zu einem Rechtsstreit kann es nur noch aufgrund einer Klage der Handwerkskammer nach § 16 Abs. 3 S. 2 HwO kommen

(2) Die Behörde erläßt einen bindenden Vorab-Bescheid, erklärt aber hierin, daß der beabsichtigten Tätigkeit handele es sich um „Handwerk" im Sinne des § 1 HwO: Gegen diesen Bescheid kann der Bürger Widerspruch einlegen und – wenn dem Widerspruch nicht abgeholfen wird – im Klagewege die Aufhebung des Bescheides und die Verpflichtung der Behörde zum Erlaß eines neuen Bescheides begehren, in dem festgestellt wird, daß es sich bei der beabsichtigten Tätigkeit nicht um „Handwerk" handelt (zu den Fristen vergleiche oben S. 12 (15), Erster Teil „Hinweise" I D).

Anfechtungs-/ Verpflichtungs- klage

(3) Die Behörde lehnt den Erlaß eines bindenden Vorab-Bescheides ab: Gegen diese Ablehnung kann der Bürger gleichfalls Widerspruch einlegen und – wenn dem Widerspruch nicht abgeholfen wird – in einer Klage vor dem Verwaltungsgericht die Verpflichtung der Behörde zum Erlaß eines Bescheides begehren, in dem festgestellt wird, daß es sich bei der beabsichtigten Tätigkeit nicht um „Handwerk" handelt (Fristen wie vorstehend).

(4) Die Behörde bleibt untätig: In diesem Falle kann der Bürger ohne Widerspruchsverfahren nach Ablauf von 3 Monaten (spätestens innerhalb eines Jahres in der Regel) Klage auf Verpflichtung der Behörde erheben (vergleiche im übrigen wie vorstehend).

68

**Andere Rechts-
ansicht; Ermes-
sen der Behörde**

Es ist zwar nicht ersichtlich, welchen rechtlich beachtlichen Grund eine Behörde anführen könnte, um trotz Vorliegens eines beachtlichen Rechtsschutzinteresses des Bürgers im Sinne des § 43 Verwaltungsgerichtsordnung einen Vorab-Bescheid abzulehnen und so „die Arbeit auf die Gerichte abzuwälzen". Dennoch erscheint es denkbar, daß von manchen – entgegen der hier vertretenen Auffassung – daran festgehalten wird, der Erlaß eines Vorab-Bescheides nach § 16 Abs. 3 HwO liege im Ermessen der Behörde – sie könne so oder anders entscheiden, sowohl der Erlaß eines Vorab-Bescheides wie seine Versagung seien rechtmäßig. Folgte man dieser Rechtsansicht, so träte in den vorstehenden Fällen (2) bis (4) eine Feststellungsklage an die Stelle der Verpflichtungsklage. Zu den Fällen im einzelnen:

**Feststellungs-
klage**

(2) Gegen den Bescheid kann der Bürger gleichfalls Widerspruch einlegen und – wenn dem Widerspruch nicht abgeholfen wird – in der Klage vor dem Verwaltungsgericht die Aufhebung des Bescheides begehren. Um die verbindliche Feststellung der Nicht-Handwerklichkeit der beabsichtigten Tätigkeit zu erreichen, muß der Bürger aber nach dieser Rechtsansicht durch eine Feststellungsklage nach § 43 Verwaltungsgerichtsordnung zusätzlich vom Gericht begehren, daß es in seinem Urteil eine entsprechende Feststellung trifft.

(3) In diesem Falle sollte der Bürger ebenfalls zunächst Widerspruch einlegen. Nach einem ablehnenden Widerspruchsbescheid müßte er jedoch wie im vorstehenden Falle gleichfalls eine Feststellungsklage erheben, um die gewünschte Klärung der Rechtslage zu erreichen.

(4) Nach drei Monaten Untätigkeit der Behörde erhebt der Bürger Klage vor dem Verwaltungsgericht und begehrt die Feststellung, daß es sich bei der beabsichtigten Tätigkeit nicht um ein „Handwerk" im Sinne des § 1 HwO handelt.

Hilfsanträge

Sicherheitshalber sollte bei Verpflichtungsklagen stets hilfsweise eine Feststellungsklage erhoben werden und bei Feststellungsklagen hilfsweise eine Verpflichtungsklage, um beiden

denkbaren Rechtsauffassungen über das Ermessen bzw. die Er-
messensschrumpfung bei der Untersagungsbehörde nach § 16
Abs. 3 HwO auf nur noch eine einzige rechtmäßige Handlung
Rechnung zu tragen. Zur Rechtsprechung des Bundesverwaltungsgerichts betreffend die Klärung der Handwerkseigenschaft
des ausgeübten Gewerbes im Rahmen der Ausnahmebewilligung
nach § 8 Abs. 1 HwO vergleiche Zweiter Teil „Rechtsfragen", X
A, S. 93 ff.

I. Hinzuziehen von Sachverständigen

Die Klärung der Handwerkseigenschaft eines Gewerbes kann in
zweifacher Weise das Hinzuziehen von Sachverständigen, sei es
durch den Unternehmer, die Verwaltungsbehörde oder die Gerichte erfordern:

Sachverständige, Aufgaben

1. Wesentliche Tätigkeiten eines handwerksfähigen Gewerbes?

Zunächst einmal kann zweifelhaft sein, ob die beabsichtigten Tätigkeiten den wesentlichen Tätigkeiten eines handwerksfähigen
Gewerbes nach Anlage A der Handwerksordnung zuzuordnen
sind. In der Regel ist diese Frage allerdings unproblematisch, da
die Berufsbilder in den Meisterprüfungsverordnungen sowie die
Ausbildungsberufsbilder der meisten Handwerksberufe so ausführlich und detailliert dargestellt sind, daß es zumindest dem
Unternehmer keine Schwierigkeit bereitet, die beabsichtigten Tätigkeiten einzuordnen; auch die häufiger mit der Thematik befaßten Verwaltungsbeamten dürften hier in der Regel nur geringe
Schwierigkeiten haben. Kommen allerdings die Stellungnahmen
der Handwerkskammer und des Unternehmers bereits hier zu unterschiedlichen Ergebnissen, so kann sich auch insoweit für die
Verwaltung die Bestellung eines unabhängigen (!) Gutachters als
erforderlich erweisen.

2. Schwierigkeitsgrad beabsichtigter Tätigkeiten, Dauer der Ausbildung

Der Hauptfall eines Hinzuziehens von Sachverständigen ist aber die Bestimmung des Schwierigkeitsgrades der beabsichtigten Tätigkeiten und der Dauer der hierfür erforderlichen Ausbildung. Hier entscheidet sich letztlich im Tatsächlichen die Zuordnung der beabsichtigten Gewerbetätigkeit zum Handwerk oder Kleingewerbe. Deshalb ist eine intensive Prüfung dieser Frage durch ebenso sachkundige wie zweifelsfrei neutrale, nicht interessengebundene Gutachter von großer Wichtigkeit.

3. Einzelfragen

Zu den Einzelfragen, insbesondere der Besorgnis der Befangenheit gegenüber Gutachtern, die den Handwerksorganisationen angehören oder ihnen nahestehen, sowie zur Frage der Auswahl von Gutachtern vgl. Erster Teil „Hinweise", I E und I F, S. 15 ff. sowie Zweiter Teil „Rechtsfragen", X C 3 und X C 4, S. 111 ff.; zu anderen Beweismitteln vgl. Erster Teil „Hinweise", I G, S. 22 ff.

III. Reisegewerbe und Marktverkehr

Auch wenn ein Gewerbe unter Anlage A der Handwerksordnung fällt und die auszuführenden Tätigkeiten nicht mehr als solche einfachen oder mittleren Schwierigkeitsgrades angesehen werden können, so bedeutet dies keineswegs immer, daß der Inhaber dieses Gewerbebetriebes den großen Befähigungsnachweis erworben, das heißt in der Regel die Meisterprüfung abgelegt haben oder sonst den Anforderungen der Vorschriften § 7 Abs. 1, 2, 3 und 7, §§ 8 und 9 HwO entsprechen muß.

Keine **Eintragung in die Handwerksrolle**

Die Eintragung in die Handwerksrolle ist nach § 1 Abs. 1 HwO zwingende Voraussetzung für den selbständigen Betrieb eines Handwerks als stehendes Gewerbe. Wer hingegen ein Handwerk nur im Rahmen des Marktverkehrs (auf Wochen- oder Jahrmärkten) oder wer es als Reisegewerbe betreiben will, der bedarf *keiner* Eintragung in die Handwerksrolle und daher auch nicht des großen Befähigungsnachweises.

Reisegewerbe und Marktverkehr sind in der Gewerbeordnung (§ 55 ff., 64 ff.) näher geregelt; alles, was nicht diesen beiden zugeordnet werden kann, ist „stehendes Gewerbe". Grundsätzlich gilt:

- Wer sein Handwerk *nur* auf Wochen- oder Jahrmärkten ausübt oder dort gegebenenfalls auch Bestellungen für Waren oder gewerbliche Leistungen entgegennimmt oder   **Marktverkehr**
- wer außerhalb der Räume seiner gewerblichen Niederlassung (Büro, Werkstatt und so weiter) oder ohne eine solche zu haben, persönlich, ohne (!) vorhergehende Bestellung, unter anderem gewerbliche Leistungen anbietet und Bestellungen für gewerbliche Leistungen oder Waren entgegennimmt,   **Reisegewerbe**

der betreibt nur Marktverkehr beziehungsweise Reisegewerbe.

Zu den näheren Einzelheiten der Abgrenzung vgl. die einschlägige Literatur und Rechtsprechung zur Gewerbeordnung. Beispiele:

- Wer als Hufschmied von sich aus ankündigt, an einem bestimmten Tage auf dem Gelände eines Reitstalles oder Bauernhofs zu sein, um die ihm dort möglicherweise vorgeführten Pferde (z.B. der Privatreiter, die sie dort untergestellt haben) zu beschlagen, der betreibt nur ein Reisegewerbe. Hat ihn der Reitstallbesitzer oder Bauer aber vorher bestellt, um zumindest seine eigenen Pferde zu beschlagen, so handelt es sich insoweit bereits um die Ausübung eines stehenden Gewerbes.
- Wer nach einem starken Hagelschlag als Dachdecker oder Glaser in das betroffene Gebiet fährt, bei Besitzern beschädigter Häuser klingelt und seine Dienste anbietet, der betreibt nur Reisegewerbe.
- Auch wer z.B. als Maler oder Fliesenleger die Bauherren von im Bau befindlichen Häusern feststellt, bei ihnen vorspricht und seine Dienste anbietet, betreibt nur ein Reisegewerbe. Hat der Handwerker aber eine Kleinanzeige aufgegeben, auf die sich der Bauherr meldet, so liegt die Ausübung eines stehenden Gewerbes vor.

IV. Hilfsbetrieb

Es kann sich bei einem Gewerbebetrieb weiter um einen Hilfsbetrieb (§ 3 Abs. 3 HwO) oder um einen unerheblichen Nebenbetrieb (§ 3 Abs. 1 und 2 HwO) handeln. Beide sind ebenfalls nicht handwerksrollenpflichtig (§ 2, 3 Abs. 1 HwO).   **Nicht in die Handwerksrolle**

Hilfsbetrieb

Hilfsbetriebe sind gemäß § 3 Abs. 3 HwO solche Handwerksbetriebe, die unselbständig sind und der wirtschaftlichen Zweckbestimmung des Hauptbetriebes dienen, wenn sie
– Arbeiten für den Hauptbetrieb oder für andere dem Inhaber des Hauptbetriebes ganz oder überwiegend gehörende Betriebe ausführen (Beispiel: betriebseigene Kfz-Reparaturwerkstatt eines Speditionsunternehmens, in der ausschließlich die Fahrzeuge des Unternehmens betreut werden oder zahntechnisches Praxislabor eines Zahnarztes, das ausschließlich für seinen Bedarf arbeitet) oder
– Leistungen an Dritte bewirken, die
= als handwerkliche Arbeiten untergeordneter Art zur gebrauchsfertigen Überlassung üblich sind (Beispiel: einfache Zusammensetzungs- und Anschlußarbeiten für die von Handel und Industrie gelieferten Anlagen) oder
= in unentgeltlichen Pflege-, Instandhaltungs- oder Instandsetzungsarbeiten bestehen (Beispiel: Kfz-Werkstatt eines Gebrauchtwagenhändlers, in der ausschließlich bei zum Verkauf bereitstehenden Autos die erforderlichen Inspektionen und Reparaturen vorgenommen werden) oder
= in entgeltlichen Pflege-, Instandhaltungs- oder Instandsetzungsarbeiten an solchen Gegenständen bestehen, die in dem Hauptbetrieb selbst erzeugt worden sind, sofern die Übernahme dieser Arbeiten bei der Lieferung vereinbart worden ist (Beispiel: Werkskundendienst zur regelmäßigen Überprüfung und gegebenenfalls Reparatur von Geräten, auf deren dauernde Einsatzbereitschaft es ankommt, jenseits der Garantiefrist, etwa Feuerlöscher-Wartung)
= auf einer vertraglichen oder gesetzlichen Gewährleistungspflicht beruhen (Beispiel: Werkskundendienst zur Erledigung von Reparaturen in der Garantiefrist).

Bundesverwaltungsgericht 11.5.79: „Kein unmittelbarer Zugang zum Markt" ist Zeichen für Hilfsbetrieb

„Maßgebend für die Einordnung einer im Rahmen eines anderen Betriebes ausgeübten handwerklichen Tätigkeit als Neben- oder Hilfsbetrieb ist deshalb in erster Linie die Feststellung, ob der handwerkliche Betriebsteil unmittelbaren Zugang zum Markt hat oder ob er nicht selbst am Wirtschaftsverkehr teilnimmt, sondern nach der gesamten Betriebsstruktur ausschließlich der wirtschaftlichen Zweckbestimmung des Hauptbetriebes zu dienen hat" (Bundesverwaltungsgericht, Urteil vom 11.5.1979 – 5 C 16.79 – in: Gewerbearchiv 1979, 305 (307) mit weiteren Nachweisen; vgl. auch Urteil vom 23.6.1983 – 5 C 37.81 – in: Gewerbearchiv 1984, 96 (97 f.).

V. Unerheblicher Nebenbetrieb

Besitzt der handwerkliche Betriebsteil unmittelbaren Zugang zum Markt, so handelt es sich also um einen Nebenbetrieb, der nach § 2, § 3 Abs. 1 HwO grundsätzlich gemäß § 6 HwO in die Handwerksrolle einzutragen ist. Wird die handwerkliche Tätigkeit allerdings nur in „unerheblichem Umfange" ausgeübt, so entfällt diese Eintragungspflicht. Eine Tätigkeit ist „unerheblich" im Sinne des § 3 Abs. 1 HwO, wenn sie während eines Jahres den durchschnittlichen Umsatz und die durchschnittliche Arbeitszeit eines ohne Hilfskräfte arbeitenden Betriebes des betreffenden Handwerks nicht übersteigt (§ 3 Abs. 2 HwO).

Definition

A. Definition des § 3 Abs. 2 HwO

Diese so klare Definition bereitet in der Praxis allerdings zum Teil erhebliche Schwierigkeiten. Denn eine gesonderte, laufende Gewerbestatistik für ohne Hilfskräfte arbeitende Handwerksbetriebe fehlt. Die Handwerkskammern versuchen, dem Problem durch Näherungsrechnungen von bekannten statistischen Größen aus (zum Beispiel durchschnittlicher Umsatz je Beschäftigter) Herr zu werden.

Erforderliche Gewerbestatistik fehlt

Hierbei wird aber zum Beispiel nicht selten die Tatsache außer acht gelassen, daß ohne Hilfskräfte arbeitende Meister in der Regel deutlich mehr als vierzig Stunden pro Woche tätig sind. Auch erscheint es naheliegend, daß der Umsatz eines (hoch)qualifizierten Meisters je Stunde oder je Jahr deutlich über dem eines normalen Gesellen oder gar eines Lehrlings liegt, deren Leistung aber angesichts der zahlenmäßigen Stärke der Gesellen und Lehrlinge im Handwerk für die Höhe des allgemeinen Durchschnittswertes „Umsatz je Beschäftigter" ausschlaggebend ist. Schließlich ist wohl auch die höhere Motivation des Alleinmeisters als umsatzsteigernder Faktor zu berücksichtigen; er arbeitet schließlich für sich selber.

Näherungsrechnungen: Kriterien

Möglicherweise ist den ermittelten Umsatzdaten noch ein erheblicher „Schwarzarbeitszuschlag" hinzuzufügen, um sicherzugehen, daß auch der gesamte tatsächlich erbrachte Umsatz erfaßt wird; derartige Zuschläge sind bei der Erstellung von Statistiken zum Teil durchaus üblich. Für den Fall der Ausbaugewerbe zum

„Schwarzarbeitszuschlag"

Beispiel weist Enno Langfeld („Die Schattenwirtschaft in der Bundesrepublik Deutschland", Kieler Studien des Instituts für Weltwirtschaft an der Universität Kiel, Band 191, 1984, S. 43 f.) darauf hin, daß die Arbeitsproduktivität der Ausbaugewerbe nach den offiziellen Statistiken ab 1973 nur noch vergleichsweise geringfügig zugenommen habe und erklärt: „Der geringe Produktivitätsfortschritt deutet darauf hin, daß in den siebziger Jahren auch bei den in den Statistiken erfaßten Handwerksunternehmen die Neigung zugenommen hat, Aktivitäten vor den Steuerbehörden zu verheimlichen...". Für Einmann-Unternehmen, die zum Teil in unmittelbarer Konkurrenz zu Schwarzarbeitern stehen, dürfte der wirtschaftliche Druck zu teilweiser „Schwarzarbeit" besonders groß und die technische Möglichkeit, sie zu verheimlichen, besonders günstig sein. Ein „Schwarzarbeitszuschlag" erscheint daher hier besonders gerechtfertigt.

B. Prüfung der Umsatzzahlen des Handwerks

Im Streitfalle empfiehlt es sich, sorgfältig zu prüfen, in welcher Weise die vom Handwerk genannten Umsatzzahlen ermittelt worden sind. Die Handwerkskammern sollten dies stets detailliert darlegen. Hierbei wird deutlich werden, ob die vorgenannten Gesichtspunkte angemessen berücksichtigt worden sind.

C. Beweislast

Nur für eigene Umsatzdaten Beweislast des Bürgers

Nach § 3 Abs. 1 und 2 HwO trägt zwar grundsätzlich der Bürger die Beweislast für die Unerheblichkeit der Nebenbetriebstätigkeit. Dies kann aber nur soweit gehen, wie der Bürger zu einer Beweisführung tatsächlich in der Lage ist – das heißt, der Nachweis der detaillierten Umsatzdaten ist erforderlich. Für die Erstellung allgemeiner Statistiken ist der Bürger nicht verantwortlich; dies ist Aufgabe des Staates oder eventuell auch der Handwerksorganisationen (Handwerkskammern führen nach § 6 HwO die Handwerksrolle, hierfür ist die genannte Statistik erforderlich).

Angesichts der Bedeutung des betroffenen Grundrechts der Berufsfreiheit – Artikel 12 Abs. 1 Grundgesetz – geht es nicht an, Schwierigkeiten im Bereich der statistischen Ermittlung im Ergebnis zu Lasten des einzelnen, zu Lasten seiner verfassungsmäßig geschützten Rechte zu umgehen. Ergeben sich unüberwindli-

che Probleme bei der statistischen Ermittlung, so ist vielmehr
nach dem Grundsatz „im Zweifel für die Berufsfreiheit" zu verfahren. Nur dies entspricht auch der streng an der Berufsfreiheit
orientierten Ausführung des Bundesverfassungsgerichts in seinem Grundsatzbeschluß vom 17.7.1961 zur Verfassungsmäßigkeit des großen Befähigungsnachweises und den hierbei zu beach-
tenden Gesichtspunkten und Grenzen (BVerfGE 13, 97 ff.).

Im Zweifel für die Berufsfreiheit

D. Durchschnittlicher Pro-Kopf-Umsatz

Das Bundesverwaltungsgericht (Urteil vom 18.10.1979 – 5 C
12.79 – in Gewerbearchiv 1980, 61 (63)) hat ebenfalls eindeutig
festgestellt: „Die Regelung des § 3 Abs. 2 HwO läßt es dagegen
nicht zu, die Unerheblichkeitsgrenze an dem durchschnittlichen
Umsatz zu orientieren, der auf eine im Radio- und Fernsehtechni-
kerhandwerk tätige Person ganz allgemein entfällt".

Unzulässig

VI. Persönliche Voraussetzungen für die Eintragung in die Handwerksrolle

Handelt es sich bei dem Handwerksbetrieb weder um einen Hilfsbetrieb noch um einen unerheblichen Nebenbetrieb, so ist eine
Eintragung in die Handwerksrolle Voraussetzung für eine rechtmäßige Ausübung dieses Handwerks.

Die Eintragung in die Handwerksrolle setzt neben der bisher geprüften Handwerkseigenschaft (§ 1 HwO) des zu betreibenden
Gewerbes das Vorliegen persönlicher Eintragungsvoraussetzungen voraus, und zwar in der Regel den Nachweis, daß der Unternehmer selbst die notwendige handwerkliche Befähigung besitzt.
Es gibt jedoch Ausnahmen:
– Eine juristische Person wird gemäß § 7 Abs. 4 HwO in die
  Handwerksrolle eingetragen, wenn der (technische) Betriebsleiter den Voraussetzungen des § 7 Abs. 1, 2, 3 oder 7 HwO genügt.
– Eine Personengesellschaft wird nach der gleichen Vorschrift in
  die Handwerksrolle eingetragen, wenn für die technische Leitung ein persönlich haftender Gesellschafter verantwortlich ist,
  der den genannten Voraussetzungen genügt.

Persönliche Befähigung des Unternehmers

Befähigung Dritter

– Der Inhaber eines (erheblichen) handwerklichen Nebenbetriebes (§ 2 Nr. 2 und 3 HwO) wird gemäß § 7 Abs. 5 HwO eingetragen, wenn der Leiter des Nebenbetriebs diesen Voraussetzungen entspricht.

– Nach dem Tode eines selbständigen Handwerkers werden der Ehegatte und die Erben gemäß § 7 Abs. 6 HwO in die Handwerksrolle eingetragen, wenn der Betrieb von ihnen nach § 4 HwO fortgeführt wird – d.h., sie werden zunächst *ohne* irgendeinen Befähigungsnachweis eingetragen; später genügt es, daß der (technische) Betriebsleiter den genannten Voraussetzungen entspricht.

VII. Juristische Person oder Personengesellschaft mit Betriebsleiter

A. Allgemeines

In den meisten Fällen bietet es sich für einen Unternehmer an, von den Möglichkeiten des § 7 Abs. 4 HwO Gebrauch zu machen. Hierzu bedarf es einer geeigneten Rechtsform des Handwerksbetriebes (zum Beispiel GmbH oder oHG: Rechtsanwalt und Steuerberater oder Wirtschaftsprüfer fragen!) und eines (technischen) Betriebsleiters.

B. Zur „Betriebsleiter-Rechtsprechung"

Mit der Wahl einer geeigneten Rechtsform und der Aufnahme eines (technischen) Betriebsleiters entsprechend den Voraussetzungen des § 7 Abs. 4 HwO steht man aber erst am Beginn der Betriebsleiterproblematik. Eine Rechtsprechung von Bundesverfassungsgericht und Bundesverwaltungsgericht besteht hierzu unmittelbar – soweit erkennbar – noch nicht, wohl aber eine umfangreiche Rechtsprechung der unter- und mittelinstanzlichen Gerichte. Diese Rechtsprechung ist in der Regel dadurch gekennzeichnet, daß hohe Anforderungen an die körperliche und geistige Leistungsfähigkeit wie insbesondere auch an den Umfang der Verfügbarkeit und der tatsächlich ausgeübten Funktionen des Betriebsleiters gestellt werden (im einzelnen vgl. THwE S. 229–238, 332 f.). Es ist aber nicht wahrscheinlich, daß diese Recht-

Hohe Anforderungen

sprechung der unter- und mittelinstanzlichen Gerichte den Maßstäben der Rechtsprechung des Bundesverwaltungsgerichts und
des Bundesverfassungsgerichts standhalten wird, falls es einmal
zu einer Anrufung des Bundesverwaltungsgerichts und Bundesverfassungsgerichts kommt.

1. Höhere Ansprüche an Betriebsleiter als an Inhaber-Meister

Denn die entscheidende Schwäche der Betriebsleiter-Rechtspre-
chung der unter- und mittelinstanzlichen Gerichte liegt in folgen-
dem: An den Betriebsleiter werden Ansprüche gestellt, die selbständigen Handwerksmeistern oder auch selbständigen Inhabern
von Ausnahmebewilligungen nach §§ 8, 9 HwO gegenüber nicht
erhoben werden. Ein Versuch der tatsächlichen Durchsetzung
derartiger Ansprüche unterbleibt bei diesen etablierten selbständigen Handwerkern natürlich erst recht. Hinzu kommen die Aus-
nahmetatbestände des § 4 HwO (Witwen und Waisenprivileg
usw.). Für diese Ungleichbehandlungen, für die höheren Ansprüche an Betriebsleiter fehlt es an einer hinreichenden, verfassungsrechtlich beachtlichen Rechtfertigung.

*Ungleichbehand-
lung ohne
Rechtsgrundlage*

2. Kritik der Rechtsprechung

Beispiel: Nach einem Urteil des Verwaltungsgerichts Arnsberg
vom 9.7.1970 (– 1 K 86/70 – in: Gewerbearchiv 1971, 12 (13)) gilt
für den Betriebsleiter eines Friseurbetriebes folgendes: „Da der
Ausübung des Friseurhandwerks eigentümlich ist, daß die Arbeitsleistung am Körper des Kunden erbracht werden muß und
jeweils innerhalb von längstens 3 Stunden oder einer nur wenig
längeren Zeit abgeschlossen ist, muß ... der für die technische
Leitung eines solchen Betriebes Verantwortliche diesem Zeit-
ablauf entsprechend den ganzen Tag über erreichbar und gegebenenfalls im Betrieb persönlich anwesend sein". Nach Ansicht des
Verwaltungsgerichts Arnsberg reicht es nicht, wenn der Betriebsleiter nur im wöchentlichen Wechsel entweder vormittags oder
nachmittags im Friseurgeschäft anwesend sein kann.

Friseurbetrieb

Wann ist je ein vergleichbarer Anspruch gegenüber einem selbständigen Friseurmeister erhoben worden? Benötigt er einen Meister als Vertreter, wenn er selbst einmal einen halben Tag abwe-
send sein muß, wenn er für Tage oder Wochen krank ist? Welche

*Pflichten eines
selbständigen
Meisters*

Rechtsgrundlage könnte herangezogen werden, um z.b. einem älteren Friseurmeister die Fortführung seines Betriebes zu untersagen, wenn er sich im wesentlichen von den laufenden Geschäften in den ruhigen heimischen Garten zurückzieht und die tatsächliche Führung des Betriebes weitgehend seiner nicht den Anforderungen der §§ 7 bis 9 HwO entsprechenden Gattin und einigen erfahrenen Mitarbeitern überläßt?

Diese Fragen stellen heißt, sie verneinen: eine derartige Rechtsgrundlage fehlt in der Handwerksordnung. Die Handwerksordnung knüpft zwar an das historische Vorbild des kleinen, selbst mitarbeitenden „mittelalterlichen" Handwerksmeisters an. Dieser Typus wird aber *nicht* zum verbindlichen Vorbild erhoben. Auch die Führung eines Handwerksbetriebes als „Unternehmer", der sich auf eine reine Management-Funktion zurückgezogen hat, ist zulässig; hier gilt ebenfalls ein „dynamischer Handwerksbegriff".

Ausnahmefall?

Zur Begründung erhöhter Anforderungen an die tatsächliche oder mögliche Betriebsleitung eines Betriebsleiters kann auch nicht darauf hingewiesen werden, daß es sich im Falle der juristischen Personen und Personengesellschaften des § 7 Abs. 4 HwO um Ausnahmefälle handele, die verschärfte Anforderungen rechtfertigen. Denn dann müßten grundsätzlich *alle* Fälle der Eintragung in die Handwerksrolle ohne Meisterprüfung (§ 7 Abs. 2 bis 7 HwO) derartigen verschärften Anforderungen unterliegen – was bisher selbst vom Handwerk nicht ernsthaft behauptet worden ist. Dieses Argument ließe insbesondere auch den verfassungsrechtlichen Grundsatz außer acht, daß die *Handwerksordnung* als Einschränkung der Berufsfreiheit *eng auszulegen* ist (vergleiche oben Zweiter Teil „Rechtsfragen", I), Ausnahmen vom „Großen Befähigungsnachweis" der Handwerksordnung daher gerade großzügig zu behandeln sind – sie stellen nur ein Stück des Grundrechts auf Berufsfreiheit wieder her.

Ausnahmen großzügig auslegen

§ 7 Abs. 3 HwO bezweckt nur Verbesserung der Lage der Handwerker, keine weiteren Pflichten

Im übrigen ist darauf hinzuweisen, daß die Zulassung juristischer Personen zur Eintragung in die Handwerksrolle eine *Verbesserung* der Lage der Handwerker bezweckte, nicht eine Verschlechterung durch Belastung mit zusätzlichen Pflichten. Der Gesetzgeber wollte hiermit nämlich der Tatsache Rechnung tragen, daß es auch für klassische handwerkliche Familienbetriebe eine Vielzahl guter und anerkennenswerter Gründe gab – und heute erst recht gibt –, als Rechtsform des Unternehmens eine juristische Person oder eine Personengesellschaft zu wählen (zum Beispiel Haftungsbegrenzung, Beteiligung nicht im Betrieb tätiger Familienangehöriger (Vermeidung von Kapitalabfluß durch „Auszahlung"), erbrechtliche oder steuerrechtliche Überlegungen). Die starke Zunahme derartiger Handwerksrolleneintragungen nach § 7 Abs. 4 HwO in den letzten Jahrzehnten bestätigt die handwerksfreundliche Zweckrichtung dieser Vorschrift, die eine Interpretation im Sinne zusätzlicher, dem Alleininhaber-Meister nicht obliegender Pflichten nicht zuläßt.

3. Witwen- und Erbenprivileg; Funktion des Betriebsleiters

Gemäß § 4 Abs. 1 und 2 HwO ist sogar ausdrücklich vorgesehen, daß Ehegatten, Erben, Testamentsvollstrecker, Nachlaßverwalter, Nachlaßkonkursverwalter oder Nachlaßpfleger nach dem Tode eines selbständigen Handwerkers den Betrieb mindestens ein Jahr fortführen können – auch ohne jegliche handwerkliche Qualifikation. Nur zur Verhütung von Gefahren für die öffentliche Sicherheit kann die höhere Verwaltungsbehörde einschreiten und einen qualifizierten Betriebsleiter fordern.

Wie im Falle des § 7 Abs. 4 HwO, so soll dieser Betriebsleiter auch im Rahmen des § 4 Abs. 2 HwO nichts anderes tun, als an die – durch Tod oder die Eigenart der Rechtsform – freie Stelle des Meisters als der selbständigen Handwerkerpersönlichkeit treten, die durch ihr fachliches Können und persönlichen Einsatz den Betrieb prägen *kann* – aber nicht muß.

Betriebsleiter ersetzt den Inhaber-Meister

Anforderungen an den Betriebsleiter, die über jene an den selbständigen Meister hinausgehen, lassen sich weder aus dem Wortlaut des Gesetzes (§ 4 Abs. 2, § 7 Abs. 4 HwO) noch aus der Entstehungsgeschichte des Gesetzes ableiten (vgl. Bundestagsdrucksachen I/1428 S. 26; zu I/4172 S. 7; zu IV/3461 S. 10); alles spricht vielmehr für eine Gleichstellung.

Wortlaut und Entstehungsgeschichte der Handwerksordnung

4. Ergebnis: Gleichstellung von Betriebsleiter und Inhaber-Meister

Dies bedeutet aber, daß der Betriebsleiter ebensowenig wie der selbständige Meister gezwungen ist, den Betrieb tatsächlich bis ins einzelne höchstselbst fachlich zu prägen. Die Entscheidung kann auch gegen eine solche – dem klassischen Bild entsprechende – Verhaltensweise ausfallen, sei es durch den Entschluß des allein selbständigen Meisters, der sich für den Vorrang des Managements entschließt und die praktische, technische Arbeit völlig den erfahrenen älteren Gesellen und Vorarbeitern überläßt, sei es durch den Mehrheitsbeschluß der Gesellschafter einer Personengesellschaft oder durch die Entscheidung des Leitungsorgans einer juristischen Person.

Keine Vernachlässigung des fachlichen Niveaus

Juristischen Personen und Personengesellschaften im Gegensatz zum selbständigen Meister einseitig eine Tendenz zur Vernachlässigung des fachlichen Niveaus zu unterstellen, läßt sich weder aus dem Gesetz noch aus wirtschaftlichen Erwägungen heraus rechtfertigen, im Gegenteil: Gerade die wirtschaftliche Notwendigkeit, im Wettbewerb zu bestehen, zwingt alle Unternehmen in gleicher Weise, ohne Rücksicht auf die Rechtsform, auf ein hohes fachliches Niveau der Leistungen zu achten.

C. Filialbetriebe

Die unter- und mittelinstanzliche Betriebsleiterrechtsprechung betrifft aber nicht nur die Fälle des Betriebsleiters nach § 7 Abs. 4 HwO. Häufig handelt es sich um handwerkliche Filialbetriebe. Hier aber ist nicht selten bereits zweifelhaft, ob es sich um mehrere Betriebe oder nur um einen einzigen (Groß-) Handwerksbetrieb im Sinne des § 1 HwO handelt. Das entscheidende Kriterium

Einheitlicher Groß-Handwerksbetrieb Bundesverwaltungsgericht 6.12.63

ist nach der Rechtsprechung des Bundesverwaltungsgerichts die *Selbständigkeit* der einzelnen Teile des Unternehmens. Ist es z.B. so organisiert, daß die Aufgaben teils zentral, teils dezentral in örtlichen Werkstätten (Ateliers, Büros etc.) wahrgenommen werden, so handelt es sich nach Auffassung des Bundesverwaltungsgerichts um einen einheitlichen Handwerksbetrieb:

„Zwar mag es möglich sein, daß ein Handwerksmeister mehrere Handwerksbetriebe hat. Die Handwerksordnung versteht aber in ihrem § 1 unter einem Handwerksbetrieb den selbständigen Betrieb eines Handwerks als ein stehendes *Gewerbe*. Die einzelnen Werkstätten des Klägers sind keine gewerblichen Betriebe im Sinne der Handwerksordnung. Bei der Art, wie das Unternehmen des Klägers organisiert ist, fehlt ihnen die hier (im Gewerbebegriff!) vorausgesetzte Selbständigkeit. Es sind nicht 18 Betriebe im Sinne der Handwerksordnung vorhanden, sondern eine Gruppe von Werkstätten, die zusammen mit der Leitung einen einheitlichen Betrieb bilden" (Bundesverwaltungsgericht, Urteil vom 6.12.1963 – VII C 129/60 – in: Gewerbearchiv 1964, 104 (105); Klammererläuterung vom Verfasser).

Gewerbliche Selbständigkeit fehlt

1. Einheitlicher (Groß-) Handwerksbetrieb

Handelt es sich aber nur um einen einzigen Handwerksbetrieb im Sinne des § 1 HwO, so genügt es, wenn nur eine Person im Unternehmen die Voraussetzungen des § 7 Abs. 1, 2, 3 oder 7 erfüllt, der Inhaber oder der (technische) Betriebsleiter.

2. Industrieller Dienstleistungsbetrieb

Erreicht ein solcher Betrieb nun eine gewisse Größe, so kann es sein, daß er nach den Kriterien der Abgrenzung zwischen Handwerk und Industrie überwiegend nicht mehr dem Handwerk, sondern der Industrie zuzuordnen ist. Beispiele hierfür können im Bereich der klassischen Reparaturhandwerke ebenso gefunden werden wie unter den Reinigungsunternehmen oder in sonstigen Dienstleistungsbereichen.

„... Die stärkere Arbeitsteilung zwischen der leitenden Tätigkeit des Unternehmers und der technischen Tätigkeit der Gehilfen, ... die umfangreichere Verwendung von technischen Hilfsmitteln und ... (der) verhältnismäßig stärkere Kapitaleinsatz" führen vom Handwerksbetrieb z.B. zum industriellen Reparatur- oder Dienstleistungsbetrieb. Der Gedanke, daß ein Reparaturbetrieb grundsätzlich kein Industriebetrieb sein könne, findet im Gesetz keine Stütze. Wie es den Schuhfabriken gelungen ist, die Herstellung von Schuhen den Handwerksmeistern im wesentlichen zu entziehen, so ist es hier dem Kläger gelungen, einen industriellen Reparaturbetrieb einzurichten. ... Das Bundesverfassungsgericht (BVerfGE 13, 97 (112, 115)) betont mit seinen Ausführungen, daß die Handwerksordnung in verfassungsrechtlich erlaubter Weise den handwerksmäßigen Betrieb der Handwerker schützt,

Handwerksordnung schützt nicht vor industrieller Entwicklung

die Handwerker aber nicht vor dem Wettbewerb von Großbetrieben, die auf nicht handwerksmäßige Weise dieselben Leistungen erbringen, schützt. Die *Handwerksordnung will das Handwerk schützen, aber zugleich nicht die industrielle Entwicklung hemmen"* (Bundesverwaltungsgericht, Urteil vom 6.12.1963 –VII C 129/60 – in: Gewerbearchiv 1964, 104 (105); Hervorhebungen und Klammererläuterungen vom Verfasser).

3. Kein Schutz vor Konkurrenz

Konkurrenzschutz rechtfertigt nie Eingriff in die Berufswahl

Dies stimmt überein mit dem verfassungsrechtlichen Grundsatz, daß das Motiv des Konkurrenzschutzes niemals einen Eingriff in das Recht der freien Berufswahl rechtfertigen kann (vergleiche Bundesverfassungsgericht, Urteil vom 11.6.1958 – 1 BvR 596/56 – in BVerfGE 7, 377 (408)). Der große Befähigungsnachweis der Handwerksordnung stellt daher auch *kein* Mittel zum Schutz vor unerwünschter Konkurrenz dar (vergleiche Bundesverfassungsgericht, Beschluß vom 17.7.1961 – 1 BvL 44/55 – in: BVerfGE 13, 97 (122)).

4. Handwerkliche Filialbetriebe

Wenn aber nach der höchstrichterlichen Rechtsprechung kein Schutz vor der Konkurrenz industrieller Reparatur- und Dienstleistungsunternehmen mit einer Vielzahl von Werkstätten (Ateliers, Büros usw.) besteht, so kann erst recht kein besonderer Schutz der handwerklichen Einzelunternehmen vor jenen Unternehmen gefordert werden, die zwar noch durchaus dem Handwerk zuzuordnen sind, aber in einer größeren Zahl von (hinreichend selbständigen) Betriebsstätten tätig werden. Diesen handwerklichen Filialunternehmen dürfen keine weitergehenden Verpflichtungen auferlegt werden als sie die Einzelunternehmen zu tragen haben, daher auch keine weitergehenden Anforderungen an die Intensität der technischen Betriebsleitung. Denn:

Keine höheren Anforderungen an technische Betriebsleitung

Zum einen ist die Tätigkeit in mehreren Betriebsstätten für das Handwerk nichts neues; bei den Bau- und Ausbaugewerben ist sie seit je üblich, wobei sich der Grad der Selbständigkeit der Betriebsstätten nach den Erfordernissen des Einzelfalles richtet (zum Beispiel Entfernung).

Zum anderen dient die Handwerksordnung der Erhaltung und Pflege eines hohen Leistungsstandes des Handwerks, nicht aber der Konservierung einer ganz bestimmten Betriebsstruktur. Sie knüpft zwar an historische Vorbilder an, so die Gestalt des „Meisters", der „die Produktionsfaktoren Kapital und Arbeit ausgewogen in einer Hand vereint" und als Inhaber auch in der praktischen handwerklichen Arbeit seine persönlichen Fähigkeiten voll zur Geltung bringt (vgl. Bundesverfassungsgericht, Beschluß vom 17.7.1961 – 1 BvL 44/55 – in BVerfGE 13, 97 (110–112)).

Keine Konservierung bestimmter Betriebsstruktur

Die wirtschaftliche Weiterentwicklung soll aber gesichert werden. Sie darf nicht durch die Handwerksordnung unterbunden werden, auch nicht der Zug zu größeren Betriebseinheiten, weder innerhalb des Handwerks noch vom Handwerk hin zur Industrie. Eine Strukturkonservierung wäre auch verfassungsrechtlich unzulässig, da sie nur eine besondere Spielart des stets unzulässigen Konkurrenzschutzes darstellte, der keinesfalls einen Eingriff in das Grundrecht der Berufsfreiheit rechtfertigen kann (siehe oben).

Wirtschaftliche Weiterentwicklung sichern

D. Ergebnis

Als Ergebnis ist also festzuhalten, daß (technische) Betriebsleiter keinen Pflichten unterliegen, die über das Maß der Verpflichtungen eines selbständigen Meisters nach der Handwerksordnung hinausgehen. Nur das völlige Fehlen jeder Möglichkeit qualifizierter technischer Betriebsleitung ist im Rahmen des § 7 Abs. 4 und § 4 Abs. 2 HwO beachtlich.

Betriebsleiter haben nur gleiche Pflichten wie Inhaber-Meister

VIII. Nachweis handwerklicher Befähigung, allgemein

A. Formen des Nachweises

Trifft keiner der Ausnahmefälle zu, in denen eine Eintragung des Unternehmers in die Handwerksrolle möglich ist, ohne in eigener Person den Nachweis der erforderlichen handwerklichen Befähigung geführt zu haben, so muß der Unternehmer diesen „großen Befähigungsnachweis" selbst erbringen. § 7 HwO eröffnet hierfür zwei Wege:

Großer Befähigungsnachweis

Meisterprüfung

Im *Regelfall* soll dies durch Ablegung der Meisterprüfung geschehen (§ 7 Abs. 1 HwO), der üblicherweise ein im einzelnen in der Handwerksordnung vorgezeichneter Ausbildungsgang vorauszugehen hat (vgl. § 49 HwO).

Ausnahmebewilligung, Anerkennung gleichwertiger Prüfungen

In *Ausnahmefällen* kann der Befähigungsnachweis auch in anderer geeigneter Weise geführt werden:
- individuell im Verfahren der persönlichen Einzelfall-Ausnahmebewilligung nach § 8 Abs. 1 HwO oder nach § 9 HwO,
- pauschal durch Anerkennung
  = der Meisterprüfung in einem „verwandten Handwerk" gemäß § 7 Abs. 1 Satz 1 HwO in Verbindung mit der „Verordnung über verwandte Handwerke" vom 18.1.1968 (§ 1 und Anlage 1),
  = einer mindestens gleichwertigen inländischen Prüfung des selbständigen Handwerkers gemäß § 7 Abs. 2 HwO oder
  = gleichwertiger Prüfungen von Vertriebenen und Sowjetzonenflüchtlingen gemäß § 7 Abs. 7 HwO außerhalb des Geltungsbereichs der Handwerksordnung.

1. Meisterprüfung, Ausnahmebewilligungen

Zur Meisterprüfung vgl. unten Zweiter Teil „Rechtsfragen", IX. Zur allgemeinen Ausnahmebewilligung nach § 8 Abs. 1 HwO sowie zur Ausnahmebewilligung für EG-Angehörige nach § 9 HwO vgl. die näheren Ausführungen Zweiter Teil „Rechtsfragen", X und XI, S. 92 ff.

2. Verordnung über verwandte Handwerke

Abschließende Aufzählung

Die Verordnung über verwandte Handwerke vom 18.12.1968 enthält in Anlage 1 zu § 1 ein Verzeichnis, in dem 35 der 126 Handwerksberufe der Anlage A zur Handwerksordnung mit den ihnen jeweils entsprechenden, als „verwandt" im Sinne des § 7 Abs. 1 Satz 1 HwO anerkannten Handwerken aufgeführt sind. Diese Aufzählung ist abschließend; weitere „verwandte" Handwerke im Sinne der Handwerksordnung bestehen nicht, obwohl eine „Verwandtschaft" im untechnischen Sinne, ein „Nahestehen" auch zwischen weiteren Handwerken festgestellt werden kann; letzteres wird insbesondere bei Fragen der Abgrenzung der Handwerke untereinander bedeutsam, da hierdurch das Erlernen zusätzlicher Handwerkstätigkeiten erleichtert, das „Wandern" des Tätigkeitsbereichs eines Unternehmens gefördert wird (vgl. Zweiter Teil „Rechtsfragen", XIII, S. 136 ff.).

3. Gleichwertige inländische Prüfungen

Die mindestens der Meisterprüfung gleichwertigen inländischen Prüfungen, die nach § 7 Abs. 2 HwO zu einer Eintragung in die Handwerksrolle berechtigen, sind in § 1 der „Verordnung über die Anerkennung von Prüfungen bei der Eintragung in die Handwerksrolle und bei Ablegung der Meisterprüfung im Handwerk" vom 2.11.1982 (BGBl I S. 1475) aufgeführt: Es sind Diplomprüfungen und Abschlußprüfungen an deutschen staatlichen oder staatlich anerkannten wissenschaftlichen Hochschulen und Fachhochschulen, und zwar jeweils für die Handwerke, deren Arbeitsgebiet der jeweiligen Fachrichtung oder dem jeweiligen Fachgebiet entspricht; die vom Verordnungsgeber festgestellten Fälle der Entsprechung sind in Anlage 1 zu dieser Verordnung aufgeführt.

Liste der Prüfungen

Für die Eintragung in die Handwerksrolle wird in diesen Fällen ein zusätzlicher Nachweis praktischer Erfahrung verlangt:

Praktische Erfahrung

– Gesellenprüfung in dem zu betreibenden Handwerk (oder in einem mit diesem für verwandt erklärten Handwerk),
– Abschlußprüfung in einem dem zu betreibenden Handwerk entsprechenden anerkannten Ausbildungsberuf oder
– mindestens 3 Jahre praktische Tätigkeit in dem zu betreibenden Handwerk (oder in einem mit diesem für verwandt erklärten Handwerk).

Ohne diesen Nachweis praktischer Erfahrung werden die genannten Prüfungen nur als für die Befreiung von Teil II der Meisterprüfung (fachtheoretische Kenntnisse) ausreichend anerkannt.

B. Zulässige Anforderungen an den Leistungsstand

In allen Ausnahmefällen sind grundsätzlich etwa die gleichen Kenntnisse und Fertigkeiten nachzuweisen wie sie von einem Berufsbewerber verlangt werden, der die Meisterprüfung mit Erfolg bestehen will (vgl. Bundesverwaltungsgericht, Urteil vom 26.1.1962 – VII C 68/59 – in: Der Betriebsberater 1962, 312 (313) und Urteil vom 9.2.1962 – VII C 192/60 – in: Die öffentliche Verwaltung 1962, 262 f.). Diese Anforderungen dürfen aber nicht überspannt werden.

1. Hohes Niveau in der Praxis

Bei manchen Teilen des organisierten Handwerks und seinen Vertretern führt das – grundsätzlich sehr positive – Leistungsstreben dazu, bei der Meisterprüfung sehr anspruchsvolle Maßstäbe anzulegen. Ein sehr hohes Niveau der Meisterprüfung ist sicher ein besonderer Beweis der Leistungsfähigkeit des Handwerks und dient insoweit auch der Aufrechterhaltung und Weiterentwicklung des hohen Leistungsstandes der gesamten Volkswirtschaft. Ein sehr hohes Anforderungsniveau mag aber auch berufspolitisch „gut gemeint" sein (als Damm gegen „zuviel Wettbewerb").

Enge Grenzen zulässiger Leistungsanforderungen

Beides läßt jedoch den Charakter des großen Befähigungsnachweises im Handwerk außer acht: Dieser ist Voraussetzung für den Berufszugang und damit Beschränkung der grundgesetzlich gesicherten Berufsfreiheit (Artikel 12 Abs. 1 Grundgesetz). Dies hat zur Folge, daß das Handwerk seine Leistungsanforderungen für die Meisterprüfung in maßvoll engen Grenzen halten muß, wenn man weiterhin daran festhalten will, daß dieser große Befähigungsnachweis entsprechend den Regeln der Handwerksordnung Voraussetzung für den Berufszugang ist. Ein höheres Leistungsniveau könnte nur auf *freiwilliger* Basis gefordert werden, ohne im Falle des Scheiterns den Weg in die Selbständigkeit zu versperren.

2. Bundesverfassungsgericht: Nur Durchschnittsniveau darf gefordert werden

Entsprechend enthält der Grundsatzbeschluß des Bundesverfassungsgerichts vom 17.7.1961 (– 1 BvL 44/55 – in: BVerfGE 13, 97 (119 f.)) zur Verfassungsmäßigkeit des großen Befähigungsnachweises auch hinsichtlich der Breite und Tiefe der notwendigen Kenntnisse und Fertigkeiten eindeutige – einschränkende – Aussagen:

„Meisterhaft" heißt Gesellenprüfung plus 3– 5 Jahre Berufserfahrung

„‚Meisterhaft' heißt hier nicht, daß das fachliche Können das allgemeine handwerkliche Niveau weit überschreiten müsse. Es werden keine außergewöhnlichen Leistungen verlangt; vielmehr wird lediglich gefordert, daß der Berufsbewerber imstande ist, die gebräuchlichen Arbeiten selbständig nach den allgemeinen handwerklichen Grundsätzen werkgerecht auszuführen. ... Ausbildungsziel der regelmäßig mit 18 Jahren abgeschlossenen Lehrzeit ist es, daß der Lehrling die in seinem Handwerk gebräuchlichen Handgriffe und Fertigkeiten mit genügender Sicherheit verrichten kann und die notwendigen Fachkenntnisse über den Wert, die Beschaffenheit, die Behandlung und Verwendung der Roh- und Hilfsstoffe besitzt. Von diesem Leistungsstand aus bedarf der Geselle noch einer erheblichen Berufserfahrung, um die in seinem Handwerk anfallenden Arbeiten ‚meisterhaft' in dem oben dargestellten Sinne verrichten zu können. Eine drei- bis fünfjährige Gesellenzeit, nach der also der gesamte Ausbildungsgang bereits im Alter von 22 bis 23 Jahren abgeschlossen werden kann, ist nicht unangemessen lang".

Ein höheres Sachkundeniveau zu fordern, wäre nach Ansicht des Bundesverfassungsgerichts unzulässig, gleichgültig ob dies im Rahmen eines der oben genannten Ausnahmebewilligungsverfahren oder im Rahmen der Meisterprüfung gemäß den Vorschriften der Handwerksordnung und den jeweils einschlägigen Prüfungsverordnungen geschieht.

Höheres Niveau verfassungswidrig

IX. Meisterprüfung

A. Befreiung von Teilen oder einzelnen Prüfungsfächern

Für das normale Meisterprüfungsverfahren sind die wesentlichen Einzelfragen in den §§ 45 bis 50 HwO sowie einer Reihe einschlägiger Verordnungen geregelt (vgl. Materialien). Hier soll nur auf einen Problemkreis näher eingegangen werden: die – vollständige – oder teilweise – Befreiung von einzelnen Prüfungsfächern oder ganzen Prüfungsteilen der Meisterprüfung gemäß § 46 Abs. 3 HwO.

In Satz 1 dieser Vorschrift ist festgelegt, daß Prüflinge von der Ablegung der Prüfung in gleichartigen Prüfungsfächern durch den Meisterprüfungsausschuß ganz oder teilweise zu befreien sind, wenn sie die Meisterprüfung in einem anderen Handwerk bereits bestanden haben. Dies ist im wesentlichen unumstritten und unproblematisch.

Prüfungsfächer anderer Meisterprüfungen

Das gilt auch vom engen Wortlaut des Satzes 2: ,,Das gleiche (wie in Satz 1, 1. Halbsatz) gilt für Prüflinge, die Prüfungen an deut-

Andere inländische Prüfungen

schen staatlichen oder staatlich anerkannten Unterrichtsanstalten oder vor staatlichen Prüfungsausschüssen mit Erfolg abgelegt haben, sofern bei diesen Prüfungen mindestens die gleichen Anforderungen gestellt werden wie in der Meisterprüfung". Der Begriff „staatlich" ist hierbei im Sinne von „öffentlich" zu verstehen, umfaßt also auch die sogenannte mittelbare Staatsverwaltung; dies bedeutet z.b., daß auch Prüfungsausschüsse von Industrie- und Handelskammern den „staatlichen Prüfungsausschüssen" zuzuordnen sind.

§ 46 Abs. 3 HwO: Verordnung über Ausmaß der Befreiung

Die Problematik des § 46 Abs. 3 HwO liegt in Satz 3: „Der Bundesminister für Wirtschaft bestimmt im Einvernehmen mit dem Bundesminister für Bildung und Wissenschaft durch Rechtsverordnung mit Zustimmung des Bundesrates, welche Prüfungen nach Satz 2 den Anforderungen einer Meisterprüfung entsprechen, und das Ausmaß der Befreiung". Diese Vorschrift wird in der Regel als Zuweisung einer *ausschließlichen* Kompetenz verstanden; nur durch Rechtsverordnungen des Bundesministers für Wirtschaft könne die Entsprechung der Prüfungen festgestellt werden, nicht durch Einzelfallentscheidungen der Meisterprüfungsausschüsse.

Praxis: Restriktive Auslegung

Entsprechend werden auch die Verordnungen nach § 46 Abs. 3 Satz 3 HwO in der Regel restriktiv ausgelegt; die Feststellung der Entsprechung solle nur für tatsächlich abgelegte Prüfungen gelten, nicht für Befreiungen aufgrund der betreffenden Prüfungsverordnungen, da dann letztlich nicht der Verordnungsgeber nach § 46 Abs. 3 Satz 3 HwO, sondern der zuständige Prüfungsausschuß über die Entsprechung befinde.

B. Befugnisse von Prüfungsausschüssen bei Befreiungen

Ungleichbehandlung

Die zunächst einmal formal durchaus nachvollziehbaren Überlegungen führen in der Praxis zu Ungleichbehandlungen, für die eine hinreichende materielle Rechtfertigung fehlt.

1. Beispiel Ausbilder-Eignung

Zum Beispiel: Nach der „Verordnung über die Anerkennung von Prüfungen bei Ablegung des Teils IV der Meisterprüfung im

Handwerk" (§ 1 in Verbindung mit Nr. 1 der Anlage) werden „mit Erfolg abgelegte Prüfungen" der berufs- und arbeitspädagogischen Kenntnisse gemäß der „Ausbilder-Eignungsverordnung gewerbliche Wirtschaft" als Voraussetzung für die Befreiung von Teil IV – Prüfung der berufs- und arbeitspädagogischen Kenntnisse – der Meisterprüfung im Handwerk anerkannt. Der Prüfling, der tatsächlich vor dem Prüfungsausschuß einer Industrie- und Handelskammer die Eignungsprüfung nach § 3 dieser Verordnung (schriftliche und mündliche Prüfung) abgelegt hat, wird also von Teil IV der Meisterprüfung befreit.

Tatsächlich die Prüfung abgelegt

Gleiches gilt jedoch *nicht* für jenen Prüfling, der zwar von der Industrie- und Handelskammer gleichfalls nach § 5 Abs. 2 der Verordnung die Bestätigung erhalten hat, er besitze die Ausbilder-Eignung im Sinne der Verordnung, der aber gemäß § 6 der Ausbilder-Eignungsverordnung durch den Prüfungsausschuß von der Ablegung der schriftlichen und mündlichen Prüfung nach § 3 der Ausbildereignungsverordnung befreit worden war, weil er einen – nach Ansicht des Prüfungsausschusses gleichwertigen – Nachweis im Rahmen eines anderen Prüfungsverfahrens erbracht hat, das allerdings nicht in der obengenannten Teil IV-Verordnung aufgeführt ist.

Befreiung durch Industrie- und Handelskammer

Dieser zweite Prüfling darf dann zwar im gesamten nichthandwerklichen Bereich als Ausbilder tätig sein, aber nicht im Handwerk, obwohl das Handwerk in erheblichem Maße auch für den nichthandwerklichen Bereich mitausbildet und gerade dies die maßgebliche Rechtfertigung für die Privilegierung des Handwerks durch das Erfordernis des großen Befähigungsnachweises ist (vergleiche Bundesverfassungsgericht, Beschluß vom 14.12.1965 – 1 BvL 14/60 – in: BVerfGE 19, 330 (341)).

Nicht für das Handwerk anerkannt

Das Niveau der Ausbilder-Eignung im Handwerk und nichthandwerklichen Gewerbe aber ist gleich: § 6 Abs. 3 Satz 1 der Ausbilder-Eignungsverordnung fordert als Voraussetzung für eine Befreiung von der schriftlichen und mündlichen Prüfung gemäß § 3 Ausbilder-Eignungsverordnung (in der „die Kenntnisse nach § 2" dieser Verordnung nachzuweisen sind) ausdrücklich eine bestandene andere Prüfung „deren Inhalt den in § 2 genannten Anforderungen entspricht".

Gleiches Niveau

Um des formalen Prinzips willen, den Nachweis vor dem zuständigen Meisterprüfungsausschuß zu erbringen, wenn der Verord-

**Formalismus:
Zweimalige Prü-
fung**

nungsgeber nach § 46 Abs. 3 HwO nicht ausdrücklich die Entsprechung der betreffenden Prüfungsleistung festgestellt hat,
wird hier in der Praxis ein zweimaliger Nachweis verlangt und der
Antragsteller so zusätzlich belastet.

**Unverhältnismä-
ßigkeit**

**Berufsfreiheit:
Nur einmal Lei-
stungsnachweis
fordern**

Dies ist generell bereits bedenklich, weil der Verhältnismäßigkeitsgrundsatz verletzt sein kann, erst recht aber im Falle der
handwerklichen Meisterprüfung. Denn bei dieser handelt es sich
um eine Einschränkung der Berufsfreiheit – Artikel 12 Abs. 1
Grundgesetz. Die Freiheit der Berufswahl aber darf nur soweit
eingeschränkt werden, als es „zum gemeinen Wohl unerläßlich
ist" (Bundesverfassungsgericht, Urteil vom 11.6.1958 – 1 BvR
596/56 – in BVerfGE 7, 377 (405)). Wenn der Nachweis eines bestimmten Leistungs- oder Kenntnisstandes aber bereits einmal
zweifelsfrei erbracht ist, dann ist jeder weitere Nachweis nicht
mehr „unerläßlich", sondern überflüssig.

2. Befugnis des Meisterprüfungsausschusses zur Einzelfall-Prüfung

Dies gilt nicht nur für die Frage, ob sich die Feststellung des entsprechenden Prüfungsniveaus in Verordnungen nach § 46 Abs. 3
Satz 3 HwO auch auf den Fall der Befreiung nach den betreffenden Prüfungsverordnungen bezieht.

**Anderweitiger
Leistungsnach-
weis**

Es gilt ebenso für die Frage, ob der Meisterprüfungsausschuß
durch § 46 Abs. 3 Satz 3 HwO gehindert ist, im Einzelfalle über
die Feststellungen des Verordnungsgebers hinaus zusätzlich festzustellen, daß der Prüfling im Rahmen einer bestimmten anderen
Prüfung den erforderlichen Leistungs- und Kenntnisnachweis bereits erbracht hat. § 46 Abs. 3 Satz 3 HwO ist verfassungskonform dahin auszulegen, daß die Feststellung des Verordnungsgebers in einer derartigen Verordnung als generelle Regelung zwar
jede weitere Einzelfallprüfung überflüssig macht, wenn die Entsprechung der Prüfungen positiv festgestellt wird.

**Individuelle Prü-
fung des Mei-
sterprüfungsaus-
schusses**

Fehlt es aber an einer solchen positiven Feststellung, so gilt dies
nur für die *generelle* Betrachtungsebene des Verordnungsgebers.
Eine *individuelle Prüfung* des Meisterprüfungsausschusses, ob
der erforderliche Nachweis nach den besonderen Bedingungen
des Einzelfalles im Rahmen einer anderen Prüfung doch als erbracht anzusehen ist, wird nicht ausgeschlossen.

Denn es ist grundsätzlich zu unterscheiden zwischen dem *Erkenntnishorizont* des Verordnungsgebers und dem eines Prüfungsausschusses. Der Verordnungsgeber ist notwendigerweise nur zu einer generellen, pauschalen Betrachtungsweise in der Lage; er kann den Inhalt von Ausbildungsregelungen und Prüfungsvorschriften vergleichen und danach zum Beispiel zu dem Schluß kommen, daß die Prüfung A stets (gegebenenfalls mindestens) der Prüfung B entspricht.

Generelle Feststellung des Verordnungsgebers

Der Verordnungsgeber kann aber keine eindeutige Aussage mehr treffen, wenn nach den Ausbildungs- und Prüfungsregelungen sowohl Fälle der Entsprechung als auch solche der Nichtentsprechung der Prüfungen vorkommen können. Je vielfältiger, variantenreicher das Ausbildungssystem mit seinen Lerninhalten gegliedert ist und je flexibler es auf sich wandelnde Erfordernisse des Wirtschaftslebens eingeht, desto größer ist die Wahrscheinlichkeit solcher Fälle; sie werden wohl immer weiter zunehmen.

Keine Aussage für gesamtes Ausbildungssystem

Die Fachwelt stimmt in der Beurteilung darin überein, daß das Handwerk sich in einer noch länger anhaltenden, grundlegenden Umbruchphase befindet. Ausbildung und Praxis müssen in vielfältiger Weise den neuen Techniken angepaßt werden (manchmal ist es auch die Wiederkehr ganz alter Techniken – bei den Restauratoren z.B.). Den gewandelten Ansprüchen des Marktes, der Verbraucher, muß durch eine Umstrukturierung des handwerklichen Leistungsangebots und eine entsprechende Änderung der handwerklichen Wirtschaftsformen entsprochen werden. (Lehren ziehen aus dem Vordringen des Do-it-yourself, der Heimwerkermärkte und auch der echten Schwarzarbeit!)

Neue Techniken, neue Anforderungen

Dies wird ein langwieriger Prozeß sein, dessen Ergebnisse heute noch nicht im einzelnen abschbar sind. Sicher ist jedoch, daß der Weg über eine breite Auffächerung des Ausbildungssystems und seiner Lerninhalte führen wird und zum Teil heute schon führt. Der Verordnungsgeber hat keineswegs alle gegenwärtig angebotenen Prüfungsabschlüsse in ausreichender Weise mit den (sich auch wandelnden!) Inhalten aller in Frage kommenden Meisterprüfungen vergleichen und über ihre Aufnahme in die Verordnung entscheiden können. Künftig wird der Verordnungsgeber erst recht nicht in der Lage sein, die Vergleichbarkeit aller Abschlüsse zu prüfen!

Breite Auffächerung des Ausbildungssystems

Verordnungsgeber kann nicht alle Abschlüsse prüfen

**Individuelle Prü-
fung unerläßlich**

Hier führt oft nur eine individuelle Prüfung des konkreten Aus-
bildungsganges und ggf. des tatsächlichen Inhalts der abgelegten
Drittprüfung zu einer sachgerechten Beurteilung. Die schlichte
Nichtbeachtung neuer Ausbildungsgänge brächte nicht nur das
Handwerk ins wirtschaftliche Abseits: Sie verstieße gegen das
Grundrecht der Berufsfreiheit – Artikel 12 Abs. 1 Grundgesetz.
Denn wenn der Nachweis eines bestimmten Leistungs- oder
Kenntnisstandes bereits einmal zweifelsfrei erbracht ist, dann ist
jeder weitere Nachweis überflüssig (siehe S. 90).

**Beweislast für
tatsächlichen
Ausbildungs-
gang**

**Im Zweifel für
die Berufsfrei-
heit**

Eine häufigere individuelle Prüfung konkreter Ausbildungsgänge
kann für den Prüfungsausschuß sicher aufwendig werden. Allerdings kann man ihn dadurch entlasten, daß dem Prüfling die Beweislast für den tatsächlichen Ausbildungsgang und gegebenenfalls den Ablauf der Prüfung auferlegt wird. Der verbleibende
Aufwand muß aber aus verfassungsrechtlichen Gründen zumindest in jenen Fällen vom Prüfungsausschuß getragen werden, in
denen ansonsten die Grundrechte der Prüflinge – hier die Berufsfreiheit, Artikel 12 Abs. 1 Grundgesetz – substanziell berührt
würden. Bei der Auslegung von Vorschriften, die Grundfreihei-
ten berühren, muß es immer heißen: Im Zweifel für die Freiheit
des Bürgers!

X. Allgemeine Ausnahmebewilligung
nach § 8 Abs. 1 HwO

Unter den Ausnahmefällen der Eintragung in die Handwerksrolle
aufgrund eines anderen Befähigungsnachweises als der Meisterprüfung ist die Ausnahmebewilligung nach § 8 Abs. 1 HwO hervorzuheben.

**Zuständig nur:
Verwaltungsbe-
hörde**

Zuständig für die Erteilung der Ausnahmebewilligung ist – im
Gegensatz zur Meisterprüfung – nicht der Meisterprüfungsausschuß, sondern eine Verwaltungsbehörde gemäß § 8 Abs. 3 HwO
(in der Regel der Regierungspräsident oder die Kreisverwaltung).

A. Vorfrage: Ist die Handwerkseigenschaft eines Gewerbes (§ 1 HwO) zu prüfen?

Logische Vorfrage der Erteilung einer Ausnahmebewilligung nach § 8 Abs. 1 HwO ist, ob es sich bei dem betreffenden Gewerbe tatsächlich um ein eintragungsfähiges Handwerk handelt. Ist dies nicht der Fall, so kann der betreffende Unternehmer zwar nicht nach § 6 HwO in die Handwerksrolle eingetragen werden – zugleich aber steht dann fest, daß er gemäß § 1 HwO eine solche Eintragung überhaupt nicht benötigt, um selbständig gewerblich tätig zu werden. Letzteres wird den meisten Antragstellern sehr recht sein.

Eintragungspflichtiges Handwerk?

Das Bundesverwaltungsgericht hat daher in seinem Urteil vom 12.2.1965 (– VII C 30/61 –, in: Gewerbearchiv 1965, S. 165) festgestellt, daß von Behörden und Verwaltungsgerichten stets „*zunächst* die Frage zu prüfen (ist), ob der Kläger ein Gewerbe betreibt, zu dessen rechtmäßiger Ausübung er einer Eintragung in die Handwerksrolle bedarf" (Hervorhebung und Klammerzusatz vom Verfasser).

Bundesverwaltungsgericht 12.2.1965

1. Auslegung der Anträge entsprechend dem Sinngehalt

Ist zweifelsfrei, daß die Klärung dieser Vorfrage der Handwerkseigenschaft im Zusammenhang mit einem bestimmten Antrag auf Ausnahmebewilligung ohne Bedeutung ist, so wird man sicher davon ausgehen können, daß die zuständige Behörde die Prüfung dieser Vorfrage auslassen kann. Im Regelfall wird jedoch eine Ausnahmebewilligung gerade deshalb beantragt, weil ohne eine solche die Untersagung der Fortführung des Betriebes nach § 16 Abs. 3 HwO und eine Geldbuße nach § 117 HwO droht. Die zentrale Frage ist also aus der Sicht der Antragsteller in der Regel die Berechtigung zur Gewerbeausübung. Der Antrag nach § 8 Abs. 1 HwO ist sekundär, ist nur das vordergründige Ergebnis der Suche nach dem (scheinbar) besten Weg in die Selbständigkeit und erfolgt oft gerade auf Rat der Handwerkskammer.

Begehren des Bürgers: Berechtigung zur Gewerbeausübung

Die Behörden wie die Gerichte sind verpflichtet, die Anträge der Bürger ihrem tatsächlichen Sinngehalt entsprechend auszulegen. Nicht der Wortlaut entscheidet, sondern das bei verständiger Würdigung aller erkennbaren Umstände zu entnehmende tatsächliche Begehren.

Wortlaut zweitrangig, Sinngehalt feststellen

**Untersuchungs-
grundsatz und
Aufklärungs-
pflicht, § 86
VwGO**

Ergeben sich im Laufe des Verfahrens Anhaltspunkte dafür, daß der Bürger sein Ziel auf einem anderen, einfacheren Wege erreichen kann, so sind gemäß dem Untersuchungsgrundsatz und der Aufklärungspflicht des § 86 Verwaltungsgerichtsordnung *jede Verwaltungsbehörde und jedes Gericht* verpflichtet, den Bürger auf diesen einfacheren Weg zu seinem Ziele hinzuweisen. Gegebenenfalls ist auf eine Klageänderung hinzuwirken.

Das Bundesverwaltungsgericht hat in einem Urteil vom 14.5.1963 (– VII C 40/63 –, in: Gewerbearchiv 1963, S. 232 (233–235)) zu einem vergleichbaren Fall (Anspruch auf Eintragung in die Handwerksrolle als Vertriebener gemäß § 71 Bundesvertriebenengesetz gegen die Handwerkskammer statt des geltend gemachten Anspruchs auf Ausnahmebewilligung nach § 8 HwO gegen die Verwaltungsbehörde) folgendes erklärt:

**Bundesverwal-
tungsgericht
14.5.1963**

„... Wenn eine höhere Verwaltungsbehörde mit einem Antrage auf Erteilung einer Ausnahmebewilligung gemäß §§ 7 Abs. 2, 8 HandwO befaßt wird, bei dessen Bearbeitung sich Anhaltspunkte dafür ergeben, daß der Antragsteller unter den gegebenen Umständen möglicherweise einer Ausnahmebewilligung überhaupt nicht bedarf, vielmehr seine Eintragung in die Handwerksrolle auch ohne eine solche Bewilligung erreichen kann, so ist die Behörde gehalten, zunächst dieser Frage nachzugehen und den in vielen Fällen rechtsunkundigen Antragsteller hierauf hinzuweisen. Denn ihm muß, sofern eine solche Möglichkeit in Betracht kommen könnte, Gelegenheit gegeben werden, seine Eintragungen in die Handwerksrolle auf dem für ihn einfachsten Wege zu erreichen. Aus diesen Erwägungen hat das Oberverwaltungsgericht Münster auf Grund der bei einer Zurückweisung durch den erkennenden Senat gegebenen Hinweise in seine Entscheidung vom 22. März 1961 (GewArch. 1962 S. 133) es mit Recht als eine selbstverständliche Pflicht der höheren Verwaltungsbehörde bezeichnet, zunächst zu prüfen, ob der Bewerber um eine Ausnahmebewilligung nicht etwa ohne weiteres einen Rechtsanspruch auf Eintragung in die Handwerksrolle hat, der ihm den Weg über die Erteilung einer Ausnahmebewilligung erspart. Diese Auffassung entspricht der ständigen Rechtsprechung des erkennenden Senats, der wiederholt betont hat, daß in derartigen Fällen der Erörterung, ob die Voraussetzungen für die Erteilung einer Ausnahmebewilligung vorliegen, die Prüfung der Frage voranzugehen habe, ob die erstrebte Eintragung in die Handwerksrolle ohne eine solche Bewilligung etwa bereits auf Grund des § 112

HandwO erfolgen muß (vgl. z.B. die Entscheidungen vom 14. August 1959 – BVerwG VII C 73.59 – [GewArch. 1959/60 S. 139], vom 9. Oktober 1959 – BVerwG VII C 87.59 –, vom 9. Februar 1962 – BVerwG VII C 192.60 – [DÖV 1962 S. 262 = GewArch. 1962 S. 175] und vom 8. Juni 1962 – BVerwG VII C 20.62 – [GewArch. 1962 S. 252]). ... Aus den gleichen Gesichtspunkten muß die höhere Verwaltungsbehörde, der ein Antrag auf Verleihung der Befugnis zur Anleitung von Lehrlingen nach § 18 Abs. 2 HandwO vorliegt, vorweg die Frage prüfen, ob es einer solchen Verleihung überhaupt bedarf oder ob Anhaltspunkte dafür gegeben sind, daß diese Befugnis etwa bereits auf Grund des § 115 HandwO gegeben ist (vgl. hierzu die Entscheidung des erkennenden Senats vom 9. November 1962 – BVerwG VII C 36.62 – [GewArch. 1963 S. 31]).

... hat das Berufungsgericht verkannt, daß – wie bereits an früheren Stellen näher dargelegt – die Verwaltungsbehörden und in gleicher Weise auch die Verwaltungsgerichte verpflichtet sind, dem Bewerber um eine Eintragung in die Handwerksrolle den erkennbar einfachsten Weg zu weisen, auf dem er dieses Ziel erreichen kann. ... Die Auffassung des Berufungsgerichts, dem Kläger sei es unbenommen gewesen, statt dieses einfacheren Weges den schwierigeren über die Erteilung einer Ausnahmebewilligung zu wählen, läßt sich mit den den Verwaltungsgerichten in § 86 VwGO auferlegten Pflichten nicht vereinbaren. Die Verwaltungsgerichte dürfen hiernach eine Klage nicht an der Unbeholfenheit und der mangelnden Vertrautheit des Klägers mit der Fülle der selbst für Rechtskundige oft nur schwer übersehbaren gesetzlichen Vorschriften scheitern lassen. Sie müssen ihm vielmehr auf Grund ihres besseren Überblicks bei der Rechtsverfolgung durch die in § 86 Abs. 3 VwGO zur Pflicht gemachten Hinweise behilflich sein und ihm den rechten Weg weisen, wie er im Rahmen der jeweils gegebenen Möglichkeiten das erstrebte Ziel am besten und zweckmäßigsten erreichen kann. Deshalb durften sich die Vorinstanzen im vorliegenden Falle nicht der Prüfung der Frage entziehen, ob der Kläger die Voraussetzungen des § 71 BVFG erfüllt und damit die von ihm erstrebte Eintragung in die Handwerksrolle ohne Erteilung einer Ausnahmebewilligung erreichen konnte.

... Bei dieser Sachlage hätte schon im Verfahren vor dem Verwaltungsgericht, das die sich aus § 71 BVFG für den Kläger ergebenden Möglichkeiten richtig erkannt hatte, in Anwendung des § 86 Abs. 3 VwGO die Frage erörtert werden müssen, ob der Kläger, der sich von jeher auf sein Schicksal als Vertriebener berufen hatte, angesichts der entscheidenden Ablehnung einer Ausnahmebewilligung durch das Regierungspräsidium zu einer Verpflichtungsklage gegen die bereits beigeladene Handwerkskammer zwecks Eintragung auf Grund des § 71 BVFG übergehen wollte. Das wäre in dem anhängigen Streitverfahren allerdings nur im Wege einer Klageänderung möglich gewesen. Eine solche hätte indessen ... als sachdienlich zugelassen werden müssen (vgl. hierzu die Entscheidung vom 26. September 1957 – BVerwG I CB 51.57 – [JZ 1958, 253 = DVBl. 1959, 61] und vom 9. Mai 1958 – BVerwGE 7, 30 [38/39] –)."

2. Urteil des Bundesverwaltungsgerichts vom 13.11.1980

Das Bundesverwaltungsgericht hat allerdings – im Gegensatz zu seiner früheren Rechtsprechung (Urteil vom 12.2.1965 – VII C 30/61 – in: Gewerbearchiv 1965, S. 165) und ohne sich hiermit auseinanderzusetzen – in jüngerer Zeit erklärt, bei Erteilung einer Ausnahmebewilligung nach § 8 Abs. 1 HwO sei von der zuständigen Behörde nicht zu prüfen, ob der Bewerber mit seinem Betrieb in die Handwerksrolle eingetragen werden kann: „Sie (die gegenteilige Ansicht) verkennt den Sinn der Regelung des § 8 Abs. 1 HwO. Die Erteilung der Ausnahmebewilligung hat allein den Zweck, in Ausnahmefällen auch solchen selbständigen Handwerkern die Eintragung in die Handwerksrolle zu ermöglichen, die in dem von ihnen zu betreibenden Handwerk die Meisterprüfung nicht abgelegt haben" (Bundesverwaltungsgericht, Urteil vom 13.11.1980 – 5 C 18.79 – in: Gewerbearchiv 1981, 166 (166 f.); Klammererläuterung vom Verfasser; vgl. auch Beschluß vom 30.12.1981 – 5 B 88.80 – und Beschluß vom 28.1.1982 – 5 B 1.82 – in: Gewerbearchiv 1982, 203).

3. Autonome Feststellung der Handwerkseigenschaft durch die Handwerkskammern?

Dieser Rechtsansicht des Bundesverwaltungsgerichts wird man zwar für all jene Fälle ohne Bedenken zustimmen können, in denen ausschließlich eine Ausnahmebewilligung begehrt wird.

In den Fällen jedoch, in denen aus der Sicht der Antragsteller die Berechtigung zur Gewerbeausübung im Vordergrund steht – und dies ist der Regelfall – kann dieser Rechtsansicht nicht gefolgt werden. Die Antragsteller müssen sich zwar häufig anrechnen lassen, daß sie durch Rechtskundige vertreten werden; dies ist aber nicht zwingend erforderlich. Sie können zudem nicht selten darauf verweisen, daß ihnen der Hinweis, eine Ausnahmebewilligung nach § 8 Abs. 1 HwO zu beantragen, von der Handwerkskammer gegeben wurde. Folgt der Bürger diesem Hinweis, so wäre nach den Ausführungen in dem oben genannten Urteil vom 13.11.1980 zugleich die Entscheidung eben dieser Handwerkskammer über die Handwerkseigenschaft eines Gewerbes faktisch jeder gerichtlichen Prüfung entzogen – zu einem Bußgeldverfahren nach § 117 HwO oder einem Untersagungsverfahren nach § 16 Abs. 3 HwO kommt es in der Regel gar nicht. Dies abzuwarten, wäre dem Bürger auch nicht zuzumuten.

Feststellung der Handwerkseigenschaft jeder Prüfung entzogen

Das ist ein für die rechtsstaatliche Praxis nicht tragbares Ergebnis: Einer Institution, deren gesetzlicher Auftrag die „Vertretung und Förderung der Interessen des (etablierten) Handwerks" ist (§ 90 Abs. 1, § 91 Abs. 1 Nr. 1 HwO), würde so die Möglichkeit eingeräumt, durch die Entscheidung über die Handwerkseigenschaft eines Gewerbes in einem weiten Bereich faktisch ohne gerichtliche Kontrolle selbständig Maßstäbe für den Umfang der Berufsfreiheit der Bürger zu setzen und so einen Schutz der etablierten Handwerker vor weiterer Konkurrenz zu bewirken.

Rechtsstaatlich nicht tragbar

4. Keine Möglichkeit gerichtlicher Prüfung der Entscheidung der Handwerkskammer

Der Bürger hat – wie oben bereits ausgeführt (Zweiter Teil „Rechtsfragen", II. H.) – in der Regel keine Möglichkeit, im Verhältnis zur Handwerkskammer definitiv klären zu lassen, ob das von ihm angestrebte Gewerbe „Handwerk" im Sinne des § 1 HwO ist:

Für eine Eintragung in die Handwerksrolle ist das Vorliegen *zweier* Voraussetzungen erforderlich:
– Handwerkseigenschaft des Gewerbes nach § 1 HwO *und*
– Vorliegen der persönlichen Eintragungsvoraussetzungen nach § 7 HwO.

Keine Prüfung der Handwerkseigenschaft bei Fehlen persönlicher Eintragungsvoraussetzungen

Fehlen die persönlichen Eintragungsvoraussetzungen – wie in den meisten streitigen Fällen –, so müssen sowohl die Handwerkskammer als auch die Widerspruchsbehörde und die Verwaltungsgerich-

te bereits aus diesem Grunde einen Eintragungsantrag ablehnen.
Zur – schwierigeren – Frage der Handwerkseigenschaft des Gewerbes wird man sich kaum äußern.

Keine Feststellungsklage, weil Rechtsschutzinteresse fehlt

Eine Feststellungsklage gegen die Handwerkskammer scheitert aber in der Regel, weil es an einem beachtlichen Rechtsschutzinteresse fehlt. Die bloße Tatsache, daß eine Handwerkskammer durch Anregungen oder Anträge Verfahren nach § 16 Abs. 3 und § 117 HwO veranlassen kann, reicht nämlich nicht aus. Für das „ob" und das „wie" dieser Verfahren tragen allein die zuständigen Behörden die Verantwortung.

Rechtskraft nur zwischen Parteien

Selbst ein rechtskräftiges Urteil im Rahmen einer Feststellungsklage gegen die Handwerkskammer kann diese Behörden nicht binden; denn die Rechtskraft des Urteils wirkt nur zwischen den Parteien dieses Rechtsstreits, zwischen Unternehmer und Handwerkskammer (vgl. § 121 Verwaltungsgerichtsordnung).

Nur zusätzliche Beeinträchtigung begründet Rechtsschutzinteresse

Nur wenn darüber hinaus eine *zusätzliche, tatsächliche Beeinträchtigung* des Unternehmers durch die Handwerkskammer vorliegt, gegen die kein anderer Rechtsschutz erreicht werden konnte, so wird man ausnahmsweise ein Rechtsschutzinteresse bejahen können (vgl. S. 61 (62 f.), Zweiter Teil „Rechtsfragen" II H).

Nicht aber Veranlassung behördlichen Handelns: Bundesverwaltungsgericht 14.5.1963

Das Bundesverwaltungsgericht hat dies in seinem Urteil vom 14.5.1963 (– VII C 33/63 –, in: Gewerbearchiv 1963, 252 (253 Nr. II 2)) bekräftigt: „An dieser Beurteilung vermag auch der Umstand nichts zu ändern, daß das von dem Kläger als unrechtmäßig empfundene Vorgehen der Behörden auf Anregung der Beklagten (der Handwerkskammer) zurückzuführen war. Denn dessen ungeachtet tragen allein die gegenüber dem Kläger tätig gewordenen Behörden die Verantwortung für ihr Vorgehen. Sie allein hätten es auch in einem Verfahren vor den Verwaltungsgerichten zu vertreten" (Klammerzusatz vom Verfasser).

Art. 19 Abs. 4 GG verletzt: Rechtsweggarantie

Die Weigerung, im Rahmen des § 8 Abs. 1 HwO auch gerichtlich zu prüfen, ob die Voraussetzungen des § 1 HwO vorliegen, steht bei dieser Sachlage auch im Widerspruch zu Artikel 19 Abs. 4 Grundgesetz: Jeder Fall einer Beeinträchtigung der persönlichen Rechtssphäre muß tatsächlich der materiellen Überprüfung durch die Gerichte unterliegen. Artikel 19 Abs. 4 Grundgesetz enthält als formelles Hauptgrundrecht eine umfassende Rechtswegegarantie.

Es bleibt zu hoffen, daß sich die Rechtsprechung des Bundesverwaltungsgerichts zur Prüfung der Handwerkseigenschaft im Rahmen des § 8 Abs. 1 HwO künftig wieder ändert. Die oben (vergleiche Zweiter Teil „Rechtsfragen", II. H.) aufgezeigten Möglichkeiten des Rechtsschutzes nach § 16 Abs. 3 HwO sollten nicht allein als ausreichend angesehen werden. Das Bundesverwaltungsgericht sollte zurückkehren zu seiner Feststellung in dem Urteil vom 12.2.1965 (–VII C 30/61 –, in: Gewerbearchiv 1965, S. 165), daß von Behörden und Verwaltungsgerichten stets „*zunächst* die Frage zu prüfen (ist), ob der Kläger ein Gewerbe betreibt, zu dessen rechtmäßiger Ausübung er einer Eintragung in die Handwerksrolle bedarf" (Hervorhebung und Klammererläuterung vom Verfasser).

Rückkehr des Bundesverwaltungsgerichts zu früherer Rechtsprechung nötig

B. Bedeutung und Vorliegen eines Ausnahmefalles

Bei der Prüfung zur Erteilung einer Ausnahmebewilligung nach § 8 Abs. 1 HwO wird in der Praxis nicht selten betont, diese Vorschrift enthalte zwei Voraussetzungen, die gleichgewichtig nebeneinander stünden und beide erfüllt sein müßten: Leistungsstand und Ausnahmefall. Dies steht jedoch im Widerspruch zur letztlich maßgebenden Rechtsprechung von Bundesverfassungsgericht und Bundesverwaltungsgericht.

1. „Ausnahmefall" nur zweitrangige Voraussetzung

Die Voraussetzung des „Ausnahmefalls" ist zweitrangig, sein Vorliegen großzügig zu beurteilen. Bis zum Jahre 1961 teilte die Verwaltungsrechtsprechung zwar überwiegend die Ansicht von der Gleichgewichtigkeit des Merkmals „Ausnahmefall", so auch das Bundesverwaltungsgericht; dabei wurde bei der Prüfung, ob ein Ausnahmefall gegeben sei, sogar ein verhältnismäßig strenger Maßstab angelegt. Hieran konnte aber nach dem Grundsatzbeschluß des Bundesverfassungsgerichts vom 17.7.1961 (– 1 BvL 44/55 – in BVerfGE 13, 97 (120–122)) nicht mehr festgehalten werden. Das Bundesverwaltungsgericht gab seine frühere Rechtsprechung ausdrücklich auf und hielt nunmehr als Leitlinie für Verwaltungsbehörden und Verwaltungsgerichte fest, „... daß bei der Beurteilung, ob eine Ausnahmebewilligung zu erteilen ist, die Frage des Befähigungsnachweises stets im Vordergrund zu stehen

Bundesverwaltungsgericht 26.1.62

hat und deshalb *an erster Stelle (!) zu prüfen* ist, und daß bei nachgewiesener Befähigung in der Beurteilung des Ausnahmefalles *nicht engherzig* verfahren werden darf" (Bundesverwaltungsgericht, Urteile vom 26.1. und 9.2.1962 – VII C 68/59 – und –VII C 192/60 – in: ‚Der Betriebsberater' 1962, 312 (313 f.) und ‚Die öffentliche Verwaltung' 1962, 262 (264 f.); Hervorhebungen vom Verfasser; Urteil vom 13.4.1962 – VII C 5/62 –, in: Verwaltungsrechtsprechung Band 15, Nr. 71, S. 235 (236)).

An dieser Rechtsansicht hat das Bundesverwaltungsgericht seither festgehalten. Nur „wenn das Vorliegen eines Ausnahmefalles auch bei großzügiger Beurteilung dieser Frage" zu verneinen ist, wird die Prüfung der fachlichen Qualifikation entbehrlich (Bundesverwaltungsgericht, Urteil vom 28.5.1965 – VII C 116/64 – in: Gewerbearchiv 1965, 228 (229)). Hierbei muß es sich aber um einen sehr krassen Fall offensichtlichen Fehlens aller Anhaltspunkte für einen Ausnahmefall handeln, da sonst die Grundsätze des Bundesverfassungsgerichts und Bundesverwaltungsgerichts für die Prüfung einer Ausnahmebewilligung außer acht gelassen würden.

2. Bundesverfassungsgericht zum Vorliegen eines Ausnahmefalles

Der „Ausnahmefall" ist die Abweichung von der Regel. Den Regelfall einer handwerklichen Ausbildung, den das Bundesverfassungsgericht seiner Prüfung der Verfassungsmäßigkeit des großen Befähigungsnachweises zugrunde gelegt hat (Bundesverfassungsgericht Beschluß vom 17.7.1961 – 1 BvL 44/55 – in: BVerfGE 13, 97 (119/120)), hat es wie folgt gekennzeichnet:

Regelfall traditioneller Handwerksausbildung

– „Handwerk als Lebensberuf",
– Regelmäßig mit 18 Jahren bereits abgeschlossene Lehrzeit (von drei bis vier Jahren),
– Im Alter von 22 bis 23 Jahren ist der gesamte Ausbildungsgang abgeschlossen (Meisterprüfung nach drei bis fünf Jahren Gesellenzeit).

Jung und unabhängig

Diese traditionelle Handwerksausbildung geht also davon aus, daß der Geselle als *junger Mensch* die Ausbildung durchläuft, sich daher *ganz auf diese Ausbildung konzentrieren kann* und sie in einem Alter abschließt, in dem der Handwerker üblicherweise *noch nicht verheiratet* ist.

Für diesen Fall – *nur* für diesen – hat das Bundesverfassungsgericht festgestellt: „Der besondere Ausbildungsgang und die Prüfung beschweren die Berufsbewerber *im typischen Fall* nicht übermäßig" (a.a.O. S. 119; Hervorhebung vom Verfasser). Dieser traditionelle Regelfall ist daher stets zum Ausgangspunkt der Definition und Bewertung von Ausnahmefällen zu machen.

Keine „typischen Fälle", aber heute relativ häufig sind: **Kein Regelfall**
– Fortgeschrittenes Alter aufgrund längerer Schulausbildung;
– Handwerk als „Zweitberuf" nach einem Studium oder einer Tätigkeit in einem anderen Beruf;
– Selbständigkeit als „Zweitberuf", nachdem zunächst nur eine abhängige Tätigkeit angestrebt worden war (z.B. in einem größeren Unternehmen);
– Heirat vor Ablegung der Meisterprüfung (Beispiel: eine Frau möchte früh Kinder bekommen, oder selbständiges Handwerk ist „Zweitberuf"): Bei der örtlichen und zeitlichen Gestaltung der weiteren Ausbildung ist Rücksicht auf den Partner zu nehmen, seine Rechte und Bedürfnisse;
– Kinder, Ehefrau oder andere Angehörige sind mitzuversorgen: Finanzielle Belastungen treten neben die örtlichen und zeitlichen Einschränkungen.

In allen diesen Fällen – Fehlen der Unabhängigkeit oder fortge-   **Fehlende Unab-**
schrittenes Alter – belastet insbesondere die – für einen erfolgrei-   **hängigkeit**
chen Abschluß meist unerläßliche – *Vorbereitungsphase* den Handwerker erheblich stärker als im Regelfall traditioneller Handwerksausbildung.

Im einzelnen hat das Bundesverfassungsgericht (Beschluß vom 17.07.1961 – 1 BvL 44/55 – in BVerfGE 13, 97 (120–122)) daher u.a. ausgeführt:

„Ausnahmefälle sind entsprechend den oben dargelegten Grundsätzen mindestens dann anzunehmen, wenn es eine übermäßige, nicht zumutbare Belastung darstellen würde, einen Berufsbewerber auf den Nachweis seiner fachlichen Befähigung durch Ablegung der Meisterprüfung zu verweisen. Wann das der Fall ist, läßt sich nur unter Berücksichtigung aller Umstände des Einzelfalles beurteilen.

Als ein besonders erschwerendes Moment kann es beispielsweise angesehen werden, daß ein Berufsbewerber *für den Unterhalt*

Beispiele für Ausnahmefälle: Unterhaltsleistungen, vorgerücktes Alter, anderer Ausbildungsgang

von Angehörigen aufkommen muß, und deswegen nicht imstande ist, den Zeit- und Geldaufwand für den Besuch von Meisterkursen zu tragen. Auch das *vorgerückte Alter* eines Berufsanwärters kann einen Grund bilden, von der Prüfung abzusehen, zumal dann, wenn er einen *anderen Ausbildungsgang durchlaufen hat, als ihn die Handwerksordnung vorsieht. Nur eine Verwaltungspraxis,* die bei Anwendung des § 7 Abs. 2 (heute § 8 Abs. 1) derartige, die Ablegung der Meisterprüfung besonders erschwerendeUmstände hinreichend berücksichtigt, ist *an Artikel 12 Abs. 1 Grundgesetz orientiert* und wird seinem Schutzgedanken gerecht.

Großzügig Ausnahmebewilligungen erteilen

Ob es dem Ziel und Zweck des § 7 Abs. 2 (heute: § 8 Abs. 1) entspräche, den Kreis der Ausnahmefälle noch weiter zu ziehen, als dies nach dem vorstehend dargelegten verfassungsrechtlich geboten ist, kann hier dahin stehen. Jedenfalls deutet die Entstehungsgeschichte der Handwerksordnung darauf hin, daß von der Möglichkeit der Erteilung einer Ausnahmebewilligung nicht engherzig Gebrauch gemacht werden sollte. Das Vorliegen eines Ausnahmefalles sollte nämlich danach nicht nur bei Personen anerkannt werden, die aus besonderen, namentlich durch die Verhältnisse der Kriegs- und Nachkriegszeit bedingten Gründen verhindert waren, die Meisterprüfung abzulegen; vielmehr sollten für die Erteilung einer Ausnahmebewilligung auch Berufsbewerber in Frage kommen, ,,die als Unselbständige in Handwerk oder Industrie in entsprechenden verantwortlichen Stellungen tätig gewesen sind" oder ,,die einen anderen Ausbildungsgang als Lehrzeit, Gesellenprüfung, Gesellenzeit hinter sich gebracht haben" (BT I/1949 zu Drucksache 4172, schriftlicher Bericht des Ausschusses für Wirtschaftspolitik, S. 7). *Hiermit hat der Gesetzgeber einen Ausweg für alle Berufsbewerber geöffnet, die die notwendige fachliche Befähigung besitzen, aber die Meisterprüfung nicht abgelegt haben* (Klammererläuterungen und Hervorhebungen vom Verfasser).

Ausweg für alle, die *fachliche Befähigung* besitzen

Hohes Lebensalter *keine* notwendige Voraussetzung, nur persönliche Verhältnisse

Behandelt man konkrete Einzelfälle entsprechend dieser Rechtsansicht des Bundesverfassungsgerichts, so wird man in einem weiteren Umfange als bisher in der Praxis üblich das Vorliegen eines Ausnahmefalles annehmen müssen. Bisher wird in der Regel pauschal aus dem Lebensalter eines Bewerbers geschlossen, das Ablegen der Meisterprüfung sei ihm noch zumutbar (z.B. wenn der Bewerber erst 30 bis 45 Jahre alt ist). Hohes Lebensalter kann jedoch keine notwendige Voraussetzung sein, nur eine hinreichende. Wesentlich ist vielmehr, wie im Einzelfall die persönlichen Verhältnisse sind.

Beispiel: Ein 30jähriger Familienvater, 2 kleine Kinder, Ehefrau halbtags berufstätig, wohnt in Frankfurt. Es ist im Zweifel nicht zumutbar, daß dieser Mann an einem sechsmonatigen Vollzeitkurs in Lübeck teilnimmt!

Warum? Die *finanzielle Lage* junger Familien ist bekanntermaßen sehr beengt; die Unterhaltsleistungen des Familienvaters sind daher kaum verzichtbar. Die Ehefrau hat darüber hinaus ein *eigenständiges* Recht auf eigene Berufstätigkeit; auch ihr Einkommen wird benötigt. Ehefrau und Kinder brauchen schließlich zum Wohle der Familie die *regelmäßige Anwesenheit* des Familienvaters, auch wenn es jeweils nur für kurze Zeit ist. Durch die Teilnahme an dem Vollzeitkurs würden also im Beispielfall die Interessen und Rechte der gesamten Familie nachhaltig berührt – ohne Teilnahme an den einschlägigen Vorbereitungskursen ist aber das Bestehen der Meisterprüfung häufig aussichtslos, zumindest sind die Erfolgsaussichten wesentlich verringert.

Durch die Forderung nach Ablegung des großen Befähigungsnachweises in der Form der Meisterprüfung statt in der Form des – inhaltlich gleichwertigen – Leistungsnachweises nach § 8 HwO werden im Beispielsfall folgende grundrechtlich geschützten Rechtsgüter betroffen:
– Berufsfreiheit des Familienvaters (Art. 12 Abs. 1 Grundgesetz),
– Berufsfreiheit der Ehefrau (Art. 12 Abs. 1 Grundgesetz),
– Recht der Kinder auf gute Versorgung, Betreuung und Erziehung durch beide Elternteile (Art. 6 Abs. 2 Grundgesetz) und
– Schutz der Institutionen Ehe und Familie vor unverhältnismäßiger Beeinträchtigung (Art. 6 Abs. 1, Art. 3 Abs. 1 Grundgesetz).

Grundrechte einer ganzen Familie eingeschränkt

Die vom Bundesverfassungsgericht genannten Schutzgüter der Handwerksordnung sind demgegenüber die „Erhaltung der Leistungsfähigkeit und Leistungsbereitschaft" des Handwerks, insbesondere seiner Fähigkeit zur Lehrlingsausbildung.

Die Leistungs*fähigkeit* des Handwerks wird aber durch die Wahl der einen oder anderen Form des Leistungsnachweises nicht betroffen: Es entspricht ständiger Rechtsprechung (und Praxis), daß im Rahmen der Ausnahmebewilligung wie der Meisterprüfung der *gleiche* Stand der Kenntnisse und Fertigkeiten nachzuweisen ist (siehe S. 85 u. 108, Zweiter Teil „Rechtsfragen" VIII B und X C).

Leistungsfähigkeit des Handwerks *nicht* betroffen

Ausbildungsfä-
higkeit gesichert

Da die Handwerker in beiden Fällen gleich qualifiziert sein müssen, kann – und wird – ihnen in der Regel die Ausbildungsberechtigung nicht versagt bleiben (vergleiche zu § 22 HwO, unten S. 134, Zweiter Teil „Rechtsfragen" XII). Auch die Ausbildungsfähigkeit des Handwerks wird also durch die Form des Leistungsnachweises nicht ernstlich berührt.

Höhere **Ausbil-**
dungsleistung
des Handwerks
vor **Einführung**
des großen Befä-
higungsnachwei-
ses!

Übrigens: *Vor* Inkrafttreten der Handwerksordnung (1953) bzw. vor Forderung des „Großen Befähigungsnachweises" (ab 1935) war die Ausbildungsleistung des Handwerks erheblich *höher* als heute! In den 25 Jahren von 1953 bis 1978 schwankten die Lehrlingszahlen des Handwerks zwischen rund 405.000 und rund 620.000, im Durchschnitt befanden sich pro Jahr ca. 513.000 Lehrlinge im Handwerk in Ausbildung (vergleiche Zentralverband des deutschen Handwerks, „Handwerk 1984", S. 238). Im Jahre 1926 hingegen – *ohne* Handwerksordnung, ohne großen Befähigungsnachweis oder vergleichbare Regelung des Zugangs zum Handwerk – befanden sich rund 767.000 Lehrlinge (vergleiche Ergebnis des vom Reichstag eingesetzten „Ausschusses zur Untersuchung der Erzeugungs- und Absatzbedingungen der deutschen Wirtschaft": Das deutsche Handwerk (Generalbericht), Band 1, S. 13 f., 31–35 (34)). Eine entsprechende Ausbildungsleistung wurde seither nicht mehr erreicht – selbst der massive Einsatz aller Medien zur Lehrstellenwerbung ab Ende der 70er Jahre führte nur einmal knapp zu einem Überschreiten der 700.000er Marke: im Jahre 1980 mit rund 703.000 Lehrlingen (vergleiche Zentralverband des deutschen Handwerks, „Handwerk 1984", S. 238). Die Zahl der im Handwerk insgesamt Tätigen betrug Ende der 20er Jahre wie auch gegenwärtig knapp 4 Millionen Personen.

Enquête-
Ausschuß
des Reichstags

Leistungsbereit-
schaft des
Handwerks
nicht **beeinträch-**
tigt

Nur die Leistungs*bereitschaft* des Handwerks, sein Wille zur Lehrlingsausbildung, könnte theoretisch dadurch beeinträchtigt werden, daß die Zahl der Leistungsnachweise in der Form der „Ausnahmebewilligung" gegenüber den traditionellen Meisterprüfungen zunimmt. Dies ist jedoch unwahrscheinlich. Denn der Handwerker arbeitet für *sich*. Er bildet auch in erster Linie im *eigenen* Interesse aus, nicht aus allgemeinen wirtschaftspolitischen Erwägungen und weniger um eines „ausreichenden Facharbeiterstammes" willen. Lehrlinge kosten zwar Geld, sind aber immer noch wesentlich billiger als sonst erforderliche Hilfskräfte. Im übrigen bilden die Lehrlinge eine wichtige Personalreserve bei der

Lehrlinge *billi-*
ger **als Hilfs-**
kräfte

Personalreserve

– in kleinen Unternehmen häufigen – wechselnden Auslastung

mit Aufträgen. Aus diesem Grunde ist gerade *in den Problem-
bereichen des Handwerks die Ausbildungsintensität besonders hoch,* wie das Rheinisch-Westfälische Institut für Wirtschafts-
forschung, Essen, in einer Studie festgestellt hat („Die Konjunk-
tur im Handwerk. Die wirtschaftliche Entwicklung im Jahre
1984/85", RWI, Essen, 1985, S. 14–20). Auch der vom Reichstag
eingesetzte Untersuchungsausschuß hatte bereits entsprechendes
festgestellt (Ausschuß zur Untersuchung der Erzeugungs- und
Absatzbedingungen der deutschen Wirtschaft, Das deutsche
Handwerk (Generalbericht), Band 1, S. 13 f.).

RWI-Studie

**Enquête-
Ausschuß**

In den 50er Jahren hat Watrin in einer ausführlichen Studie (Der
Befähigungsnachweis im Handwerk und Einzelhandel, S. 54 f.,
mit weiteren Nachweisen) erneut darauf hingewiesen, daß Lehrlinge häufig in erster Linie als Arbeitskräfte angesehen und entsprechend eingesetzt werden. Die Ausbildungsbereitschaft des
Handwerks ist also maßgeblich von der finanziellen Interessenla-
ge des einzelnen Unternehmens abhängig: Je knapper die Kalku-
lation, desto größer die Neigung, Lehrlinge einzustellen. Die Ausbildungsleistung des Handwerks läßt sich also gerade *nicht* dadurch fördern, daß man den Wünschen der Handwerksorganisationen großzügig entgegenkommt und an der ständischen Form
des Leistungsnachweises besonders nachdrücklich festhält!

Schließlich: Welchen Stellenwert, welche rechtliche Bedeutung
hat denn diese „Leistungs*bereitschaft*" des Handwerks? Letztlich handelt es sich um Standesinteressen, nicht mehr. Kehren wir
zu dem oben genannten Beispiel des 30jährigen Familienvaters
zurück: Den Standesinteressen der selbständigen, bereits etablierten Handwerker stehen hier das persönliche Wohl und die
Grundrechte einer ganzen jungen Familie gegenüber – im Vergleich höherwertige Rechtsgüter!

**Wohl und Rech-
te einer jungen
Familie sind hö-
herwertige
Rechtsgüter**

Unsere Gesellschaft und Wirtschaft sind aufgrund der schnellen
technischen und wirtschaftlichen Entwicklung darauf angewiesen, daß die Bürger – unter Umständen mehrfach – im Leben den
Beruf wechseln. Es liegt daher weiter im *öffentlichen Interesse,*
daß ein Bürger dann, wenn bereits eine Familie gegründet ist und
eine Vielzahl sonstiger Bindungen geschaffen und Belastungen
(Haus?) übernommen sind, ohne unnötige Behinderung einen
neuen Beruf ergreifen kann. Die Selbständigkeit als Handwerker
zählt hierzu. Die *Entscheidung zur Selbständigkeit muß jederzeit
möglich sein!*

**Technische und
wirtschaftliche
Entwicklung**

**Öffentliches In-
teresse an er-
leichtertem Be-
rufswechsel in
fortgeschritte-
nem Alter**

3. Rechtsprechung des Bundesverwaltungsgerichts zum Ausnahmefall

Die hier entscheidenden Passagen der Urteile des Bundesverwaltungsgerichts vom 26.01. und 09.02.1962 (VII C 68/59 und VII C 192/60, in: „Der Betriebsberater" 1962, 312 (313 f.) und „Die öffentliche Verwaltung" 1962, 262 (264 f.)) lauten wie folgt:

Kein strenger Maßstab

„Die Eintragung in die Handwerksrolle ohne Ablegung der Meisterprüfung soll, wie das Gesetz besagt, ‚in Ausnahmefällen' erfolgen. Die bisherige Rechtsprechung ging überwiegend davon aus, dem Gesetz sei zu entnehmen, daß die Erteilung einer Ausnahmebewilligung neben dem zuvor im einzelnen erörterten Erfordernis der fachlichen Befähigung weiterhin die Feststellung besonderer Umstände voraussetze, die es rechtfertigten, ausnahmsweise von der Ablegung der Meisterprüfung abzusehen. Dabei war weiterhin davon auszugehen, daß diese beiden Voraussetzungen – d.h. der Befähigungsnachweis und das Vorliegen eines Ausnahmetatbestandes – etwa das gleiche Gewicht hätten, so daß bei der Verneinung eines Ausnahmetatbestandes die Möglichkeit einer Ausnahmebewilligung ohne weiteres entfiele, ohne daß die Frage der fachlichen Befähigung überhaupt geprüft zu werden brauchte. Dabei wurde bei der Prüfung, ob ein Ausnahmefall gegeben sei, in der Rechtsprechung – auch des erkennenden Senats – ein verhältnismäßig strenger Maßstab angelegt.

Ausnahmebewilligung ist notwendige Milderung der Beschränkung der Berufsfreiheit durch die Meisterprüfung

Hieran kann nach der Entscheidung des Bundesverfassungsgerichts vom 17.7.1961 *nicht mehr festgehalten* werden. Das Bundesverfassungsgericht hat hierzu im letzten Abschnitt der Begründung seiner Entscheidung ausgeführt, daß die von ihm grundsätzlich als unbedenklich anerkannte Beschränkung des Rechts der freien Berufswahl, der der angehende Handwerker durch den in der Handwerksordnung vorgeschriebenen mehrjährigen mit der Meisterprüfung abschließenden Ausbildungsgang unterworfen wird, gerade durch die in § 7 Abs. 2 (heute: § 8 Abs. 1) HwO eröffnete Möglichkeit gemildert und *auf ein verfassungsrechtlich vertretbares Maß zurückgeführt* werde. In diesem Zusammenhang hat das Bundesverfassungsgericht weiterhin zum Ausdruck gebracht, daß nur eine *großzügige Handhabung* bei der Prüfung, ob ein Ausnahmefall gegeben sei, dem Schutz des einzelnen dienenden Sinn des Artikel 12 Abs. 1 Grundgesetz gerecht werde, und dabei betont, dem Bestreben des Gesetzes, den Leistungsstand und die Leistungsfähigkeit des Handwerks zu erhalten und zu fördern, laufe eine weite Auslegung des Begriffs der Ausnahmefälle nicht zuwider, weil ein Berufsbewerber in jedem Falle die zur selbständigen Ausübung seines Handwerks notwendigen Kenntnisse und Fertigkeiten nachweisen müsse. Diese Ausführungen in der Begründung der Entscheidung stehen mit dem Inhalt der eigentlichen Entscheidungsformel in einem so engen sachlichen und gedanklichen Zusammenhang, daß ihnen die *gleiche verbindliche Kraft zukommen muß wie der Entscheidungsformel selbst.*

Weite Auslegung des Begriffs Ausnahmefall

Begründung des Bundesverfassungsgerichts hat verbindliche Kraft!

Der Gesetzgeber hat – wie es in dem bereits mehrfach erwähnten Ausschußbericht heißt – nach sorgfältigen Überlegungen bewußt davon abgesehen, einen ‚Katalog' der Ausnahmefälle aufzustellen, in denen aufgrund eines in anderer geeigneter Weise geführten Befähigungsnachweises ein Rechtsanspruch auf Eintragung in die Handwerksrolle auch ohne Ablegung der Meisterprüfung anerkannt werden soll. Dabei hat sich der Gesetzgeber von der Erwägung leiten lassen, daß bei der Vielgestaltigkeit der Lebensumstände eine erschöpfende Aufzählung der zu berücksichtigenden Tatbestände in einem ‚Katalog' schlechthin unmöglich wäre. Der Ausschuß hat sich daher in seinem Bericht darauf beschränkt, gewisse Hinweise und Richtlinien für die praktische Handhabung zu geben. Das Bundesverfassungsgericht hat hierzu grundsätzlich ausgesprochen, Ausnahmefälle seien ‚mindestens dann anzunehmen, wenn es eine übermäßige, nicht zumutbare Belastung darstellen würde, einen Berufsbewerber auf den Nachweis seiner fachlichen Befähigung durch Ablegung der Meisterprüfung zu verweisen', dabei aber betont, wann das der Fall sei, lasse sich nur unter Berücksichtigung aller Umstände des Einzelfalles beurteilen. Anhand einiger Beispiele hat das Bundesverfassungsgericht aber mit Nachdruck betont, daß von der Erteilung einer Ausnahmebewilligung – den Befähigungsnachweis stets vorausgesetzt – nicht engherzig Gebrauch gemacht werden sollte, zumal eine großzügige Praxis dem Ziel der Handwerksordnung entgegen käme, die Schicht leistungsfähiger selbständiger Handwerkerexistenzen zu vergrößern.

Großzügige Praxis

Die Verwaltungsbehörden und Verwaltungsgerichte werden hieraus als Ergebnis die Folgerung zu ziehen haben, daß bei der Beurteilung, ob eine Ausnahmebewilligung zu erteilen ist, die Frage des Befähigungsnachweises stets im Vordergrund zu stehen hat und deshalb an erster Stelle zu prüfen ist und daß bei nachge-

Befähigungsnachweis an erster Stelle zu prüfen

wiesener Befähigung in der Beurteilung des Ausnahmefalles nicht engherzig verfahren werden darf.

Aus diesen *allgemein gültigen Grundsätzen* ergibt sich für die Entscheidung des hier zur Erörterung stehenden Streitfalles ..."

C. Nachweis des Leistungsstandes

Es wurde bereits darauf hingewiesen, daß der Antragsteller nach § 8 Abs. 1 HwO grundsätzlich etwa den gleichen Stand der Kenntnisse und Fertigkeiten nachzuweisen hat, wie er in der Meisterprüfung verlangt wird (Bundesverwaltungsgericht, Urteil vom 26.1.1962 – VII C 68/59 – in: Der Betriebsberater 1962, 312 (313) und Urteil vom 9.2.1962 – VII C 192/60 – in: Die öffentliche Verwaltung 1962, 262 f; siehe S. 85), allerdings ohne überspannte Anforderungen, nach Maßgabe der – einschränkenden – Richtlinien des Bundesverfassungsgerichts in seinem Grundsatzbeschluß vom 17.7.1961 (siehe Zweiter Teil „Rechtsfragen", VIII B); letztere lauten verkürzt: Niveau der Gesellenprüfung zuzüglich 3 bis 5 Jahre Berufserfahrung (sowie der sich hieraus ergebenden spezifischen Kenntnisse und Fertigkeiten, mit dem Akzent auf der Selbständigkeit in Fragen der Berufsausübung, nicht umfänglichen Zusatzkenntnissen oder -fertigkeiten).

Gesellenprüfung plus 3–5 Jahre Berufserfahrung

1. Freibeweis

Der Nachweis der erforderlichen Kenntnisse und Fertigkeiten gemäß § 8 Abs. 1 HwO erfolgt nach den Regeln des Freibeweises (§ 26 Verwaltungsverfahrensgesetz).

Keine Ersatz-Meisterprüfung

Beim Nachweis der erforderlichen Kenntnisse und Fertigkeiten gemäß § 8 Abs. 1 HwO handelt es sich also nicht um eine Ersatz-Meisterprüfung. Das Bundesverwaltungsgericht (Urteil vom 5.5.1969 – VII C 66/59 – in: Neue juristische Wochenschrift 1959, 1698 (1699); vgl. auch Urteile vom 26.1.1962 – VII C 68/59 – in: Der Betriebsberater 1962, 312 ff. und Urteil vom 9.2.1962 – VII C 192/60 – in: Die öffentliche Verwaltung 1962, 262 ff.) hat hierzu ausgeführt:

„Der Nachweis dieser Kenntnisse wird in der Regel nicht *allein* durch Vorlegung von *Bescheinigungen* privater Auftraggeber oder früherer Arbeitgeber über ausgeführte Arbeiten geführt werden können. *Sofern* der Nachweis *nicht anderweitig* erbracht werden kann, wird eine *Überprüfung* des Bewerbers und seiner bisherigen Tätigkeit in Betracht kommen. Dabei mag es nicht im Sinne des Gesetzes liegen, einen solchen Bewerber einer schulmäßigen Prüfung nach Art einer Meisterprüfung zu unterwerfen. Vielmehr wird eine solche Überprüfung vorwiegend darauf gerichtet sein müssen, eine Grundlage für eine Beurteilung zu gewinnen, ob der Bewerber über die zur selbständigen Handwerksausübung erforderlichen praktischen Kenntnisse und Fertigkeiten verfügt".

Bundesverwaltungsgericht 5.5.59

Erforderlich ist also, daß die für die Erteilung der Ausnahmebewilligung ausschließlich zuständige und verantwortliche Verwaltungsbehörde sich um eine eigenständige Beurteilung bemüht – es wäre unzulässig, diese Aufgabe völlig auf einen Sachverständigen zu delegieren. Falls die Hinzuziehung eines Sachverständigen überhaupt erforderlich ist, muß sein Gutachten kritisch gewürdigt werden; es kann immer nur *Grundlage* der eigenständigen Beurteilung sein, sie jedoch nicht ersetzen.

Im Rahmen dieser Beurteilung sind aber zunächst die vom Antragsteller angebotenen Beweismittel zu prüfen. Eine spezielle Überprüfung des Bewerbers kann nur erfolgen „sofern der Nachweis nicht anderweitig erbracht werden kann", das heißt also: Die Überprüfung ist letztes Mittel und darf nicht – wie zum Teil in der Praxis – zur „Ersatz-Meisterprüfung" werden.

Überprüfung nur als „letztes Mittel"

Jedes geeignete Beweismittel ist im Rahmen des Freibeweises zulässig. Es kann durchaus auch die Vorlage von Bescheinigungen der Auftraggeber oder der Arbeitgeber als ausreichend erachtet werden, wenn auch im Regelfalle nicht jeweils als einziges Beweismittel; es entscheiden die Umstände des Einzelfalles.

Jedes geeignete Beweismittel zulässig

Zur Frage, ob zum Nachweis der notwendigen Kenntnisse und Fertigkeiten auch solche Arbeiten des Antragstellers berücksichtigt werden können, die dieser unbefugt ausgeführt hat, das heißt ohne in die Handwerksrolle eingetragen gewesen zu sein, hat das Bundesverwaltungsgericht positiv Stellung genommen (Urteil vom 8.6.1962 – VII C 244/59 – in: Gewerbearchiv 1962, 251 f.):

Unbefugt ausgeführte Arbeiten auch Beweismittel

Bundesverwal-
tungsgericht
8.6.62

„Die Frage, ob der Kläger mit der Ausführung dieser Arbeiten gegen das Gesetz verstoßen hat, indem er sich als selbständiger Handwerker betätigte, ohne damals die gesetzlichen Voraussetzungen für eine solche Tätigkeit zu erfüllen, besagt nichts über die qualitative Bewertung dieser Arbeiten und steht ihrer Berücksichtigung bei der Beurteilung der fachlichen Befähigung des Klägers nicht entgegen."

2. Förmliche Ausbildung im Handwerk

**Ausbildungs-
gang ist gleich-
gültig**

**Selbststudium
reicht aus**

Die Prüfung der notwendigen Kenntnisse und Fertigkeiten des Antragstellers kann nicht bereits mit dem Hinweis darauf abgelehnt werden, sein Ausbildungsgang habe ihm keine ausreichende Qualifikation vermitteln können. Auch im Selbststudium kann man – insbesondere, angesichts der heutigen Aus- und Weiterbildungsmöglichkeiten selbst für „Freizeit-Handwerker" – unter Umständen den üblichen handwerklichen Leistungsstand erreichen, insbesondere aufgrund mehrjähriger praktischer Tätigkeit:

Bundesverwal-
tungsgericht
13.4.62

**Mehrjährige
praktische Tätig-
keit**

„Ihm (dem Berufungsgericht) kann aber insoweit nicht gefolgt werden, als es den Nachweis dieser Befähigung schon deshalb nicht als erbracht angesehen hat, weil der Kläger nicht die in der Handwerksordnung vorgesehene Ausbildung erfahren hat und die Teilnahme an nur einem Fachschulsemester ihm keine ausreichenden Fachkenntnisse habe vermitteln können, andererseits von vornherein die Möglichkeit verneint hat, daß der Kläger diese *Kenntnisse,* wie er behauptet hat, *durch mehrjährige praktische Tätigkeit* habe *erwerben* können. Diese Möglichkeit konnte, selbst wenn man den beruflichen Werdegang des Klägers berücksichtigt, *nicht schlechthin ausgeschlossen* werden. Der Kläger hatte sich ausdrücklich bereit erklärt, seine Kenntnisse überprüfen zu lassen" (Bundesverwaltungsgericht, Urteil vom 13.4.1962 – VII C 5/62 – in Verwaltungsrechtsprechung Band 15, 235; Hervorhebungen vom Verfasser).

Bundesverwal-
tungsgericht
8.6.62

Auch die erforderlichen kaufmännischen und betriebswirtschaftlichen Kenntnisse im Sinne des Teils III der Meisterprüfung können durch eine (erfolgreiche) Praxis von gewisser Dauer belegt werden (Bundesverwaltungsgericht, Urteil vom 8.6.1962 – VII C 244/59 – in: Gewerbearchiv 1962, 251 f.):

„Die hierfür weiterhin erforderlichen kaufmännischen und betriebswirtschaftlichen Kenntnisse hat das Berufungsgericht aufgrund der mehrjährigen leitenden Tätigkeit des Klägers im Geschäft seines Vaters als gegeben erachtet. Diesen in freier Beweiswürdigung getroffenen Feststellungen kann aus Rechtsgründen nicht entgegengetreten werden. ... Die Angriffe der Revision gegen die Beurteilung der kaufmännischen und betriebswirtschaftlichen Kenntnisse des Klägers tragen nicht der Tatsache Rechnung, daß ein selbständiger Handwerker, wie das Bundesverfassungsgericht in seiner Entscheidung vom 17. Juli 1961 ausgeführt hat, nur die Grundlagen dieser Wissensgebiete zu beherrschen braucht".

Kaufmännische Praxis, erfolgreiche

Nur Grundkenntnisse erforderlich

3. Sachverständige, Besorgnis der Befangenheit

Soweit sich die Verwaltungsbehörden im Rahmen ihrer Prüfung nach § 8 Abs. 1 HwO Sachverständiger bedienen, ist zunächst noch einmal darauf hinzuweisen, daß hierfür nur neutrale, nicht interessengebundene Persönlichkeiten in Frage kommen und daß die Hinzuziehung der Sachverständigen nicht dazu führen darf, die Beurteilung des Nachweises der erforderlichen Kenntnisse und Fertigkeiten tatsächlich auf den oder die Sachverständigen zu delegieren. Die Behörde muß sich ein *eigenes* Urteil bilden, das Sachverständigengutachten kritisch würdigen.

Sachverständige: neutral, nicht interessengebunden

Eigenes Urteil der Behörde

a) Der Behörde steht es im Rahmen des Freibeweises nach § 26 Abs. 1 Verwaltungsverfahrensgesetz nach pflichtgemäßem Ermessen frei, Sachverständige zu vernehmen oder schriftliche Gutachten einzuholen. Hierbei darf sich die Behörde aber entsprechend den §§ 20, 21 Verwaltungsverfahrensgesetz selbstverständlich nicht jener Personen bedienen, die nach § 20 Verwaltungsverfahrensgesetz wegen gesetzlicher unterstellter Befangenheit ausdrücklich nicht tätig werden dürfen oder bei denen nach § 21 Verwaltungsverfahrensgesetz Besorgnis der Befangenheit besteht.

Freibeweis

Ausgeschlossene Personen

Besorgnis der Befangenheit

Dies muß die Behörde bereits von Amts wegen berücksichtigen. Der Unternehmer kann aber auch von sich aus auf einen seines Erachtens bestehenden Ausschließungsgrund nach § 20 Verwaltungsverfahrensgesetz oder auf eine seiner Ansicht nach vorliegende Besorgnis der Befangenheit gemäß § 21 Verwaltungsverfahrensgesetz hinweisen. Dieser Hinweis sollte *vor* Erstattung des Gutachtens erfolgen – im förmlichen Verfahren nach § 65 Verwaltungsverfahrensgesetz oder im Prozeß (§ 98 Verwaltungsge-

§§ 20, 21 VwVfG berücksichtigen

Rüge der Befangenheit *vor* Erstattung des Gutachtens

richtsordnung, § 405 Zivilprozeßordnung) wäre eine spätere Rüge sogar unbeachtlich (Bundesverwaltungsgericht, Beschluß vom 30.12.1981 – 5 B 88.80 –); man darf nicht abwarten, ob das Ergebnis vielleicht doch positiv für die eigene Sache ist. Nach § 406 Abs. 2 Satz 2 Zivilprozeßordnung ist eine spätere Ablehnung nur ausnahmsweise dann zulässig, wenn glaubhaft gemacht wird, daß der Ablehnungsgrund vorher nicht geltend gemacht werden konnte.

Ausgeschlossene Personen

b) Für den Ausschluß von Sachverständigen bei der Heranziehung von Beweismitteln nach § 26 Verwaltungsverfahrensgesetz gelten die §§ 20, 21 Verwaltungsverfahrensgesetz (zumindest entsprechend). Nach § 20 Verwaltungsverfahrensgesetz darf in einem Verwaltungsverfahren für eine Behörde nicht tätig werden,
– wer selbst Beteiligter ist;
– wer Angehöriger eines Beteiligten ist;
– wer einen Beteiligten kraft Gesetzes oder Vollmacht allgemein oder in diesem Verwaltungsverfahren vertritt;
– wer Angehöriger einer Person ist, die einen Beteiligten in diesem Verfahren vertritt;
– wer bei einem Beteiligten gegen Entgelt beschäftigt ist oder bei ihm als Mitglied des Vorstandes, des Aufsichtsrates oder eines gleichartigen Organs tätig ist; dies gilt nicht für den, dessen Anstellungskörperschaft Beteiligter ist;
– wer außerhalb seiner amtlichen Eigenschaft in der Angelegenheit ein Gutachten abgegeben hat oder sonst tätig geworden ist.

Dem Beteiligten steht gleich, wer durch die Tätigkeit oder durch die Entscheidung der Verwaltungsbehörde einen unmittelbaren Vorteil oder Nachteil erlangen kann. Dies gilt aber nicht, wenn der Vor- oder Nachteil *nur* darauf beruht, daß jemand einer Berufs- oder Bevölkerungsgruppe angehört, deren gemeinsame Interessen durch die Angelegenheit berührt werden.

Gesetzlich unterstellte Befangenheit

c) Es scheiden daher nach § 20 Verwaltungsverfahrensgesetz wegen gesetzlich unterstellter Befangenheit als Sachverständige insbesondere aus:
– die zuständige Handwerkskammer (Sie ist zum Beispiel nach §§ 8 Abs. 3, 16 Abs. 3, 22 Abs. 3, 91 Abs. 3 HwO in ihren rechtlichen Interessen betroffen und bei Hinzuziehung zum Verfahren auf jeden Fall Beteiligter nach § 13 Abs. 1 Verwaltungsverfahrensgesetz.)

– die Mitglieder des Vorstandes, der Mitgliederversammlung sowie alle gegen Entgelt bei der Handwerkskammer Beschäftigten (Der Ausnahmetatbestand für jene, „deren Anstellungskörperschaft Beteiligte ist", greift nicht; diese Regelung soll nur vermeiden, daß bei einem Tätigwerden von Hoheitsträgern in *eigener* Sache ganze Behörden lahmgelegt werden; sie ist eng auszulegen und erfaßt nicht den Fall, daß, wie hier, z.b. eine Handwerkskammer in fremder Sache – der der Verwaltungsbehörde – tätig wird.)

– jene Handwerker, die als gegenwärtige oder mögliche spätere Konkurrenten ein persönliches Sonderinteresse am (negativen) Ausgang des Verwaltungsverfahrens haben können.

d) Wie der Hinweis im Gesetzeswortlaut auf die Vorteile von Berufs- oder Bevölkerungsgruppen belegt, ist der Begriff des „unmittelbaren" Vorteils weit auszulegen; er ist nicht nur auf den Fall eines konkret bestehenden Konkurrenzverhältnisses in einer bestimmten Geschäftsbeziehung beschränkt – sonst wäre § 20 Abs. 1 Satz 3 unnötig. Es reicht aus, wenn ein Vorteil oder Nachteil später einmal eintreten kann.

Möglicherweise später eintretende Vor- oder Nachteile ausreichend

Die Nicht-Berücksichtigung von Vor- oder Nachteilen, die *nur* darauf beruhen, daß jemand einer bestimmten Berufs- oder Bevölkerungsgruppe angehört (§ 20 Abs. 1 Satz 3 Verwaltungsverfahrensgesetz), ist hingegen eng auszulegen; sie soll nur verhindern, daß der Ausschluß nach § 20 Verwaltungsverfahrensgesetz uferlose Folgen hat (zum Beispiel Ausschluß aller Hauseigentümer oder aller Beamten). Tritt ein besonderes Eigeninteresse wirtschaftlicher oder immaterieller (ideeller, familiärer oder sonst privater) Art zu den bloßen Gruppeninteressen hinzu, so ist § 20 Abs. 1 Satz 3 Verwaltungsverfahrensgesetz nicht mehr einschlägig.

Besonderes ideelles oder wirtschaftliches Eigeninteresse

So scheiden nach § 20 Verwaltungsverfahrensgesetz auf jeden Fall alle Handwerker des Handwerkskammerbezirks und gegebenenfalls auch angrenzender Bezirke aus, bei denen nach ihrem Tätigkeitsbereich zumindest eine spätere Konkurrenzsituation nicht ausgeschlossen werden kann. Bei Handwerkern aus weiter entfernten Bezirken und aus völlig anderen Handwerkszweigen hingegen scheiden wirtschaftliche Sonderinteressen aus. Hier könnten allerdings *ideelle* Sonderinteressen in Frage kommen.

Konkurrenten: Handwerker des Kammerbezirks, angrenzender Bezirke

Mitarbeit in Handwerksorganisationen

Bei Handwerkern, die sich über die bloße Pflichtmitgliedschaft in der Handwerkskammer hinaus im organisierten Handwerk (Kammern, Innungen zum Beispiel) engagiert haben oder dies beabsichtigen, die in der Selbstverwaltung des Handwerks oder auf dessen Vorschlag Funktionen oder Ämter übernommen haben oder anstreben, scheiden daher gleichfalls als neutrale Sachverständige aus. Denn für diese Personen trifft in besonders hohem Maße zu, was das Bundesverfassungsgericht in seinem Grundsatzbeschluß vom 17.7.1961 (– 1 BvL 44/55 – in BVerfGE 13, 97 (110, 112)) für

Soziales Gruppenbewußtsein der Handwerker

das Handwerk ganz allgemein festgestellt hat: Das Handwerk stellt sich als einheitliche soziale Gruppe dar, die nicht nur von anderen Bevölkerungsgruppen deutlich abgegrenzt ist, sondern die ihr soziales Gruppenbewußtsein, ihr Zusammengehörigkeitsgefühl und Standesbewußtsein besonders nachdrücklich pflegt. Da liegt es für den engagierten Handwerker viel zu nahe, daß er eben auch für die Kollegen „mitdenkt", nicht mehr neutral ist.

Hauptargument des Bundesverfassungsgerichts entfallen?

Sollte allerdings im Einzelfall dahingehend argumentiert werden, daß im Zuge der weiteren wirtschaftlichen und gesellschaftlichen Entwicklung seit dem Jahre 1961 das „soziale Gruppenbewußtsein" des Handwerks stark nachgelassen habe, so wäre dies von grundlegender und weittragender Bedeutung: Damit würde ein Hauptargument des Bundesverfassungsgerichts zugunsten der Verfassungsmäßigkeit des „großen Befähigungsnachweises" zumindest für die Gegenwart bestritten; dann wäre im Falle einer erneuten Prüfung vom Bundesverfassungsgericht jetzt festzustellen, daß insoweit die Berechtigung des Gesetzgebers zu einer die Freiheit der Berufswahl einschränkenden Regelung wie dem „großen Befähigungsnachweis" nachträglich entfallen ist. Der „große Befähigungsnachweis" wäre möglicherweise verfassungswidrig geworden.

Besorgnis der Befangenheit bereits, wenn parteiische Amtsausübung nicht völlig ausgeschlossen

e) Zumindest kommt in diesen Fällen § 21 Verwaltungsverfahrensgesetz zur Anwendung. Nach dieser Vorschrift ist „Besorgnis der Befangenheit" gegeben, wenn ein Grund vorliegt, der geeignet ist, Mißtrauen gegen eine unparteiische Amtsausübung zu rechtfertigen. Ein solches Mißtrauen ist immer gerechtfertigt, wenn – vom Standpunkt eines erfahrenen und besonnenen Menschen aus – unter den gegebenen Umständen die Person des handelnden Amtsträgers (hier: des möglichen Sachverständigen) eine parteiische Amtsausübung nicht ausgeschlossen erscheinen läßt. Eine parteiische Haltung muß also weder sicher zu erwarten sein noch muß sie wahrscheinlich sein; es reicht bereits aus, daß sie nicht völlig ausgeschlossen ist.

Aus rechtsstaatlichen Gründen ist bei dieser Prüfung besondere Vorsicht und Empfindlichkeit geboten. Bei dem geringsten vernünftigen Zweifel muß zugunsten des Bürgers davon ausgegangen werden, daß die Besorgnis der Befangenheit gerechtfertigt ist. Schließlich geht es in diesem Verfahren nicht nur um normalen Verwaltungsvollzug; das Grundrecht auf Berufsfreiheit (Artikel 12 Abs. 1 Grundgesetz) steht für den Bürger auf dem Spiel (vgl. oben Zweiter Teil „Rechtsfragen", I, S 40 ff.).

Geringster vernünftiger Zweifel rechtfertigt Besorgnis der Befangenheit

f) Gerechtfertigt ist eine Besorgnis der Befangenheit auf jeden Fall bei
– in diesem oder einem anderen Zusammenhang offenbar gewordener Voreingenommenheit;
– Freundschaft oder Feindschaft zu einem Beteiligten; hierzu zählt jede stärkere ideelle Verbundenheit oder Abneigung (!);
– auf wirtschaftlichen Interessen beruhender Verbundenheit positiver oder negativer Art mit einem Beteiligten;
– außerhalb eines anhängigen Verfahrens abgegebener Äußerung zur Sach- und Rechtslage des Verfahrens.

Besorgnis der Befangenheit

g) Zu weiteren Einzelfragen sowie für den Fall des verwaltungsgerichtlichen Prozesses wird auf die einschlägige Rechtsprechung und Kommentarliteratur zu § 98 Verwaltungsverfahrensgesetz, § 54 Verwaltungsgerichtsordnung und §§ 41, 42 und 406 Zivilprozeßordnung verwiesen, auf deren Grundsätzen bzw. Entscheidungen die §§ 20, 21 und 26 des Verwaltungsverfahrensgesetzes sowie die vorstehenden Ausführungen aufbauen.

Verwaltungsgerichtsprozeß

Hierbei ist ebenfalls stets zu berücksichtigen, daß an die Unvoreingenommenheit eines Sachverständigen insbesondere im Verfahren nach § 8 Abs. 1 oder § 16 Abs. 3 HwO besonders strenge Anforderungen zu stellen sind, da von seiner Beurteilung maßgeblich die praktische Verwirklichung des Grundrechtes auf freien Zugang zum Beruf abhängt (vgl. zur Bedeutung von Grundrechten als Auslegungsmaßstab oben Zweiter Teil „Rechtsfragen", I, S. 40 ff.).

Strenge Anforderungen an Unvoreingenommenheit

h) Das Bundesverwaltungsgericht hat bereits mehrfach – aus gegebenen Anlässen (!) – darauf hingewiesen, daß die Auswahl der

Sachverständigen Gewähr für eine objektive, nur von sachlichen Gesichtspunkten bestimmte Beurteilung bieten müsse (z.B. Urteil vom 26.1.1962 – VII C 68/59 – in: Der Betriebsberater 1962, 312 (313, 314); Urteil vom 9.2.1962 – VII C 192/60 – in: Die öffentliche Verwaltung 1962, 262 (263); Beschluß vom 23.2.1970 – I B 12/70 – in: Gewerbearchiv 1970, 164 (165)):

Fehlende Unvoreingenommenheit

Bundesverwaltungsgericht 26.1.62

„Dabei wird besonders darauf Bedacht zu nehmen sein, daß mit dieser Nachprüfung nur unbefangene Persönlichkeiten betraut werden, da aus den dem Senat vorliegenden Unterlagen zu erkennen ist, daß von der Kreishandwerkerschaft kaum eine vorurteilsfreie Beurteilung wird erwartet werden können und daß auch die über die Kreishandwerkerschaft vorgelegte Begutachtung durch einen Sachverständigen, die sich auf ohne Zuziehung des Klägers vorgenommene Ermittlungen stützt, keine ausreichende Grundlage für eine abschließende Beurteilung bilden kann" (obengenanntes Urteil vom 26.1.1962).

i) Um Mißverständnisse zu vermeiden: Der Ausschluß des Handwerks, seiner Vertreter und der ihm Nahestehenden von der Funktion des neutralen Sachverständigen gemäß den §§ 20, 21 und 26 Verwaltungsverfahrensgesetz sowie ggf. § 98 Verwaltungsgerichtsordnung und §§ 41, 42 und 406 Zivilprozeßordnung betrifft natürlich nicht die Beteiligung des Handwerks am Verfahren generell.

Beteiligung des Handwerks am Verfahren – als „Partei"!

Als Beteiligte, die die Interessen des Handwerks vertritt, ist die Handwerkskammer selbstverständlich gemäß § 91 Abs. 3 HwO im allgemeinen und zum Beispiel nach § 8 Abs. 3 und § 16 Abs. 3 im besonderen zu hören. Das Handwerk ist also stets dabei – aber in einer anderen Rolle!

4. Handwerkskammer als Selbstverwaltung und Interessenvertreter

Unabhängig von den erörterten besonderen Umständen des Einzelfalles kann die Frage gestellt werden, ob es generell dem Willen des Gesetzgebers entspricht, wenn die zuständige Verwaltungsbehörde zur Feststellung der Handwerkseigenschaft einer gewerblichen Tätigkeit oder zur Begutachtung der Kenntnisse und Fertigkeiten eines Antragstellers nach § 8 Abs. 1 oder § 16 Abs. 3 HwO als Sachverständige Mitglieder der betreffenden Handwerkskammer, insbesondere des Meisterprüfungsausschusses, heranzieht.

a) Betrachtet man die einschlägigen Regelungen der Handwerksordnung im Zusammenhang, so ergibt sich hieraus, daß die Hinzuziehung von Handwerksvertretern als Sachverständige zum Beispiel in den Fällen des § 8 Abs. 1 und § 16 Abs. 3 HwO ein Systembruch und daher in der Regel unzulässig ist. Der Gesetzgeber hat dem Handwerk die Berechtigung zur berufsständischen Selbstverwaltung mit weitgehenden Kompetenzen eingeräumt, ihm aber in einzelnen Fällen, unter anderem gerade in den Fällen des § 8 Abs. 1 und § 16 Abs. 3 HwO, bei denen eine Besorgnis der Befangenheit von Handwerksvertretern besonders naheliegt, *keine* Entscheidungsbefugnisse übertragen, wohl aber weitgehende Mitwirkungsrechte als Beteiligter. Hieraus folgt, daß dem Handwerk in diesen Fällen kein „entscheidender" Einfluß eingeräumt werden soll; *rechtstatsächlich* ist aber gerade die Stellungnahme der Sachverständigen ausschlaggebend, ‚entscheidend'.

Handwerksvertreter als Sachverständige: unzulässiger Systembruch

Kein entscheidender Einfluß des Handwerks

b) Im einzelnen:
- Die Handwerksrolle wird zwar unmittelbar von der Handwerkskammer geführt (§ 6 Abs. 1 HwO),
- die Meisterprüfungsausschüsse sind aber bereits im Gegensatz zu den Gesellenprüfungsausschüssen (§ 33 HwO) unmittelbar staatliche Prüfungsausschüsse. Ihre Mitglieder werden allerdings auf Vorschlag der Handwerkskammer nach deren ausdrücklicher Anhörung ernannt; die Geschäftsführung der Meisterprüfungsausschüsse liegt bei der Handwerkskammer. Tatsächlich dominiert bei den Meisterprüfungsausschüssen also doch noch die Handwerksorganisation. Dem Gesetzgeber ging es hier nur „darum, dem mit der Meisterprüfung dokumentierten Berufsausbildungsabschluß den Charakter eines staatlich anerkannten Abschlusses zu geben und insoweit auch dem Meisterprüfungsausschuß verstärkt staatlichen Charakter zu verleihen" (Schriftlicher Bericht des Ausschusses für Mittelstandsfragen vom 2.6.1965, zu Bundestagsdrucksache IV/3461, S. 5).
- Die Entscheidung über Ausnahmebewilligungen nach § 8 Abs. 1 HwO liegt jedoch eindeutig unmittelbar in staatlichen Händen, bei den nach § 8 Abs. 3 zuständigen Verwaltungsbehörden. Die Handwerkskammer ist nur anzuhören und kann im Streitfall den Verwaltungsrechtsweg beschreiten (§ 8 Abs. 3

Meisterprüfungsausschüsse von Interessen des Handwerks dominiert

Nur Berufsabschluß hat staatlichen Charakter

Ausnahmebewilligung: Nur Anhörung des Handwerks

Betriebsuntersa-gung: Nur Antragsrecht des Handwerks

Satz 1, Abs. 3 HwO). Der Gesetzgeber hat dies bewußt so geregelt. Er hat mehrfach ausdrücklich die Frage erörtert, ob das Recht zur Bewilligung von Ausnahmegenehmigungen auf die Handwerkskammern übertragen werden kann, dies im Ergebnis aber verneint (Kurzprotokoll über die 24. Sitzung der Unterkommission „Handwerksordnung" des Ausschusses für Wirtschaftspolitik des Deutschen Bundestages am 27.2.1952).
– Auch die Untersagung der Fortsetzung des Betriebes liegt nach § 16 Abs. 3 HwO ausschließlich in den Händen staatlicher Verwaltungsbehörden. Die Handwerkskammer besitzt nur ein Antragsrecht und die Klagebefugnis bei ablehnenden Entscheidungen der Behörde.

Klagerecht des Handwerks beweist: Konflikt zwischen öffentlichen und handwerklichen Interessen

c) Gerade dieses Recht der Handwerkskammer zur Klage vor den Verwaltungsgerichten macht deutlich, daß der Gesetzgeber von Konflikten mit der Handwerksorganisation aufgrund der von ihr zu verfolgenden besonderen Interessen ausging. Daher beließ er die Entscheidungsbefugnis bewußt nicht in den Händen des Handwerks und räumte ihm auch nicht zumindest faktisch – wie bei den Meisterprüfungsausschüssen – eine maßgebliche Mitwirkung an der Entscheidung über Ausnahmebewilligungen und Betriebsuntersagungen ein, obwohl sich eine solche Lösung im Rahmen der berufsständischen Selbstverwaltung angeboten hätte und die staatlichen Verwaltungsbehörden maßgeblich entlastet worden wären.

Rollenverteilung der Handwerksordnung

d) Diese Rollenverteilung der Handwerksordnung würde entgegen dem aus dem Zuständigkeitswechsel ablesbaren klaren Willen des Gesetzgebers durchbrochen, wenn Vertreter des Handwerks oder gar der Meisterprüfungsausschuß selbst als Sachverständige bei der Entscheidung nach § 8 Abs. 1 oder § 16 Abs. 3 HwO tatsächlich unmittelbar entscheidenden Einfluß erhielten. Die Beteiligung des Handwerks ist in § 8 Abs. 3 und § 16 Abs. 3 HwO ausdrücklich auf eine bloße Anhörung bzw. ein Antragsrecht beschränkt, mehr nicht.

Handwerksorganisationen sind Interessenvertreter

e) Dies findet seine innere Rechtfertigung in den von den Handwerksorganisationen kraft Gesetzes zu verfolgenden besonderen Interessen. Nicht nur Handwerksinnungen dienen nach § 52 Abs. 1 HwO der „Förderung der gemeinsamen gewerblichen Interessen" ihrer Mitglieder. Auch die Aufgabe der Handwerkskammer lautet: „Vertretung der Interessen des Handwerks" (§ 90 Abs. 1, § 91 Abs. 1 Nr. 1 HwO). Aus der Rechtsform läßt sich nichts Abweichendes herleiten: Obwohl Körperschaften des öffentlichen Rechts (§ 53, 90 Abs. 1 HwO), sind diese Organisationen nach dem Willen des Gesetzgebers eindeutig Interessenvertreter.

f) Die Interessen des Handwerks und des einzelnen stehen aber – wie auch aus den ausführlichen Erwägungen des Bundesverfassungsgerichts in seinem Grundsatzbeschluß vom 17.7.1961 (– 1 BvL 44/55 – in BVerfGE 13, 97 (113–122)) ablesbar – in einem grundsätzlichen Spannungsverhältnis zueinander:

> **Bundesverfassungsgericht: Spannungsverhältnis Berufsfreiheit – Standesinteressen**

– Hier Berufsfreiheit des einzelnen (Artikel 12 Abs. 1 Grundgesetz), „die freie menschliche Persönlichkeit als oberster Wert des Grundgesetzes, der die größtmögliche Freiheit gewahrt bleiben muß", die Einschränkungen nur hinnehmen muß, soweit es „zum gemeinen Wohl unerläßlich" ist (Bundesverfassungsgericht, Urteil vom 11.6.1958 – 1 BvR 596/56 – in BVerfGE 7, 377 (405)),
– dort die Interessen eines einzelnen „Standes" an Erhaltung und Fortführung seiner privilegierten (wirtschaftlichen) Stellung mit ihren besonderen Schranken des Berufszuganges, die nicht nur der „Erhaltung des Leistungsstandes und der Leistungsfähigkeit" dienen, sondern tatsächlich auch die Wirkung einer deutlichen Wettbewerbsbeschränkung haben, eines Konkurrenzschutzes, obwohl Konkurrenzschutz nie vorrangiges Motiv einer Einschränkung der Berufsfreiheit sein darf (Bundesverfassungsgericht, Urteil vom 11.6.1958 – 1 BvR 596/56 – in BVerfGE 7, 377 (408)).

> **Konkurrenzschutz nie vorrangig**

Die wirtschaftliche Bedeutung dieses Konkurrenzschutzes wird deutlich in einer Untersuchung der Universität Köln (Paul Pütz/ Walter Meyerhöfer, Hemmnisse und Hilfen für Unternehmensgründungen, Band 52 der Untersuchungen des Instituts für Wirtschaftspolitik an der Universität zu Köln, 1982). Es wird im einzelnen nachgewiesen, daß der große Befähigungsnachweis eine starke, Neugründungen hemmende Wirkung besitzt; die durchschnittliche Fluktuationsrate der Betriebe im Handwerk ist danach weniger als halb so hoch wie die allgemeine Durchschnittsrate der Wirtschaft.

> **Großer Befähigungsnachweis hemmt Neugründungen**

g) Wenn es bei einer konkreten Verwaltungs- oder Gerichtsentscheidung also um die Frage der Berufsfreiheit geht, um die Zulassung zur selbständigen Ausübung eines stehenden Gewerbes, so sind die Organisationen des Handwerks, die dort engagierten oder von ihnen benannten Handwerker in Anbetracht des starken

> **Handwerk ist *Partei* in Fragen der Berufsfreiheit**

standespolitischen und wirtschaftlichen Interesses im Zweifel als Partei anzusehen, deren Interessen keineswegs immer mit denen des einzelnen Bürgers übereinstimmen.

Subsidiaritäts-prinzip

Dennoch die Führung der Handwerksrolle (§ 6 HwO) und die Durchführung der Meisterprüfungen (§ 47 HwO) maßgeblich in die Hände des organisierten Handwerks zu geben, läßt sich aus dem Subsidiaritätsprinzip heraus rechtfertigen, das zugunsten einer Selbstverwaltung der Wirtschaft wirkt; dies aber nur dann und soweit, als für die *konfliktgeneigten Fälle,* wie z.B. Ausnahmebewilligungen nach § 8 Abs. 1 HwO und Betriebsuntersagen nach § 16 Abs. 3 HwO, eine Lösung vorgesehen wird, die dem betroffenen einzelnen eine faire Chance einräumt, tatsächlich zu seinem Recht zu kommen. Hier muß der *Staat selbst,* die Verwaltungsbehörde, sowie gegebenenfalls zweifelsfrei neutraler Sachverstand unabhängiger Dritter tätig werden.

Beweisverfah-ren: Handwerk nicht einbezie-hen

h) Aus den erörterten Gründen muß auch eine Einbeziehung der Handwerksorganisationen in die Abwicklung eines Sachverständigen-Beweisverfahrens abgelehnt werden. Denn auch hierdurch könnte das Handwerk einen zusätzlichen – über die gesetzlich vorgesehene Beteiligung im Verfahren hinausgehenden – tatsächlichen Einfluß ausüben. Insbesondere erscheint es *nicht* als zulässig,

- die Beauftragung eines Sachverständigen, z.B. im Rahmen des Verfahrens nach § 8 Abs. 1 oder § 16 Abs. 3 HwO, dem organisierten Handwerk zu überlassen;
- den Sachverständigen auf Vorschlag des Handwerks zu bestellen (Einzelvorschlag oder aus längerer Liste);
- für die Vornahme der einzelnen Überprüfungen zur Erstellung des Gutachtens die Einrichtungen der Handwerksorganisationen in Anspruch zu nehmen;
- *vor* endgültiger Abgabe der gutachtlichen Äußerung gegenüber der Behörde (oder gegebenenfalls dem Gericht) den Handwerksorganisationen vom Inhalt dieses Gutachtens ganz oder teilweise Kenntnis zu geben (wohl aber später, *nach* endgültiger Abgabe des Gutachtens bei der Behörde oder dem Gericht im Rahmen der Anhörung oder Beiladung der Handwerkskammer nach § 8 Abs. 3 und 4 HwO);
- den Handwerksorganisationen die Aufgabe der Entschädigung der Sachverständigen zu übertragen (sei es in eigenem oder fremdem Namen);
- die Handwerksorganisationen sonst in irgendeiner Weise tatsächlich in die Durchführung und Abwicklung des Sachverständigen-Beweisverfahrens einzubeziehen.

Um jeden vernünftigen Anhaltspunkt für eine Besorgnis der Befangenheit etwa wegen finanzieller oder organisatorischer Verflechtungen zu vermeiden, dürfen die Handwerksorganisationen nicht in ein Sachverständigen-Beweisverfahren einbezogen werden.

i) Es reicht nicht aus, den Bürger zur Erlangung der ihm zustehenden Rechtsposition auf den Verwaltungsrechtsweg zu verweisen. Denn dort stünden sich in der Regel zwei ausgesprochen ungleichgewichtige Parteien gegenüber:
– einerseits die Handwerksorganisationen mit guter „Infrastruktur", mit umfangreichem Personalbestand und guten Sach- und Geldmitteln ausgestattet, die jederzeit eine jahrelange Prozeßführung über beliebig viele Instanzen ermöglichen;
– andererseits einzelne Bürger mit in der Regel sehr begrenzten finanziellen Mitteln, meist ohne eine rechtliche und tatsächliche Unterstützung, die ernstlich mit der Leistungsfähigkeit der Handwerksorganisationen verglichen werden könnte; ein normaler, guter Rechtsanwalt allein ist hierzu in der Regel nicht in der Lage.

Verwaltungsrechtsweg: Handwerk hat großen Informations- und Organisationsvorsprung

Im übrigen: Die Berufsfreiheit ist ein *Grundrecht* des Bürgers, die Handwerksordnung nur die – einschränkend auszulegende – Ausnahme davon (vgl. S. 40 (43)). Es kann dem Bürger nicht zugemutet werden, um sein Recht erst kämpfen zu müssen. Das Recht ist eine Bringschuld des Staates!

j) Als Ergebnis bleibt also festzuhalten, daß es nicht dem Willen des Gesetzgebers entspricht, Vertreter des Handwerks als Sachverständige in den Fällen der §§ 8 Abs. 1, 16 Abs. 3 HwO hinzuzuziehen; das Handwerk ist hier bereits als Interessenvertreter zu beteiligen. Gegenüber Personen, die den Handwerksorganisationen nahestehen, kann im Rahmen der Begutachtung nach § 8 Abs. 1 und § 16 Abs. 3 HwO im Zweifel Besorgnis der Befangenheit geltend gemacht werden.

Ergebnis

D. Befristete Ausnahmebewilligung, Auflagen

Eine Ausnahmebewilligung kann nach § 8 Abs. 2 HwO unter Auflagen oder Bedingungen oder auch befristet erteilt werden. Das Bundesverwaltungsgericht (Beschluß v. 23.2.1970 – I B 12.70 – in: Gewerbearchiv 1970, 164 (165)) hat allerdings ausdrücklich auf folgendes hingewiesen:

Keine befristete Ausnahmebewilligung zur Prüfungsvorbereitung

„Es ergibt sich ohne weiteres aus dem Gesetz, daß die für die Erteilung einer Ausnahmebewilligung zuständige Behörde nicht verpflichtet ist, dem Antragsteller vor einer ablehnenden Entscheidung über seinen Antrag durch Gewährung einer befristeten Ausnahmebewilligung die Möglichkeit einzuräumen, sich die erforderlichen Kenntnisse und Fertigkeiten im Sinne des § 8 Abs. 1 Satz 1 HwO anzueignen".

Grundsätzlich steht das Bundesverwaltungsgericht der (wohl eher als zu großzügig eingeschätzten) Praxis der Erteilung befristeter Ausnahmebewilligungen zurückhaltend gegenüber. Ist allerdings

Auflage, die Meisterprüfung abzulegen, unzulässig

die Behörde erst einmal bereit, eine Ausnahmebewilligung zu erteilen, so hält das Bundesverwaltungsgericht es nicht für rechtmäßig, hieran die Auflage zu knüpfen, daß der erforderliche Befähigungsnachweis nur durch Ablegung der Meisterprüfung zu führen sei:

Bundesverwaltungsgericht 23.2.70

„Wie der Senat aus dem ihm in zahlreichen Streitsachen vorliegenden umfangreichen Material ersehen konnte, treten an die für die Erteilung der Ausnahmebewilligung zuständigen Stellen bisweilen Bewerber heran, die den in der Handwerksordnung vorgesehenen Ausbildungsgang noch nicht soweit abgeschlossen haben, daß sie sich bereits mit sicherer Aussicht auf Erfolg der Meisterprüfung stellen konnten, die aber aus besonderen Gründen – etwa weil der Sohn den Handwerksbetrieb des plötzlich berufsunfähig gewordenen Vaters sofort übernehmen soll oder weil dem Bewerber eine einmalige *günstige Gelegenheit* geboten wird, sich *durch eine nicht aufschiebbare Übernahme eines Handwerksbetriebes eine selbständige Existenzgrundlage zu schaffen* –auf beschleunigte Eintragung in die Handwerksrolle mit Hilfe einer Ausnahmebewilligung Wert legen. Die für die Erteilung der Ausnahmebewilligung zuständigen Behörden stehen alsdann vor der Frage, wie sie in derartigen Fällen den Wünschen solcher Bewerber gerecht werden können, ohne dabei die gesetzlichen Vorschriften zu verletzen. Sie haben in diesen Fällen vielfach den Weg einer zunächst befristeten Ausnahmebewilligung gewählt, die in § 8 Abs. 2 HwO ausdrücklich vorgesehen ist. Eine solche

Befristete Ausnahmebewilligung nur für fortgeschrittene Bewerber

Handhabung ist aber nur dann mit dem Gesetz vereinbar, wenn der Berufsbewerber in der Ausbildung so weit fortgeschritten ist, daß ihm die selbständige Führung des Handwerksbetriebes auf befristete Zeit unbedenklich anvertraut und erwartet werden kann, daß er sich die ihm für den vollen Befähigungsnachweis noch fehlenden Kenntnisse und Fertigkeiten in begrenzter Zeit aneignen kann. Die Behörden pflegen ein solches Entgegenkommen durch Erteilung einer befristeten Ausnahmebewilligung mit der Auflage zu verbinden, daß innerhalb der gewährten Frist der Nachweis der vollen Befähigung geführt werden muß. Ein solches Verlangen ergibt sich zwangsläufig aus dem Gesetz, das auch für die Ausnahmebewilligung grundsätzlich etwa die gleiche Befähigung voraussetzt, wie sie auch in der Meisterprüfung nachgewiesen werden muß, so daß ohne diesen Befähigungsnachweis eine befristet erteilte Ausnahmebewilligung auf die Dauer nicht aufrecht erhalten werden kann. Es erscheint dem Senat jedoch mit der gesetzlichen Regelung nicht vereinbar, wenn eine solche Auflage in der Weise erteilt wird, daß der – der Sache nach ohne weiteres erforderliche – Befähigungsnachweis nur durch Ablegung der Meisterprüfung zu führen sei. Vielmehr muß es die Behörde, wenn sie es vertreten zu können glaubt, die Eintragung in die Handwerksrolle in Abweichung von dem Regelfalle ohne Ablegung der Meisterprüfung und ohne den vollen Befähigungsnachweis befristet im Wege der Ausnahmebewilligung zu erteilen, dem befristet eingetragenen Handwerker überlassen, ob er den für die Aufrechterhaltung dieser Eintragung auf die Dauer erforderlichen Nachweis der vollen Befähigung durch Nachholung der Meisterprüfung oder auf eine andere geeignete Weise führen will. Dabei muß insbesondere berücksichtigt werden, daß ein Handwerker, der aufgrund einer befristeten Ausnahmebewilligung die selbständige Leitung eines Handwerksbetriebes übernimmt, in aller Regel gewissen Anfangsschwierigkeiten, wie sie sich häufig in jungen Betrieben ergeben, gegenüberstehen wird, die gerade in der ersten Zeit nach der Betriebsübernahme einen verstärkten persönlichen Einsatz erfordern, und daß ihm in dieser Anlaufperiode vielfach die Zeit und auch die Mittel fehlen werden, namentlich an auswärts stattfindenden Meisterkursen teilzunehmen. In jedem Falle muß sich aber sowohl der Bewerber, der sich um eine solche nur vorläufige und deshalb befristete Ausnahmebewilligung bemüht, wie auch die Behörde, die sie zu erteilen hat, darüber im klaren sein, daß es sich hierbei nicht um eine Dauerlösung, sondern um eine vorläufige Maßnahme handelt, die nach dem die Berufsregelung im Handwerk beherrschenden Leistungsprinzip auf die Dauer nur aufrecht erhalten werden kann, wenn innerhalb begrenzter Frist der volle Befähigungsnachweis, wie ihn die Handwerksordnung erfordert, – gleichviel in welcher Weise – erbracht wird" (Bundesverwaltungsgericht, Urteil vom 26.1.1962 – VII C 68/59 – in: Der Betriebsberater 1962, 312 (313); Hervorhebungen vom Verfasser).

Gesetzwidrig, den Befähigungsnachweis auf Meisterprüfung zu beschränken

Anfangsschwierigkeiten berücksichtigen

Keine Zeit für auswärtige Kurse

In begrenzter Frist Befähigungsnachweis in irgendeiner Weise erbringen

E. Befristete Ausnahmebewilligung bei überlangen Wartezeiten und ähnlichem (§ 49 Abs. 1 Satz 2 HwO)

Ob auch dann „aus besonderen Gründen" eine befristete Ausnahmebewilligung nach § 8 Abs. 1 HwO zu erteilen ist, wenn es dem Antragsteller aus tatsächlichen Gründen nicht möglich war oder es ihm nicht zuzumuten war, vor Ablauf der in § 49 Abs. 1 Satz 2 HwO genannten Höchstfrist von 5 Gesellenjahren die Vorbereitung zur Meisterprüfung abzuschließen, ist bisher – soweit ersichtlich – vom Bundesverwaltungsgericht noch nicht entschieden worden. Da die erfolgreiche Teilnahme an einer Meisterprüfung für einen durchschnittlichen Kandidaten heute praktisch zwingend die Teilnahme an einschlägigen Vorbereitungskursen des Handwerks voraussetzt, hierfür aber zum Teil recht lange Wartezeiten bestehen, kann es dazu kommen, daß nach Tatsachenlage die Höchstgrenze des § 49 Abs. 1 Satz 2 HwO von 5 Gesellenjahren als Voraussetzung für die Zulassung zur Meisterprüfung überschritten wird.

Eine solche überlange Wartezeit ist dem einzelnen Bürger insbesondere deshalb nicht zuzumuten, weil es in der Hand der Handwerksorganisationen liegt – und zu seinen Aufgaben gehört (!) (vgl. § 54 Abs. 1 Nr. 5 HwO), rechtzeitig in größerer Zahl entsprechende Vorbereitungskurse zu veranstalten. Durch die Einschränkung der Kurse oder der Teilnehmerzahl könnte sonst entgegen dem Willen des Gesetzgebers und dem eindeutigen Wortlaut des § 49 Abs. 1 Satz 2 HwO tatsächlich in rechtswidriger Weise eine verdeckte Berufszulassungsbeschränkung und Berufslenkung ausgeübt werden, zum – unzulässigen – Schutz des betreffenden Handwerkszweiges vor Konkurrenz.

Diese Gefahr besteht außer im Falle überlanger Wartezeiten z.B. auch dann, wenn die Kurse – aus welchem Grunde auch immer – zeitlich und räumlich so ungünstig liegen, daß es einem Teil der Antragsteller nicht zugemutet werden kann, innerhalb der Fünfjahresfrist an einem derartigen Kurs teilzunehmen (z.B. Kurse für das ganze Bundesgebiet nur in Flensburg; lange, durchgehende Vollzeitkurse bei Hinzutreten besonderer persönlicher Verhältnisse, die häufigere Aufenthalte zu Hause erfordern).

In derartigen Fällen erscheint es geboten, mit Ablauf der Fünfjahresfrist dem Antragsteller eine befristete Ausnahmebewilli-

Überlange Wartezeiten für Meisterprüfungskurse

Höchstgrenze 5 Jahre

Gefahr tatsächlicher Berufszulassungsbeschränkung

Entfernte Orte, Vollzeitkurse

Nach 5 Jahren: Ausnahmebewilligung

gung zu erteilen. Es gilt dann das oben vom Bundesverwaltungsgericht ausgeführte.

F. Ausnahmebewilligung für Teilhandwerke

Nach § 8 Abs. 2 HwO kann eine Ausnahmebewilligung auch auf einen wesentlichen Teil der Tätigkeiten eines Handwerks beschränkt werden. In diesem Falle genügt der Nachweis der hierfür erforderlichen Kenntnisse und Fertigkeiten.

Die Beschränkung auf Teile des Berufsbildes eines Handwerksberufs der Anlage A der Handwerksordnung ist grundsätzlich nach dem *freien* Willen des Gewerbetreibenden möglich. Dies kann so weit gehen, daß der gewählte Teilbereich nur noch eine *kleingewerbliche,* nicht handwerksrollenpflichtige Tätigkeit darstellt. Der gewählte Teilbereich muß aber grundsätzlich geeignet sein (in der Praxis oder im Rahmen einer rechtlichen Regelung), Gegenstand einer neuerlichen Fixierung eines Berufsbildes zu sein (vgl. im einzelnen Zweiter Teil „Rechtsfragen", II D, S. 55).

Teile des Berufsbildes nach freiem Willen, kleingewerblicher Teilbereich

XI. Ausnahmebewilligung für EG-Angehörige nach § 9 HwO

A. EWG-Handwerks-Verordnung

Eine Ausnahmebewilligung nach § 9 HwO wird jenen Staatsangehörigen der Mitgliedsstaaten der europäischen Wirtschaftsgemeinschaft erteilt, bei denen die in der EWG-Handwerks-Verordnung dargestellten Voraussetzungen erfüllt sind. Dies gilt auf jeden Fall auch für jene Deutsche, die in einem anderen EG-Mitgliedsstaat eine den Voraussetzungen entsprechende handwerkliche Tätigkeit ausgeübt haben.

Nach der EWG-Handwerks-Verordnung (vgl. Anhang 2 „Materialien", Nr. 5) ist eine Ausnahmebewilligung „zu erteilen, wenn 1) der Antragsteller nach Maßgabe folgender Voraussetzungen in einem anderen Mitgliedsstaat die betreffende Tätigkeit ausgeübt hat:

Voraussetzung: Mehrjährige Praxis

a) mindestens 6 Jahre ununterbrochen als Selbständiger oder als Betriebsleiter,

b) mindestens 3 Jahre ununterbrochen als Selbständiger oder als Betriebsleiter, nachdem er in dem betreffenden Beruf eine mindestens 3jährige Ausbildung erhalten hat,

c) mindestens 3 Jahre ununterbrochen als Selbständiger und mindestens 5 Jahre als Unselbständiger oder

d) mindestens 5 Jahre ununterbrochen in leitender Stellung, davon mindestens 3 Jahre in einer Tätigkeit mit technischen Aufgaben und der Verantwortung für mindestens eine Abteilung des Unternehmens, nachdem er in dem betreffenden Beruf eine mindestens 3jährige Ausbildung erhalten hat und

2) die ausgeübte Tätigkeit mit den wesentlichen Punkten des Berufsbildes desjenigen Gewerbes übereinstimmt, für das die Ausnahmebewilligung beantragt wird. ...

In den Fällen ... Nr. 1 Buchstaben a und c darf die Tätigkeit vom Zeitpunkt der Antragstellung an gerechnet nicht vor mehr als zehn Jahren beendet worden sein".

Handwerke der Anlage A, Ausnahmen

Die EWG-Handwerks-Verordnung erfaßt alle Handwerke der Anlage A zur Handwerksordnung mit den Ausnahmen:
– Schornsteinfeger
– Orthopädieschuhmacher
– Augenoptiker
– Hörgeräteakustiker
– Bandagisten
– Orthopädiemechaniker
– Zahntechniker

In diesen Ausnahmefällen kommt ggf. nur die Erteilung einer Ausnahmebewilligung nach § 8 Abs. 1 HwO unter den dort bestehenden Bedingungen in Frage.

Friseure

Für den Fall des Friseurberufs wurde in § 1 Abs. 2 der Verordnung eine Regelung getroffen, die weitgehend dem Vorstehenden entspricht, jedoch in folgenden Punkten abweicht:
– Tätigkeiten vor dem vollendeten 20. Lebensjahr werden nicht berücksichtigt und
– ein Tätigkeitsnachweis entsprechend dem oben genannten Fall 1 d wird nicht anerkannt.

Diese Regelung ist allerdings nur als Übergang gedacht und soll später in eine – bisher nicht erreichbare – Koordinierung der Prüfungsvoraussetzungen in allen EG-Ländern einmünden.

B. Verfassungsmäßigkeit der EWG-Handwerks-Verordnung

Das Bundesverwaltungsgericht hat in einer Entscheidung aus dem Jahre 1970 die EWG-Handwerks-Verordnung auf ihre Verfassungsmäßigkeit hin geprüft. Diese Entscheidung ist jedoch durch eine zwischenzeitliche Veränderung der Rechtslage überholt und steht einer erneuten Überprüfung der Verfassungsmäßigkeit nicht entgegen.

Bundesverwaltungsgericht 22.1.70 überholt

1. Beschluß des Bundesverwaltungsgerichts vom 22.1.1970

Die Verordnung berücksichtigte seinerzeit nur Tätigkeiten, die ein *ausländischer* Antragsteller in einem *anderen* Mitgliedstaat ausgeübt hat, nicht hingegen Tätigkeiten gemäß Nr. 1 a bis d, die von Deutschen im EG-Ausland oder von Deutschen und EG-Ausländern im Geltungsbereich der Handwerksordnung ausgeübt worden sind. Das Bundesverwaltungsgericht hat damals keine Verletzung höherrangigen Rechts festgestellt und unter anderem ausgeführt (Bundesverwaltungsgericht, Beschluß vom 22.1.1970 – I B 65.69 – in: Gewerbearchiv 1970, 129):
– Es sei bereits zweifelhaft, ob die EWG-Handwerks-Verordnung überhaupt am Grundgesetz gemessen werden könne, da sie lediglich die Durchführung der entsprechenden, vom Rat der EWG beschlossenen EG-Richtlinie vom 7.7.1964 darstelle;
– jedenfalls ergebe sich keine Verletzung höherrangigen deutschen Verfassungsrechts, insbesondere nicht des Artikel 3 Grundgesetz: „So wenig wie der Gleichheitssatz allein dadurch verletzt wird, daß Ausländer nicht dieselbe Rechtsstellung wie Inländer genießen, ist er dadurch verletzt, daß der Gesetzgeber das für Inländer geltende Recht nicht dem für Ausländer günstigeren Recht einer Verordnung angepaßt hat".

2. Änderung der Rechtslage

Ausdehnung der EWG-Handwerks-Verordnung auf Deutsche

Soweit § 9 HwO seinerzeit nur Tätigkeiten von EG-Ausländern erfaßte, ist zwischenzeitlich eine Rechtsänderung eingetreten. § 9 HwO wurde dahingehend geändert, daß *jeder* Angehörige eines EG-Mitgliedsstaates, auch ein Deutscher, der die übrigen Voraussetzungen der Verordnung erfüllt, gemäß § 7 Abs. 3 und § 9 HwO die Erteilung einer Ausnahmebewilligung zur Eintragung in die Handwerksrolle verlangen kann. Dies wurde erforderlich, da der Gerichtshof der Europäischen Gemeinschaften in einem Urteil vom 9.5.1978 (– 115/78 – Fall „Knoors", in: Neue Juristische Wochenschrift 1979, 1761) klargestellt hatte, daß „Begünstigte" im Sinne von Artikel 1 Abs. 1 der EG-Richtlinie 64/227 vom 7.7.1964 – deren Umsetzung in nationales Recht die deutsche EWG-Handwerks-Verordnung dient – auch die Personen sind, die die Staatsangehörigkeit des Aufnahmelandes besitzen. Damit ist der Vorwurf einer verfassungswidrigen Ungleichbehandlung für jene Fälle ausgeräumt, in denen ein Deutscher im EG-Ausland die Voraussetzungen der Verordnung erfüllt hat.

Die EWG-Handwerks-Verordnung ist zwar noch nicht entsprechend geändert worden, muß aber gemäß dem Wortlaut des § 9 HwO ausgelegt werden: In § 1 Satz 1 der Verordnung ist das Wort „übrigen" als gestrichen zu betrachten.

3. Verstoß gegen das Gleichbehandlungsgebot

Verschiedenbehandlung in der EG

Ein Verstoß gegen das Gleichbehandlungsgebot (Art.3 Abs. 2 Grundgesetz sowie entsprechendes europäisches Gemeinschaftsrecht) kann aber insoweit noch vorliegen, als ohne sachgerechten Grund die in der Verordnung unter Nr. 1 a bis d genannten *Tätigkeiten* zwar dann als Voraussetzung für die Erteilung einer Ausnahmebewilligung anerkannt werden, wenn sie in vollem Umfange in einem *anderen* EG-Mitgliedsstaat ausgeübt worden sind, nicht jedoch, wenn sie ganz oder teilweise im Geltungsbereich der deutschen Handwerksordnung verrichtet worden sind – gleich ob von einem Deutschen oder EG-Ausländer.

Keine unterschiedliche Qualifikation

Ein sachgerechter Grund für die Differenzierung, der dem Vorwurf willkürlicher Ungleichbehandlung entgegenwirken würde, kann nicht darin erblickt werden, daß Tätigkeiten im In- und Ausland eine unterschiedliche Qualifikation vermittelten. Denn dann wäre die Nichtberücksichtigung inländischer Tätigkeiten

nur gerechtfertigt, wenn eine der Tätigkeiten gemäß § 1 Nr. 1 a
bis d der EWG-Handwerks-Verordnung im Geltungsbereich der
Handwerksordnung eine *geringere* Qualifiktion vermittelte als
die entsprechende Tätigkeit in einem anderen EG-Mitgliedsstaat
und deshalb hier der besondere Ausbildungsgang nach der Handwerksordnung erforderlich wäre.

Dafür fehlt jedoch jeder Anhaltspunkt, im Gegenteil: Speziell von
Seiten des Handwerks wird immer wieder unwidersprochen hervorgehoben, das handwerkliche Leistungsniveau sei aufgrund der
besonderen Regelungen der Handwerksordnung im Inland besonders hoch, zumindest aber im Durchschnitt des betreffenden
Handwerks nicht niedriger als in anderen EG-Mitgliedsstaaten.

Diese Staaten dürfen im übrigen nach den Vorschriften der EG-
Richtlinie 64/227 eine in der Bundesrepublik Deutschland erworbene handwerksrechtliche Praxis nicht anders behandeln als eine
in einem anderen EG-Mitgliedsstaat. Die Praxis in jedwedem EG-
Staat gilt als gleichwertig. Ein Beispiel: Hat ein EG-Bürger in der
Bundesrepublik Deutschland die der EG-Richtlinie 64/227 entsprechenden Voraussetzungen der EWG-Handwerks-Verordnung Nr. 1 d (siehe oben Zweiter Teil ,,Rechtsfragen" XI A,
S. 125 ff.) erfüllt, so kann er sich etwa in den Niederlanden oder
in Luxemburg niederlassen. Warum nicht auch hier?

**Handwerkspra-
xis in allen EG-
Staaten gilt als
gleichwertig**

4. Verschiedenbehandlung zur Erhaltung des ,,großen Befähigungsnachweises"?

Als Differenzierungsgrund kann wohl nur vorgebracht werden,
daß die Verschiedenbehandlung erforderlich sei, um den großen
Befähigungsnachweis der Handwerksordnung zu erhalten. Dieses
Argument kann jedoch bereits deshalb nicht überzeugen, weil es
die entscheidende Frage nach der Rechtmäßigkeit gerade der *Verschieden*behandlung unbeantwortet läßt. Denn sowohl der große
Befähigungsnachweis gemäß der Handwerksordnung als auch die
Gleichbehandlung aller in irgendeinem EG-Staat entsprechend
der EG-Richtlinie 64/227 abgeleisteten handwerklichen Praxis sind
verfassungsgemäß.

Würde es bci dem Vergleich zweier rechtlicher Lösungen ausreichen, um einen Verstoß gegen den Gleichbehandlungsgrundsatz
zu verneinen, wenn jede dieser Lösungen verfassungsrechtlich

unbedenklich ist oder gar für jede dieser Lösungen gute Gründe sprächen, dann liefe der Gleichheitsgrundsatz leer. Rechtswidrige Lösungen könnten bereits unter Hinweis auf die ihnen selbst anhaftende Rechtswidrigkeit ausgeschieden werden. Unter Lösungen aber, die in sich rechtmäßig sind, wäre jedwede Differenzierung zulässig. Entscheidend bei einer Prüfung unter dem Gesichtspunkt des Gleichheitssatzes hingegen ist nicht, ob jede der alternativen Lösungen rechtmäßig ist, sondern ob die *Unterschiedlichkeit* der (rechtmäßigen) Regelungen gerechtfertigt ist.

Keine Gründe für Verschiedenbehandlung inländischer Praxis

Die Unterschiedlichkeit kann aber *nicht mit den gleichen Argumenten begründet* werden, *die für eine der beiden Lösungen sprechen.* Denn dann dürfte es die andere Lösung überhaupt nicht geben. Konkret: Sowohl hinsichtlich der Voraussetzungen für die Erteilung einer Ausnahmebewilligung nach der EWG-Handwerks-Verordnung als auch hinsichtlich des großen Befähigungsnachweises der Handwerksordnung bestehen keine verfassungsrechtlichen Bedenken. Wären aber die für die ungeschmälerte Aufrechterhaltung des großen Befähigungsnachweises sprechenden Gründe so außergewöhnlich wichtig, *hätte der Gesetzgeber die Regelung der EWG-Handwerks-Verordnung nicht zulassen dürfen.*

5. Verhalten des Gesetzgebers

Dies hätte nicht nur deshalb in seiner Macht gestanden, weil die EWG-Handwerks-Verordnung keine EG-rechtliche Regelung, sondern eine deutsche Vorschrift ist; die Ermächtigungsnorm ist § 9 HwO, nicht die EG-Richtlinie 64/227 vom 7.7.1964. Diese EG-Richtlinie gibt nur den Mindestinhalt der nationalen Regelung vor, bedarf aber definitionsgemäß gerade der Umsetzung durch den nationalen Gesetzgeber, der selbst am Zustandekommen der Richtlinie maßgeblich beteiligt war. Denn diese Richtlinie ist als eine Richtlinie des EG-Rates von den Regierungen der Mitgliedstaaten beraten worden, und die Bundesrepublik Deutschland hat zumindest nicht alles in ihrer Macht stehende getan, sie zu verhindern.

Es mag sein, daß nun wie folgt argumentiert wird: Der Gesetzgeber, die Bundesrepublik Deutschland, habe die EG-Rats-Richtlinie gerade deshalb hinnehmen können, weil sie nur für Tätigkeiten gelte, die in einem *anderen* EG-Mitgliedstaat verrichtet worden sind. Denn die Zahl der Fälle, in denen aufgrund solcher Tätigkeiten ein Anspruch auf Ausnahmebewilligung geltend gemacht werden könne, werde sich in sehr engen Grenzen halten (was bisher auch zutrifft); der Leistungsstand des Handwerks insgesamt werde nicht betroffen, und die Verschiedenbehandlung werde für die Handwerker in der Praxis kaum spürbar, allenfalls in gewissen grenznahen Regionen.

Dieses pragmatische Argument kann aber verfassungsrechtlich zum einen nicht überzeugen, da es die Rechtsfrage der Verfassungsmäßigkeit den Zufälligkeiten der tatsächlichen Entwicklung überantwortet: Was gilt, wenn – z.b. aufgrund sehr unterschiedlicher wirtschaftlicher Entwicklung in den EG-Mitgliedsstaaten – Handwerker aus anderen Staaten in großer Zahl in die Bundesrepublik Deutschland drängen?

6. Freizügigkeit und Gleichbehandlung in der EG

Im übrigen läßt dieses Argument Sinn und Zweck der EG-Regelung außer acht, die gerade die *Freizügigkeit* fördern, den Austausch zwischen den Mitgliedsstaaten intensivieren will. Hierbei wird – als Ausfluß des allgemein geltenden Gleichheitsgrundsatzes, einer rechtsstaatlichen Kern-Gewährleistung – selbstverständlich davon ausgegangen, daß kein Staat seine eigenen Staatsbürger schlechter stellen wird als die ihm doch viel ferner stehenden Bürger anderer Staaten: § 52 EWG-Vertrag spricht von der Niederlassungsfreiheit „nach den Bestimmungen des Aufnahmestaates für seine eigenen Angehörigen" und meint damit inhaltlich die jeweils günstigste, *freiheitlichste Lösung!*

Dies ist rechtlich auch zwingend. Die EG-Verträge und die allgemeinen Rechtsgrundsätze, die den Rechtsordnungen der Mitgliedsstaaten gemeinsam sind und die daher „europäische Grundrechte" darstellen, erlauben den Mitgliedsstaaten in ihrem Geltungsbereich keine Verschiedenbehandlung der Bürger einzelner EG-Staaten (vgl. Art. 7 Abs. 1 EWG-Vertrag; zum Problemkreis auch: Weis, Inländerdiskriminierung zwischen Gemeinschaftsrecht und nationalem Verfassungsrecht, Neue Juristische Wochenschrift 1983, S. 2721 (2725 f.)).

Alle EG-Bürger gleich behandeln, auch eigene Staatsangehörige

Beispiel: Die Bundesrepublik Deutschland kann nicht beschließen, den Griechen geringere Rechte einzuräumen als den Bürgern anderer EG-Staaten. Warum sollte dann die Bundesrepublik berechtigt sein, ausgerechnet ihren eigenen Bürgern jene Rechte vorzuenthalten, die sie den Bürgern aller anderen EG-Staaten aufgrund des Status dieser Bürger als EG-Bürger in gleicher Weise gewähren muß? Auch Deutsche sind EG-Bürger!

Europäischer Gerichtshof 7.2.1979

Die Rechtsansicht, daß bei Handwerkern eine *Inländerdiskriminierung unzulässig* ist, hat der Europäische Gerichtshof bereits im Fall „Knoors" (Urteil vom 7.2.1979 – RS 115/78 –, in Neue Juristische Wochenschrift 1979, 1761 (1762)) bestätigt: „... haben jedoch in Anbetracht der Art der in Frage stehenden Berufe (d.h. der in der Richtlinie genannten Handwerksberufe) *die in Art. 3 der Richtlinie 64/427 aufgestellten klaren Voraussetzungen* (vergleiche entsprechend EWG-Handwerks-Verordnung, oben S. 125 ff.) hinsichtlich der Dauer der beruflichen Beschäftigung zur Folge, daß in den genannten Sektoren die von der niederländischen Regierung aufgezeigte *Gefahr eines Mißbrauchs ausgeschlossen* ist (d.h. *kein* berechtigtes Interesse eines Mitgliedsstaates „zu verhindern, daß sich einige seiner Staatsangehörigen unter Mißbrauch der durch den Vertrag geschaffenen Erleichterung der Anwendung ihrer nationalen Berufsausbildungsvorschriften zu entziehen versuchen"). Darüberhinaus ist zu betonen, daß es dem Rat jederzeit freisteht, aufgrund der ihm durch Art. 57 des Vertrages zugewiesenen Befugnisse die Ursache möglicher Gesetzesumgehungen dadurch zu beseitigen, daß er für eine Harmonisierung der Bestimmungen über die Berufsausbildung in den einzelnen Mitgliedsstaaten sorgt" (Klammererläuterungen und Hervorhebungen vom Verfasser).

Der Europäische Gerichtshof hat durch dieses Urteil den Bundesgesetzgeber schon zu einer ersten Änderung der EWG-Handwerks-Verordnung gezwungen, zu ihrer Erstreckung auch auf deutsche Staatsbürger. Die Feststellung, daß *auch eine Diskriminierung der im Inland erworbenen Praxis unzulässig* ist, steht noch aus. Sie kann allerdings – aus Gründen der Zuständigkeit – nach der bisherigen Rechtsprechung des Europäischen Gerichtshofs nur für einen Fall erwartet werden, der einen „europäischen Bezug" über die Grenzen eines einzelnen Mitgliedsstaates hinaus besitzt. Denkbar wäre dies zum Beispiel in einem Falle, in dem ein EG-Ausländer (z.B. ein Niederländer) die nach der EWG-Handwerks-Verordnung erforderliche Praxis (vergleiche oben S. 125 ff., Zweiter Teil „Rechtsfragen" XI A) in der Bundesrepublik Deutschland erworben hat und sich auch hier als

Beispielfall

selbständiger Handwerker niederlassen möchte. Für ihn kommt insbesondere der in der Verordnung genannte Fall 1 d in Frage: Mindestens dreijährige Ausbildung in dem betreffenden Handwerksberuf, später mindestens 5 Jahre ununterbrochen in leitender Stellung in einem Betrieb, davon mindestens drei Jahre in einer Tätigkeit mit technischen Aufgaben und der Verantwortung für mindestens eine Abteilung des Unternehmens, wenn die ausgeübte Tätigkeit mit den wesentlichen Punkten des Berufsbildes desjenigen Handwerks übereinstimmt, für das die Ausnahmebewilligung beantragt wird. Dieser EG-Bürger müßte sich auf eine Verletzung des Gleichheitsgrundsatzes als eines allen EG-Mitgliedsstaaten gemeinsamen Rechtsprinzips berufen.

Es ist nur eine Frage der Zeit, dann wird ein derartiger Fall dem Europäischen Gerichtshof zur Entscheidung vorgelegt werden. Für einen rein inländischen Fall bleibt – solange der Europäische Gerichtshof eine (ihm durchaus zustehende) Rolle als oberstes Verfassungsgericht für *alle* EG-Bürger noch nicht angenommen hat – nur der Weg durch alle Gerichtsinstanzen, notfalls bis zum Bundesverfassungsgericht.

Im Ergebnis ist also festzuhalten: Die Begrenzung der EWG-Handwerks-Verordnung auf Tätigkeiten, die in *anderen* EG-Mitgliedsstaaten ausgeübt wurden, stellt einen *Verstoß gegen den Gleichheitssatz* – Artikel 3 Abs. 1 Grundgesetz und allgemeine Rechtsgrundsätze des EG-Rechts – dar, für den kein sachgerechter, rechtlich beachtlicher Grund ersichtlich ist.

Ergebnis

7. Auswirkungen

Ein Wort zu den Auswirkungen einer solchen Auslegung der EWG-Handwerks-Verordnung: Ist dies das Ende des großen Befähigungsnachweises, der freie Zugang zur Selbständigkeit für jedermann? Mitnichten.

Im Geltungsbereich der deutschen Handwerksordnung besteht in der Regel kaum die Möglichkeit, über einen längeren Zeitraum als selbständiger Handwerker im Sinne der EWG-Handwerks-Verordnung tätig zu sein, ohne den Befähigungsnachweis nach § 1 HwO erbracht zu haben. Die Zahl der anzuerkennenden, weil tatsächlich eine unternehmergleiche Qualifikation fordernden Betriebsleiter- oder Abteilungsleiter-Stellen, die für einen Nachweis gem. der EWG-Handwerks-Verordnung in Frage kämen, ist

Kaum Möglichkeit zur Qualifizierung entsprechend EWG-Handwerks-Verordnung

relativ klein. Zudem werden diese Stellen in der Regel ohnehin durch Meister besetzt – im eigenen Interesse der Unternehmen, die eine möglichst hohe Qualifikation ihrer Mitarbeiter wünschen.

XII. Berechtigung zur Lehrlingsausbildung

Ausnahmebewilligung: Keine Berechtigung zur Lehrlingsausbildung

Eine Ausnahmebewilligung nach § 8 Abs. 1 oder § 9 HwO berechtigt gemäß § 7 Abs. 3 HwO in Verbindung mit § 1 HwO zwar zum selbständigen Betrieb eines Handwerks als stehendes Gewerbe. Eine Berechtigung, Lehrlinge auszubilden, ist hiermit jedoch nicht verbunden; dies ist gemäß § 21 Abs. 2 HwO vielmehr jenen vorbehalten, welche – neben der immer erforderlichen persönlichen Eignung – die fachliche Eignung dadurch nachgewiesen haben, daß sie die Meisterprüfung in dem betreffenden Handwerk bestanden haben oder nach § 22 HwO ausbildungsberechtigt sind.

A. Hoch- und Fachschulabsolventen

Prüfung und Praxis

Gemäß § 22 Abs. 1 HwO ist fachlich zur Ausbildung von Lehrlingen geeignet, wer eine Abschlußprüfung an einer deutschen Technischen Hochschule oder einer öffentlichen oder staatlich anerkannten deutschen Ingenieurschule bestanden hat, die von ihrer Fachrichtung (auch) dem betreffenden Handwerk entspricht, und der in dem Handwerk, in dem ausgebildet werden soll, die Gesellenprüfung oder eine entsprechende Abschlußprüfung bestanden hat oder mindestens 4 Jahre praktisch tätig gewesen ist.

B. Anerkennung nach § 22 Abs. 2 HwO: Untätigkeit des Verordnungsgebers

§ 22 Abs. 2 HwO läuft leer

Nach § 22 Abs. 2 HwO gilt zwar weiter, daß auch zur Ausbildung von Lehrlingen fachlich geeignet ist, wer eine „anerkannte Prüfung einer Ausbildungsstätte oder vor einer Prüfungsbehörde bestanden hat", wenn er in dem betreffenden Handwerk die Gesellenprüfung oder eine entsprechende Abschlußprüfung bestanden hat oder mindestens 4 Jahre praktisch tätig gewesen ist. Die Anerkennung bestimmter Prüfungen, für die nach § 22 Abs. 3 Satz 2 HwO der Bundesminister für Wirtschaft im Einvernehmen mit dem Bundesminister für Bildung und Wissenschaft als Verordnungsgeber zuständig ist, blieb bisher jedoch aus. Daher läuft diese Vorschrift leer.

C. Widerrufliche Ausbildungsberechtigung

Gemäß § 22 Abs. 3 HwO kann allerdings die nach Landesrecht zuständige Behörde jenen Personen, die den Voraussetzungen des § 22 Abs. 3 HwO nicht entsprechen, die fachliche Eignung nach Anhören der Handwerkskammer widerruflich zuerkennen. Diese Entscheidung steht – im Gegensatz zur Ausnahmebewilligung nach § 8 Abs. 1 HwO – nur im pflichtgemäßen Ermessen der zuständigen Behörde.

Das Grundrecht der Berufsfreiheit – Artikel 12 Abs. 1 Grundgesetz – wird hierdurch nicht unzulässig eingeschränkt, da es sich im Falle des § 22 Abs. 1 HwO nicht um eine Regelung des Berufszuganges handelt (wie in § 8 Abs. 1 HwO), der nur unter ganz eng umgrenzten Voraussetzungen eingeschränkt werden kann; § 22 Abs. 1 HwO dagegen beinhaltet eine bloße Regelung der Berufsausübung.

Die Verwaltungsbehörde wird allerdings wesentliche Gründe geltend machen müssen, um im Einzelfalle zu rechtfertigen, warum gegebenenfalls trotz nachgewiesener fachlicher Eignung – z.B. im Rahmen einer Ausnahmebewilligung nach § 8 Abs. 1 HwO – eine Ausbildungsberechtigung nach § 22 Abs. 3 HwO versagt wird. Der Gleichheitsgrundsatz und das Verhältnismäßigkeitsprinzip setzen hier dem Verwaltungshandeln enge Grenzen. In der Regel wird bei einmal nachgewiesener fachlicher Eignung des Antragstellers eine Ausbildungsberechtigung nach § 22 Abs. 2 HwO nicht versagt werden können. Diese Entscheidung ist zwar ausdrücklich „widerruflich". Für die Zulässigkeit eines Widerrufs müssen jedoch triftige Gründe vorliegen, wie z.B. die in § 24 HwO genannten. Ein Widerruf kann nicht willkürlich ausgesprochen werden.

Bei nachgewiesener fachlicher Eignung in der Regel Ausbildungsberechtigung

XIII. Abgrenzung von Handwerken untereinander

A. Anwendung allgemeiner Grundsätze

Konkurrenten betreiben Abgrenzungsstreit

Im Rahmen handwerklicher Berufsausübung ergeben sich gerade bei sehr flexiblen, unkonventionellen Unternehmern leicht Zweifelsfragen, ob bestimmte Tätigkeiten noch zum Bereich desjenigen Handwerks zählen, für das der Betrieb in die Handwerksrolle eingetragen ist. Konkurrenten versuchen unter Umständen, den Unternehmer durch Bußgeld- oder Untersagungsverfahren nach § 117 und § 16 Abs. 3 HwO neutralisieren zu lassen.

1. Handwerkseigenschaft, § 1 HwO

Im Rahmen solcher Abgrenzungsstreitigkeiten stellen sich grundsätzlich die gleichen Fragen wie oben zur Handwerksrollenpflichtigkeit einer Gewerbeausübung gemäß § 1 HwO generell (vergleiche Zweiter Teil „Rechtsfragen", II):
– Zählt die betreffende Tätigkeit zum Berufsbild eines handwerksfähigen Gewerbes gemäß Anlage A der Handwerksordnung?
– Wird diese Tätigkeit „handwerksmäßig" betrieben?

2. Überschneidung von Berufsbildern

Alle Handwerke ausübungsberechtigt

Zählt die betreffende Tätigkeit sowohl zum Berufsbild eines anderen Handwerks (oder gar mehrerer) als auch zum Berufsbild des Handwerks, zu dessen Ausübung der betreffende Unternehmer berechtigt ist, so ist dies für ihn unproblematisch: Beide Handwerke sind dann zur Vornahme dieser Tätigkeit berechtigt. Der Unternehmer verstößt nicht gegen § 1 HwO.

Häufig in Streitfällen

Dieser Fall ist praktisch sehr häufig, da sich die Berufsbilder vieler benachbarter Handwerke nicht nur dem Wortlaut der betreffenden Ausbildungs- und Meisterprüfungsverordnungen nach teilweise überschneiden. Eine an der Bedeutung des Grundrechts auf Berufsfreiheit (Artikel 12 Abs. 1 Grundgesetz) orientierte Praxis wird in vielen Verwaltungs- und Ordnungswidrigkeitsverfahren zu dem Ergebnis kommen, daß bei sorgfältiger Ermittlung des *tatsächlichen* Berufsbildes und bei verständiger Auslegung seiner Variationsbreite ein Fall der Überschneidung vorliegt.

3. Kleingewerbliche Tätigkeiten

Bei der Prüfung „handwerksmäßiger" Betriebsweise wird sich nach dem oben (Zweiter Teil „Rechtsfragen", II C, S. 47 ff.) ausgeführten nicht selten ergeben, daß es sich bei den angegriffenen Tätigkeiten um kleingewerbliche handelt. Wenn diese kleingewerblichen Tätigkeiten aber grundsätzlich ohne Eintragung in die Handwerksrolle ausgeübt werden dürfen, so kann dann nichts Abweichendes gelten, wenn sie im Rahmen eines ordentlichen (eingetragenen) Handwerksbetriebs neben den spezifisch handwerklichen Tätigkeiten ausgeführt werden; es kommt nicht darauf an, daß derartige kleingewerbliche Tätigkeiten überlicherweise im Zusammenhang mit der Ausübung eines anderen Handwerks ausgeführt werden.

Können mit Handwerken jeder Art zusammen ausgeübt werden

Beispiele: Textilreiniger (Handwerk nach Anlage A, Nr. 96) übernimmt zusätzlich Tätigkeiten eines Flickschneiders (handwerksähnliches Gewerbe, Anlage B, Nr. 30); Maler (Handwerk nach Anlage A, Nr. 15) führt einfache und mittelschwere Arbeiten der Fassadendämmung aus (üblicherweise z.B. von Betrieben des Maurer-, Dachdecker- und Isoliererhandwerks übernommen).

B. Übertragung der Grundsätze für die Abgrenzung zum Kleingewerbe

Bisher ist noch keine Entscheidung des Bundesverwaltungsgerichts zu der Frage bekannt, ob die Grundgedanken der Rechtsprechung zur Abgrenzung Kleingewerbe/Handwerk auch auf den Fall zu übertragen sind, daß eine bestimmte Tätigkeit zwar grundsätzlich „handwerksmäßiger" Natur im Sinne des § 1 Abs. 2 HwO ist, sie jedoch von dem Stand der Kenntnisse und Fertigkeiten eines anderen Handwerks aus (nicht eines „verwandten" Handwerks im Sinne des § 7 Abs. 1 Satz 2 HwO) nach relativ kurzer Anlernzeit ebenfalls einwandfrei ausgeführt werden kann.

Kurze Anlernzeit nur bei handwerklicher Vorbildung: Wie Kleingewerbe zu behandeln?

1. Weiterbildung zur Erhaltung der Leistungsfähigkeit des Handwerks

Für eine derartige Auslegung spricht vieles. Denn Ziel der Handwerksordung ist ja die Erhaltung und Förderung des Leistungsstandes und der Leistungsfähigkeit des Handwerks. Die Weiterbildung der Handwerker auch in einzelnen Tätigkeitsbereichen, die bisher dem Bereich eines anderen, benachbarten Handwerks angehören, dient diesen Zielen; die Kenntnisse und Fertigkeiten der Handwerker werden umfassender, die Fähigkeit der Unternehmen, technologischen und wirtschaftlichen Veränderungen zu entsprechen und so auch unter schwierigen Bedingungen am Markt zu bestehen, nimmt zu.

Anreiz zu breiter, flexibler Weiterbildung

Da sich eine derartige Weiterbildung im laufenden Betrieb naturgemäß immer nur auf einzelne Tätigkeitsbereiche beschränkt, wäre es *unverhältnismäßig*, für die praktische Ausübung dieser Tätigkeit den umfassenden Nachweis aller Kenntnisse und Fertigkeiten des benachbarten Handwerks zu verlangen; der Anreiz zu einer breiten, flexiblen Weiterbildung entfiele. Sie aber ist die Voraussetzung für eine dynamische Weiterentwicklung der Handwerke.

2. Kein Konkurrenzschutz zulässig

Schutz des Tätigkeitsbestandes einzelner Handwerke? Unbeachtlich!

Gegen die Hinnahme einer solchen Entwicklung wird zwar möglicherweise ein Interesse der betroffenen Handwerke am Schutz ihres Tätigkeitsbestandes gegen Konkurrenz anderer Handwerke geltend gemacht werden. Dies ist jedoch unbeachtlich.

Bundesverfassungsgericht: Meisterprüfung dient nicht dem Schutz vor Konkurrenz

Das Bundesverfassungsgericht hat in seiner Grundsatzentscheidung zur Verfassungsmäßigkeit der Handwerksordnung (Beschluß vom 17.7.1961 – 1 BvL 44/55 – in BVerfGE 13, 97 (120–122)) nicht nur die im Erfordernis der Meisterprüfung liegende Beschränkung des Rechts auf freien Berufszugang unter anderem mit der Verpflichtung zu einer großzügigen Praxis bei der Erteilung von Ausnahmebewilligungen gerechtfertigt. Es hat weiter (wie bereits in seiner Entscheidung vom 11.6.1958 – 1 BvR 596/56 – in BVerfGE 7, 377 (408)) unmißverständlich festgestellt, das Erfordernis der Meisterprüfung stelle „*nicht*" einen Selbstzweck oder ein Mittel zum Schutz vor unerwünschter Konkurrenz" dar, sondern nur den Weg, auf dem im Regelfalle „die

qualitative Auslese der Handwerker" vorgenommen wird, um so
„den Leistungsstand und die Leistungsfähigkeit des Handwerks
zu erhalten und zu fördern".

Einem erheblichen Teil der Abgrenzungsstreitigkeiten zwischen
benachbarten Handwerken, die ja nicht selten gerade dem – unzulässigen – Konkurrenzschutz dienen, wird durch diese Auslegung
vorgebeugt und die Anpassung der einzelnen Handwerke an technologische und wirtschaftliche Veränderungen wesentlich erleichtert.

**Anpassung an
technischen und
wirtschaftlichen
Wandel erleich-
tern**

C. Verbindlichkeit des tatsächlichen Berufsbildes

Im übrigen ist erneut darauf hinzuweisen, daß nach der Rechtsprechung des Bundesverwaltungsgerichts (Urteil vom 15.12.1983
– 5 C 40.81 – in: Gewerbearchiv 1984, 98 (99)) die veröffentlichten Ausbildungs-Berufsbilder sowie die fachlichen Ausbildungs-
und Prüfungsvorschriften zwar für die Frage der fachlichen Zugehörigkeit einer Tätigkeit zu einem handwerksfähigen Gewerbe
mit herangezogen werden können, da sie erläuternde Einzelheiten
über das Arbeitsgebiet und die zu dessen Bewältigung benötigten
fachlichen Fertigkeiten und Kenntnisse enthalten. Letztlich entscheidend ist jedoch nach Ansicht des Bundesverwaltungsgerichts
jeweils nur das „gegenwärtige, tatsächliche Berufsbild", so wie es
sich in der täglichen Praxis des betreffenden Handwerks darstellt.
Denn „Handwerk" ist – wie oben (Zweiter Teil „Rechtsfragen",
II) ausgeführt – kein statischer Begriff.

**Tatsächliches
Berufsbild ent-
scheidend**

Das Bundesverwaltungsgericht hat dem „dynamischen Handwerksbegriff" für die Fälle der Abgrenzung des Handwerks zur
Industrie und zum Kleingewerbe bereits ausdrücklich zugestimmt
(Urteil vom 16.9.1966 – I C 53/654 – in: Gewerbearchiv 1967, 109
(110)). Für die Abgrenzung der Handwerke untereinander kann
daher nichts anderes gelten; auch hier muß der „dynamische
Handwerksbegriff" Anwendung finden. Eine dynamische Veränderung des „gegenwärtigen, tatsächlichen Berufsbildes", eine Abweichung dieses Berufsbildes von den veröffentlichten Ausbildungs-Berufsbildern sowie den fachlichen Ausbildungs- und Prüfungsvorschriften – so wie es das Bundesverwaltungsgericht vorsieht – ist aber nur möglich, wenn man der vorstehenden Auslegung folgt. Es ist zulässig, im Wege der Weiterbildung in andere
Handwerksberufe einzudringen.

**Dynamische
Veränderung der
Berufsbilder er-
fordert, daß
Eindringen in
andere Hand-
werksberufe zu-
lässig ist**

D. Zur Auslegung des § 5 HwO

§ 5 HwO verfassungskonform einschränkend auslegen

Aus § 5 HwO läßt sich nichts Abweichendes herleiten; insbesondere steht diese Vorschrift einer Anwendung des „dynamischen Handwerksbegriffs" nicht entgegen. § 5 HwO sollte zwar ursprünglich auch verhindern, „daß die Handwerker, die für ihr eigenes Handwerk den Befähigungsnachweis fordern, ihren Kollegen in anderen Handwerken ‚Schmutzkonkurrenz' machen" (Schriftlicher Bericht des Ausschusses für Wirtschaftspolitik des Deutschen Bundestages vom 20.3.1953, zu Bundestagsdrucksache I/4172). Da jedoch nach der Rechtsprechung des Bundesverfassungsgerichts der Konkurrenzschutz ein Motiv ist, das ‚niemals einen Eingriff in das Recht der freien Berufswahl rechtfertigen könnte' (BVerfGE 7, 377 (408)), scheidet jene ursprüngliche Auslegung des § 5 HwO im Sinne eines statischen Handwerksbegriffs als verfassungswidrig aus. § 5 HwO ist vielmehr verfassungskonform dahingehend auszulegen, daß sich diese Vorschrift auf die in ihrem Wortlaut enthaltene Gewährleistung beschränkt.

XIV. Schlußbemerkung

Dieser „Zweite Teil" des Buches über wichtige Rechtsfragen des Handwerksrechts sollte exemplarisch besonders jene Fragen aufgreifen, die für junge Unternehmer und ihre rechtliche Vertretung von besonderer Bedeutung und Aktualität sind. Auf erschöpfende Abhandlung aller denkbaren Fragen zum Recht gewerblicher Tätigkeiten im Handwerk sowie auf den gesamten Bereich des Rechts der Handwerksorganisationen wurde verzichtet; insoweit ist auf die ergänzende und weiterführende Literatur zum Handwerksrecht zu verweisen (siehe Anhang 1 „Allgemeine Literatur").

Hier kam es darauf an, das Recht der gewerblichen Tätigkeit im Handwerk so darzustellen, wie es sich aus der Rechtsprechung des Bundesverfassungsgerichts und des Bundesverwaltungsgerichts ergibt:

Im Zweifel für die Berufsfreiheit

– Stets ausdrücklich am Grundgesetz orientiert, am Grundrecht auf Berufsfreiheit, Artikel 12 Abs. 1 Grundgesetz, und
– im Zweifel für die Berufsfreiheit.

Nur wenn sich die gesamte Praxis des Handwerksrechts in Kammern, Verwaltungsbehörden und Gerichten hieran orientiert, kann die gegenwärtige Gefahr eines Zwei-Klassen-Rechts überwunden werden. Es darf nicht sein, daß nur der in den vollen Genuß des Grundrechts auf Berufsfreiheit gelangt, der sich – eventuell mehrmals – bis zu den höchsten Gerichten „durchprozessiert".

Kein Zwei-Klassen-Recht

Nur wenn die Maßstäbe dieser Gerichte auch die tägliche Praxis beherrschen, kommt jeder zu seinem Recht – auch der ganz kleine Mann, jener ohne Geld, Zeit und den Schutz einer großen Organisation zur Vertretung seiner wirtschaftlichen Interessen.

Anhang 1. Allgemeine Literatur zum Handwerksrecht

Jürgen Aberle (Hrsg.):
Taschenlexikon handwerksrechtlicher Entscheidungen (ThwE)
3. Auflage
Erich Schmidt-Verlag, Berlin 1984

Eyermann/Fröhler/Honig:
Handwerksordnung
3. Auflage
C.H. Beck'sche Verlagsbuchhandlung, München 1973
Kommentar

Kolbenschlag/Lessmann/Stücklen:
Die deutsche Handwerksordnung
Erich Schmidt Verlag, Berlin
Loseblattkommentar mit umfangreichen Materialien und ergänzenden Texten

Siegert/Musielak:
Das Recht des Handwerks – Kommentar zur Handwerksordnung nebst anderen
für das Handwerksrecht bedeutsamen Rechtsvorschriften und Bestimmungen
2. Auflage
Verlag Franz Vahlen, München 1984

Auf die Darstellung der handwerksrechtlichen Spezialliteratur wird hier verzichtet.
Sie kann den vorgenannten Kommentaren entnommen werden.

Anhang 2. Materialien

1. Auszug aus dem Grundgesetz

Art. 2 (Allgemeines Freiheitsrecht, Teilrechte auf Leben, Unversehrtheit und Bewegungsfreiheit
(1) Jeder hat das Recht auf die freie Entfaltung seiner Persönlichkeit, soweit er nicht die Rechte anderer verletzt und nicht gegen die verfassungsmäßige Ordnung oder das Sittengesetz verstößt.
(2) Jeder hat das Recht auf Leben und körperliche Unversehrtheit. Die Freiheit der Person ist unverletzlich. In diese Rechte darf nur auf Grund eines Gesetzes eingegriffen werden.

Art. 12 (Freiheit des Berufs)
(1) Alle Deutschen haben das Recht, Beruf, Arbeitsplatz und Ausbildungsstätte frei zu wählen. Die Berufsausübung kann durch Gesetz oder auf Grund eines Gesetzes geregelt werden.
(2) Niemand darf zu einer bestimmten Arbeit gezwungen werden, außer im Rahmen einer herkömmlichen allgemeinen, für alle gleichen öffentlichen Dienstleistungspflicht.
(3) Zwangsarbeit ist nur bei einer gerichtlich angeordneten Freiheitsentziehung zulässig.

Art. 14 (Eigentum, Erbrecht, Eigentumsbindung und Enteignung)
(1) Das Eigentum und das Erbrecht werden gewährleistet. Inhalt und Schranken werden durch die Gesetze bestimmt.
(2) Eigentum verpflichtet. Sein Gebrauch soll zugleich dem Wohle der Allgemeinheit dienen.
(3) Eine Enteignung ist nur zum Wohle der Allgemeinheit zulässig. Sie darf nur durch Gesetz oder auf Grund eines Gesetzes erfolgen, das Art und Ausmaß der Entschädigung regelt. Die Entschädigung ist unter gerechter Abwägung der Interessen der Allgemeinheit und der Beteiligten zu bestimmen. Wegen der Höhe der Entschädigung steht im Streitfalle der Rechtsweg vor den ordentlichen Gerichten offen.

Art. 19 (Einschränkung von Grundrechten)
(1) Soweit nach diesem Grundgesetz ein Grundrecht durch Gesetz oder auf Grund eines Gesetzes eingeschränkt werden kann, muß das Gesetz allgemein und nicht nur für den Einzelfall gelten. Außerdem muß das Gesetz das Grundrecht unter Angabe des Artikels nennen.
(2) In keinem Falle darf ein Grundrecht in seinem Wesensgehalt angetastet werden.
(3) Die Grundrechte gelten auch für inländische juristische Personen, soweit sie ihrem Wesen nach auf diese anwendbar sind.
(4) Wird jemand durch die öffentliche Gewalt in seinen Rechten verletzt, so steht ihm der Rechtsweg offen. Soweit eine andere Zuständigkeit nicht begründet ist, ist der ordentliche Rechtsweg gegeben. Artikel 10 Abs. 2 Satz 2 bleibt unberührt.

2. Gesetz zur Ordnung des Handwerks (Handwerksordnung)

In der Fassung der Bekanntmachung vom 28. Dezember 1965 (BGBl. 1966 I S. 1), zuletzt geändert durch das Gesetz zur Änderung des Titels III der Gewerbeordnung und anderer gewerberechtlicher Vorschriften vom 25. Juli 1984 (BGBl. I S. 1008, 1014) und durch die Dritte Verordnung zur Änderung der Anlage A zur Handwerksordnung vom 4. November 1983 (BGBl. I S. 1354)

I. Teil: Ausübung eines Handwerks
  1. Abschnitt: Berechtigung zum selbständigen Betrieb eines Handwerks   §§ 1 – 5

Anlage zur Wahlordnung:
Muster des Wahlausweises für Wahlmänner*

---

* Diese §§ werden hier aus Platzgründen nicht abgedruckt

Erster Teil
Ausübung eines Handwerks

Erster Abschnitt
Berechtigung zum selbständigen Betrieb eines Handwerks

§ 1

(1) Der selbständige Betrieb eines Handwerks als stehendes Gewerbe ist nur den in der Handwerksrolle eingetragenen natürlichen und juristischen Personen und Personengesellschaften (selbständige Handwerker) gestattet. Personengesellschaften im Sinne dieses Gesetzes sind Personenhandelsgesellschaften und Gesellschaften des Bürgerlichen Rechts.

(2) Ein Gewerbebetrieb ist Handwerksbetrieb im Sinne dieses Gesetzes, wenn er handwerksmäßig betrieben wird und vollständig oder in wesentlichen Tätigkeiten ein Gewerbe umfaßt, das in der Anlage A zu diesem Gesetz aufgeführt ist.

(3) Der Bundesminister für Wirtschaft wird ermächtigt, durch Rechtsverordnung mit Zustimmung des Bundesrates die Anlage A zu diesem Gesetz dadurch zu ändern, daß er darin aufgeführte Gewerbe streicht, ganz oder teilweise zusammenfaßt oder trennt, Bezeichnungen für sie festsetzt oder die Gewerbegruppen aufteilt, soweit es die technische und wirtschaftliche Entwicklung erfordert.

§ 2

Die Vorschriften dieses Gesetzes für selbständige Handwerker gelten auch
1. für gewerbliche Betriebe des Bundes, der Länder, der Gemeinden und der sonstigen juristischen Personen des öffentlichen Rechts, in denen Waren zum Absatz an Dritte handwerksmäßig hergestellt oder Leistungen für Dritte handwerksmäßig bewirkt werden,
2. für handwerkliche Nebenbetriebe, die mit einem Versorgungs- oder sonstigen Betrieb der in Nummer 1 bezeichneten öffentlich-rechtlichen Stellen verbunden sind,
3. für handwerkliche Nebenbetriebe, die mit einem Unternehmen des Handwerks, der Industrie, des Handels, der Landwirtschaft oder sonstiger Wirtschafts- und Berufszweige verbunden sind.

§ 3

(1) Ein handwerklicher Nebenbetrieb im Sinne des § 2 Nr. 2 und 3 liegt vor, wenn in ihm Waren zum Absatz an Dritte handwerksmäßig hergestellt oder Leistungen für Dritte handwerksmäßig bewirkt werden, es sei denn, daß eine solche Tätigkeit nur in unerheblichem Umfange ausgeübt wird oder daß es sich um einen Hilfsbetrieb handelt.

(2) Eine Tätigkeit im Sinne des Absatzes 1 ist unerheblich, wenn sie während eines Jahres den durchschnittlichen Umsatz und die durchschnittliche Arbeitszeit eines ohne Hilfskräfte arbeitenden Betriebes des betreffenden Handwerkszweiges nicht übersteigt.

(3) Hilfsbetriebe im Sinne des Absatzes 1 sind unselbständige, der wirtschaftlichen Zweckbestimmung des Hauptbetriebes dienende Handwerksbetriebe, wenn sie

1. Arbeiten für den Hauptbetrieb oder für andere dem Inhaber des Hauptbetriebes ganz oder überwiegend gehörende Betriebe ausführen oder

2. Leistungen an Dritte bewirken, die
   a) als handwerkliche Arbeiten untergeordneter Art zur gebrauchsfertigen Überlassung üblich sind oder
   b) in unentgeltlichen Pflege-, Instandhaltungs- oder Instandsetzungsarbeiten bestehen oder
   c) in entgeltlichen Pflege-, Instandhaltungs- oder Instandsetzungsarbeiten an solchen Gegenständen bestehen, die in dem Hauptbetrieb selbst erzeugt worden sind, sofern die Übernahme dieser Arbeiten bei der Lieferung vereinbart worden ist, oder
   d) auf einer vertraglichen oder gesetzlichen Gewährleistungspflicht beruhen.

§ 4

(1) Nach dem Tode eines selbständigen Handwerkers dürfen der Ehegatte, der Erbe bis zur Vollendung des fünfundzwanzigsten Lebensjahres, der Testamentsvollstrecker, Nachlaßverwalter, Nachlaßkonkursverwalter oder Nachlaßpfleger den Betrieb fortführen. Die Handwerkskammer kann Erben bis zur Dauer von zwei Jahren über das fünfundzwanzigste Lebensjahr hinaus die Fortführung des Betriebes gestatten. Das gleiche gilt für Erben, die beim Tode des Handwerkers das fünfundzwanzigste Lebensjahr bereits vollendet haben.

(2) Nach Ablauf eines Jahres seit dem Tode des selbständigen Handwerkers darf der Betrieb nur fortgeführt werden, wenn er von einem Handwerker geleitet wird, der den Voraussetzungen des § 7 Abs. 1, 2, 3 oder 7 genügt; die Handwerkskammer kann in Härtefällen diese Frist verlängern. Zur Verhütung von Gefahren für die öffentliche Sicherheit kann die höhere Verwaltungsbehörde bereits vor Ablauf der in Satz 1 genannten Frist die Fortführung des Betriebes davon abhängig machen, daß er von einem Handwerker geleitet wird, der den Voraussetzungen des § 7 Abs. 1, 2, 3 oder 7 genügt.

(3) Nach dem Tode eines den Betrieb einer Personengesellschaft leitenden Gesellschafters (§ 7 Abs. 4) dürfen der Ehegatte oder der Erbe bis zur Vollendung des fünfundzwanzigsten Lebensjahres die Leitung des Betriebes für die Dauer eines Jahres übernehmen, ohne den Voraussetzungen des § 7 Abs. 1, 2, 3 oder 7 zu genügen; die Handwerkskammer kann in Härtefällen diese Frist verlängern. Zur Verhütung von Gefahren für die öffentliche Sicherheit kann die höhere Verwaltungsbehörde die Fortführung des Betriebes davon abhängig machen, daß er von einem Handwerker geleitet wird, der den Voraussetzungen des § 7 Abs. 1, 2, 3 oder 7 genügt.

(4) Die Landesregierungen werden ermächtigt, durch Rechtsverordnungen die zuständigen Behörden abweichend von Absatz 2 Satz 2 und Absatz 3 Satz 2 zu bestimmen. Sie können diese Ermächtigung auf oberste Landesbehörden übertragen.

§ 5

Wer ein Handwerk nach § 1 betreibt, kann hierbei auch die mit diesem Handwerk technisch oder fachlich zusammenhängenden Arbeiten in anderen Handwerken ausführen.

Zweiter Abschnitt
Handwerksrolle

§ 6

(1) Die Handwerkskammer hat ein Verzeichnis zu führen, in welches die selbständigen Handwerker ihres Bezirks mit dem von ihnen zu betreibenden Handwerk oder bei Ausübung mehrerer Handwerke mit diesen Handwerken einzutragen sind (Handwerksrolle).

(2) Für die Eintragung eines selbständigen Handwerkers in die Handwerksrolle, der im Geltungsbereich dieses Gesetzes keine gewerbliche Niederlassung unterhält, ist die Handwerkskammer zuständig, in deren Bezirk er den selbständigen Betrieb des Handwerks als stehendes Gewerbe erstmalig beginnen will.

(3) Die Einsicht in die Handwerksrolle ist jedem gestattet, der ein berechtigtes Interesse nachweist.

(4) Der Bundesminister für Wirtschaft bestimmt durch Rechtsverordnung, wie die Handwerksrolle einzurichten ist.

§ 7

(1) In die Handwerksrolle wird eingetragen, wer in dem von ihm zu betreibenden Handwerk oder in einem diesem verwandten Handwerk die Meisterprüfung bestanden hat. Der Bundesminister für Wirtschaft bestimmt durch Rechtsverordnung mit Zustimmung des Bundesrates, welche Handwerke sich so nahestehen, daß die Beherrschung der wesentlichen Kenntnisse und Fertigkeiten des einen Handwerks die fachgerechte Ausübung des anderen Handwerks gewährleistet (verwandte Handwerke).

(2) Der Bundesminister für Wirtschaft kann durch Rechtsverordnung mit Zustimmung des Bundesrates andere, der Meisterprüfung für die Ausübung des betreffenden Handwerks mindestens gleichwertige Prüfungen als ausreichende Voraussetzung für die Eintragung in die Handwerksrolle anerkennen und dabei bestimmen, daß eine zusätzliche praktische Tätigkeit nachzuweisen ist.

(3) In die Handwerksrolle wird ferner eingetragen, wer eine Ausnahmebewilligung nach §§ 8 oder 9 für das zu betreibende Handwerk oder für ein diesem verwandtes Handwerk besitzt.

(4) Eine juristische Person wird in die Handwerksrolle eingetragen, wenn der Betriebsleiter den Voraussetzungen der Absätze 1, 2, 3 oder 7 genügt. Eine Personengesellschaft wird in die Handwerksrolle eingetragen, wenn für die technische Leitung ein persönlich haftender Gesellschafter verantwortlich ist, der den Voraussetzungen der Absätze 1, 2, 3 oder 7 genügt.

(5) Der Inhaber eines handwerklichen Nebenbetriebes (§ 2 Nr. 2 und 3) wird in die Handwerksrolle eingetragen, wenn der Leiter des Nebenbetriebes den Voraussetzungen der Absätze 1, 2, 3 oder 7 genügt.

(6) Nach dem Tode eines selbständigen Handwerkers werden der Ehegatte und die Erben in die Handwerksrolle eingetragen, wenn der Betrieb von ihnen nach § 4 fortgeführt wird.

(7) Vertriebene und Sowjetzonenflüchtlinge, die vor ihrer Vertreibung oder Flucht eine der Meisterprüfung gleichwertige Prüfung außerhalb des Geltungsbereichs dieses Gesetzes bestanden haben, sind in die Handwerksrolle einzutragen.

§ 8

(1) In Ausnahmefällen ist eine Bewilligung zur Eintragung in die Handwerksrolle (Ausnahmebewilligung) zu erteilen, wenn der Antragsteller die zur selbständigen Ausübung des von ihm zu

betreibenden Handwerks notwendigen Kenntnisse und Fertigkeiten nachweist. Ein Ausnahmefall liegt vor, wenn die Ablegung der Meisterprüfung für ihn eine unzumutbare Belastung bedeuten würde.

(2) Die Ausnahmebewilligung kann unter Auflagen oder Bedingungen oder befristet erteilt und auf einen wesentlichen Teil der Tätigkeiten beschränkt werden, die zu einem in der Anlage A zu diesem Gesetz aufgeführten Gewerbe gehören; in diesem Falle genügt der Nachweis der hierfür erforderlichen Kenntnisse und Fertigkeiten.

(3) Die Ausnahmebewilligung wird auf Antrag des Gewerbetreibenden von der höheren Verwaltungsbehörde nach Anhörung der Handwerkskammer erteilt. Die Handwerkskammer hat die Berufsvereinigung, die der Antragsteller benennt, zu hören. Die Landesregierungen werden ermächtigt, durch Rechtsverordnung zu bestimmen, daß abweichend von Satz 1 an Stelle der höheren Verwaltungsbehörde eine andere Behörde zuständig ist. Sie können diese Ermächtigung auf oberste Landesbehörden übertragen.

(4) Gegen die Entscheidung steht neben dem Antragsteller auch der Handwerkskammer der Verwaltungsrechtsweg offen; die Handwerkskammer ist beizuladen.

§ 9

Der Bundesminister für Wirtschaft wird ermächtigt, durch Rechtsverordnung mit Zustimmung des Bundesrates zur Durchführung von Richtlinien der Europäischen Wirtschaftsgemeinschaft über die Niederlassungsfreiheit und den freien Dienstleistungsverkehr zu bestimmen, unter welchen Voraussetzungen Staatsangehörigen der Mitgliedstaaten der Europäischen Wirtschaftsgemeinschaft eine Ausnahmebewilligung zur Eintragung in die Handwerksrolle außer in den Fällen des § 8 Abs. 1 zu erteilen ist. § 8 Abs. 2 bis 4 findet Anwendung.

§ 10

(1) Die Eintragung in die Handwerksrolle erfolgt auf Antrag oder von Amts wegen.

(2) Über die Eintragung in die Handwerksrolle hat die Handwerkskammer eine Bescheinigung auszustellen (Handwerkskarte). Der Bundesminister für Wirtschaft bestimmt den Wortlaut der Handwerkskarte. Die Höhe der für die Ausstellung der Handwerkskarte zu entrichtenden Gebühr wird durch die Handwerkskammer mit Genehmigung der obersten Landesbehörde bestimmt.

§ 11

Die Handwerkskammer hat dem Gewerbetreibenden die beabsichtigte Eintragung in die Handwerksrolle gegen Empfangsbescheinigung mitzuteilen; in gleicher Weise hat sie dies der Industrie- und Handelskammer mitzuteilen, wenn der Gewerbetreibende dieser angehört.

§ 12

Gegen die Entscheidung über die Eintragung eines der Industrie- und Handelskammer angehörigen Gewerbetreibenden in die Handwerksrolle steht neben dem Gewerbetreibenden auch der Industrie- und Handelskammer der Verwaltungsrechtsweg offen.

§ 13

(1) Die Eintragung in die Handwerksrolle wird auf Antrag oder von Amts wegen gelöscht, wenn die Voraussetzungen für die Eintragung nicht vorliegen.

(2) Wird der Gewerbebetrieb nicht handwerksmäßig betrieben, so kann auch die Industrie- und Handelskammer die Löschung der Eintragung beantragen.

(3) Die Handwerkskammer hat dem Gewerbetreibenden die beabsichtigte Löschung der Eintragung in die Handwerksrolle gegen Empfangsbescheinigung mitzuteilen.

(4) Wird die Eintragung in die Handwerksrolle gelöscht, so ist die Handwerkskarte an die Handwerkskammer zurückzugeben.

§ 14

Ein in die Handwerksrolle eingetragener selbständiger Handwerker kann die Löschung mit der Begründung, daß der Gewerbebetrieb kein Handwerksbetrieb ist, erst nach Ablauf eines Jahres seit Eintritt der Unanfechtbarkeit der Eintragung und nur dann beantragen, wenn sich die Voraussetzungen für die Eintragung wesentlich geändert haben. Satz 1 gilt für den Antrag der Industrie- und Handelskammer nach § 13 Abs. 2 entsprechend.

§ 15

Ist einem Gewerbetreibenden die Eintragung in die Handwerksrolle abgelehnt worden, so kann er die Eintragung mit der Begründung, daß der Gewerbebetrieb nunmehr Handwerksbetrieb ist, erst nach Ablauf eines Jahres seit Eintritt der Unanfechtbarkeit der Ablehnung und nur dann beantragen, wenn sich die Voraussetzungen für die Ablehnung wesentlich geändert haben.

§ 16

(1) Wer den Betrieb eines Handwerks nach § 1 anfängt, hat gleichzeitig mit der nach § 14 der Gewerbeordnung zu erstattenden Anzeige der hiernach zuständigen Behörde die über die Eintragung in der Handwerksrolle ausgestellte Handwerkskarte (§ 10 Abs. 2) vorzulegen.

(2) Der selbständige Handwerker hat ferner der Handwerkskammer, in deren Bezirk seine gewerbliche Niederlassung liegt oder die nach § 6 Abs. 2 für seine Eintragung in die Handwerksrolle zuständig ist, unverzüglich den Beginn und die Beendigung seines Betriebes und in den Fällen des § 4 und des § 7 Abs. 4 und 5 die Bestellung und Abberufung des Betriebsleiters anzuzeigen; bei juristischen Personen sind auch die Namen der gesetzlichen Vertreter, bei Personengesellschaften die Namen der für die technische Leitung verantwortlichen und der vertretungsberechtigten Gesellschafter anzuzeigen.

(3) Wird der selbständige Betrieb eines Handwerks als stehendes Gewerbe entgegen den Vorschriften dieses Gesetzes ausgeübt, so kann die zuständige Behörde von Amts wegen oder auf Antrag der Handwerkskammer die Fortsetzung des Betriebes untersagen. Lehnt die Behörde einen Antrag nach Satz 1 ab, so steht der Handwerkskammer der Verwaltungsrechtsweg offen. Die Industrie- und Handelskammer ist beizuladen. Die Landesregierung oder die von ihr ermächtigte Stelle bestimmt die zuständige Behörde.

(4) Die Ausübung des untersagten Gewerbes durch den Gewerbetreibenden kann durch Schließung der Betriebs- und Geschäftsräume oder durch andere geeignete Maßnahmen verhindert werden.

§ 17

(1) Die in der Handwerksrolle eingetragenen oder in diese einzutragenden Gewerbetreibenden sind verpflichtet, der Handwerkskammer die für die Eintragung in die Handwerksrolle erforderliche Auskunft über Art und Umfang ihres Betriebes, über die Zahl der im Betrieb beschäftigten gelernten und ungelernten Personen und über handwerkliche Prüfungen des Betriebsinhabers und des Betriebsleiters zu geben.

(2) Die Beauftragten der Handwerkskammer sind befugt, zu dem in Absatz 1 bezeichneten Zweck Grundstücke und Geschäftsräume des Auskunftspflichtigen zu betreten und dort Prü-

fungen und Besichtigungen vorzunehmen. Der Auskunftspflichtige hat diese Maßnahmen zu dulden. Das Grundrecht der Unverletzlichkeit der Wohnung (Artikel 13 des Grundgesetzes) wird insoweit eingeschränkt.

(3) Der Auskunftspflichtige kann die Auskunft auf solche Fragen verweigern, deren Beantwortung ihn selbst oder einen der in § 383 Abs. 1 Nr. 1 bis 3 der Zivilprozeßordnung bezeichneten Angehörigen der Gefahr strafrechtlicher Verfolgung oder eines Verfahrens nach dem Gesetz über Ordnungswidrigkeiten aussetzen würde.

Dritter Abschnitt
Handwerksähnliche Gewerbe

§ 18

(1) Wer den selbständigen Betrieb eines handwerksähnlichen Gewerbes als stehendes Gewerbe beginnt oder beendet, hat dies unverzüglich der Handwerkskammer, in deren Bezirk seine gewerbliche Niederlassung liegt, anzuzeigen. Bei juristischen Personen sind auch die Namen der gesetzlichen Vertreter, bei Personengesellschaften die Namen der vertretungsberechtigten Gesellschafter anzuzeigen.

(2) Ein Gewerbe ist handwerksähnlich im Sinne dieses Gesetzes, wenn es in einer handwerksähnlichen Betriebsform betrieben wird und in der Anlage B zu diesem Gesetz aufgeführt ist.

(3) Der Bundesminister für Wirtschaft wird ermächtigt, durch Rechtsverordnung mit Zustimmung des Bundesrates die Anlage B zu diesem Gesetz dadurch zu ändern, daß er darin aufgeführte Gewerbe streicht, ganz oder teilweise zusammenfaßt oder trennt, Bezeichnungen für sie festsetzt oder die Gewerbegruppen aufteilt, soweit es die technische und wirtschaftliche Entwicklung erfordert.

§ 19

(1) Die Handwerkskammer hat ein Verzeichnis zu führen, in welches die Inhaber handwerksähnlicher Betriebe ihres Bezirks mit dem von ihnen betriebenen handwerksähnlichen Gewerbe oder bei Ausübung mehrerer handwerksähnlicher Gewerbe mit diesen Gewerben einzutragen sind.

(2) Die Einsicht in dieses Verzeichnis ist jedem gestattet, der ein berechtigtes Interesse nachweist.

§ 20

Auf handwerksähnliche Gewerbe finden § 10 Abs. 1, §§ 11, 12, 13 Abs. 1 bis 3, §§ 14, 15 und 17 entsprechend Anwendung.

Zweiter Teil
Berufsbildung im Handwerk

Erster Abschnitt
Berechtigung zum Einstellen und Ausbilden

§ 21

(1) Lehrlinge (Auszubildende) darf nur einstellen, wer persönlich geeignet ist. Lehrlinge (Auszubildende) darf nur ausbilden, wer persönlich und fachlich geeignet ist.

(2) Persönlich nicht geeignet ist insbesondere, wer
1. Kinder und Jugendliche nicht beschäftigen darf oder
2. wiederholt oder schwer gegen dieses Gesetz oder die auf Grund dieses Gesetzes erlassenen Vorschriften und Bestimmungen verstoßen hat.

(3) Fachlich geeignet ist, wer die Meisterprüfung in dem Handwerk, in dem ausgebildet werden soll, bestanden und das vierundzwanzigste Lebensjahr vollendet hat oder wer nach § 22 ausbildungsberechtigt ist.

(4) Wer fachlich nicht geeignet ist oder wer nicht selbst ausbildet, darf Lehrlinge (Auszubildende) nur dann einstellen, wenn er einen Ausbilder bestellt, der persönlich und fachlich für die Berufsausbildung geeignet ist.

§ 22

(1) Wer eine Abschlußprüfung an einer deutschen Technischen Hochschule oder einer öffentlichen oder staatlich anerkannten deutschen Ingenieurschule bestanden hat, ist in dem Handwerk fachlich geeignet, das der Fachrichtung dieser Abschlußprüfung entspricht, wenn er in dem Handwerk, in dem ausgebildet werden soll, die Gesellenprüfung oder eine entsprechende Abschlußprüfung bestanden hat oder mindestens vier Jahre praktisch tätig gewesen ist.

(2) Wer eine anerkannte Prüfung einer Ausbildungsstätte oder vor einer Prüfungsbehörde bestanden hat, ist für die Berufsausbildung in einem Handwerk fachlich geeignet, wenn er in dem Handwerk, in dem ausgebildet werden soll, die Gesellenprüfung oder eine entsprechende Abschlußprüfung bestanden hat oder mindestens vier Jahre praktisch tätig gewesen ist. Der Bundesminister für Wirtschaft kann im Einvernehmen mit dem Bundesminister für Bildung und Wissenschaft nach Anhören des Bundesausschusses für Berufsbildung*) durch Rechtsverordnung, die nicht der Zustimmung des Bundesrates bedarf, bestimmen, welche Prüfungen für welche Handwerke anerkannt werden.

(3) Die nach Landesrecht zuständige Behörde kann Personen, die den Voraussetzungen der Absätze 1 und 2 oder des § 21 Abs. 3 nicht entsprechen, die fachliche Eignung nach Anhören der Handwerkskammer widerruflich zuerkennen.

(4) In Handwerksbetrieben, die nach dem Tode des selbständigen Handwerkers für Rechnung des Ehegatten oder der nach § 4 berechtigten Erben fortgeführt werden, können bis zum Ablauf eines Jahres nach dem Tode des Ausbildenden auch Personen als für die Berufsausbildung fachlich geeignet gelten, welche die Meisterprüfung nicht abgelegt haben, sofern sie in dem Handwerk, in dem ausgebildet werden soll, die Gesellenprüfung oder eine entsprechende Abschluß-

---

*) Nach § 19 Nr. 1 Satz 2 des Berufsbildungsförderungsgesetzes (abgedruckt Seite 88) tritt der Hauptausschuß des Bundesinstituts für Berufsbildung an die Stelle des Bundesausschusses für Berufsbildung, soweit es sich um die Anhörung bei Erlaß von Rechtsverordnungen und um den Erlaß von Richtlinien für Prüfungsordnungen handelt.

prüfung bestanden haben oder mindestens vier Jahre selbständig oder als Werkmeister oder in ähnlicher Stellung tätig gewesen sind. Die nach Landesrecht zuständige Behörde kann in begründeten Fällen nach Anhören der Handwerkskammer diese Frist verlängern.

§ 23

(1) Lehrlinge (Auszubildende) dürfen nur eingestellt werden, wenn
1. die Ausbildungsstätte nach Art und Einrichtung für die Berufsausbildung geeignet ist,
2. die Zahl der Lehrlinge (Auszubildenden) in einem angemessenen Verhältnis zur Zahl der Ausbildungsplätze oder zur Zahl der beschäftigten Fachkräfte steht, es sei denn, daß anderenfalls die Berufsausbildung nicht gefährdet wird.

(2) Eine Ausbildungsstätte, in der die erforderlichen Kenntnisse und Fertigkeiten nicht in vollem Umfang vermittelt werden können, gilt als geeignet, wenn dieser Mangel durch Ausbildungsmaßnahmen außerhalb der Ausbildungsstätte behoben wird.

§ 23a

(1) Die Handwerkskammer hat darüber zu wachen, daß die persönliche und fachliche Eignung sowie die Eignung der Ausbildungsstätte vorliegen.

(2) Werden Mängel der Eignung festgestellt, so hat die Handwerkskammer, falls der Mangel zu beheben und eine Gefährdung des Lehrlings (Auszubildenden) nicht zu erwarten ist, den Ausbildenden aufzufordern, innerhalb einer von ihr gesetzten Frist den Mangel zu beseitigen. Ist der Mangel der Eignung nicht zu beheben oder ist eine Gefährdung des Lehrlings (Auszubildenden) zu erwarten oder wird der Mangel nicht innerhalb der gesetzten Frist beseitigt, so hat die Handwerkskammer der nach Landesrecht zuständigen Behörde dies mitzuteilen.

§ 24

(1) Die nach Landesrecht zuständige Behörde hat das Einstellen und Ausbilden zu untersagen, wenn die persönliche oder fachliche Eignung nicht oder nicht mehr vorliegt.

(2) Die nach Landesrecht zuständige Behörde hat ferner für eine bestimmte Ausbildungsstätte das Einstellen und Ausbilden zu untersagen, wenn die Voraussetzungen nach § 23 nicht oder nicht mehr vorliegen.

(3) Vor der Untersagung sind die Beteiligten und die Handwerkskammer zu hören. Dies gilt nicht in den Fällen des § 21 Abs. 2 Nr. 1.

Zweiter Abschnitt
Ausbildungsordnung, Änderung der Ausbildungszeit

§ 25

(1) Als Grundlage für eine geordnete und einheitliche Berufsausbildung sowie zu ihrer Anpassung an die technischen, wirtschaftlichen und gesellschaftlichen Erfordernisse und deren Entwicklung kann der Bundesminister für Wirtschaft im Einvernehmen mit dem Bundesminister für Bildung und Wissenschaft durch Rechtsverordnung, die nicht der Zustimmung des Bundesrates bedarf, für die staatlich anerkannten Ausbildungsberufe (Handwerke) Ausbildungsordnungen erlassen.

(2) Die Ausbildungsordnung hat mindestens festzulegen
1. die Ausbildungsdauer; sie soll nicht mehr als drei und nicht weniger als zwei Jahre betragen,

2. die Fertigkeiten und Kenntnisse, die Gegenstand der Berufsausbildung sind (Ausbildungsberufsbild),

3. eine Anleitung zur sachlichen und zeitlichen Gliederung der Fertigkeiten und Kenntnisse (Ausbildungsrahmenplan),

4. die Prüfungsanforderungen.

In der Ausbildungsordnung kann vorgesehen werden, daß berufliche Bildung durch Fernunterricht vermittelt wird. Dabei kann bestimmt werden, daß nur solche Fernlehrgänge verwendet werden dürfen, die nach § 12 Abs. 1 des Fernunterrichtsschutzgesetzes vom 24. August 1976 (Bundesgesetzbl. I S. 2525) zugelassen oder nach § 15 Abs. 1 des Fernunterrichtsschutzgesetzes als geeignet anerkannt worden sind.

(3) Werden Gewerbe in der Anlage A zu diesem Gesetz gestrichen, zusammengefaßt oder getrennt und wird das Berufsausbildungsverhältnis nicht gekündigt (§ 15 Abs. 2 Nr. 2 Berufsbildungsgesetz), so gelten für die weitere Berufsausbildung die bisherigen Vorschriften.

§ 26

(1) Die Ausbildungsordnung kann sachlich und zeitlich besonders geordnete, aufeinander aufbauende Stufen der Berufsausbildung festlegen. Nach den einzelnen Stufen soll sowohl ein Ausbildungsabschluß, der zu einer Berufstätigkeit befähigt, die dem erreichten Ausbildungsstand entspricht, als auch die Fortsetzung der Berufsausbildung in weiteren Stufen möglich sein.

(2) In einer ersten Stufe beruflicher Grundbildung sollen als breite Grundlage für die weiterführende berufliche Fachbildung und als Vorbereitung auf eine vielseitige berufliche Tätigkeit Grundfertigkeiten und Grundkenntnisse vermittelt und Verhaltensweisen geweckt werden, die einem möglichst großen Bereich von Tätigkeiten gemeinsam sind.

(3) In einer darauf aufbauenden Stufe allgemeiner beruflicher Fachbildung soll die Berufsausbildung möglichst für mehrere Fachrichtungen gemeinsam fortgeführt werden. Dabei ist besonders das fachliche Verständnis zu vertiefen und die Fähigkeit des Lehrlings (Auszubildenden) zu fördern, sich schnell in neue Aufgaben und Tätigkeiten einzuarbeiten.

(4) In weiteren Stufen der besonderen beruflichen Fachbildung sollen die zur Ausübung einer qualifizierten Berufstätigkeit erforderlichen praktischen und theoretischen Kenntnisse und Fertigkeiten vermittelt werden.

(5) Die Ausbildungsordnung kann bestimmen, daß bei Prüfungen, die vor Abschluß einzelner Stufen abgenommen werden, die Vorschriften über die Gesellenprüfung entsprechend gelten.

(6) In den Fällen des Absatzes 1 kann die Ausbildungsdauer (§ 25 Abs. 2 Nr. 1) unterschritten werden.

§ 26a

Die Ausbildungsordnung kann festlegen, daß die Berufsausbildung in geeigneten Einrichtungen außerhalb der Ausbildungsstätte durchgeführt wird, wenn und soweit es die Berufsausbildung erfordert.

§ 27

(1) Für einen anerkannten Ausbildungsberuf darf nur nach der Ausbildungsordnung ausgebildet werden.

(2) Zur Entwicklung und Erprobung neuer Ausbildungsformen kann der Bundesminister für Wirtschaft im Einvernehmen mit dem Bundesminister für Bildung und Wissenschaft nach Anhören des Bundesausschusses für Berufsbildung durch Rechtsverordnung, die nicht der Zustim-

mung des Bundesrates bedarf, Ausnahmen zulassen, die auch auf eine bestimmte Art und Zahl von Ausbildungsstätten beschränkt werden können.

§ 27a

(1) Der Bundesminister für Wirtschaft kann im Einvernehmen mit dem Bundesminister für Bildung und Wissenschaft nach Anhören des Bundesausschusses für Berufsbildung*) durch Rechtsverordnung bestimmen, daß der Besuch einer berufsbildenden Schule oder die Berufsausbildung in einer sonstigen Einrichtung ganz oder teilweise auf die Ausbildungszeit anzurechnen ist.

(2) Die Handwerkskammer hat auf Antrag die Ausbildungszeit zu kürzen, wenn zu erwarten ist, daß der Lehrling (Auszubildende) das Ausbildungsziel in der gekürzten Zeit erreicht.

(3) In Ausnahmefällen kann die Handwerkskammer auf Antrag des Lehrlings (Auszubildenden) die Ausbildungszeit verlängern, wenn die Verlängerung erforderlich ist, um das Ausbildungsziel zu erreichen.

(4) Vor der Entscheidung nach den Absätzen 2 und 3 sind die Beteiligten zu hören.

§ 27b

Werden in einem Betrieb zwei verwandte Handwerke ausgeübt, so kann in beiden Handwerken in einer verkürzten Gesamtausbildungszeit gleichzeitig ausgebildet werden. Der Bundesminister für Wirtschaft bestimmt im Einvernehmen mit dem Bundesminister für Bildung und Wissenschaft durch Rechtsverordnung, für welche verwandte Handwerke eine Gesamtausbildungszeit vereinbart werden kann, und die Dauer der Gesamtausbildungszeit.

Dritter Abschnitt
Verzeichnis der Berufsausbildungsverhältnisse

§ 28

Die Handwerkskammer hat für anerkannte Ausbildungsberufe (Handwerke) ein Verzeichnis der Berufsausbildungsverhältnisse einzurichten und zu führen, in das der wesentliche Inhalt des Berufsausbildungsvertrages einzutragen ist (Lehrlingsrolle). Die Eintragung ist für den Lehrling (Auszubildenden) gebührenfrei.

§ 29

(1) Ein Berufsausbildungsvertrag und Änderungen seines wesentlichen Inhalts sind in die Lehrlingsrolle einzutragen, wenn

1. der Berufsausbildungsvertrag den gesetzlichen Vorschriften und der Ausbildungsordnung entspricht,
2. die persönliche und fachliche Eignung sowie die Eignung der Ausbildungsstätte für das Einstellen und Ausbilden vorliegen und
3. für Auszubildende unter 18 Jahren die ärztliche Bescheinigung über die Erstuntersuchung nach § 32 Abs. 1 des Jugendarbeitsschutzgesetzes zur Einsicht vorgelegt wird.

(2) Die Eintragung ist abzulehnen oder zu löschen, wenn die Eintragungsvoraussetzungen nicht vorliegen und der Mangel nicht nach § 23a Abs. 2 behoben wird. Die Eintragung ist ferner zu löschen, wenn die ärztliche Bescheinigung über die erste Nachuntersuchung nach § 33 Abs. 1 des

---

*) Siehe Anmerkung § 22

Jugendarbeitsschutzgesetzes nicht spätestens am Tage der Anmeldung des Auszubildenden zur Zwischenprüfung zur Einsicht vorgelegt und der Mangel nicht nach § 23a Abs. 2 behoben wird.

§ 30

(1) Der Auszubildende hat unverzüglich nach Abschluß des Berufsausbildungsvertrages die Eintragung in die Lehrlingsrolle zu beantragen. Eine Ausfertigung der Vertragsniederschrift ist beizufügen. Entsprechendes gilt bei Änderungen des wesentlichen Vertragsinhalts.

(2) Der Ausbildende hat anzuzeigen
1. eine vorausgegangene allgemeine und berufliche Ausbildung des Lehrlings (Auszubildenden),
2. die Bestellung von Ausbildern.

Vierter Abschnitt
Prüfungswesen

§ 31

(1) In den anerkannten Ausbildungsberufen (Handwerken) sind Gesellenprüfungen durchzuführen. Die Prüfung kann zweimal wiederholt werden.

(2) Dem Prüfling ist ein Zeugnis auszustellen.

(3) Die Prüfung ist für den Lehrling (Auszubildenden) gebührenfrei.

§ 32

Durch die Gesellenprüfung ist festzustellen, ob der Prüfling die erforderlichen Fertigkeiten beherrscht, die notwendigen praktischen und theoretischen Kenntnisse besitzt und mit dem ihm im Berufsschulunterricht vermittelten, für die Berufsausbildung wesentlichen Lehrstoff vertraut ist. Die Ausbildungsordnung ist zugrunde zu legen.

§ 33

(1) Für die Abnahme der Gesellenprüfung errichtet die Handwerkskammer Prüfungsausschüsse. Mehrere Handwerkskammern können bei einer von ihnen gemeinsame Prüfungsausschüsse errichten. Die Handwerkskammer kann Handwerksinnungen ermächtigen, Gesellenprüfungsausschüsse zu errichten, wenn die Leistungsfähigkeit der Handwerksinnung die ordnungsgemäße Durchführung der Prüfung sicherstellt.

(2) Werden von einer Handwerksinnung Gesellenprüfungsausschüsse errichtet, so sind sie für die Abnahme der Gesellenprüfung aller Lehrlinge (Auszubildenden) der in der Handwerksinnung vertretenen Handwerke ihres Bezirks zuständig, soweit nicht die Handwerkskammer etwas anderes bestimmt.

§ 34

(1) Der Prüfungsausschuß besteht aus mindestens drei Mitgliedern. Die Mitglieder müssen für die Prüfungsgebiete sachkundig und für die Mitwirkung im Prüfungswesen geeignet sein.

(2) Dem Prüfungsausschuß müssen als Mitglieder selbständige Handwerker und Arbeitnehmer in gleicher Zahl sowie mindestens ein Lehrer einer berufsbildenden Schule angehören. Mindestens zwei Drittel der Gesamtzahl der Mitglieder müssen selbständige Handwerker und Arbeitnehmer sein. Die Mitglieder haben Stellvertreter.

(3) Die selbständigen Handwerker müssen in dem Handwerk, für das der Prüfungsausschuß errichtet ist, die Meisterprüfung abgelegt haben oder zum Ausbilden berechtigt sein. Die Arbeitnehmer müssen die Gesellenprüfung in dem Handwerk, für das der Prüfungsausschuß errichtet ist, abgelegt haben und in dem Betrieb eines selbständigen Handwerkers beschäftigt sein.

(4) Die Mitglieder werden von der Handwerkskammer längstens für drei Jahre berufen. Die Arbeitnehmer der von der Handwerkskammer errichteten Prüfungsausschüsse werden auf Vorschlag der Mehrheit der Gesellenvertreter in der Vollversammlung der Handwerkskammer berufen. Der Lehrer einer berufsbildenden Schule wird im Einvernehmen mit der Schulaufsichtsbehörde oder der von ihr bestimmten Stelle berufen.

(5) Für die mit Ermächtigung der Handwerkskammer von der Handwerksinnung errichteten Prüfungsausschüsse werden die selbständigen Handwerker von der Innungsversammlung, die Arbeitnehmer von dem Gesellenausschuß gewählt. Der Lehrer einer berufsbildenden Schule wird im Einvernehmen mit der Schulaufsichtsbehörde oder der von ihr bestimmten Stelle nach Anhörung der Handwerksinnung von der Handwerkskammer berufen.

(6) Die Mitglieder der Prüfungsausschüsse können nach Anhörung der an ihrer Berufung Beteiligten aus wichtigem Grund abberufen werden. Die Absätze 4 und 5 gelten für die Stellvertreter entsprechend.

(7) Die Tätigkeit im Prüfungsausschuß ist ehrenamtlich. Für bare Auslagen und für Zeitversäumnisse ist, soweit eine Entschädigung nicht von anderer Seite gewährt wird, eine angemessene Entschädigung zu zahlen, deren Höhe von der Handwerkskammer mit Genehmigung der obersten Landesbehörde festgesetzt wird.

(8) Von Absatz 2 darf nur abgewichen werden, wenn anderenfalls die erforderliche Zahl von Mitgliedern des Prüfungsausschusses nicht berufen werden kann.

§ 35
Der Prüfungsausschuß wählt aus seiner Mitte einen Vorsitzenden und dessen Stellvertreter. Der Vorsitzende und sein Stellvertreter sollen nicht derselben Mitgliedergruppe angehören. Der Prüfungsausschuß ist beschlußfähig, wenn zwei Drittel der Mitglieder, mindestens drei, mitwirken. Er beschließt mit der Mehrheit der abgegebenen Stimmen. Bei Stimmengleichheit gibt die Stimme des Vorsitzenden den Ausschlag.

§ 36
(1) Zur Gesellenprüfung ist zuzulassen,
1. wer die Ausbildungszeit zurückgelegt hat oder wessen Ausbildungszeit nicht später als zwei Monate nach dem Prüfungstermin endet,
2. wer an vorgeschriebenen Zwischenprüfungen teilgenommen sowie vorgeschriebene Berichtshefte geführt hat und
3. wessen Berufsausbildungsverhältnis in die Lehrlingsrolle eingetragen oder aus einem Grunde nicht eingetragen ist, den weder der Lehrling (Auszubildende) noch dessen gesetzlicher Vertreter zu vertreten hat.

Über die Zulassung zur Gesellenprüfung entscheidet der Vorsitzende des Prüfungsausschusses. Hält er die Zulassungsvoraussetzungen nicht für gegeben, so entscheidet der Prüfungsausschuß.

§ 37
(1) Der Lehrling (Auszubildende) kann nach Anhören des Ausbildenden und der Berufsschule vor Ablauf seiner Ausbildungszeit zur Gesellenprüfung zugelassen werden, wenn seine Leistungen dies rechtfertigen.

(2) Zur Gesellenprüfung ist auch zugelassen, wer nachweist, daß er mindestens das Zweifache der Zeit, die als Ausbildungszeit vorgeschrieben ist, in dem Beruf tätig gewesen ist, in dem er die Prüfung ablegen will. Hiervon kann abgesehen werden, wenn durch Vorlage von Zeugnissen oder auf andere Weise glaubhaft dargetan wird, daß der Bewerber Kenntnisse und Fertigkeiten erworben hat, die die Zulassung zur Prüfung rechtfertigen.

(3) Zur Gesellenprüfung ist ferner zuzulassen, wer in einer berufsbildenden Schule oder einer sonstigen Einrichtung ausgebildet worden ist, wenn diese Ausbildung der Berufsausbildung in einem anerkannten Ausbildungsberuf (Handwerk) entspricht. Der Bundesminister für Wirtschaft kann im Einvernehmen mit dem Bundesminister für Bildung und Wissenschaft nach Anhören des Bundesausschusses für Berufsbildung*) durch Rechtsverordnung bestimmen, welche Schulen oder Einrichtungen die Voraussetzungen des Satzes 1 erfüllen.

§ 38
(1) Die Handwerkskammer hat eine Prüfungsordnung für die Gesellenprüfung zu erlassen. Die Prüfungsordnung muß die Zulassung, die Gliederung der Prüfung, die Bewertungsmaßstäbe, die Erteilung der Prüfungszeugnisse, die Folgen von Verstößen gegen die Prüfungsordnung und die Wiederholungsprüfung regeln. Der Bundesausschuß für Berufsbildung erläßt für die Prüfungsordnung Richtlinien.*)

(2) Die Prüfungsordnung bedarf der Genehmigung der zuständigen obersten Landesbehörde.

§ 39
Während der Berufsausbildung ist zur Ermittlung des Ausbildungsstandes mindestens eine Zwischenprüfung entsprechend der Ausbildungsordnung durchzuführen, bei der Stufenausbildung für jede Stufe. §§ 31 bis 33 gelten entsprechend.

§ 40
(1) Der Bundesminister für Wirtschaft kann im Einvernehmen mit dem Bundesminister für Bildung und Wissenschaft nach Anhören des Bundesausschusses für Berufsbildung*) durch Rechtsverordnung Prüfungszeugnisse von Ausbildungsstätten oder Prüfungsbehörden den Zeugnissen über das Bestehen der Gesellenprüfung gleichstellen, wenn die Berufsausbildung und die in der Prüfung nachzuweisenden Fertigkeiten und Kenntnisse gleichwertig sind.

(2) Der Bundesminister für Wirtschaft kann im Einvernehmen mit dem Bundesminister für Bildung und Wissenschaft nach Anhören des Bundesausschusses für Berufsbildung*) durch Rechtsverordnung außerhalb des Geltungsbereichs dieses Gesetzes erworbene Prüfungszeugnisse den entsprechenden Zeugnissen über das Bestehen der Gesellenprüfung gleichstellen, wenn in den Prüfungen der Gesellenprüfung gleichwertige Anforderungen gestellt werden.

Fünfter Abschnitt
Regelung und Überwachung der Berufsausbildung

§ 41
Soweit Vorschriften nicht bestehen, regelt die Handwerkskammer die Durchführung der Berufsausbildung im Rahmen der gesetzlichen Vorschriften.

---

*) Siehe Anmerkung § 22.

§ 41a

(1) Die Handwerkskammer überwacht die Durchführung der Berufsausbildung und fördert sie durch Beratung der Ausbildenden und der Lehrlinge (Auszubildenden). Sie hat zu diesem Zweck Ausbildungsberater zu bestellen. § 111 ist anzuwenden.

(2) Die zuständige Stelle teilt der Aufsichtsbehörde nach dem Jugendarbeitsschutzgesetz Wahrnehmungen mit, die für die Durchführung des Jugendarbeitsschutzgesetzes von Bedeutung sein können.

Sechster Abschnitt
Berufliche Fortbildung, berufliche Umschulung

§ 42

(1) Zum Nachweis von Kenntnissen, Fertigkeiten und Erfahrungen, die durch berufliche Fortbildung erworben worden sind, kann die Handwerkskammer Prüfungen durchführen; sie müssen den besonderen Erfordernissen beruflicher Erwachsenenbildung entsprechen. Die Vorschriften über die Meisterprüfung bleiben unberührt. Die Handwerkskammer regelt den Inhalt, das Ziel, die Anforderungen, das Verfahren dieser Prüfungen, die Zulassungsvoraussetzungen und errichtet Prüfungsausschüsse; § 31 Abs. 2, §§ 34, 35, 38 und 40 gelten entsprechend.

(2) Als Grundlage für eine geordnete und einheitliche berufliche Fortbildung sowie zu ihrer Anpassung an die technischen, wirtschaftlichen und gesellschaftlichen Erfordernisse und deren Entwicklung kann der Bundesminister für Bildung und Wissenschaft im Einvernehmen mit dem Bundesminister für Wirtschaft nach Anhören des Bundesausschusses für Berufsbildung*) durch Rechtsverordnung, die nicht der Zustimmung des Bundesrates bedarf, den Inhalt, das Ziel, die Prüfungsanforderungen, das Prüfungsverfahren sowie die Zulassungsvoraussetzungen und die Bezeichnung des Abschlusses bestimmen. In der Rechtsverordnung kann ferner vorgesehen werden, daß die berufliche Fortbildung durch Fernunterricht vermittelt wird. Dabei kann bestimmt werden, daß nur solche Fernlehrgänge verwendet werden dürfen, die nach § 12 Abs. 1 des Fernunterrichtsschutzgesetzes zugelassen oder nach § 15 Abs. 1 des Fernunterrichtsschutzgesetzes als geeignet anerkannt worden sind.

§ 42a

(1) Maßnahmen der beruflichen Umschulung müssen nach Inhalt, Art, Ziel und Dauer den besonderen Erfordernissen der beruflichen Erwachsenenbildung entsprechen.

(2) Zum Nachweis von Kenntnissen, Fertigkeiten und Erfahrungen, die durch berufliche Umschulung erworben worden sind, kann die Handwerkskammer Prüfungen durchführen; sie müssen den besonderen Erfordernissen beruflicher Erwachsenenbildung entsprechen. Die Handwerkskammer regelt den Inhalt, das Ziel, die Anforderungen, das Verfahren dieser Prüfungen, die Zulassungsvoraussetzungen und errichtet Prüfungsausschüsse; § 31 Abs. 2, §§ 34, 35, 38, 40 und 42 Abs. 2 gelten entsprechend.

(3) Bei der Umschulung für einen anerkannten Ausbildungsberuf sind das Ausbildungsberufsbild (§ 25 Abs. 2 Nr. 2), der Ausbildungsrahmenplan (§ 25 Abs. 2 Nr. 3) und die Prüfungsanforderungen (§ 25 Abs. 2 Nr. 4) unter Berücksichtigung der besonderen Erfordernisse der beruflichen Erwachsenenbildung zugrunde zu legen. Der Bundesminister für Wissenschaft kann im Einvernehmen mit dem Bundesminister für Wirtschaft nach Anhören des Bundesausschusses

---

*) Siehe Anmerkung § 22.

für Berufsbildung*) durch Rechtsverordnung, die nicht der Zustimmung des Bundesrates bedarf, Inhalt, Art, Ziel und Dauer der beruflichen Umschulung bestimmen.

(4) Die Handwerkskammer hat die Durchführung der Umschulung zu überwachen. §§ 23a, 24 und 41a gelten entsprechend.

Siebenter Abschnitt
Berufliche Bildung Behinderter

§ 42b

(1) Für die Berufsausbildung körperlich, geistig oder seelisch Behinderter gilt, soweit es Art und Schwere der Behinderung erfordern, § 27 nicht.

(2) Regelungen nach § 41 sollen die besonderen Verhältnisse der Behinderten berücksichtigen.

(3) In den Fällen der Absätze 1 und 2 ist
1. der Berufsausbildungsvertrag mit einem Behinderten in das Verzeichnis der Berufsausbildungsverhältnisse (§ 28) einzutragen,
2. der Behinderte zur Abschlußprüfung auch zuzulassen, wenn die Voraussetzungen des § 36 Abs. 1 nicht vorliegen.

§ 42c

Für die berufliche Fortbildung (§ 42) und die berufliche Umschulung (§ 42a) körperlich, geistig oder seelisch Behinderter gilt § 42b entsprechend, soweit es Art und Schwere der Behinderung erfordern.

Achter Abschnitt
Berufsbildungsausschuß

§ 43

(1) Die Handwerkskammer errichtet einen Berufsbildungsausschuß. Ihm gehören sechs selbständige Handwerker, sechs Arbeitnehmer und sechs Lehrer an berufsbildenden Schulen an, die Lehrer mit beratender Stimme.

(2) Die selbständigen Handwerker werden von der Gruppe der selbständigen Handwerker, die Arbeitnehmer von der Gruppe der Vertreter der Gesellen in der Vollversammlung gewählt. Die Lehrer an berufsbildenden Schulen werden von der nach Landesrecht zuständigen Behörde längstens für vier Jahre als Mitglieder berufen.

(3) § 34 Abs. 7 gilt entsprechend.

(4) Die Mitglieder können nach Anhören der an ihrer Berufung Beteiligten aus wichtigem Grund abberufen werden.

(5) Die Mitglieder haben Stellvertreter, die bei Verhinderung der Mitglieder an deren Stelle treten. Absätze 1 bis 4 gelten für die Stellvertreter entsprechend.

(6) Der Berufsbildungsausschuß wählt aus seiner Mitte einen Vorsitzenden und dessen Stellvertreter. Der Vorsitzende und sein Stellvertreter sollen nicht derselben Mitgliedergruppe angehören.

§ 44

(1) Der Berufsbildungsausschuß ist in allen wichtigen Angelegenheiten der beruflichen Bildung zu unterrichten und zu hören.

*) Siehe Anmerkung § 22.

(2) Vor einer Beschlußfassung in der Vollversammlung über Vorschriften zur Durchführung der Berufsbildung, insbesondere nach §§ 41, 42 und 42a, ist die Stellungnahme des Berufsbildungsausschusses einzuholen. Der Berufsbildungsausschuß kann der Vollversammlung auch von sich aus Vorschläge für Vorschriften zur Durchführung der Berufsbildung vorlegen. Die Stellungnahmen und Vorschläge des Berufsbildungsausschusses sind zu begründen.

(3) Die Vorschläge und Stellungnahmen des Berufsbildungsausschusses gelten vorbehaltlich der Vorschrift des Satzes 2 als von der Vollversammlung angenommen, wenn sie nicht mit einer Mehrheit von drei Vierteln der Mitglieder der Vollversammlung in ihrer nächsten Sitzung geändert oder abgelehnt werden. Beschlüsse, zu deren Durchführung die für Berufsbildung im laufenden Haushalt vorgesehenen Mittel nicht ausreichen oder zu deren Durchführung in folgenden Haushaltsjahren Mittel bereitgestellt werden müssen, die die Ausgaben für Berufsbildung des laufenden Haushalts nicht unwesentlich übersteigen, bedürfen der Zustimmung der Vollversammlung.

§ 44a
(1) Der Berufsbildungsausschuß ist beschlußfähig, wenn mehr als die Hälfte seiner stimmberechtigten Mitglieder anwesend ist. Er beschließt mit der Mehrheit der abgegebenen Stimmen.

(2) Zur Wirksamkeit eines Beschlusses ist es erforderlich, daß der Gegenstand bei der Einberufung des Ausschusses bezeichnet ist, es sei denn, daß er mit Zustimmung von zwei Dritteln der stimmberechtigten Mitglieder nachträglich auf die Tagesordnung gesetzt wird.

§ 44b
Der Berufsbildungsausschuß gibt sich eine Geschäftsordnung. Sie kann die Bildung von Unterausschüssen vorsehen und bestimmen, daß ihnen nicht nur Mitglieder des Ausschusses angehören. Für die Unterausschüsse gelten § 43 Abs. 2 bis 6 und § 44a entsprechend.

Dritter Teil
Meisterprüfung, Meistertitel

Erster Abschnitt
Meisterprüfung

§ 45
Als Grundlage für ein geordnetes und einheitliches Meisterprüfungswesen kann der Bundesminister für Wirtschaft im Einvernehmen mit dem Bundesminister für Bildung und Wissenschaft durch Rechtsverordnung, die nicht der Zustimmung des Bundesrates bedarf, bestimmen,
1. welche Tätigkeiten, Kenntnisse und Fertigkeiten den einzelnen Handwerken zuzurechnen sind (Berufsbild),
2. welche Anforderungen in der Meisterprüfung zu stellen sind.

§ 46
(1) Die Meisterprüfung kann nur in einem Gewerbe, das in der Anlage A zu diesem Gesetz aufgeführt ist, abgelegt werden.

(2) Durch die Meisterprüfung ist festzustellen, ob der Prüfling befähigt ist, einen Handwerksbetrieb selbständig zu führen und Lehrlinge ordnungsgemäß auszubilden; der Prüfling hat insbesondere darzutun, ob er die in seinem Handwerk gebräuchlichen Arbeiten meisterhaft verrich-

ten kann und die notwendigen Fachkenntnisse sowie die erforderlichen betriebswirtschaftlichen, kaufmännischen, rechtlichen und berufserzieherischen Kenntnisse besitzt.

(3) Prüflinge sind von der Ablegung der Prüfung in gleichartigen Prüfungsfächern durch den Meisterprüfungsausschuß ganz oder teilweise zu befreien, wenn sie die Meisterprüfung in einem anderen Handwerk bereits bestanden haben. Das gleiche gilt für Prüflinge, die Prüfungen an deutschen staatlichen oder staatlich anerkannten Unterrichtsanstalten oder vor staatlichen Prüfungsausschüssen mit Erfolg abgelegt haben, sofern bei diesen Prüfungen mindestens die gleichen Anforderungen gestellt werden wie in der Meisterprüfung. Der Bundesminister für Wirtschaft bestimmt im Einvernehmen mit dem Bundesminister für Bildung und Wissenschaft durch Rechtsverordnung mit Zustimmung des Bundesrates, welche Prüfungen nach Satz 2 den Anforderungen einer Meisterprüfung entsprechen, und das Ausmaß der Befreiung.

§ 47

(1) Die Meisterprüfung wird durch Meisterprüfungsausschüsse abgenommen. Für die Handwerke werden Meisterprüfungsausschüsse als staatliche Prüfungsbehörden am Sitz der Handwerkskammer für ihren Bezirk errichtet. Die oberste Landesbehörde kann in besonderen Fällen die Errichtung eines Meisterprüfungsausschusses für mehrere Handwerkskammerbezirke anordnen und hiermit die für den Sitz des Meisterprüfungsausschusses zuständige höhere Verwaltungsbehörde beauftragen. Soll der Meisterprüfungsausschuß für Handwerkskammerbezirke mehrerer Länder zuständig sein, so bedarf es hierfür des Einvernehmens der beteiligten obersten Landesbehörden. Die Landesregierungen werden ermächtigt, durch Rechtsverordnung zu bestimmen, daß abweichend von Satz 3 an Stelle der obersten Landesbehörde die höhere Verwaltungsbehörde zuständig ist. Sie können diese Ermächtigung auf oberste Landesbehörden übertragen.

(2) Die höhere Verwaltungsbehörde errichtet die Meisterprüfungsausschüsse nach Anhörung der Handwerkskammer und ernennt auf Grund ihrer Vorschläge die Mitglieder auf die Dauer von drei Jahren. Die Geschäftsführung der Meisterprüfungsausschüsse liegt bei der Handwerkskammer.

§ 48

(1) Der Meisterprüfungsausschuß besteht aus fünf Mitgliedern; für die Mitglieder sind Stellvertreter zu berufen. Die Mitglieder und ihre Stellvertreter sollen das dreißigste Lebensjahr vollendet haben und müssen deutsche Staatsangehörige sein.

(2) Der Vorsitzende braucht nicht Handwerker zu sein; er soll dem Handwerk, für welches der Meisterprüfungsausschuß errichtet ist, nicht angehören.

(3) Zwei Beisitzer müssen das Handwerk, für das der Meisterprüfungsausschuß errichtet ist, mindestens seit einem Jahr selbständig als stehendes Gewerbe betreiben und in diesem Handwerk die Meisterprüfung abgelegt haben oder das Recht zum Ausbilden von Lehrlingen besitzen.

(4) Ein Beisitzer soll ein Geselle sein, der in dem Handwerk, für das der Meisterprüfungsausschuß errichtet ist, die Meisterprüfung abgelegt hat und in einem Handwerk tätig ist.

(5) Für die Abnahme der Prüfung in der wirtschaftlichen Betriebsführung sowie in den kaufmännischen, rechtlichen und berufserzieherischen Kenntnissen soll ein Beisitzer bestellt werden, der in diesen Prüfungsgebieten besonders sachkundig ist und dem Handwerk nicht anzugehören braucht.

(6) § 34 Abs. 7 gilt entsprechend.

§ 49

(1) Zur Meisterprüfung sind Personen zuzulassen, die eine Gesellenprüfung bestanden haben und in dem Handwerk, in dem sie die Meisterprüfung ablegen wollen, eine mehrjährige Tätigkeit als Geselle zurückgelegt haben oder zum Ausbilden von Lehrlingen in diesem Handwerk fachlich geeignet sind. Für die Zeit der Gesellentätigkeit sollen nicht weniger als drei Jahre und dürfen nicht mehr als fünf Jahre gefordert werden. Der Bundesminister für Wirtschaft kann im Einvernehmen mit dem Bundesminister für Bildung und Wissenschaft durch Rechtsverordnung mit Zustimmung des Bundesrates in diesem Rahmen die Dauer der Gesellentätigkeit für die Handwerke festsetzen.

(2) Zur Meisterprüfung ist ferner zuzulassen, wer in dem Handwerk, in dem die Meisterprüfung abgelegt werden soll, das Prüfungszeugnis über die vor einem Prüfungsausschuß der Industrie- und Handelskammer abgelegte Abschlußprüfung besitzt, sofern er im übrigen die Voraussetzungen des Absatzes 1 erfüllt.

(3) Der Besuch einer Fachschule kann ganz oder teilweise, höchstens jedoch mit drei Jahren auf die Gesellentätigkeit angerechnet werden. Die Landesregierung oder die von ihr ermächtigte Stelle kann bestimmen, daß der Besuch einer Fachschule ganz oder teilweise auf die Gesellentätigkeit anzurechnen ist.

(4) Ist der Prüfling in dem Handwerk, in dem er die Meisterprüfung ablegen will, als selbständiger Handwerker, als Werkmeister oder in ähnlicher Stellung tätig gewesen oder weist er eine der Gesellentätigkeit gleichwertige praktische Tätigkeit nach, so ist die Zeit dieser Tätigkeit anzurechnen.

(5) Die Handwerkskammer kann auf Antrag
1. eine auf mehr als drei Jahre festgesetzte Dauer der Gesellentätigkeit unter besonderer Berücksichtigung der in der Gesellenprüfung und während der Gesellenzeit nachgewiesenen beruflichen Befähigung bis auf drei Jahre abkürzen,
2. in Ausnahmefällen von den Voraussetzungen der Absätze 1 bis 4 ganz oder teilweise befreien. Der Meisterprüfungsausschuß ist vorher zu hören.

(6) Die Zulassung wird vom Vorsitzenden des Meisterprüfungsausschusses ausgesprochen. Hält der Vorsitzende die Zulassungsvoraussetzungen nicht für gegeben, so entscheidet der Prüfungsausschuß.

§ 50

Die durch die Abnahme der Meisterprüfung entstehenden Kosten trägt die Handwerkskammer. Das Zulassungs- und Prüfungsverfahren und die Höhe der Prüfungsgebühren werden durch eine von der Handwerkskammer mit Genehmigung der obersten Landesbehörde zu erlassende Meisterprüfungsordnung geregelt.

Zweiter Abschnitt
Meistertitel

§ 51

Die Bezeichnung Meister in Verbindung mit einem Handwerk (§ 1 Abs. 2) oder in Verbindung mit einer anderen Bezeichnung, die auf eine Tätigkeit in einem Handwerk oder in mehreren Handwerken hinweist, darf nur führen, wer für dieses Handwerk oder für diese Handwerke die Meisterprüfung bestanden hat.

Fünfter Teil
Bußgeld-, Übergangs- und Schlußvorschriften

Erster Abschnitt
Bußgeldvorschriften

§ 117
(1) Ordnungswidrig handelt, wer
1. entgegen § 1 ein Handwerk als stehendes Gewerbe selbständig betreibt,
2. entgegen § 51 die Bezeichnung „Meister" führt.

(2) Die Ordnungswidrigkeit kann mit einer Geldbuße bis zu zehntausend Deutsche Mark geahndet werden.

§ 118
(1) Ordnungswidrig handelt, wer
1. eine Anzeige nach § 16 Abs. 2 oder § 18 Abs. 1 nicht, nicht rechtzeitig, unrichtig oder unvollständig erstattet,
2. entgegen § 17 oder § 111 der Handwerkskammer oder ihrem Beauftragten eine Auskunft nicht, nicht rechtzeitig, unrichtig oder unvollständig erteilt oder Unterlagen nicht vorlegt oder das Betreten von Grundstücken oder Geschäftsräumen oder die Vornahme von Prüfungen oder Besichtigungen nicht duldet,
3. Lehrlinge (Auszubildende) einstellt oder ausbildet, obwohl er nach § 21 Abs. 2 Nr. 1 persönlich oder nach § 21 Abs. 3 fachlich nicht geeignet ist,
4. entgegen § 21 Abs. 4 einen Ausbilder bestellt, obwohl dieser nach § 21 Abs. 2 Nr. 1 persönlich oder nach § 21 Abs. 3 fachlich nicht geeignet ist oder diesem das Ausbilden nach § 24 untersagt worden ist,
5. Lehrlinge (Auszubildende) einstellt oder ausbildet, obwohl ihm das Einstellen oder Ausbilden nach § 24 untersagt worden ist,
6. entgegen § 30 die Eintragung in die Lehrlingsrolle nicht oder nicht rechtzeitig beantragt oder eine Ausfertigung der Vertragsniederschrift nicht beifügt.

(2) Die Ordnungswidrigkeiten nach Absatz 1 Nr. 1, 2 und 6 können mit einer Geldbuße bis zu zweitausend Deutsche Mark, die Ordnungswidrigkeiten nach Absatz 1 Nr. 3 bis 5 können mit einer Geldbuße bis zu zehntausend Deutsche Mark geahndet werden.

Anlage A
zum Gesetz zur Ordnung des Handwerks (Handwerksordnung)

Verzeichnis der Gewerbe, die als Handwerk betrieben werden können (§ 1 Abs. 2)

Nr.		Nr.	
I. Gruppe der Bau- und Ausbaugewerbe		6	Dachdecker
1	Maurer	7	Straßenbauer
2	Beton-und Stahlbetonbauer	8	Wärme-, Kälte- und Schallschutzisolierer
3	Feuerungs- und Schornsteinbauer	9	Fliesen-, Platten- und Mosaikleger
4	Backofenbauer	10	Betonstein- und Terrazzohersteller
5	Zimmerer	11	Estrichleger

12 Brunnenbauer
13 Steinmetzen und Steinbildhauer
14 Stukkateure
15 Maler und Lackierer
16 Kachelofen- und Luftheizungsbauer
17 Schornsteinfeger

II. Gruppe der Metallgewerbe
18 Schmiede
19 Schlosser
20 Karosseriebauer
21 Maschinenbauer (Mühlenbauer)
22 Werkzeugmacher
23 Dreher
24 Mechaniker (Nähmaschinen- und Zwei-
    radmechaniker)
24a Kälteanlagenbauer
25 Büromaschinenmechaniker
26 Kraftfahrzeugmechaniker
27 Kraftfahrzeugelektriker
28 Landmaschinenmechaniker
29 Feinmechaniker
30 Büchsenmacher
31 Klempner
32 Gas- und Wasserinstallateure
33 Zentralheizungs- und Lüftungsbauer
34 Kupferschmiede
35 Elektroinstallateure
36 Elektromechaniker
37 Fernmeldemechaniker
38 Elektromaschinenbauer
39 Radio- und Fernsehtechniker
40 Uhrmacher
41 Graveure
42 Ziseleure
43 Galvaniseure und Metallschleifer
44 Gürtler und Metalldrücker
45 Zinngießer
46 Metallformer und Metallgießer
47 Glockengießer
48 Messerschmiede
49 Goldschmiede
50 Silberschmiede
51 Gold-, Silber- und Aluminiumschläger

III. Gruppe der Holzgewerbe
52 Tischler
53 Parkettleger
54 Rolladen- und Jalousiebauer

55 Bootsbauer
56 Schiffbauer
57 Modellbauer
58 Wagner
59 Drechsler (Elfenbeinschnitzer)
60 Schirmmacher
61 Holzbildhauer
62 Böttcher
63 Bürsten- und Pinselmacher
64 Korbmacher

*IV. Gruppe der Bekleidungs-, Textil- und
     Ledergewerbe*
65 Herrenschneider
66 Damenschneider
67 Wäscheschneider
68 Sticker
69 Stricker
70 Modisten
71 Weber
72 Seiler
73 Segelmacher
74 Kürschner
75 Hut- und Mützenmacher
76 Handschuhmacher
77 Schuhmacher
78 Orthopädieschuhmacher
79 Gerber
80 Sattler
81 Feintäschner
82 Raumausstatter

V. Gruppe der Nahrungsmittelgewerbe
83 Bäcker
84 Konditoren
85 Fleischer
86 Müller
87 Brauer und Mälzer
88 Weinküfer

*VI. Gruppe der Gewerbe für Gesundheits-
     und Körperpflege sowie der chemischen
     und Reinigungsgewerbe*
89 Augenoptiker
90 Hörgeräteakustiker
91 Bandagisten
92 Orthopädiemechaniker
93 Chirurgiemechaniker
94 Zahntechniker
95 Friseure

96 Textilreiniger
97 Wachszieher
99 Gebäudereiniger
VII. Gruppe der Glas-, Papier-, keramischen und sonstigen Gewerbe
100 Glaser
101 Glasschleifer und Glasätzer
102 Feinoptiker
103 Glasapparatebauer
104 Glas- und Porzellanmaler
105 Farbsteinschleifer, Achatschleifer und Schmucksteingraveure
106 Fotografen
107 Buchbinder
108 Buchdrucker; Schriftsetzer; Drucker
109 Steindrucker
110 Siebdrucker

111 Flexografen
112 Chemigrafen
113 Stereotypeure
114 Galvanoplastiker
115 Keramiker
116 Orgel- und Harmoniumbauer
117 Klavier- und Cembalobauer
118 Handzuginstrumentenmacher
119 Geigenbauer
120 Metallblasinstrumenten- und Schlagzeugmacher
121 Holzblasinstrumentenmacher
122 Zupfinstrumentenmacher
123 Vergolder
124 Schilder- und Lichtreklamehersteller
125 Vulkaniseure

Anlage B
zu dem Gesetz zur Ordnung des Handwerks (Handwerksordnung)

Verzeichnis der Gewerbe, die handwerksähnlich betrieben werden können (§ 18 Abs. 2)

I. Gruppe der Bau- und Ausbaugewerbe
1 Gerüstbauer (Aufstellen und Vermieten von Holz-, Stahl- und Leichtmetallgerüsten)
2 Bautentrocknungsgewerbe
3 Bodenleger (Verlegen von Linoleum-, Kunststoff- und Gummiböden)
4 Asphaltierer (ohne Straßenbau)
5 Fuger (im Hochbau)
6 Holz- und Bautenschutzgewerbe (Mauerschutz und Holzimprägnierung in Gebäuden)
7 Rammgewerbe (Einrammen von Pfählen im Wasserbau)
II. Gruppe der Metallgewerbe
8 Herstellung von Drahtgestellen für Dekorationszwecke in Sonderanfertigung
9 Metallschleifer und Metallpolierer
10 Metallsägen-Schärfer
11 Tankschutzbetriebe (Korrosionsschutz von Öltanks für Feuerungsanlagen ohne chemische Verfahren)

III. Gruppe der Holzgewerbe
12 Holzschuhmacher
13 Holzblockmacher
14 Daubenhauer
15 Holz-Leitermacher (Sonderanfertigung)
16 Muldenhauer
17 Holzreifenmacher
18 Holzschindelmacher
IV. Gruppe der Bekleidungs-, Textil- und Ledergewerbe
19 Bügelanstalten für Herren-Oberbekleidung
20 Dekorationsnäher (ohne Schaufensterdekoration)
21 Fleckteppichhersteller
22 Klöppler
23 Theaterkostümnäher
24 Plisseebrenner
25 Posamentierer
26 Stoffmaler
27 Handapparate-Stricker
28 Textil-Handdrucker
29 Kunststopfer

30 Flickschneider	34 Schnellreiniger
V. Gruppe der Nahrungsmittelgewerbe	35 Teppichreiniger
31 Innerei-Fleischer (Kuttler)	36 Getränkeleitungsreiniger
32 Speiseeishersteller (mit Vertrieb von	37 Schönheitspfleger
Speiseeis mit üblichem Zubehör)	*VII. Gruppe der sonstigen Gewerbe*
VI. Gruppe der Gewerbe für Gesundheits-	38 Bestattungsgewerbe
und Körperpflege sowie der chemischen	39 Lampenschirmhersteller (Sonderanferti-
und Reinigungsgewerbe	gung)
33 Appreteure, Dekateure	40 Klavierstimmer

3. Gesetz zur Bekämpfung der Schwarzarbeit
in der Fassung der Bekanntmachung vom 29. Januar 1982 (BGBl. I S. 110)

§ 1 Schwarzarbeit
(1) Ordnungswidrig handelt, wer wirtschaftliche Vorteile in erheblichem Umfange durch die Ausführung von Dienst- oder Werkleistungen erzielt, obwohl er

1. der Mitwirkungspflicht gegenüber einer Dienststelle der Bundesanstalt für Arbeit nach § 60 Abs. 1 Nr. 2 des Ersten Buches Sozialgesetzbuch nicht nachgekommen ist,

2. der Verpflichtung zur Anzeige vom Beginn des selbständigen Betriebes eines stehenden Gewerbes (§ 14 der Gewerbeordnung) nicht nachgekommen ist oder die erforderliche Reisegewerbekarte (§ 55 der Gewerbeordnung) nicht erworben hat oder

3. ein Handwerk als stehendes Gewerbe selbständig betreibt, ohne in die Handwerksrolle eingetragen zu sein (§ 1 der Handwerksordnung).

(2) Die Ordnungswidrigkeit kann mit einer Geldbuße bis zu fünfzigtausend Deutsche Mark geahndet werden.

(3) Absatz 1 gilt nicht für Dienst- oder Werkleistungen, die auf Gefälligkeit oder Nachbarschaftshilfe beruhen, sowie für Selbsthilfe im Sinne des § 36 Abs. 2 und 4 des Zweiten Wohnungsbaugesetzes in der Fassung der Bekanntmachung vom 30. Juli 1980 (BGBl. I S. 1085).

§ 2 Beauftragung mit Schwarzarbeit
(1) Ordnungswidrig handelt, wer wirtschaftliche Vorteile in erheblichem Umfange dadurch erzielt, daß er eine oder mehrere Personen mit der Ausführung von Dienst- oder Werkleistungen beauftragt, die diese Leistungen unter Verstoß gegen die in § 1 Abs. 1 genannten Vorschriften erbringen.

(2) Die Ordnungswidrigkeit kann mit einer Geldbuße bis zu fünfzigtausend Deutsche Mark geahndet werden.

§ 2a Zusammenarbeit der Behörden
(1) Die nach Landesrecht für die Verfolgung und Ahndung von Ordnungswidrigkeiten nach diesem Gesetz zuständigen Behörden arbeiten insbesondere mit folgenden Behörden zusammen:

1. der Bundesanstalt für Arbeit,
2. den Trägern der Krankenversicherung als Einzugsstellen für die Sozialversicherungsbeiträge,
3. den in § 20 des Ausländergesetzes genannten Behörden,
4. den Finanzbehörden,
5. den Trägern der Unfallversicherung,
6. den für den Arbeitsschutz zuständigen Landesbehörden.

(2) Ergeben sich für die nach Landesrecht für die Verfolgung und Ahndung von Ordnungswidrigkeiten nach diesem Gesetz zuständigen Behörden bei der Durchführung dieses Gesetzes im Einzelfall konkrete Anhaltspunkte für
1. Verstöße gegen das Arbeitnehmerüberlassungsgesetz,
2. eine Beschäftigung oder Tätigkeit von nichtdeutschen Arbeitnehmern ohne die erforderliche Erlaubnis nach § 19 Abs. 1 des Arbeitsförderungsgesetzes,
3. Verstöße gegen die Mitwirkungspflicht gegenüber einer Dienststelle der Bundesanstalt für Arbeit nach § 60 Abs. 1 Nr. 2 des Ersten Buches Sozialgesetzbuch,
4. Verstöße gegen die Vorschriften der Reichsversicherungsordnung und des Arbeitsförderungsgesetzes über die Pflicht zur Zahlung von Sozialversicherungsbeiträgen, soweit sie im Zusammenhang mit den in den Nummern 1 bis 3 genannten sowie mit Verstößen gegen dieses Gesetz stehen,
5. Verstöße gegen die Steuergesetze,
6. Verstöße gegen das Ausländergesetz,
unterrichten sie die für die Verfolgung und Ahndung zuständigen Behörden sowie die Behörden nach § 20 des Ausländergesetzes.

4. Verordnung über verwandte Handwerke
vom 18. Dezember 1968 (BGBl. I S. 1355)

Auf Grund des § 7 Abs. 1 Satz 2 des Gesetzes zur Ordnung des Handwerks (Handwerksordnung) in der Fassung der Bekanntmachung vom 28. Dezember 1965 (Bundesgesetzbl. 1966 I S. 1), geändert durch das Einführungsgesetz zum Gesetz über Ordnungswidrigkeiten vom 24. Mai 1968 (Bundesgesetzbl. I S. 503), wird mit Zustimmung des Bundesrates verordnet:

§ 1
Die in der Anlage zu dieser Verordnung in Spalte I aufgeführten Handwerke sind mit den unter der gleichen Nummer in Spalte II aufgeführten Handwerken im Sinne des § 7 Abs. 1 Satz 2 der Handwerksordnung verwandt.

Anlage (zu § 1) Verzeichnis der verwandten Handwerke

Spalte I	*Spalte II*
1. Bäcker	Konditoren
2. Bandagisten	Orthopädiemechaniker
3. Beton- und Stahlbetonbauer	Maurer
4. Böttcher	Weinküfer
5. Bootsbauer	Schiffbauer
6. Damenschneider	Herrenschneider
7. Dreher	Maschinenbauer (Mühlenbauer)
8. Feinmechaniker	Maschinenbauer (Mühlenbauer)

9. Feintäschner	Sattler
10. Galvanoplastiker	Stereotypeure
11. Glaser	Glasschleifer und Glasätzer
12. Glasschleifer und Glasätzer	Glaser
13. Graveure	Werkzeugmacher
14. Gürtler und Metalldrücker	Schlosser; Silberschmiede
15. Herrenschneider	Damenschneider
16. Holzbildhauer	Steinmetzen und Steinbildhauer
17. Karosseriebauer	Wagner
18. Klempner	Kupferschmiede
19. Konditoren	Bäcker
20. Kupferschmiede	Klempner
21. Landmaschinenmechaniker	Schmiede
22. Maschinenbauer (Mühlenbauer)	Dreher; Feinmechaniker; Mechaniker (Nähmaschinen- und Zweiradmechaniker); Schlosser; Werkzeugmacher
23. Maurer	Beton- und Stahlbetonbauer
24. Mechaniker (Nähmaschinen- und Zweiradmechaniker	Maschinenbauer (Mühlenbauer); Werkzeugmacher
25. Orthopädiemechaniker	Bandagisten
26. Sattler	Feintäschner
27. Schiffbauer	Bootsbauer
28. Schlosser	Gürtler und Metalldrücker; Maschinenbauer (Mühlenbauer); Schmiede, Werkzeugmacher
29. Schmiede	Landmaschinenmechaniker; Schlosser
30. Silberschmiede	Gürtler und Metalldrücker
31. Steinmetzen und Steinbildhauer	Holzbildhauer
32. Stereotypeure	Galvanoplastiker
33. Wagner	Karosseriebauer
34. Weinküfer	Böttcher
35. Werkzeugmacher	Graveure; Maschinenbauer (Mühlenbauer); Mechaniker (Nähmaschinen- und Zweiradmechaniker); Schlosser

5. Verordnung über die für Staatsangehörige der übrigen Mitgliedstaaten der Europäischen Wirtschaftsgemeinschaft geltenden Voraussetzungen der Eintragung in die Handwerksrolle (EWG-Handwerk-Verordnung)

vom 4. August 1966 (BGBl. I S. 469)
geändert durch die Verordnung zur Änderung der VO Handwerk EWG vom 19. Dezember 1969 (BGBl. I S. 2372), durch die 2. Verordnung zur Änderung der VO Handwerk EWG vom 24. November 1976 (BGBl. I S. 3244) und durch die Dritte Verordnung zur Änderung der EWG-Handwerk-Verordnung vom 10. Februar 1984 (BGBl. I S. 252)

Auf Grund des § 9 der Handwerksordnung in der Fassung der Bekanntmachung vom 28. Dezember 1965 (Bundesgesetzbl. 1966 I S. 1) wird mit Zustimmung des Bundesrates verordnet:

§ 1

(1) Die Ausnahmebewilligung zur Eintragung in die Handwerksrolle (§ 7 Abs. 3 Handwerksordnung) ist einem Staatsangehörigen der übrigen Mitgliedstaaten der Europäischen Wirtschaftsgemeinschaft für ein Gewerbe der Anlage A zur Handwerksordnung mit Ausnahme der in den Nummern 17, 78, 89 bis 92, 94 und 95 genannten Gewerbe außer in den Fällen des § 8 Abs. 1 der Handwerksordnung zu erteilen, wenn

1. der Antragsteller nach Maßgabe folgender Voraussetzungen in einem anderen Mitgliedstaat die betreffende Tätigkeit ausgeübt hat:
   a) mindestens sechs Jahre ununterbrochen als Selbständiger oder als Betriebsleiter,
   b) mindestens drei Jahre ununterbrochen als Selbständiger oder als Betriebsleiter, nachdem er in dem betreffenden Beruf eine mindestens dreijährige Ausbildung erhalten hat,
   c) mindestens drei Jahre ununterbrochen als Selbständiger und mindestens fünf Jahre als Unselbständiger oder
   d) mindestens fünf Jahre ununterbrochen in leitender Stellung, davon mindestens drei Jahre in einer Tätigkeit mit technischen Aufgaben und der Verantwortung für mindestens eine Abteilung des Unternehmens, nachdem er in dem betreffenden Beruf eine mindestens dreijährige Ausbildung erhalten hat und
2. die ausgeübte Tätigkeit mit den wesentlichen Punkten des Berufsbildes desjenigen Gewerbes übereinstimmt, für das die Ausnahmebewilligung beantragt wird.

(2) Für das in Nummer 95 der Anlage A zur Handwerksordnung genannte Gewerbe gilt Absatz 1 mit der Maßgabe, daß der Antragsteller die in Nummer 1 Buchstaben a und c genannten Tätigkeiten als Selbständiger oder als Betriebsleiter nach Vollendung des 20. Lebensjahres ausgeübt haben muß und Nummer 1 Buchstabe d nicht anzuwenden ist.

(3) In den Fällen des Absatzes 1 Nr. 1 Buchstaben a und c darf die Tätigkeit vom Zeitpunkt der Antragstellung an gerechnet nicht vor mehr als zehn Jahren beendet worden sein.

§ 2

Die Voraussetzungen nach § 1 Abs. 1 Nr. 1 werden durch eine Bescheinigung der zuständigen Stelle des Herkunftslandes nachgewiesen. In den Fällen des § 1 Abs. 1 Nr. 1 Buchstaben b und d muß die geleistete Ausbildung durch ein staatlich anerkanntes Zeugnis bestätigt oder von einer zuständigen Berufsinstitution als vollwertig anerkannt sein.

§ 3

Diese Verordnung gilt nach § 14 des Dritten Überleitungsgesetzes vom 4. Januar 1952 (Bundesgesetzbl. I S. 1) in Verbindung mit § 128 der Handwerksordnung auch im Land Berlin.

§ 4

Diese Verordnung tritt am Tag nach ihrer Verkündung in Kraft.

6. Verordnung über die Anerkennung von Prüfungen bei der Eintragung in die Handwerksrolle und bei Ablegung der Meisterprüfung im Handwerk

vom 2. November 1982 (BGBl. I S. 1475)

Auf Grund des § 7 Abs. 2 und des § 46 Abs. 3 Satz 3 der Handwerksordnung in der Fassung der Bekanntmachung vom 28. Dezember 1965 (BGBl. 1966 I S. 1), der durch Artikel 24 Nr. 2 des Gesetzes vom 18. März 1975 (BGBl. I S. 705) geändert worden ist, wird im Einvernehmen mit dem Bundesminister für Bildung und Wissenschaft mit Zustimmung des Bundesrates verordnet:

§ 1 Diplomprüfungen und Abschlußprüfungen an deutschen Hochschulen

Diplomprüfungen und Abschlußprüfungen an deutschen staatlichen oder staatlich anerkannten wissenschaftlichen Hochschulen und Fachhochschulen werden für Handwerke, deren Arbeitsgebiet der jeweiligen Fachrichtung oder dem jeweiligen Fachgebiet entspricht, nach Maßgabe der Anlage 1 anerkannt als Voraussetzung

1. für die Eintragung in die Handwerksrolle, sofern der Inhaber des Prüfungszeugnisses die Gesellenprüfung in dem zu betreibenden Handwerk oder in einem mit diesem für verwandt erklärten Handwerk oder eine Abschlußprüfung in einem dem zu betreibenden Handwerk entsprechenden anerkannten Ausbildungsberuf bestanden hat oder in dem zu betreibenden Handwerk oder in einem mit diesem für verwandt erklärten Handwerk mindestens drei Jahre praktisch tätig gewesen ist,

2. für die Befreiung von Teil II – Prüfung der fachtheoretischen Kenntnisse – der Meisterprüfung im Handwerk.

§ 2 Abschlußprüfungen an deutschen staatlichen oder staatlich anerkannten Technikerschulen/Fachschulen oder vor staatlichen Prüfungsausschüssen

Abschlußprüfungen an deutschen staatlichen oder staatlich anerkannten Technikerschulen/Fachschulen, die mindestens die in der Anlage 2 aufgeführten Bedingungen erfüllen, sowie Prüfungen vor staatlichen Prüfungsausschüssen mit Prüfungsanforderungen, die den Anforderungen bei Abschlußprüfungen an deutschen staatlichen oder staatlich anerkannten Technikerschulen/Fachschulen entsprechen, werden für Handwerke, deren Arbeitsgebiet der jeweiligen Fachrichtung entspricht, nach Maßgabe der Anlage 3 als Voraussetzung für die Befreiung von Teil II – Prüfung der fachtheoretischen Kenntnisse – der Meisterprüfung im Handwerk anerkannt.

§ 3 Abschlußprüfungen an deutschen staatlichen oder staatlich anerkannten Unterrichtsanstalten und an Ausbildungseinrichtungen der Bundeswehr

(1) Abschlußprüfungen an staatlichen oder staatlich anerkannten Unterrichtsanstalten werden für Handwerke, deren Arbeitsgebiet dem der jeweiligen Unterrichtsanstalt entspricht, nach Maßgabe der Anlage 4 als Voraussetzung für die Befreiung von Teil II – Prüfung der fachtheoretischen Kenntnisse – und Teil III – Prüfung der wirtschaftlichen und rechtlichen Kenntnisse – der Meisterprüfung im Handwerk anerkannt.

(2) Prüfungen an Ausbildungseinrichtungen der Bundeswehr, deren Abschluß durch den Bundesminister der Verteidigung oder die von ihm bestimmte Stelle bescheinigt worden ist, werden für Handwerke, deren Arbeitsgebiet dem der jeweiligen Ausbildungseinrichtung entspricht, nach Maßgabe der Anlage 5 als Voraussetzung für die Befreiung von Teil II – Prüfung der fachtheoretischen Kenntnisse – der Meisterprüfung im Handwerk anerkannt.

§ 4 Übergangsregelung

Prüfungen, die

1. nach Artikel 3 Abs. 2 der Verordnung zur Änderung der Verordnung über die Anerkennung von Prüfungen bei der Eintragung in die Handwerksrolle und bei Ablegung der Meisterprüfung vom 18. Februar 1976 (BGBl. I S. 373) oder

2. nach § 1 Abs. 2 der Dritten Verordnung über die Anerkennung von Prüfungen bei Ablegung der Meisterprüfung im Handwerk vom 2. April 1974 (BGBl. I S. 829)

anerkannt waren, werden weiterhin anerkannt.

§ 5 Berlin-Klausel
Diese Verordnung gilt nach § 14 des Dritten Überleitungsgesetzes in Verbindung mit § 128 der Handwerksordnung auch im Land Berlin.

§ 6 Inkrafttreten, Außerkrafttreten von Vorschriften
Diese Verordnung tritt am Tage nach der Verkündung in Kraft. Gleichzeitig treten außer Kraft:
1. die Verordnung über die Anerkennung von Prüfungen bei der Eintragung in die Handwerksrolle und bei Ablegung der Meisterprüfung vom 16. Oktober 1970 (BGBl. I S. 1401), geändert durch Verordnung vom 18. Februar 1976 (BGBl. I S. 373),
2. die Zweite Verordnung über die Anerkennung von Prüfungen bei Ablegung der Meisterprüfung im Handwerk vom 14. August 1973 (BGBl. I S. 1037),
3. die Dritte Verordnung über die Anerkennung von Prüfungen bei Ablegung der Meisterprüfung im Handwerk vom 2. April 1974 (BGBl. I S. 829).

Anlage 1 (zu § 1)

Diplomprüfung/Abschlußprüfung an einer deutschen wissenschaftlichen Hochschule nach Fachrichtung/Fachgebiet	*entsprechende Handwerke*
Architektur	Maurer
	Beton- und Stahlbetonbauer
	Feuerungs- und Schornsteinbauer
	Zimmerer
	Dachdecker
	Wärme-, Kälte- und Schallschutzisolierer
	Fliesen-, Platten- und Mosaikleger
	Betonstein- und Terrazzohersteller
	Estrichleger
	Steinmetzen und Steinbildhauer
	Stukkateure
	Tischler
	Parkettleger
	Raumausstatter
	Glaser
Bauingenieurwesen	Maurer
	Beton- und Stahlbetonbauer
	Feuerungs- und Schornsteinbauer
	Zimmerer
	Straßenbauer
	Wärme-, Kälte- und Schallschutzisolierer
	Fliesen-, Platten- und Mosaikleger
	Betonstein- und Terrazzohersteller
	Estrichleger
	Brunnenbauer
	Stukkateure
Chemie	Gebäudereiniger
Elektrotechnik	Büromaschinenmechaniker
	Kraftfahrzeugelektriker
	Elektroinstallateure
	Elektromechaniker
	Fernmeldemechaniker
	Elektromaschinenbauer
	Radio- und Fernsehtechniker
	Schilder- und Lichtreklamehersteller
Feinwerktechnik	Werkzeugmacher
	Büromaschinenmechaniker
	Feinmechaniker
	Elektromechaniker
	Uhrmacher

Diplomprüfung/Abschlußprüfung an einer deutschen wissenschaftlichen Hochschule nach Fachrichtung/Fachgebiet	*entsprechende Handwerke*
Feinwerktechnik	Chirurgiemechaniker
	Feinoptiker
Informatik	Büromaschinenmechaniker
	Elektromechaniker
	Fernmeldemechaniker
	Radio- und Fernsehtechniker
Lebensmitteltechnologie Getränketechnologie einschließlich Brauwesen	
– Bäckereitechnik	Bäcker
	Konditoren
– Fleischtechnik	Fleischer
– Getreidetechnik	Müller
– Getränketechnik	Brauer und Mälzer
	Weinküfer
Luft- und Raumfahrttechnik	Schmiede
	Schlosser
	Karosseriebauer
	Maschinenbauer (Mühlenbauer)
	Mechaniker
	(Nähmaschinen- und Zweiradmechaniker)
	Kälteanlagenbauer
	Büromaschinenmechaniker
	Kraftfahrzeugmechaniker
	Kraftfahrzeugelektriker
	Landmaschinenmechaniker
	Feinmechaniker
	Klempner
	Elektroinstallateure
	Elektromechaniker
	Elektromaschinenbauer
	Radio- und Fernsehtechniker
Maschinenbau	Kachelofen- und Luftheizungsbauer
	Schmiede
	Schlosser
	Karosseriebauer
	Maschinenbauer (Mühlenbauer)
	Werkzeugmacher
	Dreher
	Mechaniker
	(Nähmaschinen- und Zweiradmechaniker

174

Diplomprüfung/Abschlußprüfung an einer deutschen wissenschaftlichen Hochschule nach Fachrichtung/Fachgebiet	*entsprechende Handwerke*
Maschinenbau	Kälteanlagenbauer Kraftfahrzeugmechaniker Kraftfahrzeugelektriker Landmaschinenmechaniker Feinmechaniker Klempner Gas- und Wasserinstallateure Zentralheizungs- und Lüftungsbauer Kupferschmiede Galvaniseure und Metallschleifer Gürtler und Metalldrücker Metallformer und Metallgießer Rolladen- und Jalousiebauer Modellbauer
Produktionstechnik	Kälteanlagenbauer
Schiffbau	Schmiede Schlosser Bootsbauer Schiffbauer
Schiffsmaschinenbau	Kachelofen- und Luftheizungsbauer Schmiede Schlosser Maschinenbauer (Mühlenbauer) Dreher Mechaniker (Nähmachinen- und Zweiradmechaniker) Klempner Gas- und Wasserinstallateure Zentralheizungs- und Lüftungsbauer Kupferschmiede
Stahlbau	Schmiede Schlosser
Textiltechnik	Stricker Weber Textilreiniger
Verfahrenstechnik	Kachelofen- und Luftheizungsbauer Schlosser Maschinenbauer (Mühlenbauer) Mechaniker (Nähmaschinen- und Zweiradmechaniker) Kälteanlagenbauer

Diplomprüfung/Abschlußprüfung an einer deutschen wissenschaftlichen Hochschule nach Fachrichtung/Fachgebiet	*entsprechende Handwerke*
Verfahrenstechnik	Klempner Gas- und Wasserinstallateure Zentralheizungs- und Lüftungsbauer Kupferschmiede
Diplomprüfung/Abschlußprüfung an einer deutschen wissenschaftlichen Hochschule nach Fachrichtung/Fachgebiet	*entsprechende Handwerke*
Architektur	Maurer Beton- und Stahlbetonbauer Feuerungs- und Schornsteinbauer Zimmerer Dachdecker Wärme-, Kälte- und Schallschutzisolierer Fliesen-, Platten- und Mosaikleger Betonstein- und Terrazzohersteller Estrichleger Steinmetzen und Steinbildhauer Stukkateure Tischler Parkettleger Raumausstatter Glaser
Bauingenieurwesen	Maurer Beton- und Stahlbetonbauer Feuerungs- und Schornsteinbauer Zimmerer Straßenbauer Wärme-, Kälte- und Schallschutzisolierer Fliesen-, Platten- und Mosaikleger Betonstein- und Terrazzohersteller Estrichleger Brunnenbauer Stukkateure
Chemie/Technische Chemie – Textilchemie/Textilveredlung – Farbe	Textilreiniger Maler und Lackierer Glas- und Porzellanmaler Vergolder
Druck- und Reproduktionstechnik/ Druckereitechnik	Buchdrucker: Schriftsetzer; Drucker Siebdrucker

Diplomprüfung/Abschlußprüfung an einer deutschen wissenschaftlichen Hochschule nach Fachrichtung/Fachgebiet	*entsprechende Handwerke*
Druck- und Reproduktionstechnik/ Druckereitechnik	Flexografen Chemigrafen Stereotypeure Galvanoplastiker
Elektrotechnik	Büromaschinenmechaniker Kraftfahrzeugelektriker Elektroinstallateure Elektromechaniker Fernmeldemechaniker Elektromaschinenbauer Radio- und Fernsehtechniker Schilder- und Lichtreklamehersteller
Ernährung und Hauswirtschaft	Textilreiniger
Fahrzeugtechnik	Schmiede Schlosser Karosseriebauer Kraftfahrzeugmechaniker Kraftfahrzeugelektriker Landmaschinenmechaniker
Feinwerktechnik	Werkzeugmacher Büromaschinenmechaniker Feinmechaniker Elektromechaniker Uhrmacher Chirurgiemechaniker Feinoptiker
Feinwerktechnik – Augenoptik	Augenoptiker
Gestaltung/Design – Foto-Film-Design – Innenarchitektur-Design	Fotografen Tischler Drechsler (Elfenbeinschnitzer) Raumausstatter
– Möbel-Design	Tischler Drechsler (Elfenbeinschnitzer)
– Keramik-Design	Keramiker
– Textil-Design	Sticker Stricker Weber
– Mode-Design	Damenschneider Modisten

Diplomprüfung/Abschlußprüfung an einer deutschen wissenschaftlichen Hochschule nach Fachrichtung/Fachgebiet	*entsprechende Handwerke*
Gestaltung/Design	
– Kostüm-Design	Herrenschneider
	Damenschneider
– Schmuck-Design	Graveure
	Ziseleure
	Goldschmiede
	Silberschmiede
– Grafik-Design	Fotografen
	Buchbinder
	Buchdrucker; Schriftsetzer; Drucker
	Siebdrucker
– Plastik/Bildhauerei	Steinmetzen und Steinbildhauer
	Holzbildhauer
	Keramiker
– Fotoingenieurwesen	Fotografen
Holztechnik	Zimmerer
	Tischler
	Parkettleger
	Böttcher
Hüttentechnik/Gießereitechnik	Metallformer und Metallgießer
Informatik	Büromaschinenmechaniker
	Elektromechaniker
	Fernmeldemechaniker
	Radio- und Fernsehtechniker
Innenarchitektur	Stukkateure
	Maler und Lackierer
	Tischler
	Partkettleger
	Raumausstatter
	Glaser
Keramik/Glastechnik (Werkstofftechnik)	Glaser
	Glasschleifer und Glasätzer
	Glasinstrumentenmacher
	Keramiker
Landbau/Weinbau	Weinküfer
Lebensmitteltechnologie Getränketechnologie	
– Bäckereitechnik	Bäcker
	Konditoren
– Fleischtechnik	Fleischer
– Getreidetechnik	Müller
– Getränketechnik	Brauer und Mälzer
	Weinküfer

Diplomprüfung/Abschlußprüfung an einer deutschen wissenschaftlichen Hochschule nach Fachrichtung/Fachgebiet	*entsprechende Handwerke*
Luftfahrzeugtechnik	Schmiede
	Schlosser
	Karosseriebauer
	Maschinenbauer (Mühlenbauer)
	Mechaniker
	(Nähmaschinen- und Zweiradmechaniker)
	Kälteanlagenbauer
	Büromaschinenmechaniker
	Kraftfahrzeugmechaniker
	Kraftfahrzeugelektriker
	Landmaschinenmechaniker
	Feinmechaniker
	Klempner
	Elektroinstallateure
	Elektromechaniker
	Elektromaschinenbauer
	Radio- und Fernsehtechniker
Maschinenbau	Kachelofen- und Luftheizungsbauer
Produktionstechnik	Schmiede
	Schlosser
	Karosseriebauer
	Maschinenbauer (Mühlenbauer)
	Werkzeugmacher
	Dreher
	Mechaniker
	(Nähmaschinen- und Zweiradmechaniker)
	Kälteanlagenbauer
	Kraftfahrzeugmechaniker
	Kraftfahrzeugelektriker
	Landmaschinenmechaniker
	Feinmechaniker
	Klempner
	Gas- und Wasserinstallateure
	Zentralheizungs- und Lüftungsbauer
	Kupferschmiede
	Galvaniseure und Metallschleifer
	Gürtler und Metalldrücker
	Metallformer und Metallgießer
	Rolladen- und Jalousiebauer
	Modellbauer
Schiffbau	Schmiede
	Schlosser

Diplomprüfung/Abschlußprüfung an einer deutschen wissenschaftlichen Hochschule nach Fachrichtung/Fachgebiet	entsprechende Handwerke
Schiffbau	Bootsbauer Schiffbauer
Schiffsbetriebstechnik	Kachelofen- und Luftheizungsbauer Schmiede Schlosser Maschinenbauer (Mühlenbauer) Dreher Mechaniker (Nähmaschinen- und Zweiradmechaniker) Kälteanlagenbauer Kraftfahrzeugelektriker Klempner Gas- und Wasserinstallateure Zentralheizungs- und Lüftungsbauer Kupferschmiede Elektroinstallateure Elektromechaniker Elektromaschinenbauer
Stahlbau/Metallbau/Leichtbau	Schmiede Schlosser
Textiltechnik/Bekleidungstechnik/ Bekleidungsindustrie	Herrenschneider Damenschneider Wäscheschneider Stricker Weber Textilreiniger
Verfahrenstechnik	Kachelofen- und Luftheizungsbauer Schlosser Maschinenbauer (Mühlenbauer) Mechaniker (Nähmaschinen- und Zweiradmechaniker) Kälteanlagenbauer Klempner Gas- und Wasserinstallateure Zentralheizungs- und Lüftungsbauer Kupferschmiede
Versorgungstechnik/Betriebs- und Versorgungstechnik/Energie- und Wärmetechnik	Wärme-, Kälte- und Schallschutzisolierer Kachelofen- und Luftheizungsbauer Schlosser Maschinenbauer (Mühlenbauer) Mechaniker (Nähmaschinen- und Zweiradmechaniker) Kälteanlagenbauer

Diplomprüfung/Abschlußprüfung an einer deutschen wissenschaftlichen Hochschule nach Fachrichtung/Fachgebiet	*entsprechende Handwerke*
Versorgungstechnik/Betriebs- und Versorgungstechnik/Energie- und Wärmetechnik	Klempner Gas- und Wasserinstallateure Zentralheizungs- und Lüftungsbauer Kupferschmiede

Anlage 2 (zu § 2)

I. Schulen im Sinne des § 2 müssen folgende Bedingungen erfüllen:
1. Errichtung, Einrichtung, Gliederung
   a) Die Errichtung muß den Bestimmungen der Länder entsprechen.
   b) Den Unterricht in der Regel
      aa) Lehrer mit der Lehrbefähigung für die Fachrichtungen des berufsbildenden Schulwesens
      bb) Lehrkräfte mit einem abgeschlossenen Studium an einer wissenschaftlichen Hochschule mit mehrjähriger Berufspraxis und pädagogischer Eignung.
   c) Lehr- und Anschauungsmittel sowie Unterrichtsräume und Einrichtungen müssen den besonderen Anforderungen der Schule entsprechen.
   d) Die Gliederungseinheit ist die Fachrichtung; sie kennzeichnet einen eigenständigen Bildungsgang. Die Fachrichtung kann in Schwerpunkte untergliedert werden, die im Rahmen gemeinsamer Inhalte besondere Differenzierungen ermöglichen.
2. Zulassungsvoraussetzungen
   Der Zugang zu den einzelnen Fachrichtungen erfordert mindestens:
   a) den Abschluß der Hauptschule oder einen gleichwertigen Abschluß,
   b) den Abschluß der Berufsschule,
   c) den Abschluß einer Berufsausbildung in einem einschlägigen, anerkannten Ausbildungsberuf und
   d) eine einschlägige Berufstätigkeit von
      aa) zwei Jahren bei einer Berufsausbildung mit einer Regelausbildungsdauer von drei Jahren oder
      bb) drei Jahren bei einer Berufsausbildung mit einer Regelausbildungsdauer von zwei Jahren.
   Bei Schulen in Teilzeitform kann die erforderliche einschlägige Berufstätigkeit bis zur Hälfte während der Ausbildung abgeleistet werden.
3. Art und Dauer der Ausbildung
   a) Die Ausbildung kann in Vollzeitform oder in Teilzeitform erfolgen.
   b) Die Ausbildung in Vollzeitform dauert zwei Schuljahre; in Teilzeitform dauert sie entsprechend länger.
   c) Übergänge von der Vollzeitform zur Teilzeitform und umgekehrt sind möglich.
4. Unterrichtsbereiche
   a) Der Pflichtbereich soll in Vollzeitform 2400 Unterrichtsstunden umfassen. Er umfaßt den allgemeinen Bereich, den fachrichtungsbezogenen Grundlagenbereich und den fachrichtungsbezogenen Anwendungsbereich.

b) Die Ausbildung erfolgt auf der Grundlage der von der Kultusministerkonferenz beschlossenen Rahmenstundentafeln und Ausbildungsanforderungen nach den Richtlinien der Länder.

II. Schulen im Sinne des § 2 sind auch solche Technikerschulen, die die Bedingungen der Anlage zur zweiten Verordnung über die Anerkennung von Prüfungen bei Ablegung der Meisterprüfung im Handwerk vom 14. August 1973 (BGBl. I S. 1037) erfüllen.

Anlage 3 (zu § 2)

Abschlußprüfung in der Fachrichtung	*entsprechende Handwerke*
Bäckereitechnik	Bäcker
	Konditoren
Bautechnik, Schwerpunkt: Hochbau	Maurer
	Beton- und Stahlbetonbauer
	Zimmerer
	Dachdecker
	Wärme-, Kälte- und Schallschutzisolierer
	Fliesen-, Platten- und Mosaikleger
	Betonstein- und Terrazzohersteller
	Estrichleger
	Stukkateure
Bautechnik, Schwerpunkt: Ingenieurbau/Tiefbau	Maurer
	Beton- und Stahlbetonbauer
	Straßenbauer
	Brunnenbauer
Bekleidungstechnik	Herrenschneider
	Damenschneider
	Wäscheschneider
Bergbau, Schwerpunkt: Maschinentechnik	Schlosser
	Dreher
Bergbau, Schwerpunkt: Elektrotechnik	Elektroinstallateure
	Elektromechaniker
	Elektromaschinenbauer
Brautechnik	Brauer und Mälzer
Druck und Grafik	Buchdrucker, Schriftsetzer, Drucker
	Steindrucker

Abschlußprüfung in der Fachrichtung	*entsprechende Handwerke*
Druck und Grafik	Siebdrucker Flexografen Chemigrafen Stereotypeure Galvanoplastiker
Edelstein- und Schmuckgestaltung	Graveure Ziseleure Goldschmiede Silberschmiede Gold-, Silber- und Aluminiumschläger
Allgemeine Elektrotechnik, Energietechnik, Meß- und Regeltechnik, Elektronik	Elektroinstallateure Elektromechaniker Elektromaschinenbauer
Elektrotechnik, Schwerpunkt: Energietechnik/ Energieelektronik	Elektroinstallateure Elektromechaniker Elektromaschinenbauer
Elektrotechnik, Schwerpunkt:Nachrichtentechnik/Nachrichtenelektronik	Fernmeldemechaniker Radio- und Fernsehtechniker
Elektrotechnik, Schwerpunkt: Datenverarbeitungstechnik/ Datenelektronik	Fernmeldemechaniker
Farben, Lacke, Anstrichstoffe/ Farb- und Lacktechnik	Maler und Lackierer
Feinwerktechnik	Feinmechaniker
Fleischtechnik/Fleischereitechnik	Fleischer
Galvanotechnik	Galvaniseure und Metallschleifer
Gerbereitechnik	Gerber
Gestaltungstechnik, Schwerpunkt: Metallgestaltung	Graveure Ziseleure Gürtler und Metalldrücker
Gießereitechnik	Metallformer und Metallgießer
Glasbautechnik	Glaser
Glashüttentechnik	Glaser
Glasinstrumententechnik	Glasinstrumentenmacher
Glasveredelung und Glasgestaltung	Glasschleifer und Glasätzer Glas- und Porzellanmaler

Abschlußprüfung in der Fachrichtung	entsprechende Handwerke
Heizungs-, Lüftungs- und Klimatechnik	Kachelofen- und Luftheizungsbauer Zentralheizungs- und Lüftungsbauer
Hörgeräteakustik	Hörgeräteakustiker
Holztechnik	Zimmerer Tischler Parkettleger Drechsler (Elfenbeinschnitzer)
Karosserie- und Fahrzeugbau/ Karosserie- und Fahrzeugbautechnik	Karosseriebauer
Keramotechnik/Keramik	Keramiker
Kraftfahrzeugtechnik	Kraftfahrzeugmechaniker Kraftfahrzeugelektriker
Landmaschinentechnik	Landmaschinenmechaniker
Lederverarbeitung	Schuhmacher Sattler Feintäschner
Allgemeiner Maschinenbau/ Maschinentechnik	Schmiede Schlosser Maschinenbauer (Mühlenbauer) Werkzeugmacher Dreher Mechaniker (Nähmaschinen- und Zweiradmechaniker) Kälteanlagenbauer Feinmechaniker Rolladen- und Jalousiebauer
Maschinenbau, Schwerpunkt: Mühlenbautechnik	Maschinenbauer (Mühlenbauer)
Metallgestaltung, Schwerpunkt: Schmuck und Gerät	Goldschmiede Silberschmiede
Müllerei	Müller
Nachrichtentechnik	Fernmeldemechaniker Radio- und Fernsehtechniker
Papiertechnik	Buchbinder
Sanitärtechnik	Gas- und Wasserinstallateure
Schiffsbetriebstechnik	Kachelofen- und Luftheizungsbauer Schmiede Schlosser

Abschlußprüfung in der Fachrichtung	*entsprechende Handwerke*
Schiffsbetriebstechnik	Maschinenbauer (Mühlenbauer)
	Dreher
	Mechaniker
	(Nähmaschinen- und Zweiradmechaniker)
	Klempner
	Gas- und Wasserinstallateure
	Zentralheizungs- und Lüftungsbauer
	Kupferschmiede
	Elektroinstallateure
	Elektromechaniker
	Elektromaschinenbauer
Spreng- und Sicherheitstechnik	Maschinenbauer (Mühlenbauer)
	Dreher
	Büchsenmacher
Stahlbautechnik	Schmiede
	Schlosser
Stahlschiffbautechnik	Schmiede
	Schlosser
Steintechnik	Steinmetzen und Steinbildhauer
Strickerei	Stricker
Textiltechnik	Stricker
	Weber
Textilveredelungstechnik	Textilreiniger
Webereitechnik, Webgestaltung	Weber

Anlage 4 (zu § 3)

Abschlußprüfung an	*Prüfungsteil, von dem befreit wird*	*entsprechende Handwerke*
1. Fachschule für Optik und Fototechnik, Berlin	II, III	Augenoptiker
2. Versuchs- und Lehranstalt für Brauerei im Institut für Gärungsgewerbe und Biotechnologie der Technischen Universität Berlin – Lehrgang zur technischen Leitung eines Brauerei- oder Mälzereibetriebes –	II	Brauer und Mälzer
3. Höhere Fachschule für Augenoptik, Köln	II, III	Augenoptiker
4. Fachakademie für Augenoptik, München	II, III	Augenoptiker
5. Staatliche Glasfachschule, Rheinbach – Fachschule für Glasveredlung und Konstruktion –	II, III	Glaser Glasschleifer und Glasätzer Glas- und Porzellanmaler

Abschlußprüfung an	*Prüfungsteil, von dem befreit wird*	*entsprechende Handwerke*
6. Modeschule des Landesgewerbeamtes Baden-Württemberg, Stuttgart	II	Damenschneider
7. Technische Universität München, Fakultät für Brauwesen und Lebensmitteltechnologie, Weihenstephan – zweijähriger Studiengang für Studierende des Brauwesens –	II	Brauer und Mälzer
8. Berufsakademie Baden-Württemberg, Ausbildungsbereich Technik	II	
a) Fachrichtung Elektronik		
– Energietechnik		Elektroinstallateure Elektromechaniker Elektromaschinenbauer
– Nachrichtentechnik		Fernmeldemechaniker
– Automatisierungstechnik		Elektromechaniker
b) Fachrichtung Maschinenbau		
– Fertigungstechnik		Maschinenbauer (Mühlenbauer) Werkzeugmacher Dreher Mechaniker (Näh-maschinen- und Zweiradmechaniker) Feinmechaniker
– Konstruktion		Schmiede Karosseriebauer Maschinenbauer (Mühlenbauer) Werkzeugmacher Mechaniker (Nähmaschinen- und Zweiradmechaniker) Feinmechaniker
– Verfahrenstechnik		Maschinenbauer (Mühlenbauer) Werkzeugmacher Mechaniker (Nähmaschinen- und Zweiradmechaniker) Kupferschmiede
– Feinwerktechnik		Maschinenbauer (Mühlenbauer) Werkzeugmacher

Abschlußprüfung an	*Prüfungsteil,* *von dem* *befreit wird*	*entsprechende* *Handwerke*
– Feinwerktechnik		Mechaniker (Nähmaschinen- und Zweiradmechaniker) Büromaschinen- mechaniker Feinmechaniker Uhrmacher Chirurgiemechaniker Feinoptiker
9. Akademie für handwerkliche Berufe – Fachschule für Kraftfahrzeugtechnik, Heilbronn –	II	Kraftfahrzeug- mechaniker Kraftfahrzeug- elektriker

Anlage 5 (zu § 3)

Abschlußprüfung an	*Prüfungsteil,* *von dem* *befreit wird*	*entsprechende* *Handwerke*
1. Schule der Technischen Truppe 1 und Fachschule des Heeres für Technik, Aachen Fachliche Fortbildungsstufe A – Fortbildung zum Meister im Kraftfahrzeugmecha- niker-Handwerk	II	Kraftfahrzeug- mechaniker
2. Marineküstendienstschule, Großenbrode – Fachlehrgang 2 der Verwendungsreihe 74 Kraft- fahrzeugtechnik	II	Kraftfahrzeug- mechaniker
3. Technische Schule der Lw 3, Faßberg – Lehrgang für Kraftfahrzeugmechanikermeister	II	Kraftfahrzeug- mechaniker
4. Technische Marineschule I, Kiel 1 – Fachlehrgang 2 der a) Verwendungsreihe 41 – Dampftechnik	II	Maschinenbauer (Mühlenbauer)
b) Verwendungsreihe 42 – Motorentechnik	II	Maschinenbauer (Mühlenbauer)

7. Verordnung über die Anerkennung von Prüfungen bei Ablegung des Teils IV der Meisterprüfung im Handwerk

Vom 26. Juni 1981 (BGBl. I S. 596), geändert durch die Erste Verordnung zur Änderung der Vierten Verordnung über die Anerkennung von Prüfungen bei Ablegung der Meisterprüfung im Handwerk vom 10. November 1983 (BGBl. I S. 1381)

Auf Grund des § 46 Abs. 3 Satz 3 der Handwerksordnung in der Fassung der Bekanntmachung vom 28. Dezember 1965 (BGBl. 1966 I S. 1), der durch Artikel 24 Nr. 2 des Gesetzes vom 18. März 1975 (BGBl. I S. 705) geändert worden ist, wird im Einvernehmen mit dem Bundesminister für Bildung und Wissenschaft mit Zustimmung des Bundesrates verordnet:

§ 1

Mit Erfolg abgelegte Prüfungen der berufs- und arbeitspädagogischen Kenntnisse gemäß einer der in der Anlage aufgeführten Verordnungen in der jeweils zur Zeit der Prüfung für diese maßgebenden Fassung werden als Voraussetzung für die Befreiung von Teil IV – Prüfung der berufs- und arbeitspädagogischen Kenntnisse – der Meisterprüfung im Handwerk anerkannt.

§ 2

Diese Verordnung gilt nach § 14 des Dritten Überleitungsgesetzes in Verbindung mit § 128 der Handwerksordnung auch im Land Berlin.

§ 3

Diese Verordnung tritt am Tage nach der Verkündung in Kraft.

Anlage:
1. Ausbilder-Eignungsverordnung gewerbliche Wirtschaft
2. Verordnung über die Berufsbildung im Gartenbau, Dritter Teil – Anforderungen in der Meisterprüfung
3. Verordnung über die berufliche Fortbildung zur Vorbereitung auf die Meisterprüfung im Molkereifach und die Anforderungen in der Meisterprüfung
4. Verordnung über die Anforderungen in der Meisterprüfung für den Beruf „Landwirt"
5. Verordnung über die Anforderungen in der Meisterprüfung in der Hauswirtschaft (Teilbereich ländliche Hauswirtschaft)
6. Verordnung über die Anforderungen in der Meisterprüfung in der Forstwirtschaft
7. Verordnung über die berufliche Fortbildung zum Geprüften Schwimm-Meister
8. Ausbilder-Eignungsverordnung Landwirtschaft
9. Ausbilder-Eignungsverordnung öffentlicher Dienst
10. Verordnung über die Anforderungen in der Meisterprüfung im Weinbau
11. Ausbilder-Eignungsverordnung für Bundesbeamte
12. Verordnung über die Anforderungen in der Meisterprüfung in der Hauswirtschaft (Teilbereich städtische Hauswirtschaft)
13. Verordnung über die Prüfung zum anerkannten Abschluß Geprüfter Industriemeister – Fachrichtung Metall
14. Schiffsbetriebsmeister-Verordnung
15. Ausbilder-Eignungsverordnung Hauswirtschaft
16. Verordnung über die Anforderungen in der Meisterprüfung für den Beruf Fischwirt

8. Verordnung über gemeinsame Anforderungen in der Meisterprüfung im Handwerk

Vom 12. Dezember 1972 (BGBl. I S. 2381)

Erster Teil
Gemeinsame Vorschriften

Auf Grund des § 45 Nr. 2 der Handwerksordnung in der Fassung der Bekanntmachung vom 28. Dezember 1965 (Bundesgesetzbl. 1966 I S. 1), zuletzt geändert durch das Berufsbildungsgesetz vom 14. August 1969 (Bundesgesetzbl. I S. 1112), wird im Einvernehmen mit dem Bundesminister für Arbeit und Sozialordnung verordnet:

§ 1 Gliederung und Inhalt der Meisterprüfung
(1) Die Meisterprüfung in Gewerben der Anlage A zur Handwerksordnung umfaßt folgende Prüfungsteile:
1. die praktische Prüfung (Teil I),

2. die Prüfung der fachtheoretischen Kenntnisse (Teil II),
3. die Prüfung der wirtschaftlichen und rechtlichen Kenntnisse (Teil III) und
4. die Prüfung der berufs- und arbeitspädagogischen Kenntnisse (Teil IV).

(2) Die Prüfungsanforderungen in den Teilen I und II bestimmen sich nach den für die einzelnen Gewerbe der Anlage A zur Handwerksordnung gesondert erlassenen Rechtsverordnungen oder nach den gemäß § 122 der Handwerksordnung weiter anzuwendenden Vorschriften. Für die Prüfungsanforderungen in den Teilen III und IV gelten die §§ 4 und 5.

§ 2 Bestehen der Meisterprüfung

(1) Zum Bestehen der Meisterprüfung müssen in jedem Prüfungsteil im rechnerischen Durchschnitt ausreichende Prüfungsleistungen erbracht sowie die für das Bestehen jedes Prüfungsteils vorgeschriebenen Mindestvoraussetzungen erfüllt werden.

(2) Bei der Ermittlung des rechnerischen Durchschnitts jedes Prüfungsteils sind die Leistungen in den einzelnen Prüfungsfächern, in der Meisterprüfungsarbeit, in der Arbeitsprobe und in der Unterweisung zugrunde zu legen; dabei sind die Noten für schriftliche und mündliche Prüfungsleistungen in einem Prüfungsfach zu einer Note zusammenzufassen.

(3) Über das Bestehen der Meisterprüfung ist ein Zeugnis zu erteilen, aus dem die in den einzelnen Prüfungsteilen erzielten Prüfungsnoten hervorgehen müssen.

§ 3 Wiederholung

Die Meisterprüfung kann zweimal wiederholt werden. Der Prüfling ist auf Antrag von der Wiederholung von Prüfungsteilen, von Prüfungsfächern, der Meisterprüfungsarbeit, der Arbeitsprobe oder der Unterweisung zu befreien, wenn seine Leistungen darin in einer vorangegangenen Meisterprüfung ausgereicht haben.

Zweiter Teil
Prüfungsanforderungen in den Teilen III und IV der Meisterprüfung

§ 4 Prüfung der wirtschaftlichen und rechtlichen Kenntnisse (Teil III)

(1) In Teil III sind die für den Handwerksmeister als Unternehmer notwendigen Kenntnisse in den folgenden drei Prüfungsfächern nachzuweisen:
1. Rechnungswesen:
   a) Buchhaltung und Bilanz, insbesondere Buchführung, Vermögensaufstellung, Inventur, Bewertung sowie Gewinn- und Verlustrechnung, Buchstellen und zentrale Datenverarbeitung im Handwerk;
   b) Kostenrechnung, insbesondere Ermittlung der Einzelkosten, der Gemeinkosten sowie der kalkulatorischen Kosten in der Zuschlagkalkulation, Kalkulationsschema, Vor- und Nachkalkulation;
   c) betriebswirtschaftliche Auswertung von Buchhaltung, Jahresabschluß sowie Kostenrechnung, Kennzifferrechnung, insbesondere Liquiditätsberechnung und Anlagedeckungsberechnung, Betriebsvergleiche.
2. Wirtschaftslehre:
   a) Grundfragen der Betriebs- und Geschäftsgründung, insbesondere Markt- und Standortanalyse, Rechtsform, Betriebsgröße;
   b) Betriebs- und Arbeitsorganisation, insbesondere Arbeitsvorbereitung und Auftragsabwicklung, Materialverwendung und Lagerwesen, Formen der Rationalisierung, Verwaltung, Einfluß der Automatisierung auf die Betriebsorganisation;

c) Personalorganisation, insbesondere Besetzung, Führungsfragen und Betriebsklima;
d) betriebswirtschaftliche Aufgaben im Handwerksbetrieb, insbesondere Einkauf, Produktion, Reparaturleistungen, Dienstleistungen, Handelstätigkeit, Absatz, Werbung, Kundendienst, zwischenbetriebliche Zusammenarbeit, insbesondere Genossenschaftswesen;
e) finanzwirtschaftliche Grundfragen, insbesondere betriebliche Finanzwirtschaft und ihre Funktionen, Finanzplanung, Zahlungs- und Kreditverkehr, Arten der Finanzierung, Kreditgarantiegemeinschaften und andere Förderungsmaßnahmen;
f) Gewerbeförderungsmaßnahmen, insbesondere Betriebsberatung, überbetriebliche Unterweisung und Fortbildung.
3. Rechts- und Sozialwesen:
   a) bürgerliches Recht, Mahn- und Zwangsvollstreckungsverfahrensrecht;
   b) Handwerksrecht, Gewerberecht, Handelsrecht, insbesondere Kaufmannseigenschaft von Handwerkern und Eintragung in das Handelsregister, Wettbewerbsrecht, Gesetz zur Bekämpfung der Schwarzarbeit;
   c) Arbeitsrecht, soweit es nicht Gegenstand der Prüfung gemäß § 5 Abs. 1 Nr. 4 Buchstabe b ist, insbesondere Arbeitsvertrags-, Betriebsverfassungs- und Tarifvertragsrecht, Arbeitszeit- und Urlaubsrecht, Arbeitsschutz- und Arbeitsgerichtsverfahrensrecht;
   d) Sozial- und Privatversicherungsrecht, insbesondere Kranken-, Renten-, Arbeitslosen- und Unfallversicherungsrecht, Lebens-, Sach- und Haftpflichtversicherungsrecht, Altersversorgung der selbständigen Handwerker;
   e) Vermögensbildungsrecht;
   f) Steuerwesen:
      aa) Steuerarten, insbesondere Umsatzsteuer, Gewerbesteuer, Einkommensteuer einschließlich Lohnsteuer, Vermögensteuer, Erbschaft- und Schenkungsteuer;
      bb) Steuerverfahren, insbesondere Steuertermine, Steuerveranlagung, Steuerstundung, Steuererlaß und Einlegen von Rechtsmitteln;
   g) Handwerk in Wirtschaft und Gesellschaft, Entwicklung, Aufbau und Aufgaben der Handwerksorganisationen, Industrie- und Handelskammern, Wirtschaftsverbände, Gewerkschaften.

(2) Die Prüfung ist schriftlich und mündlich durchzuführen.

(3) Die schriftliche Prüfung soll in der Regel insgesamt nicht mehr als fünf Stunden, die mündliche Prüfung nicht mehr als eine halbe Stunde je Prüfling dauern.

(4) Der Prüfling ist von der mündlichen Prüfung zu befreien, wenn er in den drei Prüfungsfächern mindestens gute schriftliche Leistungen erbracht hat.

(5) Wird die schriftliche Prüfung programmiert durchgeführt, kann abweichend von den Absätzen 2 und 3 auf die mündliche Prüfung verzichtet und die Dauer der schriftlichen Prüfung entsprechend gekürzt werden.

(6) Mindestvoraussetzung für das Bestehen des Teils III sind ausreichende Leistungen in zwei Prüfungsfächern.

§ 5 Prüfung der berufs- und arbeitspädagogischen Kenntnisse (Teil IV)
(1) In Teil IV sind die für den Handwerksmeister als Ausbilder notwendigen Kenntnisse in den folgenden vier Prüfungsfächern nachzuweisen:
1. Grundfragen der Berufsbildung:
   a) Aufgaben und Ziele der Berufsbildung im Bildungssystem, individueller und gesellschaftlicher Anspruch auf Chancengleichheit, Mobilität und Aufstieg, individuelle und soziale

Bedeutung von Arbeitskraft und Arbeitsleistung, Zusammenhänge zwischen Berufsbildung und Arbeitsmarkt;

b) Betriebe, überbetriebliche Einrichtungen und berufliche Schulen als Ausbildungsstätten im System der beruflichen Bildung;

c) Aufgabe, Stellung und Verantwortung des Ausbildenden und des Ausbilders, Menschenführung.

2. Planung und Durchführung der Ausbildung:

a) Ausbildungsinhalte, Ausbildungsberufsbild, Ausbildungsrahmenplan, Prüfungsanforderungen;

b) didaktische Aufbereitung der Ausbildungsinhalte:

aa) Festlegen von Lernzielen, Gliederung der Ausbildung;

bb) Festlegen der lehrgangs- und produktionsgebundenen Ausbildungsabschnitte, Auswahl der betrieblichen und überbetrieblichen Ausbildungsplätze, Erstellen des betrieblichen Ausbildungsplanes;

c) Zusammenarbeit mit der Berufsschule, der Berufsberatung, dem Ausbildungsberater und dem Lehrlingswart;

d) Lehrverfahren und Lernprozesse in der Ausbildung:

aa) Lehrformen, insbesondere Unterweisen und Üben am Ausbildungs- und Arbeitsplatz, Lehrgespräch, Demonstration von Ausbildungsvorgängen;

bb) Ausbildungsmittel;

cc) Lern- und Führungshilfen;

dd) Beurteilen und Bewerten;

ee) Mitwirkung von Fachkräften in der Ausbildung;

ff) Lern- und Arbeitsgruppen.

3. Der Jugendliche in der Ausbildung:

a) Notwendigkeit und Bedeutung einer jugendgemäßen Berufsausbildung;

b) Leistungsprofil, Fähigkeiten und Eignung;

c) typische Entwicklungserscheinungen und Verhaltensweisen im Jugendalter, Motivation und Verhalten, gruppenpsychologische Verhaltensweisen;

d) betriebliche und außerbetriebliche Umwelteinflüsse, soziales und politisches Verhalten Jugendlicher;

e) Verhalten bei besonderen Erziehungsschwierigkeiten des Jugendlichen;

f) gesundheitliche Betreuung des Jugendlichen einschließlich der Vorbeugung gegen Berufskrankheiten, Beachtung der Leistungskurve, Unfallverhütung.

4. Rechtsgrundlagen für die Berufsbildung:

a) Die wesentlichen Bestimmungen des Grundgesetzes, der jeweiligen Landesverfassung, des Berufsbildungsgesetzes und der Handwerksordnung, insbesondere deren zweiter und dritter Teil;

b) die wesentlichen Bestimmungen des Arbeits- und Sozialrechts sowie des Arbeitsschutz- und Jugendschutzrechts, insbesondere des Arbeitsvertragsrechts, des Betriebsverfassungsrechts, des Tarifvertragsrechts, des Arbeitsförderungs- und Ausbildungsförderungsrechts, des Jugendarbeitsschutzrechts und des Unfallschutzrechts;

c) die rechtlichen Beziehungen zwischen dem Ausbildenden, dem Ausbilder und dem Lehrling (Auszubildenden).

(2) Die Prüfung ist schriftlich und mündlich durchzuführen.

(3) Die schriftliche Prüfung soll in der Regel insgesamt fünf Stunden dauern und aus mehreren unter Aufsicht anzufertigenden Arbeiten aus den in Absatz 1 Nr. 2, 3 und 4 aufgeführten Prüfungsfächern bestehen.

(4) Die mündliche Prüfung soll die in Absatz 1 Nr. 1 bis 4 genannten Prüfungsfächer umfassen und je Prüfling in der Regel eine halbe Stunde dauern. Außerdem soll eine vom Prüfling praktisch durchzuführende Unterweisung von Lehrlingen (Auszubildenden) stattfinden.

(5) Mindestvoraussetzung für das Bestehen des Teils IV sind ausreichende Leistungen in den in Absatz 1 Nr. 2, 3 und 4 aufgeführten Prüfungsfächern.

Dritter Teil
Aufhebung und Änderung von Vorschriften

§ 6 Meisterprüfungsverordnung Brunnenbauer-Handwerk

Die Verordnung über das Berufsbild und über die Anforderungen in der Meisterprüfung für das Brunnenbauer-Handwerk vom 20. Dezember 1971 (Bundesgesetzbl. I S. 2048) wird wie folgt geändert:
1. Die §§ 2, 7, 8, 9 und 10 werden aufgehoben.
2. An § 3 wird folgender Absatz 3 angefügt:
   „(3) Mindestvoraussetzung für das Bestehen der praktischen Prüfung sind ausreichende Leistungen in der Meisterprüfungsarbeit (§ 4) und in der Arbeitsprobe (§ 5)."
3. An § 6 wird folgender Absatz 6 angefügt:
   „(6) Mindestvoraussetzung für das Bestehen der Prüfung im fachtheoretischen Teil sind ausreichende Leistungen in den in Absatz 1 Nr. 1, 3, 4 und 6 genannten Prüfungsfächern."

§ 7 Meisterprüfungsverordnung Orthopädiemechaniker-Handwerk

Die Verordnung über das Berufsbild und über die Anforderungen in der Meisterprüfung für das Orthopädiemechaniker-Handwerk vom 3. Februar 1972 (Bundesgesetzbl. I S. 113) wird wie folgt geändert:
1. Die §§ 2, 7, 8, 9 und 10 werden aufgehoben.
2. An § 3 wird folgender Absatz 3 angefügt:
   „(3) Mindestvoraussetzung für das Bestehen der praktischen Prüfung sind ausreichende Leistungen in der Meisterprüfungsarbeit (§ 4) und in der Arbeitsprobe (§ 5)."
3. An § 6 wird folgender Absatz 6 angefügt:
   „(6) Mindestvoraussetzung für das Bestehen der Prüfung im fachtheoretischen Teil sind ausreichende Leistungen in den in Absatz 1 Nr. 3 und 4 genannten Prüfungsfächern."

§ 8 Meisterprüfungsverordnung Bandagisten-Handwerk

Die Verordnung über das Berufsbild und über die Anforderungen in der Meisterprüfung für das Bandagisten-Handwerk vom 3. Februar 1972 (Bundesgesetzbl. I S. 118) wird wie folgt geändert:
1. Die §§ 2, 7, 8, 9 und 10 werden aufgehoben.
2. An § 3 wird folgender Absatz 3 angefügt:
   „(3) Mindestvoraussetzung für das Bestehen der praktischen Prüfung sind ausreichende Leistungen in der Meisterprüfungsarbeit (§ 4) und in der Arbeitsprobe (§ 5)."
3. An § 6 wird folgender Absatz 6 angefügt:
   „(6) Mindestvoraussetzung für das Bestehen der Prüfung im fachtheoretischen Teil sind ausreichende Leistungen in den in Absatz 1 Nr. 3 und 4 genannten Prüfungsfächern."

§ 9 Sonstige Vorschriften
Die auf Grund des § 122 der Handwerksordnung weiter anzuwendenden Vorschriften, die Gegenstände dieser Verordnung regeln, sind nicht mehr anzuwenden.

Vierter Teil
Übergangs- und Schlußvorschriften

§ 10 Übergangsvorschrift
Bei Inkrafttreten dieser Verordnung laufende Prüfungsverfahren werden nach den bisherigen Vorschriften zu Ende geführt.

§ 11 Berlin-Klausel
Diese Verordnung gilt nach § 14 des Dritten Überleitungsgesetzes vom 4. Januar 1952 (Bundesgesetzbl. I S. 1) in Verbindung mit § 128 der Handwerksordnung auch im Land Berlin.

§ 12 Inkrafttreten
Diese Verordnung tritt am 1. Juli 1973 in Kraft.

9. Verordnung über die berufs- und arbeitspädagogische Eignung für die Berufsausbildung in der gewerblichen Wirtschaft (Ausbilder-Eignungsverordnung gewerbliche Wirtschaft)

Vom 20. April 1972 (BGBl. I S. 707), geändert durch die Verordnung zur Änderung der Ausbilder-Eignungsverordnung gewerbliche Wirtschaft vom 25. Juli 1974 (BGBl. I S. 1571 ber. S. 2325), durch die Zweite Verordnung zur Änderung der Ausbilder-Eignungsverordnung gewerbliche Wirtschaft vom 21. März 1977 (BGBl. I S. 498 ber. 688), § 10 der Verordnung der Ausbilder-Eignungsverordnung Hauswirtschaft vom 29. Juli 1978 (BGBl. I S. 976), Art. 1 der Dritten Verordnung zur Änderung der Ausbilder-Eignungsverordnung gewerbliche Wirtschaft vom 26. Juni 1982 (BGBl. I S. 784) und Artikel 1 der Vierten Verordnung zur Änderung der Ausbilder-Eignungsverordnung gewerbliche Wirtschaft vom 3. Oktober 1984 (BGBl. I S. 1261).

Auf Grund des § 21 des Berufsbildungsgesetzes vom 14. August 1969 (Bundesgesetzbl. I S. 1112), geändert durch das Gesetz zur Änderung des Berufsbildungsgesetzes vom 12. März 1971 (Bundesgesetzbl. I S. 185), wird im Einvernehmen mit dem Bundesminister für Arbeit und Sozialordnung verordnet:

§ 1 Geltungsbereich
Diese Verordnung gilt für die Berufsausbildung durch Auszubildende, die selbst ausbilden, und durch Ausbilder nach § 20 Abs. 4 des Gesetzes in Gewerbebetrieben und im Bergwesen in Ausbildungsberufen der gewerblichen Wirtschaft mit Ausnahme der Gewerbe der Anlage A zur Handwerksordnung und der grafischen Gewerbe gemäß § 77 Abs. 1 des Gesetzes. Sie gilt nicht für die Berufsausbildung in Körperschaften und Anstalten des öffentlichen Rechts, die auch ein Gewerbe betreiben.

§ 2 Berufs- und arbeitspädagogische Eignung

Ausbildende und Ausbilder im Sinne des § 1 haben über die in § 76 des Gesetzes in Verbindung mit § 20 des Gesetzes vorgesehene fachliche Eignung hinaus den Erwerb berufs- und arbeitspädagogischer Kenntnisse der folgenden Sachgebiete nachzuweisen:

1. Grundfragen der Berufsbildung:
   a) Aufgaben und Ziele der Berufsbildung im Bildungssystem, individueller und gesellschaftlicher Anspruch auf Chancengleichheit, Mobilität und Aufstieg, individuelle und soziale Bedeutung von Arbeitskraft und Arbeitsleistung, Zusammenhänge zwischen Berufsbildung und Arbeitsmarkt;
   b) Betriebe, überbetriebliche Einrichtungen und berufliche Schulen als Ausbildungsstätten im System der beruflichen Bildung;
   c) Aufgabe, Stellung und Verantwortung des Ausbildenden und des Ausbilders, Menschenführung.

2. Planung und Durchführung der Ausbildung:
   a) Ausbildungsinhalte, Ausbildungsberufsbild, Ausbildungsrahmenplan, Prüfungsanforderungen;
   b) didaktische Aufbereitung der Ausbildungsinhalte:
      aa) Festlegen von Lernzielen, Gliederung der Ausbildung;
      bb) Festlegen der lehrgangs- und produktionsgebundenen Ausbildungsabschnitte, Auswahl der betrieblichen und überbetrieblichen Ausbildungsplätze, Erstellen des betrieblichen Ausbildungsplanes;
   c) Zusammenarbeit mit der Berufsschule, der Berufsberatung und dem Ausbildungsberater;
   d) Lehrverfahren und Lernprozesse in der Ausbildung:
      aa) Lehrformen, insbesondere Unterweisen und Üben am Ausbildungs- und Arbeitsplatz, Lehrgespräch, Demonstration von Ausbildungsvorgängen;
      bb) Ausbildungsmittel;
      cc) Lern- und Führungshilfen;
      dd) Beurteilen und Bewerten;

3. Der Jugendliche in der Ausbildung:
   a) Notwendigkeit und Bedeutung einer jugendgemäßen Berufsausbildung;
   b) Leistungsprofil, Fähigkeiten und Eignung;
   c) typische Entwicklungserscheinungen und Verhaltensweisen im Jugendalter, Motivation und Verhalten, gruppenpsychologische Verhaltensweisen;
   d) betriebliche und außerbetriebliche Umwelteinflüsse, soziales und politisches Verhalten Jugendlicher;
   e) Verhalten bei besonderen Erziehungsschwierigkeiten des Jugendlichen;
   f) gesundheitliche Betreuung des Jugendlichen einschließlich der Vorbeugung gegen Berufskrankheiten, Beachtung der Leistungskurve, Unfallverhütung.

4. Rechtsgrundlagen für die Berufsbildung:
   a) Die wesentlichen Bestimmungen des Grundgesetzes, der jeweiligen Landesverfassung und des Berufsbildungsgesetzes;
   b) die wesentlichen Bestimmungen des Arbeits- und Sozialrechts sowie des Arbeitsschutz- und Jugendschutzrechts, insbesondere des Arbeitsvertragsrechts, des Betriebsverfassungsrechts, des Tarifvertragsrechts, des Arbeitsförderungs- und Ausbildungsförderungsrechts, des Jugendarbeitsschutzrechts und des Unfallschutzrechts;
   c) die rechtlichen Beziehungen zwischen dem Ausbildenden, dem Ausbilder und dem Auszubildenden.

§ 3 Nachweis der Kenntnisse

(1) Die Kenntnisse nach § 2 sind in einer Prüfung nachzuweisen. Die Prüfung kann zweimal wiederholt werden.

(2) Die Prüfung ist schriftlich und mündlich durchzuführen.

(3) Die schriftliche Prüfung soll in der Regel insgesamt fünf Stunden dauern und aus mehreren unter Aufsicht anzufertigenden Arbeiten aus den in § 2 aufgeführten Sachgebieten „Planung und Durchführung der Ausbildung", „Der Jugendliche in der Ausbildung" und „Rechtsgrundlagen" bestehen.

(4) Die mündliche Prüfung soll die in § 2 genannten Sachgebiete umfassen und je Prüfling in der Regel eine halbe Stunde dauern. Außerdem soll eine vom Prüfling praktisch durchzuführende Unterweisung von Auszubildenden stattfinden.

§ 4 Prüfungsausschüsse, Prüfungsordnung

(1) Für die Abnahme der Prüfung errichtet die zuständige Stelle einen Prüfungsausschuß. § 36 Satz 2, §§ 37 und 38 des Gesetzes gelten entsprechend.

(2) Die zuständige Stelle hat eine Prüfungsordnung zu erlassen. § 41 Satz 2 bis 4 des Gesetzes gilt entsprechend.

§ 5 Zeugnis

(1) Dem Prüfling ist ein Zeugnis auszustellen.

(2) Aus dem Zeugnis muß hervorgehen, ob der Inhaber die berufs- und arbeitspädagogischen Kenntnisse gemäß § 2 nachgewiesen hat.

§ 6 Andere Prüfungen

(1) Wer
1. im Handwerk,
   in einem grafischen Gewerbe, das einem der in den Nummern 108 bis 114 der Anlage A zur Handwerksordnung aufgeführten Gewerbe entspricht,
   in der Landwirtschaft oder
   in der Hauswirtschaft
   die Meisterprüfung bestanden hat oder
2. eine im Rahmen der beruflichen Fortbildung nach dem Berufsbildungsgesetz geregelte Meisterprüfung bestanden hat, wenn durch sie eine dieser Verordnung entsprechende berufs- und arbeitspädagogische Eignung nachgewiesen ist oder
3. nach einer auf Grund des § 21 des Gesetzes erlassenen anderen Verordnung über die berufs- und arbeitspädagogische Eignung berufs- und arbeitspädagogisch geeignet ist,
gilt für die Berufsausbildung als im Sinne dieser Verordnung berufs- und arbeitspädagogisch geeignet.

(2) Wer in einem öffentlich-rechtlichen Dienstverhältnis nach dienstrechtlicher Regelung berufs- und arbeitspädagogische Kenntnisse nachgewiesen hat, gilt für die Berufsausbildung als im Sinne dieser Verordnung berufs- und arbeitspädagogisch geeignet, wenn die nachgewiesenen Kenntnisse den Anforderungen nach § 2 gleichwertig sind.

(3) Wer eine sonstige staatliche, staatlich anerkannte oder von einer öffentlich-rechtlichen Körperschaft abgenommene Prüfung bestanden hat, deren Inhalt den in § 2 genannten Anforderungen entspricht, kann auf Antrag vom Prüfungsausschuß ganz oder teilweise von der Prüfung nach § 3 befreit werden. Die zuständige Stelle erteilt darüber eine Bescheinigung. § 5 Abs. 2 gilt entsprechend.

§ 7 Fortsetzung der Ausbildertätigkeit

(1) Personen, die vor dem 31. Dezember 1989 in fünf Jahren ohne wesentliche Unterbrechung ausgebildet haben, werden von der zuständigen Stelle auf Antrag von dem nach den §§ 2 und 3 erforderlichen Nachweis befreit, es sei denn, daß ihre Ausbildertätigkeit in diesem Zeitraum zu nicht unerheblichen Beanstandungen Anlaß gegeben hat.

§ 8 Übergangsvorschrift

(1) Ab 1. September 1977 darf nur ausbilden, wer
1. den nach den §§ 2 und 3 erforderlichen Nachweis erbracht hat oder
2. gemäß § 6 Abs. 1 und 2 als berufs- und arbeitspädagogisch geeignet gilt oder
3. gemäß § 6 Abs. 3 oder § 7 von dem nach den §§ 2 und 3 erforderlichen Nachweis befreit wird.

Am 1. September 1975 bestehende Berufsausbildungsverträge können zu Ende geführt werden.

(2) Die zuständige Stelle kann in Ausnahmefällen von dem nach den §§ 2 und 3 erforderlichen Nachweis für einen Zeitraum bis zum 31. Dezember 1987 befreien, wenn eine Gefährdung der Auszubildenden nicht zu erwarten ist; zu diesem Zeitpunkt bestehende Berufsausbildungsverhältnisse dürfen zu Ende geführt werden. Die zuständige Stelle kann Auflagen erteilen.

(3) Bis zum 1. September 1979 kann in besonderen Ausnahmefällen von der Unterweisung nach § 3 Abs. 4 Satz 2 abgesehen werden.

§ 9 Berlin-Klausel

Diese Verordnung gilt nach § 14 des Dritten Überleitungsgesetzes vom 4. Januar 1952 (Bundesgesetzbl. I S. 1) in Verbindung mit § 112 Satz 2 des Gesetzes auch im Land Berlin.

§ 10 Inkrafttreten

Diese Verordnung tritt am Tage nach der Verkündung in Kraft.

10. Deutsches Handwerks-Institut und seine Forschungsinstitute

Deutsches Handwerks-Institut e.V.
Ottostr. 7
8000 München 2
Tel. 089/593671
Vorstand
1. Vorsitzender: Generalsekretär Dr. Klaus-Joachim Kübler
Stellv. Vorsitzender: Präsident Paul Schnitker
Stellv. Vorsitzender: HGF Dr. Hanns Schwindt
Weitere Vorstandsmitglieder:
Präsident Alfred Borgstadt
Prof. Dr. Ludwig Fröhler
Dr. Klaus Laub
N.N.
Kuratorium
Vorsitzender: Präsident Paul Schnitker
Stellv. Vorsitzender: Präsident Alfred Borgstadt

Forschungsrat
Vorsitzender: Dr.-Ing. Bodo Delventhal
Hauptabteilung Wissenschaft
Forschungsinstitute
Institut für Handwerkswirtschaft München
Ottostr. 7
8000 München 2
Tel. 089/593671
Leiter: Dr. Klaus Laub
Forschungsinstitut für Berufsbildung im Handwerk an der Universität zu Köln
Haedenkampstr. 2
5000 Köln 41
Tel. 0221/4702582
Leiter: Prof. Dr. Wolfgang Stratenwerth
Prof. Dr. Martin Twardy
Seminar für Handwerkswesen an der Universität Göttingen
Goßlerstr. 10
3400 Göttingen
Tel. 0551/394882
Leiter: Prof. Dr. Gerth
Heinz-Piest-Institut für Handwerkstechnik an der Technischen Universität Hannover
Wilhelm-Busch-Str. 18
3000 Hannover
Tel. 0511/702831
Leiter: Dr.-Ing. Bodo Delventhal
Institut für Technik der Betriebsführung im Handwerk
Karl-Friedrich-Str. 17
7500 Karlsruhe
Tel. 0721/1351
Leiter: Prof. Dr.-Ing. Günter Rühl
Handwerksrechtsinstitut München e.V.
Max-Joseph-Str. 4
8000 München 2
Tel. 089/594330
Leiter: Prof. Dr. Ludwig Fröhler
Institut für Kunststoffverarbeitung in Industrie und Handwerk an der Rhein.-Westf. Technischen Hochschule Aachen e.V., Abt. Handwerk
Pontstr. 49
5100 Aachen
Tel. 0241/423812
Leiter: Prof. Dr. Ing. Georg Menges

11. Anschriften der Handwerkskammern

Handwerkskammer Aachen
Sandkaulbach 17
5100 Aachen
Tel. 0241/4710
Telex 832372 hkac d

Handwerkskammer Arnsberg
Brückenplatz 1
5760 Arnsberg 2
Tel. 02931/8770

Handwerkskammer für Schwaben
Schmiedberg 4
8900 Augsburg 1
Tel. 0821/32590

Handwerkskammer für Ostfriesland
Straße des Handwerks 2
2960 Aurich
Tel. 04941/61006

Handwerkskammer für Oberfranken
Kerschensteiner Str. 7
8580 Bayreuth 1
Tel. 0921/9100

Handwerkskammer Berlin
Blücherstr. 68
1000 Berlin 61
Tel. 030/2510931

Handwerkskammer Ostwestfalen-Lippe
zu Bielefeld
Obernstr. 48
4800 Bielefeld 1
Tel. 0521/61008

Handwerkskammer Braunschweig
Burgplatz 2
3300 Braunschweig
Tel. 0531/400044

Handwerkskammer Bremen
Ansgaritorstr. 24
2800 Bremen 1
Tel. 0421/170791

Handwerkskammer Coburg
Hinterer Floßanger 5
8630 Coburg
Tel. 09561/68041

Handwerkskammer Rhein-Main
Hauptverwaltung Darmstadt
Hindenburgstr. 1
6100 Darmstadt
Tel. 06151/33454

Handwerkskammer Dortmund
Reinoldistr. 7
4600 Dortmund
Tel. 0231/54930

Handwerkskammer Düsseldorf
Breite Str. 7
4000 Düsseldorf
Tel. 0211/87950

Handwerkskammer Flensburg
Johanniskirchhof 1
2390 Flensburg
Tel. 0461/8660

Handwerkskammer Rhein-Main
Hauptverwaltung Frankfurt
Bockenheimer Landstr. 21
6000 Frankfurt 17
Tel. 069/717381

Handwerkskammer Freiburg
Bismarckallee 6
7800 Freiburg
Tel. 0761/218000

Handwerkskammer Hamburg
Holstenwall 2
2000 Hamburg 36
Tel. 040/35905221

Handwerkskammer Hannover
Berliner Alle 17
3000 Hannover
Tel. 0511/343434

Handwerkskammer Heilbronn
Allee 76
7100 Heilbronn
Tel. 07131/68971

Handwerkskammer Hildesheim
Braunschweiger Str. 53
3200 Hildesheim
Tel. 05121/1610

Handwerkskammer der Pfalz
Am Altenhof 15
6750 Kaiserslautern
Tel. 0631/92033

Handwerkskammer Karlsruhe
Friedrichplatz 4
7500 Karlsruhe
Tel. 0721/1641

Handwerkskammer Kassel
Scheidemannplatz 2
3500 Kassel
Tel. 0561/78880
Telex 992428 hwkks d

Handwerkskammer Koblenz
Friedrich-Ebert-Ring 33
5400 Koblenz
Tel. 0261/3981

Handwerkskammer Köln
Heumarkt 12
5000 Köln 1
Tel. 0221/20221

Handwerkskammer Konstanz
Webersteig 2
7750 Konstanz
Tel. 07531/24042

Handwerkskammer Lübeck
Breite Str. 10
2400 Lübeck 1
Tel. 0451/15060

Handwerkskammer Lüneburg-Stade
Friedenstr. 6
2120 Lüneburg
Tel. 04131/1020

Handwerkskammer Rheinhessen
Göttelmannstr. 1
6500 Mainz
Tel. 06131/83020

Handwerkskammer Mannheim
B 1, 1
6800 Mannheim 1
Tel. 0621/180020

Handwerkskammer für Oberbayern
Max-Joseph-Str. 4
8000 München 2
Tel. 089/51191

Handwerkskammer Münster
Bismarckalle 1
4400 Münster
Tel. 0251/49030
Telex 892808 hkms d

Handwerkskammer für Mittelfranken
Sulzbacher Str. 11
8500 Nürnberg 20
Tel. 0911/53091

Handwerkskammer Oldenburg
Theaterwall 30
2900 Oldenburg
Tel. 0441/2321

Handwerkskammer Osnabrück-Emsland
Bramscher Str. 134
4500 Osnabrück
Tel. 0541/67044

Handwerkskammer Niederbayern/Oberpfalz
Hauptverwaltungssitz Passau
Nikolastr. 10
8390 Passau
Tel. 0851/53010

Handwerkskammer Niederbayern/Oberpfalz
Hauptverwaltung Regensburg
Ditthornstr. 10
8400 Regensburg 12
Tel. 0941/50470

Handwerkskammer Reutlingen
Hindenburgstr. 58
7410 Reutlingen
Tel. 07121/240031

Handwerkskammer des Saarlandes
Hohenzollenstr. 47
6600 Saarbrücken 1
Tel. 0681/58090

Handwerkskammer Stuttgart
Heilbronner Str. 43
7000 Stuttgart 1
Tel. 0711/25941

Handwerkskammer Trier
Loebstr. 18
5500 Trier
Tel. 0651/2070

Handwerkskammer Ulm
Olgastr. 72
7900 Ulm
Tel. 0731/62051

Handwerkskammer Wiesbaden
Bahnhofstr. 63
6200 Wiesbaden
Tel. 06121/1360

Handwerkskammer für Unterfranken
Rennweger Ring 3
8700 Würzburg
Tel. 0931/50116

Zentralverband des Deutschen Handwerks
Johanniterstr. 1
5300 Bonn 1
Tel. 0228/5451
Telex 886338 zdh d

12. Anschriften der Industrie- und Handelskammern

IHK zu Aachen
Theaterstraße 6
5100 Aachen
Tel. 0241/4381
Telex 832708 ihkas d

IHK für das südöstliche Westfalen
zu Arnsberg
Königstr. 20
5760 Arnsberg 2
Tel. 02931/8780
Telex 84224 ihk d

IHK Aschaffenburg
Kerschensteinerstr. 9
8750 Aschaffenburg
Tel. 06021/8186
Telex 4188867 ihk d

IHK für Augsburg und Schwaben
Stettenstr. 1
8900 Augsburg 1
Tel. 0821/31621
Telex 53815 ihk d

IHK für Oberfranken
Bahnhofstr. 25
8580 Bayreuth 1
Tel. 0921/23091
Telex 642870 ihkbt d

IHK zu Berlin
Hardenbergstr. 16
1000 Berlin 12
Tel. 030/31801
Telex 183663 ihkab d

IHK Ostwestfalen zu Bielefeld
Elsa-Brandström-Str. 1
4800 Bielefeld 1
Tel. 0521/5541
Telex 932819 ihkbi d

IHK zu Bochum
Ostring 30
4630 Bochum 1
Tel. 0234/689010
Telex 825881 ihkbo d

IHK Bonn
Bonner Talweg 17
5300 Bonn 1
Tel. 0228/22840
Telex 8869306 ihkb d

IHK Braunschweig
Garküche 3
3300 Braunschweig
Tel. 0531/47150
Telex 952845 ihkbs d

Handelskammer Bremen
Am Markt 13
2800 Bremen 1
Tel. 0421/36370
Telex 244743 haka d

IHK Bremerhaven
Friedrich-Ebert-Str. 6
2850 Bremerhaven 1
Tel. 0471/20111

IHK zu Coburg
Schloßplatz 5
8630 Coburg
Tel. 09561/7794
Telex 663215 ihkco d

IHK Darmstadt
Rheinstr. 89
6100 Darmstadt
Tel. 06151/8711

IHK Lippe zu Detmold
Willi-Hofmann-Str. 5
4930 Detmold 1
Tel. 05231/76011

IHK zu Dillenburg
Wilhelmstr. 10
6340 Dillenburg
Tel. 02771/5027
Telex 873228 dils d

IHK zu Dortmund
Märkische Str. 120
4600 Dortmund 1
Tel. 0231/54170
Telex 822130 ihk d

IHK zu Düsseldorf
Ernst-Schneider-Platz 1
4000 Düsseldorf 1
Tel. 0211/35571
Telex 858285 ihka d

Niederrheinische IHK
Duisburg-Wesel-Kleve
zu Duisburg
Mercatorstr. 22
4100 Duisburg 1
Tel. 0203/28210
Telex 855820 ihkdu d

IHK für Ostfriesland und Papenburg
Ringstr. 4
2970 Emden
Tel. 04921/89010
Telex 27851 ihkemd d

IHK für Essen, Mühlheim a.d.Ruhr,
Oberhausen zu Essen
Am Waldthausenpark 2
4300 Essen 1
Tel. 0201/18920
Telex 857800 ihkesn d

IHK zu Flensburg
Heinrichstr. 34
2390 Flensburg
Tel. 0461/8061
Telex 22634 ihaka d

IHK Frankfurt am Main
Börsenstr. 8
6000 Frankfurt 1
Tel. 069/21971
Telex 411255 ihkf d

IHK Südlicher Oberrhein
Wilhelmstr. 26
7800 Freiburg
Tel. 0761/31377
Telex 772635 ihkfr d

IHK Friedberg (Hessen)
Goetheplatz 3
6360 Friedberg
Tel. 06031/2357

IHK Fulda
Heinrichstr. 8
6400 Fulda
Tel. 0661/2840
Telex 49706 ihkfd d

IHK Gießen
Lonystr. 7
6300 Gießen 2
Tel. 0641/72052
Telex 482959 ihkgi d

Südwestfälische IHK
zu Hagen
Bahnhofstr. 18
5800 Hagen 1
Tel. 02331/3901
Telex 823782 ihaka d

Handelskammer Hamburg
Börse
2000 Hamburg 11
Tel. 040/361380
Telex 211250 hkhmb d

IHK Hanau-Gelnhausen-Schlüchtern
Am Pedro-Jung-Park 14
6450 Hanau 1
Tel. 06181/24387

IHK Hannover-Hildesheim
Berliner Allee 25
3000 Hannover 1
Tel. 0511/31071
Telex 922769 ihk d

IHK Ostwürttemberg
Paulinenstr. 8
7920 Heidenheim
Tel. 07321/3240
Telex 714724 ihkow d

IHK Heilbronn
Kaiser-Wilhelm-Platz 4
7100 Heilbronn
Tel. 07131/68455
Telex 728888 ihaka d

IHK Mittlerer Oberrhein
Lammstr. 15
7500 Karlsruhe
Tel. 0721/1740
Telex 7825613 ihk d

IHK Kassel
Ständeplatz 17
3500 Kassel
Tel. 0561/78911
Telex 992292 ihkks d

IHK zu Kiel
Lorentzendamm 24
2300 Kiel 1
Tel. 0431/59041
Telex 299864 ihkki d

IHK zu Koblenz
Schloßstr. 2
5400 Koblenz
Tel. 0261/1061
Telex 862843 ihaka d

IHK zu Köln
Unter Sachsenhausen 10
5000 Köln 1
Tel. 0221/16400
Telex 8881400 ihkk d

IHK Hochrhein-Bodensee
Schützenstr. 8
7750 Konstanz
Tel. 07531/23021
Telex 733255 ihaka d

IHK Mittlerer Niederrhein
Krefeld-Mönchengladbach-Neuss
Nordwall 39
4150 Krefeld 1
Tel. 02151/6350
Telex 853326 ihkkr d

IHK Limburg
Walderdorffstr. 7
6250 Limburg 1
Tel. 06431/8091

IHK Lindau-Bodensee
Maximilianstr. 1
8990 Lindau
Tel. 08382/4094
Telex 541160 ihkli d

IHK für die Pfalz
in Ludwigshafen am Rhein
Ludwigsplatz 2/3
6700 Ludwigshafen
Tel. 0621/59040

IHK zu Lübeck
Breite Str. 6
2400 Lübeck 1
Tel. 0451/1351
Telex 26776 ihaka d

IHK Lüneburg-Wolfsburg
Am Sande 1
2120 Lüneburg
Tel. 04131/7090
Telex 2182230 ihkl d

IHK für Rheinhessen
Schillerplatz 7
6500 Mainz
Tel. 06131/2620

IHK Rhein-Neckar
L 1,2
6800 Mannheim 1
Tel. 0621/17091
Telex 462345 ihkma d

IHK für München und Oberbayern
Max-Joseph-Str. 2
8000 München 2
Tel. 089/51160
Telex 523678 ihkm d

IHK zu Münster
Sentmaringer Weg 61
4400 Münster
Tel. 0251/7071
Telex 892817 ihkms d

IHK Nürnberg
Hauptmarkt 25
8500 Nürnberg 106
Tel. 0911/13350
Telex 622115 ihkn d

IHK Offenbach am Main
Stadthof 5
6050 Offenbach
Tel. 069/82070
Telex 4152604 ihko d

Oldenburgische IHK
Moslestr. 6
2900 Oldenburg
Tel. 0441/22201
Telex 25799 ihkol d

IHK Osnabrück-Emsland
Neuer Graben 38
4500 Osnabrück
Tel. 0541/3530
Telex 94756 ihakao d

IHK für Niederbayern i. Passau
Nibelungenstr. 15
8390 Passau 1
Tel. 0851/5071
Telex 57876 ihaka d

IHK Nordschwarzwald
Dr.-Brandenburg-Str. 6
7530 Pforzheim
Tel. 07231/2010
Telex 783803 ihaka d

IHK Regensburg
Dr.-Martin-Luther-Str. 12
8400 Regensburg 11
Tel. 0941/56941
Telex 65883 ihkrbg d

IHK Reutlingen
Hindenburgstr. 54
7410 Reutlingen
Tel. 07121/2010
Telex 729881 ihkrt d

IHK des Saarlandes
Franz-Josef-Röder-Str. 9
6600 Saarbrücken
Tel. 0681/5081
Telex 4421298 ihks d

IHK Siegen
Koblenzer Str. 121
5900 Siegen 1
Tel. 0271/33020
Telex 872649 ihaka d

IHK Stade für den Elbe-Weser-Raum
Am Schäferstieg 2
2160 Stade
Tel. 04141/606623
Telex 218132 ihks d

IHK Mittlerer Neckar
Jägerstr. 30
7000 Stuttgart 1
Tel. 0711/20051
Telex 722031 hkstu d

IHK Trier
Kornmarkt 6
5500 Trier
Tel. 0651/71030
Telex 472501 ihk d

IHK Ulm
Olgastr. 101
7900 Ulm
Tel. 0731/1730
Telex 712544 ihku d

IHK Schwarzwald-Baar-Heuberg
Romäusring 4
7730 Villingen-Schwenningen
Tel. 07721/2040
Telex 7921530 ihk d

IHK Bodensee-Oberschwaben
Lindenstr. 2
7987 Weingarten
Tel. 07244/4090
Telex 732709 ihkwe d

IHK Wetzlar
Friedenstr. 2
6330 Wetzlar
Tel. 06441/44096

IHK Wiesbaden
Wilhelmstr. 24
6200 Wiesbaden
Tel. 06121/15000
Telex 4186534 ihk d

IHK Würzburg-Schweinfurt
Neubaustr. 66
8700 Würzburg
Tel. 0931/3010
Telex 68884 ihkwbg d

IHK Wuppertal-Solingen-Remscheid
Islandufer 21
5600 Wuppertal 1
Tel. 0202/444081
Telex 8591838 ihk d

Deutscher Industrie- und Handelstag
Adenauerallee 148
5300 Bonn 1
Tel. 0228/1040
Telex 886805 diht d

Arbeitsgemeinschaft der Industrie- und
Handelskammern in Baden-Württemberg
Jägerstr. 10
7000 Stuttgart 1
Tel. 0711/20051
Telex 722031 hkstu d

Arbeitsgemeinschaft der Bayerischen
Industrie- und Handelskammern
Max-Joseph-Str. 2
8000 München 2
Tel. 089/51161
Telex 523678

Arbeitsgemeinschaft Hessischer
Industrie- und Handelskammern
Börsenplatz
6000 Frankfurt 1
Tel. 069/21971
Telex 411255 ihkf d

Vereinigung der Niedersächsischen
Industrie- und Handelskammern
Berliner Allee 25
3000 Hannover 1
Tel. 0511/3107288
Telex 922769

Vereinigung der Industrie- und
Handelskammern des Landes Nordrhein-
Westfalen
Goltsteinstr. 31
4000 Düsseldorf 1
Tel. 0211/352091
Telex 8582363 kvnw d

Kammergemeinschaft Öffentlichkeitsarbeit
der Nordrhein-Westfälischen Industrie- und
Handelskammern
Unter Sachsenhausen 10
5000 Köln 1
Tel. 0221/1640157
Telex 881400 ihaka köln

Arbeitsgemeinschaft der Industrie- und
Handelskammern in Rheinland-Pfalz
Ludwigsplatz 2
6700 Ludwigshafen
Tel. 0621/59040
Telex 464873 (Hypo-Bank)

Verband der Industrie- und Handelskammern
des Landes Schleswig-Holstein
Breite Str. 6
2400 Lübeck 1
Tel. 0451/1351
Telex 26776 ihaka d

Arbeitsgemeinschaft Öffentlichkeitsarbeit
der Norddeutschen Industrie- und Handelskammern (Kammergemeinschaft Ausbildung
und Bildung)
Börse
2000 Hamburg 11
Tel. 040/366382
Telex 211250 haka

Anhang 3. Entscheidungen des Bundesverfassungsgerichts und des Bundesverwaltungsgerichts

I. Verzeichnis der wichtigsten Entscheidungen des Bundesverfassungsgerichts und des Bundesverwaltungsgerichts mit Fundstellennachweis

Das folgende Verzeichnis enthält die wichtigsten Entscheidungen des Bundesverfassungsgerichts und des Bundesverwaltungsgerichts zum Handwerksrecht als dem Recht gewerblicher Tätigkeit im Handwerk. Entscheidungen zum Recht der Handwerksorganisationen (§§ 52–116 HwO) wurden nicht aufgenommen. Auf Entscheidungen des Bundesverwaltungsgerichts, die vor der Grundsatzentscheidung des Bundesverfassungsgerichts vom 17. Juli 1961 zum großen Befähigungsnachweis der Handwerksordnung ergangen sind, konnte verzichtet werden, da jene Aussagen, die von bleibender Bedeutung sind, in späteren Entscheidungen wiederaufgegriffen wurden.

Entscheidungen des Bundesverfassungsgerichts

Zu Art. 12 Abs. 1 GG: Berufsfreiheit

Urteil v. 11.6.1958 – 1 BvR 596/56 –	BayVBl	58, 243
	BB	58, 641
	BVerfGE	7, 377
	DÖV	58, 538
	DVBl	58, 500
	GewArch	58, 200
	JZ	58, 472
	MDR	58, 573
	NJW	58, 1035
	VRspr	10, 781 (ausf. LS)
Beschluß v. 17.7.1961 – 1 BvL 44/55 –	BayVBl	61, 341 m. Anm. Kratzer, VGH-Präs. a.D., München;
	BB	61,1072 m. Anm. d. Red.;
	Betr.	61, 1420
	BVerfGE	13,97
	DÖV	61, 861
	DVBl	61, 818 m. ausf. Anm. Reuß, Staatssekretär, Wiesbaden
	GewArch	61, 157
	JZ	61. 701
	MDR	62, 103 nur krit. Anm. Schultz, OLGR, Hamburg
	NJW	61, 2011
	Verw.Arch	53, 74 nur Anm. Menger, Prof., Kiel

Beschluß v. 14.12.1965 – 1 BvL 14/60 –	BayVBl	66, 88
	BVerfGE	19, 330
	DÖV	66, 93
	DVBl	66, 73 m. Anm. Reuß, Staatssekretär a.d., Prof., Wiesbaden
	JuS	66, 160 auszugsw., m. Anm. Folz, AkadR, Saarbrücken (66, 477)
	JZ	66, 136
	MDR	66, 302
	NJW	66, 291
	SaarJBl	66, 31
	VerwArch	57, 176 nur Anm. Menger, Prof., Erichsen, Assist. Kiel
Beschluß v. 13.10.1971 – 1 BvR 280/66 –	DÖV	72, 51
	DVBl	71, 892
	GewArch	72, 64
	JuS	72, 98
	NJW	71, 2299
Beschluß v. 11.10.1972 – 1 BvL 2/71 –	BB	72, 1380
	Betr.	72, 2153
	BVerfGE	34 ,71
	DVBl	72, 922
	GewArch	72, 337
	JuS	73, 181
	JZ	72, 737
	MDR	73, 111
	NJW	72, 2261 m. Anm. Red.
Urteil v. 1.7.1980 – 1 BvR 23/75 –	BayVBl	80, 533
	BB	80, 1348
	BVerfGE	54, 224
	EuGRZ	80, 418 m. ausf. krit. Anm. Schwaiger, Saarbrücken (80, 481/486)
	JZ	80, 605 m. ausf. Anm. Papier, Prof., Bielefeld
	NJW	80, 1900
Urteil v. 9.2.1981 – 1 BvR 698, 771/79 –	BVerfGE	59, 336
	DVBl	82, 689
	EuGRZ	82, 76
	GewArch	82, 121
	JA	82, 612
	JuS	82, 620
	NJW	82, 1509 m. Hinw. Red.
	ZfSH	82, 209

Zu Art. 5 GG: Meinungs- und Pressefreiheit

Die Meinungs- und Pressefreiheit unterliegt nach dem Wortlaut des Art. 5 Abs. 2 GG in vollem Umfang dem Vorbehalt der „allgemeinen Gesetze" während nach Art. 12 Abs. 1 GG nur die Berufsausübung, nicht jedoch die Berufswahl unter einem derartigen Vorbehalt steht. Die zu Art. 5 GG entwickelte Rechtsprechung des Bundesverfassungsgerichts muß daher erst für das grundsätzlich „härtere" Grundrecht der Berufsfreiheit gelten.

Urteil v. 15.1.1958 – 1 BvR 400/51 –	BayVBl	58, 109
	BVerfGE	7, 198
	DÖV	58, 153 m. Anm. Dürig, Prof., Tübingen (58, 194)
	DVBl	58, 425
	JZ	58, 119 m. Anm. Wolff, BVerfRi, Karlsruhe
	NJW	58, 257
Beschluß v. 25.1.1961 – 1 BvR 9/57 –	BayVBl	61, 182
	BVerfGE	12, 113
	DVBl	61, 327
	JZ	61, 535 m. ausf. Anm. Ridder, Prof., Bonn
	MDR	61, 475
	NJW	61, 819 m. krit. Anm. Schmidt-Leichner, RA, Frankfurt
Teilurteil v. 5.8.1966 – 1 BvR 586/62, 610,63 und 512/64	BVerfGE	20, 162
	DÖV	66, 640
	DRiZ	66, 137
	DVBl	66, 684
	JuS	67, 39 auszugsw.
	JZ	66, 657
	NJW	66, 1603
Beschluß v. 28.4.1970 – 1 BvR 690/65 –	BayVBl	70, 359 m. krit. Anm. Kalkbrunner, OStAnw., München
	BVerfGE	28, 191
	DÖV	70, 557
	DVBl	70, 672
	JuS	70, 635
	JZ	70, 683
	MDR	70, 823
	NJW	70, 1498

Zu anderen Artikeln des Grundgesetzes

Beschluß v. 19.6.1979 – 2 BvL 14/75	BVerfGE	51, 304
	NJW	80, 169
	RdJ	79, 485
	ZfSH	79, 380
Beschluß v. 9.2.1982 – 1 BvR 799/78 –	BVerfGE	59, 330
	Betr.	82, 799
	NJW	82, 1635 m. Anm. Schumann, Prof., Regensburg (82, 1609/1616)

Entscheidungen des Bundesverwaltungsgerichts

1961

Beschluß v. 8.12.1961 – VII B 17.59 –	GewArch.	62, 89
	VRspr	14, 741
	ZDH-Rdschr 15/1962, Anl. III/7	

1962

Beschluß v. 2.1.1962 – VII B 27.61 –

Beschluß v. 25.1.1962 – VII B 16.59 –	GewArch	62, 248
	VRspr	14, 996
Urteil v. 26.1.1962 – VII C 68.59 –	BayVBl	62, 183
	BB	62, 312 m. Anm.
	Betr.	62, 1371
	BVerfGE	13, 317
	GewArch	62, 95
	JR	63, 34
	MDR	62, 601
	ZDH-Rdschr. 7/1962, Anl. II/1	
	Wertpapiermitteilungen Teil IV, 1962, S. 655	
Beschluß v. 26.1.1962 – VII CV 85.59 –	GewArch	62, 250
	VRspr	14, 994
Urteil v. 9.2.1962 – VII C 192.60 –	DÖV	62, 262
	DVBl	62, 608 (nur LS)
	GewArch	62, 175
	VRspr	14, 998
	Wertpapiermitteilungen Teil IV, 1962, S. 658	
Beschluß v. 26.2.1962 – I B 147.61 –	BB	62, 1020
	GewArch	62, 164
Urteil v. 13.4.1962 – VII C 5.62 –	GewArch	62, 270
	VRspr	15,235
	ZDH-Rdschr. 16/1962, Anl. II/1	

Urteil v. 8.6.1962 – VII C 78.61 –	4AP Nr. 1 zu
	§ 30 HwO
	BayVBl 62, 381
	BB 62, 923
	Betr. 62, 1410
	BVerwGE 14, 235
	DÖV 62, 702
	DVBl 62, 566
	GewArch 62, 253
	MDR 62, 848
	NJW 62, 1690
	VRspr 15, 231
Urteil v. 8.6.1962 – VII C 244.59 –	GewArch 62, 251
	ZDH-Rdschr. 15/1962, Anl. II/1
Urteil v. 8.6.1962 – VII C 20.62 –	GewArch 62, 252
Urteil v. 9.11.1962 – VII C 84.59 –	AP Nr. 1 zu Art. 4 GG
	Betr. 63, 521
	BVerwGE 15, 134
	DÖV 63, 268
	FamRZ 63, 180
	GewArch 63, 104
	JR 63, 395
	MDR 63, 437
	NJW 63, 1170
	VRspr 15, 999
	ZeK 10, 207
	ZDH-Rdschr. 10/1963, Anl. III/2
Urteil v. 9.11.1962 – VII C 36.62 –	AP Nr. 123 zu § 18 HwO
	BayVBl 63, 150
	BB 63, 95
	BVerwGE 15, 140
	DÖV 63, 875
	GewArch 63, 31
	JR 64, 34
	VRspr 15, 992
	ZDH-Rdschr. 8/1963, Anl. III/2

1963

Beschluß v. 11.1.1963 – VII B 9.62 –	GewArch 63, 106
	VRspr 15, 742
Urteil v. 11.1.1963 – VII B 123.62 –	VRspr 15, 353
Urteil v. 14.5.1963 – VII C 33.63 –	BayVBl 63, 319
	BVerwGE 16, 92
	DVBl 63, 782
	GewArch 63, 252
	MDR 63, 785
	ZDH-Rdschr. 19/1963, Anl. II/1

Urteil v. 14.5.1963 – VII C 40.63 –	BVerwGE 16,94
	DVBl 63, 777
	Gew Arch 63,232
Urteil v. 6.12.1963 – VII C 129.60 –	BVerwGE 17, 223
	GewArch 64, 104
	MDR 64, 443
	ZDH-Rdschr. 7/1964, Anl. II/1
Urteil v. 6.12.1963 – VII C 19.61 –	AP Nr. 2 zu § 1 HwO
	GewArch 64, 108
	ZDH-Rdschr 8/1964, Anl. II/1
Urteil v. 6.12.1963 – VII C 26.62 –	BB 64, 365
	BVerwGE 17, 227
	GewArch 64, 107
	MDR 64, 443
	ZDH-Rdschr 5/1964, Anl. II/1
Urteil v. 6.12.1963 – VII C 32.62 –	AP Nr. 3 zu § 1 HwO
	GewArch 64, 105
	ZDH-Rdschr. 6/1964, Anl. II/1
Urteil v. 6.12.1963 – VII C 18.63 –	BVerwGE 17, 230
	DVBl 64, 233
	GewArch 64, 83 m. Anm. Kröger, ORR
	MDR 64, 263
	NJW 64, 512
	VerwArch 55, 376 (nur Anm. Menger, Prof., Kiel)
	ZDH-Rdschr. 3/1964, Anl. II/1

1964

Urteil v. 17.4.1964 – VII C 91.59 –	BayVBl 64, 369
	GewArch 64, 248
	VerwRspr 16, 980
Urteil v. 17.4.1964 – VII C 228.59 –	AP Nr. 4 zu § 1 HwO
	BayVBl 64, 368
	BB 64, 907
	BVerwGE 18, 226
	GewArch 64, 249
	MDR 64, 952
	ZDH-Rdschr. 16/1964, Anl. II/1
Urteil v. 22.5.1964 – VII C 86.60 –	AP Nr. 5 zu § 1 HwO
	DVBl 64, 995
	GewArch 64, 279
	ZDH-Rdschr. 19/1964, Anl. II/1

1965

Urteil v. 12.2.1965 – VII C 30.61 –	GewArch 65, 165
	ZDH-Rdschr. 9/1965, Anl. II/1
Urteil v. 12.2.1965 – VII C 29.62 –	ZDH-Rdschr. 8/1965, Anl. II/1a
Urteil v. 12.2.1965 – VII C 51.63 –	BVerwGE 20, 256
	GewArch 65, 169
	ZDH-Rdschr. 8/1965, Anl. II/1b

Urteil v. 12.2.1965 – VII C 77.64 –	Betr.	65, 929
	BVerwGE	20, 263
	DVBl	66, 202
	GewArch	65, 163
	ZDH-Rdschr 12/1965, Anl. II/1	
Urteil v. 12.3.1965 – VII C 175.63 –	AP Nr. 32 zu § 20 HwO	
	BB	65, 497
	Betr.	65, 634
	BVerwGE	20, 316
	FamRZ	65, 328
	GewArch	65, 132
	RdJ	65, 187
	NJW	65, 1394 m. krit. Anm. zu Ziff. 2 Czermak, OVR, Frankfurt (65, 1875)
Urteil v. 28.5.1965 – VII C 116.64 –	AP Nr. 1 zu § 8 HwO	
	BVerwGE	21, 195
	GewArch	65, 228
	MDR	65, 689
	NJW	65, 1617
	RdA	466, 436 nur LS
	ZDH-Rdschr 15/1965, Anl. II/;	
Urteil v. 18.6.1965 – VII C 15.63 –	GewArch	66, 20
	ZDH-Rdschr 19/1965, Anl. II/1	

1966

Beschluß v. 31.8.1966 – 1 B 32.66 –	GewArch	67, 112
	ZDH-Rdschr 21/1966, Anl. II/1	
Urteil v. 16.9.1966 – I C 53.65 –	BayVBl	67, 130
	BB	67, 1017 m. Anm. Perkuhn, Ass.
	BVerwGE	25, 66
	DVBl	67, 153
	GewArch	67, 109 m. Anm. Fröhler, Prof.
	MDR	67, 240
	JZ	67, 169
	VRspr	18, 858
	ZDH-Rdschr 3/1967, Anl. II/1	

1967

Urteil v. 24.10.1967 – I C 57.65 –	BayVBl	68, 396
	BVerwGE	28, 128
	GewArch	68, 59 m. Anm. Dohrn
	MDR	68, 172
	VRspr	19, 363

1968

Urteil v. 16.1.1968 – I C 58.65 –

GewArch 68, 161 m. teilw. krit. Anm.
Dohrn
ZDH-Inform. 10/1968, Anl. VII/1

1969

Urteil v. 25.2.1969 – I C 60.65 –

GewArch 69, 107 m. kurz. Anm. Red.
VRspr 20, 623

Beschluß v. 28.2.1969 – I B 69.65 –

GewArch 69, 161
ZDH-Inform. 9/1969, Anl. VII/2

Urteil v. 24.4.1969 – I C 55.65 –

BayVBl 69, 317
DVBl 70, 214
GewArch 69, 256
VersR 69, 432
VRspr 20, 987
ZDH-Inform. 12/1969, Anl. VII/1

Urteil v. 25.9.1969 – I C 50.65 –

BayVBl 70, 26
BVerwGE 34, 56
GewArch 70, 10
JR 70, 111
VRspr 21, 357
ZDH-Inform. 24/1969, Anl. VI/1

1970

Beschluß v. 22.1.1970 – I B 65.69 –

DÖV 70, 826
DVBl 70, 627
GewArch 70, 129
JR 70, 233
ZDH-Inform. 7/1970, Anl. VI/1

Beschluß v. 23.2.1970 – I B 12.70 –

Beil. 5 zu BB 72, S. 7
DVBl 70, 976
GewArch 71, 164 m. Anm. Kröger, RD,
Ettlingen
ZDH-Inform. 9/1971, Anl. VI/1

Urteil v. 22.9.1970 – I C 57.69 –

Beil. 5 zu BB 72, S. 7
DÖV 71, 465
GewArch 71, 260
JR 71, 81
VRspr 22, 487
ZDH-Inform. 4/1971, Anl. VI/1

Beschluß v. 1.10.1970 – I B 53.70 –

Beil. 5 zu BB 72, S. 8
GewArch 71, 163

1971

Urteil v. 19.10.1971 – I C 16.70 – BayVBl   72, 76 (nur Leits.)
                                   BVerwGE   39, 15
                                   DÖV   72, 427
                                   GewArch   72, 72
                                   ZDH-Inform. 24/1971, Anl. VI/1

1972

Beschluß v. 29.8.1972 – I B 60.72 – GewArch   73, 75

1973

Urteil v. 13.3.1973 – I C 10.70 – GewArch   73, 157
                                   ZDH-intern 15/1973, Anl. 1 zu VI/1
Urteil v. 13.3.1973 – I C 11.70 – GewArch   73, 235
                                   ZDH-intern 15/1973, Anl. 2 zu VI/1

1975

Beschluß v. 3.10.1975 – I B 86.74 – GewArch   76, 94

1976

Urteil v. 24.6.1976 – I C 56.74 – DÖV   77, 403
                                   GewArch   76, 293
                                   JuS   77, 414
                                   MDR   77, 75
                                   NJW   77, 772 m. Hinw. d. Red.

1977

Urteil v. 1.3.1977 – I C 42.74 – GewArch   77, 232
                                  JuS   77, 840
                                  NJW   77, 1893
                                  ZDH-intern 11/1977, Anl. VI/1
Urteil v. 25.10.1977 – I C 21.73 – BayVBl   78, 121
                                    DB   78, 489 (Auszug)
                                    GewArch   78, 54
                                    NJW   78, 389 m. Hinw. d. Red.
                                    ZDH-intern 2/1978, Anl. VI/2
Beschluß v. 3.11.1977 – VII B 90.76 – GewArch   78, 133

1978

Urteil v. 27.10.1978 – 1 C 5.75 – GewArch   79, 96
                                   VRspr   30, 840
                                   ZDH-intern 6/1979, Anl. VI/1
Urteil v. 21.11.1978 – 1 C 49.74 – BayVBl   79, 281
                                    GewArch   79, 262
                                    VRspr   30, 633
                                    ZDH-intern 7/1979, Anl. VI/1

1979

Urteil v. 11.5.1979 – 5 C 16.79 –	BVerwGE 58, 93
	GewArch 79, 305
	NJW 80, 1349
	ZDH-intern 16/1979, Anl. VI/1
Urteil v. 12.7.1979 – 5 C 10.79 –	DOK 80, 763 (ausf. LS)
	GewArch 79, 377
	ZDH-intern 19/1979, Anl. VI/2
Urteil v. 12.7.1979 – 5 C 11.79 –	ZDH-intern 19/1979, Anl. zu VI/1
Urteil v. 12.7.1979 – 5 C 13.79 –	ZDH-intern 21/1979, Anl. zu VI/2
Urteil v. 18.10.1979 – 5 C 12.79 –	BVerwGE 59, 5
	DÖV 80, 647
	DVBl 80, 639
	GewArch 80, 61

1980

Urteil v. 5.2.1980 – 1 C 78.76 –	GewArch 80, 236
	ZDH-intern 9/1980, Anl. VI/1
Urteil v. 13.11.1980 – 5 C 18.79 –	BVerwGE 61, 145
	GewArch 81, 166
	ZDH-intern 4/1981, Anl. VI/3

1981

Urteil v. 3.3.1981 – 5 B 35.80 –	GewArch 81, 301
	ZDH-intern 2/1982, Anl. VII/2
Urteil v. 26.3.1981 – 5 C 50.80 –	BVerwGE 62, 117
	GewArch 81, 299
	RdJ 81, 489
Beschluß v. 25.8.1981 – 1 B 79.81 –	GewArch 81, 372
Beschluß v. 30.12.1981 – 5 B 88.80 –	ZDH-intern 9/1982, Anl. zu VI/2

1982

Beschluß v. 28.1.1982 – 5 B 1.82 –	GewArch 82, 203
	ZDH-intern 6/1982, Anl. VI/2
Beschluß v. 22.3.1982 – 5 B 6.81 –	GewArch 82, 271
	NVwZ 82, 680
Urteil v. 13.7.1982 – 5 C 118.81 –	DÖV 82, 1036
	GewArch 83, 67
	ZDH-intern 8/1983, Anl. VII/1
Beschluß v. 26.11.1982 – 5 B 9.81 –	DÖV 83, 598
	GewArch 83, 139

1983

Beschluß v. 24.3.1983 – 5 B 107.81 –	ZDH-intern 12/1983, Anl. zu VI/1
Urteil v. 23.6.1983 – 5 C 37.81 –	GewArch 84, 96
Beschluß v. 20.7.1983 – 5 B 237.81 –	DVBL 83, 1251
Urteil v. 15.12.1983 – 5 C 40.81 –	GewArch 84, 98

II. Entscheidungen im Wortlaut

A. Bundesverfassungsgericht

1. Beschluß vom 17.7.1961 – 1 BvL 44/55 –

1. Der Befähigungsnachweis für das Handwerk ist mit dem Grundgesetz vereinbar.

2. Auch subjektive Zulassungsvoraussetzungen sind nur zum Schutz wichtiger Gemeinschaftsgüter gerechtfertigt. Schutzwürdig können nicht nur allgemein anerkannte, sondern auch solche Gemeinschaftswerte sein, die sich erst aus den besonderen wirtschafts-, sozial- und gesellschaftspolitischen Zielen des Gesetzgebers ergeben, wie z.B. die Erhaltung des Leistungsstandes und der Leistungsfähigkeit des Handwerks und die Sicherung des Nachwuchses für die gesamte gewerbliche Wirtschaft.

3. Dem Gesetzgeber steht die Befugnis zu, Berufsbilder festzulegen und damit die freie Berufswahl in diesem Bereich zu verengen. Er darf dabei typisieren und braucht Spezialisierungstendenzen nur in gewissem Umfang zu berücksichtigen.

4. Es entspricht dem Schutzgedanken des Art. 12 Abs. 1 GG, einem Berufsbewerber eine Ausnahmebewilligung nach § 7 Abs. 2, § 8 HdwO zu erteilen, wenn es eine übermäßige, nicht zumutbare Belastung darstellen würde, ihn auf den Nachweis seiner fachlichen Befähigung gerade in der Form der Ablegung der Meisterprüfung zu verweisen.

Beschluß des Ersten Senats vom 17. Juli 1961 – 1 BvL 44/55 –
in dem Verfahren wegen verfassungsrechtlicher Prüfung der §§ 1 und 7 Abs. 1 und 2 der Handwerksordnung vom 17. September 1953 (BGBl. I S. 1411) auf Vorlage des Landesverwaltungsgerichts Hannover – Erste Kammer Hannover (Vorlagebeschluß vom 22. Juni 1955 – A I 78/55).

Entscheidungsformel:
§ 1 und § 7 Absatz 1 und 2 des Gesetzes zur Ordnung des Handwerks (Handwerksordnung) vom 17. September 1953 (Bundesgesetzbl. I S. 1411) sind mit dem Grundgesetz vereinbar.

Gründe:
A.-I.
Nach § 1 Abs. 1 der Handwerksordnung ist der selbständige Betrieb eines Handwerks als stehendes Gewerbe nur den in der Handwerksrolle eingetragenen Personen (selbständigen Hand-

werkern) gestattet. Die Gewerbe, die als Handwerk betrieben werden können, sind in der Anlage A des Gesetzes aufgeführt (§ 1 Abs. 2). In die Handwerksrolle wird eingetragen, wer in dem von ihm zu betreibenden Handwerk die Meisterprüfung bestanden hat (§ 7 Abs. 1). Durch diese Prüfung ist festzustellen, „ob der Prüfling befähigt ist, einen Handwerksbetrieb selbständig zu führen und Lehrlinge ordnungsgemäß anzuleiten" und ob er „die in seinem Handwerk gebräuchlichen Arbeiten meisterhaft verrichten kann und die notwendigen Fachkenntnisse sowie die erforderlichen betriebswirtschaftlichen, kaufmännischen und allgemeintheoretischen Kenntnisse besitzt" (§ 41).

In Ausnahmefällen wird in die Handwerksrolle ferner eingetragen, wer, ohne die Meisterprüfung abgelegt zu haben, die zur selbständigen Ausübung des betreffenden Handwerks als stehendes Gewerbe notwendigen Kenntnisse und Fertigkeiten nachweist und hierüber eine Ausnahmebewilligung der höheren Verwaltungsbehörde besitzt (§ 7 Abs. 2, § 8).

II.

Der Kläger des Ausgangsverfahrens hat im Jahre 1934 die Gesellenprüfung im Uhrmacherhandwerk abgelegt und ist seither als Uhrmacher tätig. Er beantragte bei der höheren Verwaltungsbehörde die Erteilung einer Ausnahmebewilligung nach § 7 Abs. 2. Er machte geltend, er sei infolge einer Versteifung seines linken Ellenbogen- und Handgelenks allerdings nicht in der Lage, die bei der Meisterprüfung geforderten komplizierten Arbeiten auszuführen. Jedoch sei er durchaus imstande, die im Uhrmacherhandwerk gewöhnlich vorkommenden Arbeiten zu verrichten und einen Handwerksbetrieb zu leiten; dies ergebe sich daraus, daß er das Uhrmachergeschäft, das sein nunmehr zu über 70 % arbeitsunfähiger Vater nach dem Kriege eröffnet habe, seit mehreren Jahren praktisch selbständig führe. Er erledige die anfallenden Reparaturaufträge, leite den Einkauf und Verkauf des mit dem Handwerksbetrieb verbundenen Uhren-Einzelhandelsgeschäfts und führe die Buchhaltung. Damit sei hinreichend dargetan, daß er die zur ordnungsmäßigen Berufsausübung erforderlichen Kenntnisse und Fertigkeiten besitze. Da mit dem Ableben seines schwerkranken Vaters jederzeit zu rechnen sei, würde die Versagung der Ausnahmebewilligung dazu führen, daß der Handwerksbetrieb aufgegeben werden müsse. Damit würde er seine nach der Vertreibung mühsam wieder aufgebaute wirtschaftliche Existenz verlieren, auf die neben ihm und seiner Familie auch seine Mutter angewiesen sei.

Die höhere Verwaltungsbehörde hat die Erteilung einer Ausnahmebewilligung mit der Begründung abgelehnt, es sei kein Ausnahmefall im Sinne des § 7 Abs. 2 gegeben. Der Kläger habe in den Jahren nach dem Kriege genügend Gelegenheit gehabt, die Meisterprüfung abzulegen. Es müsse auch bezweifelt werden, ob er die notwendigen kaufmännischen, betriebswirtschaftlichen und theoretischen Kenntnisse besitze. Da der Einspruch des Klägers erfolglos blieb, beschritt er den Verwaltungsrechtsweg.

III.

Das Landesverwaltungsgericht Hannover hat das Verfahren nach Art. 100 Abs. 1 GG ausgesetzt und die Entscheidung des Bundesverfassungsgerichts darüber erbeten, ob die Bestimmungen über den „Befähigungsnachweis" (§ 1 und § 7 Abs. 1 und 2) mit dem Grundgesetz vereinbar sind. Es vertritt im Anschluß an den Vorlagebeschluß des Oberverwaltungsgerichts Lüneburg (DBVl. 1955 S. 187) die Auffassung, die Beschränkung der selbständigen Ausübung eines Handwerks verstoße gegen Art. 12 Abs. 1 und Art. 19 Abs. 2 GG.

Die Forderung des Befähigungsnachweises als subjektive Zulassungsvoraussetzung für die Aufnahme selbständiger handwerklicher Tätigkeit sei zwar bei solchen Handwerken gerechtfertigt, bei denen die unsachgemäße Ausübung Gefahren für die Allgemeinheit oder einzelne Bürger mit sich bringe. Es bestehe aber kein öffentliches Interesse daran, fachlich nicht ausgewiesene Bewerber von der selbständigen Ausübung auch solcher Handwerkszweige fernzuhalten, deren mangelhafte Ausübung die Allgemeinheit nicht gefährde.

Die Handwerksordnung unterscheide die verschiedenen Arten handwerklicher Tätigkeit nicht nach ihrer Bedeutung und nach ihren Gefahren für die Allgemeinheit. Sie mache vielmehr die selbständige Ausübung aller in der Anlage A enthaltenen Gewerbe grundsätzlich von der Ablegung der Meisterprüfung abhängig. Wie sich aus der Entstehungsgeschichte des Gesetzes ergebe, habe sich der Gesetzgeber nicht von dem Gesichtspunkt der Abwehr der aus unsachgemäßer Berufsausübung entstehenden Gefahren leiten lassen, sondern ein wirtschafts- und standespolitisches Programm verwirklichen wollen. Angesichts der wirtschaftspolitischen Neutralität des Grundgesetzes habe der Gesetzgeber zwar eine weite Gestaltungsfreiheit; diese finde aber in Art. 19 Abs. 2 GG ihre unverrückbare und enge Grenze. Das Grundrecht der freien Berufswahl sei dadurch in seinem Wesensgehalt angetastet, daß die Handwerksordnung bei allen in der Anlage A enthaltenen Gewerben unterschiedslos den Nachweis fachlicher Befähigung verlange.

Das mit den Zulassungsvoraussetzungen der Handwerksordnung angestrebte Ziel lasse sich nicht mit besonderen Vorschriften oder Grundsätzen der Verfassung rechtfertigen. Das Grundgesetz enthalte weder ausdrücklich noch sinngemäß eine Bestimmung, die die Förderung oder den Schutz des Handwerks als Stand, etwa im Sinne einer Mittelstandspolitik, durch das Erfordernis des Befähigungsnachweises ermögliche.

Dem Grundgesetz sei schließlich nicht das Berufsbild des geprüften Handwerksmeisters als vorstaatliche, rechtliche und soziologische Realität mit dem Inhalt vorgegeben, daß der selbständige Betrieb eines Handwerks wesensgemäß von einem Nachweis der Befähigung abhängig sei. Die Geschichte des deutschen Handwerks erweise nicht, daß das Berufsbild des selbständigen Handwerkers mit der Qualifikation als Handwerksmeister unlöslich verknüpft sei.

IV.
Der Bundestag hält die zur Prüfung gestellten Vorschriften für verfassungsmäßig. Die mit der Handwerksordnung verfolgten Ziele rechtfertigten auch bei Anlegung der im Apotheken-Urteil des Bundesverfassungsgerichts entwickelten Maßstäbe die Aufstellung subjektiver Zulassungsvoraussetzungen in Gestalt der Befähigungsnachweise. An der Erhaltung des Handwerkstandes in seiner spezifischen Funktion im Wirtschaftsleben bestehe ein besonderes Gemeinschaftsinteresse. Es sei auch eine überragende Forderung des Gemeinwohls, den Leistungsstand des Handwerks zu erhalten, weil nur so eine gediegene fachliche Ausbildung des größten Teils des gewerblichen Nachwuchses gesichert sei.

Namens der Bundesregierung hat sich der Bundesminister für Wirtschaft geäußert. Er hält die in der Handwerksordnung getroffene Regelung ebenfalls für vereinbar mit dem Grundgesetz. Angesichts der Aufgaben, die das Handwerk im Rahmen der gesamten Volkswirtschaft zu erfüllen habe, und im Hinblick auf die Stellung, die es im sozialen Gefüge einnehme, sei die Beschränkung der Zulassung zur selbständigen Ausübung eines Handwerks aus dem Gedanken der Erhaltung des Leistungsstandes und der Leistungsfähigkeit des Handwerks legitimiert. An einem hohen Leistungsniveau bestehe auch deswegen ein Interesse der Allgemeinheit, weil ein hoher Leistungsstand der einzelnen Handwerker geeignet sei, die Verbraucher vor wirtschaftlichen Nachteilen zu schützen. Ferner komme dem Ziel, durch Erhaltung des Leistungsstandes zugleich die gründliche und fachgerechte Ausbildung des Nachwuchses zu sichern, eine erhebliche Bedeutung zu, insbesondere weil auch die Industrie in großer Zahl die vom Handwerk ausgebildeten Fachkräfte benötige. Schließlich rechtfertigen auch standespolitische Erwägungen das Bestreben des Gesetzgebers, den Leistungsstand des Handwerks zu wahren. An der Erhaltung des Handwerks als eines wichtigen Teils des Mittelstandes bestehe wegen seiner ausgleichenden und stabilisierenden Wirkung im sozialen Gefüge ein allgemeines staatspolitisches Interesse. Die Lebensfähigkeit und die wirtschaftliche Bedeutung des Handwerks hingen aber entscheidend von seinem Leistungsniveau ab.

Die Bayerische Staatsregierung hat hervorgehoben, angesichts der „sichtbaren Symptome sozialer Ermattung im selbständigen Mittelstand" müsse der Wille der selbständigen Handwerker, durch persönliche Leistung ihre wirtschaftliche Existenz zu garantieren und gesellschaftliche Achtung zu finden, besonders gestärkt werden. Ein geordneter Ausbildungsgang im Handwerk sei auch notwendig, um der zunehmenden, nicht nur für den Bestand des Handwerks gefährlichen Diskreditierung des Berufsgedankens entgegenzuwirken.

V.
Dem Verfahren ist kein Verfassungsorgan beigetreten.

B.
Die Vorlage ist zulässig.

Bei der Entscheidung des vorlegenden Gerichts kommt es darauf an, ob § 1 und § 7 Abs. 1 und 2 mit dem Grundgesetz vereinbar sind. Dabei spielt es keine Rolle, ob das Gericht, was aus dem Vorlagebeschluß nicht hervorgeht, die sachlichen Voraussetzungen für die Erteilung der Ausnahmebewilligung als erfüllt ansieht. Ist die zur Prüfung gestellte Norm gültig, so kann es nur im Falle der Bejahung dieser Voraussetzungen der Anfechtungsklage stattgeben, im Falle ihrer Verneinung muß es die Klage als unbegründet abweisen. Ist die Norm dagegen nichtig, so muß es in jedem Falle die Klage abweisen, jedoch mit der Begründung, daß für die Erteilung einer Ausnahmebewilligung kein Raum sei. Das vorlegende Gericht gelangt also bei Gültigkeit der Norm und Verneinung der Voraussetzungen für die Ausnahmebewilligung ebenso zur Klageabweisung wie in jedem Falle bei Nichtigkeit. Gleichwohl darf es, wenn es die Voraussetzungen für die Ausnahmebewilligung verneint, die Gültigkeit dieser Norm nicht im Hinblick auf das scheinbar gleiche Ergebnis dahingestellt sein lassen. Denn es würde dann, wenn auch nur alternativ, die Klageabweisung mit der Verfassungswidrigkeit der Norm zu begründen haben. Erst die Begründung der Entscheidung kann ergeben, ob die Klageabweisung auf der uneingeschränkten Geltung der Berufsfreiheit für das Handwerk oder auf der mangelnden Qualifikation dieses Klägers beruht, welche Rechtslage also für den Kläger und die Verwaltungsbehörde besteht. In einem solchen Fall kommt es bei der Entscheidung des Gerichts im Sinne des Art. 100 Abs. 1 GG auf die Gültigkeit des Gesetzes an, auch wenn nicht, wie in der Regel (vgl. BVerfGE 10, 258 [261]; 11, 330 [334 f.]), die Entscheidungsformel selbst von der Gültigkeit oder Ungültigkeit der Norm abhängt.

C.
§ 1 und § 7 Abs. 1 und 2 der Handwerksordnung sind mit dem Grundgesetz vereinbar.

I.

Das Bundesverfassungsgericht hat im Apotheken-Urteil (BVerfGE 7, 377) die Grundsätze dargelegt, von denen es bei der Auslegung des Art. 12 Abs. 1 GG ausgeht. Danach gewährleistet das Grundrecht der Berufsfreiheit dem Einzelnen das Recht, jede Tätigkeit, für die er sich geeignet glaubt, als „Beruf" zu ergreifen; er soll die Tätigkeit, zu der er sich „berufen" fühlt, frei wählen und auch zur Grundlage seiner Lebensführung machen können. Dieses Grundrecht ist so eine besondere Ausprägung des umfassenderen, in Art. 2 Abs. 1 GG verbürgten Rechts auf freie Entfaltung der Persönlichkeit. Wie dieses muß es aber mit den Interessen der Allgemeinheit in Einklang gebracht werden, die seiner unbeschränkten Ausübung entgegenstehen können. Die Möglichkeit dazu gibt die in Art. 12 Abs. 1 Satz 2 GG dem Gesetzgeber eingeräumte Regelungsbefugnis. Ihre Grenzen hat das Apotheken-Urteil dem Sinne des Grundrechts selbst entnommen. Die dort entwickelte „Stufentheorie" ist das Ergebnis strikter Anwendung des Prinzips der Verhältnismäßigkeit bei den vom Gemeinwohl her gebotenen Eingriffen in die Berufsfreiheit. Sie geht von der Einsicht aus (aaO S. 405) daß nach der Ordnung des Grundgesetzes die freie menschliche Persönlichkeit der oberste Rechtswert ist, daß ihr deshalb auch bei der Berufswahl die größtmögliche Freiheit gewahrt bleiben muß, daß diese Freiheit mithin nur so weit eingeschränkt werden darf, als es zum gemeinen Wohl unerläßlich ist. Von der grundsätzlichen Freiheitsvermutung aus ergibt sich die Unterscheidung zwischen bloßen Regelungen der Berufsausübung und Einschränkungen der Berufswahl, bei diesen widerum zwischen subjektiven und objektiven Voraussetzungen der Zulassung zum Beruf; es ergibt sich ferner der Grundsatz, daß Eingriffe jeweils nur auf der „Stufe" gerechtfertigt sind, die die geringste Beschränkung der Berufsfreiheit des Einzelnen mit sich bringt.

Zur Entscheidung über die Zulässigkeit einer konkreten gesetzlichen Einschränkung der Berufsfreiheit bedarf es somit jeweils einer Abwägung der einander gegenüberstehenden Interessen des Einzelnen und der Gesamtheit. Dabei ist vom grundsätzlichen Vorrang des Freiheitsrechts auszugehen; doch darf sich der Richter über die Erwägungen und Wertungen, die den Gesetzgeber zu einer nach seiner Auffassung notwendigen Freiheitsbeschränkung geführt haben, nur dann hinwegsetzen, wenn sie sich, am Maßstab des Grundgesetzes gemessen, als unhaltbar erweisen.

II.

Der Entschluß, ein in der Anlage A zur Handwerksordnung aufgeführtes Handwerk selbständig als stehendes Gewerbe auszuüben, ist ein Akt der Berufswahl im Sinne des Art. 12 Abs. 1 GG. Handwerkliche Tätigkeit kann zwar auch in der Form unselbständiger Arbeit als Beruf gewählt werden. Nach der geschichtlich gewordenen Struktur des Handwerkstandes kommt jedoch der Ausübung eines Handwerks im eigenen Namen, auf eigene Rechnung und in eigener Verantwortung ein besonderes, und zwar gerade das den „Handwerker" in den Augen der Öffentlichkeit eigentlich kennzeichnendes soziales Gewicht zu. Die Handwerksordnung selbst bestätigt das; denn ebendiese Besonderheit hat dazu geführt, den Zugang zur selbständigen Ausübung eines Handwerks von einem Befähigungsnachweis abhängig zu machen. Immer liegt ein Akt der Berufswahl vor, gleichgültig, ob sie von einem bisher nicht handwerklich Tätigen getroffen wird, ob ein bereits selbständiger Handwerker sich für ein anderes Handwerk entscheidet oder ob jemand sein erlerntes und bisher unselbständig ausgeübtes Handwerk nunmehr selbständig betreiben will.

Im Apotheken-Urteil ist ausgesprochen (BVerfGE 7, 377 [397]), daß der Einzelne bei seiner Berufswahl nicht von vornherein auf feste Berufsbilder beschränkt ist, daß er vielmehr grundsätzlich auch jede (erlaubte) untypische Tätigkeit als Beruf erwählen darf. Diese weite Auslegung des Berufsbegriffes ergab sich notwendig aus dem Grundsatz der freien Berufswahl. Die Befugnis des Gesetzgebers, bestimmte Berufsbilder rechtlich festzulegen und damit die freie Berufswahl in diesem Bereich zu verengen, ja teilweise auszuschließen, wurde nicht geleugnet, sondern vorausgesetzt (aaO S. 406 letzter Absatz; vgl. auch BVerfGE 9, 73 [78]). Wo die Grenzen rechtlicher Fixierung von Berufsbildern verlaufen, läßt sich nicht allgemein sagen; es wird darauf ankommen, ob der Gesetzgeber nur ausspricht, was sich aus einem ohnehin klar zusammenhängenden, von anderen Tätigkeiten deutlich abgegrenzten „vorgegebenen" Sachverhalt von selbst ergibt, oder ob er es etwa unternimmt, solchen Vorgegebenheiten ohne hinreichenden Grund eine andersartige Regelung „willkürlich" aufzuzwingen. Daß die „Positivliste" (Anlage A zur Handwerksordnung) unter diesem Gesichtspunkt unbedenklich ist, wird noch dargelegt werden.

III.
Das Erfordernis des Befähigungsnachweises ist eine subjektive Zulassungsvoraussetzung: die Aufnahme der Berufstätigkeit als selbständiger Handwerker wird vom Besitz beruflicher Fähigkeiten und Fertigkeiten abhängig gemacht, die sich der Einzelne durch einen bestimmten Ausbildungsgang – ausnahmeweise auf andere Art – aneignen kann und die er grundsätzlich in einer besonderen Prüfung nachzuweisen hat.

Auch subjektive Zulassungsvoraussetzungen sind nur zum Schutze eines wichtigen Gemeinschaftsgutes gerechtfertigt. Denn auch sie beschränken – prinzipiell gesehen – den Freiheitsanspruch des Einzelnen empfindlich, da sie ihm den Beginn der Tätigkeit im gewählten Beruf verwehren, bis er den Nachweis erbringt, daß er eine längere Zeit erfordernde Ausbildung durchlaufen und eine besondere Prüfung bestanden hat.

Schutzwürdig sind hier nicht nur „absolute", d.h. allgemein anerkannte und von der jeweiligen Politik des Gemeinwesens unabhängige Gemeinschaftswerte (wie z.B. die Volksgesundheit). Der Gesetzgeber kann auch Gemeinschaftsinteressen zum Anlaß von Berufsregelungen nehmen, die ihm nicht in diesem Sinne „vorgegeben" sind, die sich vielmehr erst aus seinen besonderen wirtschafts-, sozial- und gesellschaftspolitischen Vorstellungen und Zielen ergeben, die er also erst selbst in den Rang wichtiger Gemeinschaftsinteressen erhebt. In solchen Fällen kann das Bundesverfassungsgericht die Berufsregelungen nicht schon deswegen beanstanden, weil die ihnen zugrunde liegenden politischen Auffassungen umstritten sind. Das Gericht ist insoweit auf die Prüfung beschränkt, ob die öffentlichen Interessen, deren Schutz die gesetzliche Regelung dient, überhaupt Gemeinschaftswerte von so hohem Rang darstellen können, daß sie eine Einschränkung der freien Berufswahl rechtfertigen. Den Anschauungen des Gesetzgebers hierüber darf es die Anerkennung nur versagen, wenn sie offensichtlich fehlsam oder mit der Wertordnung des Grundgesetzes unvereinbar sind.

IV.
Die hier zu prüfende Regelung der Handwerksordnung beruht auf der Grundanschauung, an der Erhaltung des Leistungsstandes und der Leistungsfähigkeit des Handwerks und an der Sicherung des Nachwuchses für die gesamte gewerbliche Wirtschaft bestünden so wichtige Interessen der Gemeinschaft, daß der Zugang zur selbständigen Ausübung eines handwerklichen Berufs nicht jedem freistehen könne. Dieser Ausgangspunkt der Handwerksordnung ist verfassungsrechtlich nicht zu beanstanden.

1. Der Bundesgesetzgeber hat das Handwerk als einen volkswirtschaftlich unentbehrlichen Zweig der gewerblichen Wirtschaft und einen besonders wichtigen Teil des Mittelstandes ange-

sehen. Im Einklang mit den Verfassungen der überwiegenden Zahl der Länder der Bundesrepublik Deutschland, die den Schutz und die Förderung des Handwerks ausdrücklich in ihr wirtschaftspolitisches Programm aufgenommen haben, wollte der Gesetzgeber das Handwerk als Ganzes schützen und fördern; zugleich wollte er dadurch die Ausbildung des Nachwuchses für die gesamte gewerbliche Wirtschaft sicherstellen. In der Einführung des Befähigungsnachweises sah er ein geeignetes, aber auch notwendiges Mittel zur Erreichung dieses Zieles.

Nach der Begründung des von den Fraktionen der CDU/CSU, FDP und DP eingebrachten Entwurfs eines Gesetzes über die Handwerksordnung sollte an die gegen Ende der Weimarer Republik in Gang gewesenen Bestrebungen angeknüpft werden, „Bestimmungen zur Vermeidung der Verdrängung und der Aufsaugung der handwerklichen Kleinbetriebe durch wirtschaftlich Stärkere entsprechend dem Art. 164 der Weimarer Verfassung" zu erlassen (BT I/1949, Drucks. Nr. 1428, S. 17). Es wurde auf die Tendenz der Gesetzgebung anderer europäischer Länder verwiesen, die „zur Erhaltung der Eigenart des Handwerks, zur Stärkung der wirtschaftlichen Leistungsfähigkeit, zur Förderung der Selbständigmachung und nicht zuletzt zur Förderung der beruflichen Weiterbildung der Jugend eine Neugestaltung und Zusammenfassung eines einheitlichen Handwerksrechts" anstrebten (aaO S. 18).

Bei der ersten Beratung des Entwurfs (am 26. Oktober 1950 – BT I/1949, Prot. S. 3498 ff.) wurden diese Gedanken von Abgeordneten der Koalition und der Opposition vorgetragen. Es wurde betont, daß es im Interesse von Volk und Staat liege, die Leistungs- und Lebensfähigkeit des Handwerks sicherzustellen (aaO S.3499), seinen hohen Leistungsstand zu erhalten (aaO S. 3500) und dafür zu sorgen, daß der beträchtliche Anteil des Handwerks an der Gesamtwirtschaft nicht geschmälert werde, weil nur so zugleich eine hochwertige industrielle Fertigungsarbeit gewährleistet sei (aaO. 3501). Das Handwerk müsse durch Erhaltung seiner Arbeits- und Produktionsstätten geschützt werden, in denen „die Verbindung von Kapital und Arbeit in einer Person gegen die Entwicklungstendenzen des Kapitalismus erhalten geblieben" sei (Abg. Dr. Veit, aaO S. 3502).

Die Unterkommission „Handwerksordnung" des Ausschusses für Wirtschaftspolitik bejahte ein nicht auf bestimmte Handwerkszweige beschränktes öffentliches Interesse am Befähigungsnachweis; nur so seien der Leistungsstand und die Leistungsfähigkeit des Handwerks und die Ausbildung des Nachwuchses für die gesamte gewerbliche Wirtschaft gewährleistet (Kurzprot. über die 3. Sitzung vom 26. Juni 1951, S. 2 f.). Dieser Auffassung schloß sich der Ausschuß für Wirtschaftspolitik in seinem schriftlichen Bericht zu dem Gesetzentwurf an (BT I/1949 zu Drucks. Nr. 4172).

Bei der zweiten und dritten Beratung des Gesetzentwurfs am 26. März 1953 hob der Abgeordnete Stücklen (BT I/1949, Prot. S. 12546 f.) hervor, daß angesichts der großen Bedeutung des Handwerkstandes in wirtschaftlicher, sozialer und staatspolitischer Hinsicht eine Ordnung im Handwerk erforderlich sei; die Meisterprüfung gewährleiste das Leistungsniveau des Handwerks und der übrigen Volkswirtschaft und stelle gleichzeitig einen Schutz der Verbraucher dar. Der Abgeordnete Dr. Dr. Nöll von der Nahmer (aaO S. 12552) begründete den Befähigungsnachweis mit der Erwägung, daß er die Gesellen zwinge, sich neben ihrer technischen Ausbildung mit wirtschaftlichen Fragen zu befassen. Die Meisterprüfung bedeute „vor allem einen Schutz für den kommenden selbständigen Handwerksmeister, einen Schutz davor, daß er wirtschaftlich nicht vorankommt, weil er den betriebswirtschaftlichen Fragen allzuwenig Aufmerksamkeit widmet".

Das Gesetz wurde mit den Stimmen aller Parteien mit Ausnahme der KPD beschlossen.

2. Wie diese Darstellung zeigt, kam es dem Gesetzgeber nicht darauf an, Gefahren für die Gesamtheit oder die Einzelnen aus einer unsachgemäßen Berufsausübung abzuwenden, die bei zahlreichen Handwerkszweigen drohen, etwa beim Bauhandwerk oder den Gruppen der Kraftfahrzeugmechaniker und Elektroinstallateure. Maßgebend war vielmehr das Interesse an der Erhaltung und Förderung eines gesunden, leistungsfähigen Handwerkstandes als Ganzem. Das Handwerk setzt sich zwar aus einer Vielheit einzelner Zweige zusammen, deren Tätigkeiten nach Art und Bedeutung für die Gesamtheit sehr verschieden sind, die zudem – insbesondere dem Gang der wirtschaftlich-technischen Entwicklung folgend – ständiger Wandlung unterliegen. Trotzdem stellt es sich als eine einheitliche soziale Gruppe dar, die durch geschichtliche Entwicklung, Tradition, typische Besonderheiten ihrer Tätigkeit, Lebensstil und Standesbewußtsein der Berufsangehörigen von anderen Berufsgruppen deutlich abgegrenzt ist. Auch die besondere Betriebs- und Beschäftigtenstruktur weist ihm einen eigenen sozialen Standort in der mittelständischen gewerblichen Wirtschaft an.

3. Die Erwägungen, mit denen der Gesetzgeber das besondere Interesse der Gemeinschaft an der Erhaltung und Förderung des Handwerks begründet, halten sich im Rahmen einer nach dem Grundgesetz möglichen, daher allein vom gesetzgeberischen Ermessen bestimmten Wirtschafts-, Sozial- und Gesellschaftspolitik; sie stehen weder mit Grundprinzipien noch mit besonderen Wertentscheidungen der Verfassung in Widerspruch; sie lassen sich andererseits mit Tatsachen und Erfahrungen unseres wirtschaftlichen und sozialen Lebens belegen.

Dafür kann im einzelnen angeführt werden:
a) Innerhalb des Gesamtbereichs der Wirtschaft nimmt das Handwerk einen wichtigen Platz ein; in seinen spezifischen Funktionen (Herstellung von Waren in Einzelfertigung, Installation und Montage, Vornahme von Reparaturen, Erbringen von Dienstleistungen auf der Grundlage individueller erlernter Handarbeit) ist es weitgehend unersetzbar.

Der Umsatz des Handwerks betrug im Jahre 1955 47,7 Milliarden DM; in 752 000 Betrieben waren 3,62 Millionen Beschäftigte tätig. Schätzungen für das Jahr 1959 nehmen einen Umsatz von 66 Milliarden DM und eine Beschäftigtenzahl von 3,8 Millionen an; für das Jahr 1960 wird von 78 Milliarden DM Umsatz und 4 Millionen Beschäftigten gesprochen.

Die Arbeits- und Dienstleistungen des Handwerks können zum größten Teil sachgemäß nur in handwerklicher Arbeitstechnik ausgeführt werden. Auch die rasche technische Entwicklung verdrängt die individuelle Arbeitsweise des Handwerks nicht generell, eröffnet ihr sogar wichtige neue Bereiche (Kraftfahrzeugmechaniker, Elektroinstallateure). Der Leistungsstand des Handwerks beeinflußt so unmittelbar und erheblich die volkswirtschaftliche Gesamtleistung.

b) Vom Standpunkt einer auf den Schutz des Mittelstandes durch Erhaltung einer möglichst großen Zahl selbständiger Unternehmen bedachten Wirtschafts- und Gesellschaftspolitik erscheint die Förderung des Handwerks folgerichtig.

Im Handwerk überwiegt der kleine und mittlere Betrieb, in dem der Betriebsinhaber selbst mitarbeitet, oft mit Hilfe von Familienangehörigen. Im Jahre 1956 waren noch 33,2 v.H. der Handwerksbetriebe Einmannbetriebe; im Durchschnitt kamen auf den Betrieb 5,4 Arbeitskräfte; nur etwa 10 v.H. der Betriebe beschäftigten mehr als 9 Personen. Ein großer Teil der Beschäftigten des Handwerks ist fachlich vorgebildet oder steht als Lehrling in Fachausbildung.

Die Eigenart der handwerklichen Tätigkeit hat zur Folge, daß der Wille, durch fachliche Leistung eine selbständige wirtschaftliche Existenz zu begründen, hier leichter verwirklicht werden kann als auf anderen Gebieten der gewerblichen Wirtschaft. Denn im Vordergrund steht die persönliche Fähigkeit, das eigene berufliche Können; der Kapitalbedarf bei Eröffnung eines selbständigen Betriebs ist verhältnismäßig gering. So entstehen hier im Bereich des Mittelstandes ständig neue Unternehmen, bei denen die Produktionsfaktoren Kapital und Arbeit ausgewogen in einer Hand vereint sind und der Inhaber seine persönlichen Fähigkeiten voll zur Geltung bringen kann. Das Verhältnis, das der selbständige Handwerker zu seiner Arbeit und ihrem Ergebnis gewinnt, und der dadurch immer wieder neu belebte Wille, sich durch Steigerung der Leistungen erfolgreich im Wirtschaftsleben zu behaupten, wird auf die Arbeitsgesinnung der Mitarbeiter nicht ohne Einfluß bleiben. In all dem liegen – wirtschaftlich und psychologisch – bedeutsame Elemente sozialer Stabilität, deren Stärkung ein legitimes Ziel staatlicher Gesetzgebung ist.

c) In den Betrieben des Handwerks wird der größte Teil (etwa zwei Drittel) des Nachwuchses der ganzen gewerblichen Wirtschaft ausgebildet. Das Handwerk bietet damit vor allem der Industrie die Möglichkeit, ihren Facharbeiterstamm laufend durch voll ausgebildete junge Handwerker zu ergänzen. Die Industrie macht hiervon in erheblichem Umfang Gebrauch, da sie selbst – namentlich in kleineren Betrieben – diese Aufgabe nur unvollkommen und mit hohem Kostenaufwand übernehmen könnte. So ergibt sich hier für das Handwerk eine über seinen unmittelbaren Bereich weit hinauswirkende Funktion von großer gesamtwirtschaftlicher Bedeutung.

d) Das Handwerk, verkörpert vor allem in der Gestalt des „Meisters", tritt im Sozialgefüge als eine besondere Gruppe hervor, die in langer geschichtlicher Entwicklung charakteristische Eigenzüge entwickelt und hohes Ansehen gewonnen hat; der Stand legt von alters her auf seine Berufsehre großen Wert und pflegt das soziale Gruppenbewußtsein besonders nachdrücklich. Der Gesetzgeber darf daher auf die Zustimmung der öffentlichen Meinung rechnen, wenn er auf die Erhaltung und Förderung des Ansehens dieses Berufsstandes bedacht ist und Maßnahmen ergreift, die nach seiner Überzeugung geeignet sind, das Vertrauen der Bevölkerung in die Qualität handwerklicher Arbeit zu rechtfertigen.

V.

Konnte der Gesetzgeber so mit Grund in der Erhaltung und Pflege eines hohen Leistungsstandes des Handwerks ein besonders wichtiges Gemeinschaftsgut erblicken, so behält doch die Frage ihr volles Gewicht, ob dieses Gemeinschaftsinteresse gegenüber dem Freiheitsrecht des Einzelnen den Vorrang beanspruchen kann und ob – bei Bejahung dieser Frage – das Gesetz in der Beschränkung des Grundrechts nicht zu weit gegangen ist. Das Grundrecht der Berufsfreiheit hat zum Inhalt, daß dem Einzelnen bei der Wahl seines Berufs so viel Freiheit bleiben muß, wie mit den schutzwürdigen Interessen der Gemeinschaft nur irgend verträglich ist; anders gewendet: Einschränkungen der freien Berufswahl braucht der Einzelne nur hinzunehmen, wenn und soweit sie der Schutz wichtiger Gemeinschaftsinteressen erfordert. Notwendigkeiten des Gemeinwohls und Freiheitsbeschränkungen des Bürgers müssen in ausgewogenem Verhältnis stehen. Das bedeutet – nach der im Apotheken-Urteil gegebenen Ausformung dieses Grundsatzes –, daß zunächst zu prüfen ist, ob der Gesetzgeber zur Erreichung seines Zieles überhaupt genötigt war, Beschränkungen der freien Berufswahl vorzunehmen, statt sich auf Regelungen der Berufsausübung zu beschränken, und ob nicht die von ihm eingeführte Zulassungsvoraussetzung ein zur Wahrung des Gemeinschaftswertes offenbar ungeeignetes Mittel darstellt; schließlich ob diese Zulassungsvoraussetzung, auch für sich betrachtet, den betroffenen Einzelnen nicht übermäßig und unzumutbar beschwert. Auch bei den in diesem Zusammenhang allenthalben auftretenden Wertungs- und Abwägungsfragen kann die Auffassung des Gesetzgebers vom Bundesverfassungsgericht nicht beanstandet werden, solange nicht eindeutig ist, daß sie von unrichtigen tatsächlichen Voraussetzungen ausgeht oder mit der Verfassung in Widerspruch steht.

1. Der Gesetzgeber hätte die Wahrung und Förderung des Leistungsstandes und der Leistungsfähigkeit der Inhaber von Handwerksbetrieben dem freien Spiel der wirtschaftlichen Kräfte überlassen können. Er wäre dann von der Auffassung ausgegangen, daß schon der freie Wettbewerb die leistungsunfähigen oder weniger leistungsfähigen Kräfte hinreichend ausschalten werde, so daß auf dem Wege dieser „Selbstauslese" die leistungsfähigsten Persönlichkeiten zur Selbständigkeit gelangen oder doch sich darin behaupten würden. Dieses Ziel hätte durch Ausübungsregelungen noch gefördert werden können. So wäre es etwa möglich gewesen, auch bei Freigabe des Zugangs zum Beruf die Führung des Meistertitels den Betriebsinhabern vorzubehalten, die die Meisterprüfung bestanden haben; dadurch wäre die Öffentlichkeit auf die (vermutlich) höhere Leistungsfähigkeit der von einem Meister geleiteten Betriebe hingewiesen worden. Auch die Ausbildung des Nachwuchses hätte ein Monopol der Handwerksmeister bleiben können wie beim früheren „kleinen Befähigungsnachweis". Die technische und betriebswirtschaftliche Fortbildung der Handwerker, die die Handwerksordnung den Handwerkskammern und den Innungen ohnehin zur Pflicht macht, hätte sich durch mannigfache Maßnahmen weiter ausbauen lassen.

Wenn dem Gesetzgeber diese Möglichkeiten nicht genügend erschienen, so sind die Gründe dafür einleuchtend, jedenfalls nicht offenbar fehlsam. Denn Ausübungsregelungen – und noch mehr das freie wirtschaftliche Kräftespiel – werden durchweg erst wirksam für den, der bereits die selbständige Berufstätigkeit aufgenommen hat. Sie sichern nicht gegen das Eindringen unqualifizierter Kräfte in den Beruf. Bis diese wieder ausgeschieden oder aber auf den wünschenswerten Leistungsstand gebracht sind, können sowohl der Kundschaft (durch mangelhafte Leistungen) wie dem Stande selbst (durch Verdrängung und Behinderung wirklich leistungsfähiger Betriebe und durch Minderung des Ansehens der handwerklichen Arbeit im ganzen) schwere Schäden zugefügt sein. Dies zu vermeiden war aber gerade das Ziel des Gesetzgebers. Wenn er daher glaubte, mit Freiheitsbeschränkungen bereits im Stadium der Berufswahl einsetzen zu müssen, um schon die Aufnahme des Berufs durch ungeeignete Kräfte nach Möglichkeit zu verhindern, so kann ihm darin nicht grundsätzlich entgegengetreten werden – immer vorausgesetzt, daß diese Maßnahmen sich in den verfassungsmäßigen Grenzen halten, insbesondere den Grundsatz der Verhältnismäßigkeit wahren.

2. Die Handwerksordnung stellt als subjektive Voraussetzung für die Zulassung zur selbständigen Berufsausübung lediglich den Nachweis des fachlichen Könnens auf, der durch eine bestimmte Ausbildung und die Ablegung einer bestimmten Prüfung zu erbringen ist. Das ist – von den unter Ziff. 4 zu erörternden Sonderfällen abgesehen – die mildeste, den Berufsanwärter am wenigsten belastende Form der Beschränkung der freien Berufswahl. Hier gelten in vollem Umfang die Ausführungen des Apotheken-Urteils (BVerfGE 7, 377 [406 f.]), wonach Beschränkungen dieses Inhalts sich aus der Sache selbst legitimieren. Ordnungsgemäße Ausübung eines Handwerks setzt Kenntnisse und Fertigkeiten voraus, die nur durch theoretische und praktische Schulung zu erwerben sind. Es ist lediglich eine Formalisierung und Konkretisierung der aus der

Natur der Sache folgenden Qualifikationsvoraussetzungen, wenn der Gesetzgeber die erforderlichen Kenntnisse und Fertigkeiten und die Art und Weise, wie sie zu erwerben sind, im einzelnen festlegt. Wird der Zugang zu einem solchen Beruf nur dem freigegeben, der die zur ordnungsmäßigen Erfüllung der Berufstätigkeit erforderlichen Fähigkeiten erworben hat, so wird dem Bewerber nur etwas zugemutet, wozu er sich bei verständiger Würdigung ohnehin aus eigenem Entschluß veranlaßt sehen müßte. Das gilt ganz besonders, wenn es sich, wie beim Handwerk, um Berufe handelt, deren kennzeichnende Eigentümlichkeit gerade darin liegt, daß der Betriebsinhaber weitgehend selbst ausführend mitarbeitet, so daß es gerade auf seine persönlichen Fertigkeiten und Kenntnisse entscheidend ankommt. Eine Regelung, die von ihm nur verlangt, daß er den Besitz eben dieser Fertigkeiten und Kenntnisse nachweise, ist so sehr der besonderen Situation gerade dieser Berufe angepaßt, daß die darin liegende Freiheitsbeschränkung für den Einzelnen kaum noch als solche fühlbar wird, gegenüber dem Schutz wichtiger Gemeinschaftsinteressen jedenfalls vergleichsweise nur geringes Gewicht hat. Das ist entscheidend, obwohl die handwerkliche Betätigung wegen ihrer Vielfalt und der leichten Zugangsmöglichkeit ständig von vielen als Beruf erwählt wird, so daß die Zahl der von der Regelung Betroffenen verhältnismäßig hoch ist.

3. Durfte demnach der Gesetzgeber die Stufe der reinen Ausübungsregelungen überschreiten, so kann – wie aus dem Vorstehenden ersichtlich ist – der von ihm eingeführte Befähigungsnachweis als ein prinzipiell geeignetes Mittel angesehen werden. Dann kann aber die Tauglichkeit dieses Mittels und damit die Notwendigkeit des gesetzlichen Eingriffs in die freie Berufswahl nicht mit der Erwägung in Frage gestellt werden, die Beschränkung der Berufszulassung genüge nicht zur Erreichung des gesetzgeberischen Ziele. Allerdings gewährleistet die Meisterprüfung noch nicht, daß ein Meister durch fachliche Weiterbildung mit der Entwicklung in seinem Handwerk Schritt hält und damit dauernd auf dem erstrebten Leistungsniveau bleibt. Sie sichert aber wenigstens, daß nur solche Bewerber Zugang zum Beruf des selbständigen Handwerkers erhalten, die sich durch theoretische und praktische Schulung die erforderlichen Kenntnisse und Fertigkeiten verschafft, damit zugleich die Notwendigkeit einer ständigen Weiterbildung erkannt und die Grundlage für sie geschaffen haben. Mit einem bestimmten Leistungsstand der jeweils hinzukommenden Handwerker kann daher die Leistungshöhe der selbständigen Handwerker im ganzen hinreichend gehalten werden.

Die Meisterprüfung stellt nur die Befähigung des Inhabers des Handwerksbetriebes sicher, läßt aber die berufliche Eignung der Arbeitnehmer offen. Indessen hängt der Leistungsstand eines handwerklichen Betriebes entscheidend von der fachlichen Befähigung des Inhabers ab: seine Tätigkeit gewährleistet bei der Übersichtlichkeit des Handwerksbetriebes in aller Regel die Qualität der Arbeit der Betriebsangehörigen. Hinzu kommt, daß unselbständige Handwerker, die ihre Ausbildung noch nicht beendet haben, aber beabsichtigen, sich selbständig zu machen, voraussichtlich mit weit größerem Eifer ihre fachlichen Kenntnisse erweitern und ihre technischen Fertigkeiten vervollkommnen werden, wenn sie wissen, daß sie ihre Befähigung zur selbständigen Ausübung des Handwerks nachweisen müssen.

4. Eine unzumutbare Freiheitsbeschränkung könnte darin erblickt werden, daß das Gesetz in seiner Anlage A die Berufswahl auf die dort verzeichneten Zweige des Handwerks beschränkt, es dem Einzelnen somit unmöglich macht, sich etwa ein Teilgebiet aus den in festen Berufsbildern zusammengefaßten handwerklichen Betätigungen als Beruf zu erwählen und seine Ausbildung dementsprechend zu begrenzen. Wer sich auf bestimmte – in sich möglicherweise sinnvoll abgegrenzte – Arbeiten, etwa innerhalb des Schneider- oder Mechanikerhandwerks, spezialisie-

ren will, könnte geltend machen, daß von ihm mehr an Ausbildung und Prüfungsleistungen verlangt werde, als sich aus der Natur der Sache ergebe.

Das Gesetz kann jedoch unter diesem Gesichtspunkt verfassungsrechtlich nicht beanstandet werden. Daß der Gesetzgeber grundsätzlich bestimmte Berufsbilder rechtlich fixieren darf, ist bereits im Apotheken-Urteil ausgesprochen. Er kann dabei nicht anders verfahren, als daß er – unter Beachtung des Herkommens und der tatsächlichen Übung im Berufe – verwandte Tätigkeiten zur Einheit eines einzigen Berufs zusammenfaßt. Ob er dabei in der „Auffächerung" von Berufen genügend weit geht, kann nur im Einzelfall beurteilt werden. Generell läßt sich sagen, daß dem Gesetzgeber hier ein gewisser Spielraum bleiben muß; er ist zur Typisierung gezwungen und darf auf dieser Grundlage von durchschnittlich gerechtfertigten Qualifikationserfordernissen ausgehen; selbst verbreitete Spezialisierungstendenzen kann er nur innerhalb gewisser Grenzen berücksichtigen, wenn er den umfassenderen Charakter des Handwerkers gegenüber dem des reinen „Facharbeiters" erhalten will. Führt die Regelung im ganzen nicht zu einer Verzerrung der überkommenen und tatsächlich bestehenden Verhältnisse im Bereich der betroffenen Berufe, so ist ein gewisser, sich in vernünftigen Grenzen haltender „Überschuß" an Ausbildungs- und Prüfungsanforderungen – wie er übrigens in vielen staatlichen Ausbildungs-und Prüfungsordnungen festzustellen ist – hinzunehmen, zumal die darin liegende „unnötige" Freiheitsbeschränkung durch den Zuwachs an beruflichen Chancen und sozialem Ansehen in gewissem Sinne kompensiert wird.

Die Prüfung der Anlage A der Handwerksordnung ergibt, daß der Gesetzgeber sich bei der Aufzählung der einzelnen Handwerkszweige, die zugleich normativ abgrenzende und zusammenfassende Bedeutung besitzt, an die traditionellen Berufsbilder des Handwerks gehalten hat und auch den Spezialisierungsbestrebungen innerhalb der Handwerkszweige angemessen gefolgt ist. Gründe zur verfassungsrechtlichen Beanstandung dieser gesetzlichen Regelung sind nicht erkennbar.

5. Die im Gesetz zur Zulassungsvoraussetzung gemachten Kenntnisse und Fertigkeiten stehen weder nach ihrer Art noch nach ihrem Ausmaß außer Verhältnis zu dem Ziele ordnungsmäßiger Erfüllung der Berufstätigkeit; auch der grundsätzlich vorgeschriebene formale Ausbildungsgang und die Prüfung beschweren den Berufsbewerber nicht übermäßig.

a) Aus der Natur handwerklicher Arbeit ergibt sich, daß ein selbständiger Handwerker umfangreiches Wissen über Werkstoffe und Arbeitstechniken sowie Kenntnisse von den technisch-konstruktiven Zusammenhängen seiner Arbeit besitzen muß. In vielen Handwerkszweigen befinden sich die Arbeitsverfahren in einer ständigen Entwicklung; auch zeitgemäße Formgebung und modische Gestaltung sind von Bedeutung. Im modernen Wirtschaftsleben kann ein Handwerker aber auch ohne betriebswirtschaftliches und kaufmännisches Wissen nicht bestehen. Daher ist es gerechtfertigt, daß bei der Meisterprüfung „die erforderlichen betriebswirtschaftlichen, kaufmännischen und allgemeintheoretischen Kenntnisse" verlangt werden (§ 41). Es ist selbstverständlich (und die Prüfungsordnungen sehen das auch vor), daß hier nur Kenntnisse von den Grundlagen der in Betracht kommenden Wissensgebiete verlangt werden.

Es bedeutet schließlich auch keine unverhältnismäßige Erschwerung der Anforderungen, wenn von einem Berufsanwärter gefordert wird, daß er die in seinem Handwerk gebräuchlichen Arbeiten „meisterhaft" ausführen kann. „Meisterhaft" heißt hier nicht, daß das fachliche Können das allgemeine handwerkliche Niveau weit überschreiten müsse. Es werden keine außergewöhnlichen Leistungen verlangt; vielmehr wird lediglich gefordert, daß der Berufsbewerber imstande ist, die gebräuchlichen Arbeiten selbständig nach den allgemeinen handwerklichen Grundsätzen werkgerecht auszuführen.

Wie die Ergebnisse der Meisterprüfung erweisen, sind die Prüfungsanforderungen in der Praxis dem allgemeinen handwerklichen Niveau angepaßt; im Gesamtdurchschnitt des Handwerks versagten in den Jahren 1951 bis 1955 nur 13 % der Prüflinge. Die Anforderungen der praktischen und theoretischen Prüfung können also von einem durchschnittlich Begabten bei durchschnittlichem Fleiß erfüllt werden.

b) Der besondere Ausbildungsgang und die Prüfung beschweren die Berufsbewerber im typischen Fall nicht übermäßig. Mit dem grundsätzlichen Erfordernis des Bestehens der Gesellenprüfung nach einer Lehrzeit von drei bis vier Jahren und einer mindestens drei- bis fünfjährigen Gesellenzeit (§§ 30, 32, 44) hat der Gesetzgeber den ohnehin notwendigen Ausbildungsgang lediglich in einer durchschnittlich angemessenen Weise formalisiert. Ausbildungsziel der regelmäßig mit 18 Jahren abgeschlossenen Lehrzeit ist es, daß der Lehrling die in seinem Handwerk gebräuchlichen Handgriffe und Fertigkeiten mit genügender Sicherheit verrichten kann und die notwendigen Fachkenntnisse über den Wert, die Beschaffenheit, die Behandlung und Verwendung der Roh- und Hilfsstoffe besitzt (§ 32 Abs. 2). Von diesem Leistungsstand aus bedarf der Geselle noch einer erheblichen Berufserfahrung, um die in seinem Handwerk anfallenden Arbeiten „meisterhaft" in dem oben dargestellten Sinne verrichten zu können. Eine drei- bis fünfjährige Gesellenzeit, nach der also der gesamte Ausbildungsgang bereits im Alter von 22 bis 23 Jahren abgeschlossen werden kann, ist nicht unangemessen lang. Hinzu kommt, daß die Möglichkeit besteht, den Besuch einer Fachschule auf die Gesellenzeit anzurechnen (§ 44 Abs. 3 Satz 1); auch ist die Tätigkeit als selbständiger Handwerker, als Werkmeister oder in entsprechender Stellung der Gesellenzeit gleichgestellt (§ 44 Abs. 3 Satz 2). Schließlich kann in Ausnahmefällen jemand zur Meisterprüfung zugelassen werden, der den gesetzlich formalisierten Ausbildungsgang überhaupt nicht durchlaufen hat (§ 44 Abs. 4).

c) Der Grundsatz, daß beim Handwerk Kapital und Arbeit in einer Hand vereinigt bleiben sollen, hat zur Folge, daß ein Unternehmer, der selbst nicht Meister ist, gehindert ist, unter Anstellung eines Meisters einen Handwerksbetrieb zu eröffnen. Darin liegt kein Übermaß, auch wenn man berücksichtigt, daß das Gesetz diese Möglichkeit in gewissen anderen Fällen gibt; denn diese Ausnahmen beruhen auf besonderen Umständen und haben nur einen für die Gesamtheit der Zwecke des Gesetzes erträglichen Umfang.

6. Würdigt man abschließend die Freiheitsbeschränkung, die das Gesetz demjenigen auferlegt, der die Betätigung im Handwerk als Lebensberuf gewählt hat, im ganzen, so dürfen Gesichtspunkte nicht außer Betracht bleiben, die geeignet sind, das Gewicht dieser Beschränkung weiter zu mildern: abgesehen davon, daß auch der Handwerker ohne Meisterprüfung sowohl im Handwerk wie in der Industrie tätig sein kann, eröffnet das Gesetz selbst vor allem die Möglichkeit, daß der Berufsbewerber den Nachweis der zur selbständigen Ausübung eines Handwerks erforderlichen Kenntnisse und Fertigkeiten „in Ausnahmefällen" auf andere Weise erbringen kann als durch die Meisterprüfung (§ 7 Abs. 2, § 8). Ausnahmefälle sind entsprechend den oben dargelegten Grundsätzen mindestens dann anzunehmen, wenn es eine übermäßige, nicht zumutbare Belastung darstellen würde, einen Berufsbewerber auf den Nachweis seiner fachlichen Befähigung durch Ablegung der Meisterprüfung zu verweisen. Wann das der Fall ist, läßt sich nur unter Berücksichtigung aller Umstände des Einzelfalles beurteilen. Als ein besonders erschwe-

rendes Moment kann es beispielsweise angesehen werden, daß ein Berufsbewerber für den Unterhalt von Angehörigen aufkommen muß und deswegen nicht imstande ist, den Zeit- und Geldaufwand für den Besuch von Meisterkursen zu tragen. Auch das vorgerückte Alter eines Berufsanwärters kann einen Grund bilden, von der Prüfung abzusehen, zumal dann, wenn er einen anderen Ausbildungsgang durchlaufen hat, als ihn die Handwerksordnung vorsieht. Nur eine Verwaltungspraxis, die bei Anwendung des § 7 Abs. 2 derartige, die Ablehnung der Meisterprüfung besonders erschwerende Umstände hinreichend berücksichtigt, ist an Art. 12 Abs. 1 GG orientiert und wird seinem Schutzgedanken gerecht.

Ob es dem Ziel und Zweck des § 7 Abs. 2 entspräche, den Kreis der Ausnahmefälle noch weiter zu ziehen, als dies nach dem vorstehend Dargelegten verfassungsrechtlich geboten ist, kann hier dahinstehen. Jedenfalls deutet die Entstehungsgeschichte der Handwerksordnung darauf hin, daß von der Möglichkeit der Erteilung einer Ausnahmebewilligung nicht engherzig Gebrauch gemacht werden sollte. Das Vorliegen eines Ausnahmefalles sollte nämlich danach nicht nur bei Personen anerkannt werden, die aus besonderen, namentlich durch die Verhältnisse der Kriegs-und Nachkriegszeit bedingten Gründen verhindert waren, die Meisterprüfung abzulegen; vielmehr sollten für die Erteilung einer Ausnahmebewilligung auch Berufsbewerber in Frage kommen, „die als Unselbständige im Handwerk oder in der Industrie in entsprechenden verantwortlichen Stellungen tätig gewesen sind" oder „die einen anderen Ausbildungsgang als Lehrzeit, Gesellenprüfung, Gesellenzeit hinter sich gebracht haben" (BT I/1949 zu Drucks. 4172, Schriftlicher Bericht des Ausschusses für Wirtschaftspolitik, S. 7). Hiermit hat der Gesetzgeber einen Ausweg für alle Berufsbewerber geöffnet, die die notwendige fachliche Befähigung besitzen, aber die Meisterprüfung nicht abgelegt haben. Somit stellt diese nicht einen Selbstzweck oder ein Mittel zum Schutz vor unerwünschter Konkurrenz, sondern den Weg dar, auf dem die qualitative Auslese der Handwerker im Regelfalle vorgenommen werden soll.

Eine großzügige Praxis käme jedenfalls dem Ziele der Handwerksordnung entgegen, die Schicht leistungsfähiger selbständiger Handwerkerexistenzen zu vergrößern. Dem Bestreben des Gesetzes, den Leistungsstand und die Leistungsfähigkeit des Handwerks zu erhalten und zu fördern, läuft eine weite Auslegung des Begriffs der Ausnahmefälle nicht zuwider, weil ein Berufsbewerber in jedem Fall die zur selbständigen Ausübung seines Handwerks notwendigen Kenntnisse und Fertigkeiten nachweisen muß.

7. Zusammenfassend ergibt sich: Art. 12 Abs. 1 GG setzt selbst die Notwendigkeit gesetzlicher Regelungen voraus. Schon in den Verhandlungen des Parlamentarischen Rates ist darauf hingewiesen worden, daß das Prinzip der Berufsfreiheit gesetzlicher Konkretisierung bedürfe. Gesetze, die subjektive Zulassungsvoraussetzungen aufstellen, sind geradezu typische Beispiele hierfür. Wenn Art. 12 Abs. 1 GG den Gesetzgeber zu „Regelungen" ermächtigt, so bringt er deutlich zum Ausdruck, daß solche Gesetze nicht „Einschränkungen" im Sinne des Art. 19 GG sind (vgl. auch BVerfGE 7, 377 [403 f.]). Damit scheidet die Anwendung sowohl des Art. 19 Abs. 2 wie des Abs. 1 Satz 2 GG aus.

VI.
Der allgemeine Gleichheitssatz ist nicht dadurch verletzt, daß für die industrielle Produktion von Erzeugnissen, die auch handwerklich hergestellt werden, ein Befähigungsnachweis nicht gefordert wird.

Stellt der Gesetzgeber subjektive Zulassungsvoraussetzungen in Form des Befähigungsnachweises auf, so ist er durch Art. 3 Abs. 1 GG nicht verpflichtet, Berufe deswegen gleich zu behandeln, weil bei ihnen eine äußerliche Gleichheit einzelner Tätigkeitsbereiche oder Verrichtungen festzustellen ist. Vielmehr kann er Art und Umfang der Berufsregelung in weitem Maße nach den besonderen Verhältnissen der verschiedenen beruflichen Lebensbereiche, insbesondere nach der sozialen Struktur der in Frage stehenden Berufe differenzieren (BVerfGE 9, 338 [350]). Bei Anlegung dieses Maßstabes kann es nicht als Verstoß gegen den allgemeinen Gleichheitssatz gewertet werden, daß Tätigkeiten, die, industriell betrieben, zulassungsfrei sind, im Handwerk dem Befähigungsnachweis unterworfen werden.

Handwerksbetriebe sind im Unterschied zu Industrieunternehmen überwiegend Kleinbetriebe. Typisch für sie ist die persönliche handwerkliche Mitarbeit des Betriebsinhabers; seine fachliche Qualifikation entscheidet über den Wert der handwerklichen Leistung. Im Gegensatz dazu arbeitet der Inhaber eines industriellen Unternehmens im allgemeinen nicht an der Herstellung unmittelbar mit, sondern beschränkt sich auf die kaufmännische oder technische Leitung. Dieser strukturelle Unterschied läßt es als gerechtfertigt erscheinen, nur die selbständige Ausübung eines Handwerks von dem Nachweis persönlicher Fertigkeiten und Kenntnisse abhängig zu machen.

2. Beschluß vom 14.12.1965 – 1 BvL 14/60 –

Es ist mit Art. 12 Abs. 1 GG unvereinbar, für die Aufnahme des Einzelhandels mit Waren aller Art (mit Ausnahme der in § 3 Abs. 3 Satz 2 des Einzelhandelsgesetzes genannten Waren) den Nachweis der Sachkunde zu fordern.

Beschluß des Ersten Senats vom 14. Dezember 1965 – 1 BvL 14/60 –
in dem Verfahren wegen verfassungsrechtlicher Prüfung des § 3 des Gesetzes über die Berufsausübung im Einzelhandel vom 5. August 1957 (BGBl. I S. 1121), eingeführt im Saarland durch Gesetz vom 30. Juni 1959 (BGBl. I S. 313), – Vorlagebeschluß des Oberlandesgerichts Saarbrücken vom 18. April 1960 – Ws 15/60.

Entscheidungsformel:
§ 3 Absatz 2 Nummer 1 des Gesetzes über die Berufsausübung im Einzelhandel vom 5. August 1957 (Bundesgesetzbl. I S. 1121) ist mit Artikel 12 Absatz 1 des Grundgesetzes unvereinbar und daher nichtig, soweit er den Einzelhandel mit Waren aller Art mit Ausnahme der in § 3 Absatz 3 Satz 2 genannten Waren betrifft.

Gründe:
I.
1. Zum Schutz des mittelständischen Einzelhandels verhängte die Notverordnung des Reichspräsidenten vom 9. März 1932 (RGBl. I S. 121) eine vorübergehende Sperre der Errichtung von Einheitspreisgeschäften. Auf diese Notverordnung folgte am 12. Mai 1933 (RGBl. I S. 262) „zur Abwehr der dem Einzelhandel aus der gegenwärtigen wirtschaftlichen Not drohenden Gefahren und zur Sicherung des Bestandes der mittelständischen Betriebe des Einzelhandels" das Gesetz zum Schutz des Einzelhandels, das Einheitspreisgeschäfte für unbefristete Zeit verbot und zur Errichtung, zur Übernahme und zur Erweiterung anderer Verkaufsstellen eine besondere Genehmigung vorschrieb. Die Genehmigung wurde in das Ermessen der Behörde gestellt, die

sie insbesondere versagen konnte, wenn der Bewerber nicht die erforderliche Sachkunde besaß oder unzuverlässig war, vor allem aber auch zur Vermeidung der Übersetzung des Einzelhandels, wenn ein Bedürfnis fehlte.

Nach dem Krieg wurde das Einzelhandelsschutzgesetz in der amerikanischen Zone außer Kraft gesetzt, in der britischen und französischen Zone in geänderter Fassung beibehalten. Ferner erließen einige Länder Gewerbezulassungsgesetze, die u.a. Sperren für den Einzelhandel vorsahen. Bundesverwaltungsgericht (BVerwGE 2, 295) und Bundesgerichtshof (BGHSt. 10, 344) haben übereinstimmend ausgesprochen, das Einzelhandelsschutzgesetz und seine Durchführungsverordnungen seien vom Inkrafttreten des Grundgesetzes an nur mit der Maßgabe anzuwenden, daß der Bewerber einen Anspruch auf die Erlaubnis zur Eröffnung eines Einzelhandelsgeschäftes habe, wenn er die gesetzlichen subjektiven Voraussetzungen erfülle. Die objektiven Voraussetzungen – Bedürfnis und Verhinderung der Übersetzung des Einzelhandels – ebenso wie das freie Entscheidungsermessen der Verwaltungsbehörde seien mit Art. 12 Abs. 1 GG nicht vereinbar. Ein am 11. Juni 1953 eingebrachter Initiativentwurf für ein Übergangsgesetz zur Berufsordnung des Handels (BT-Drucks. I/4532) sah eine allgemeine Erlaubnispflicht für den Einzelhandel vor. Die für die Erlaubnis geforderte Sachkunde bezog sich auf bestimmte Warenkreise. Wegen des Ablaufs der Legislaturperiode konnte dieser Gesetzentwurf nicht mehr verabschiedet werden.

2. Nach § 1 Abs. 1 des geltenden, ebenfalls auf einer Initiative aus der Mitte des Bundestages beruhenden Gesetzes über die Berufsausübung im Einzelhandel vom 5. August 1957 (BGBl. I S. 1121) – EinzelHG – betreibt Einzelhandel, wer gewerbsmäßig Waren anschafft und sie unverändert oder nach im Einzelhandel üblicher Be- oder Verarbeitung in einer oder mehreren offenen Verkaufsstellen zum Verkauf an jedermann feilhält. Zu den offenen Verkaufsstellen gehören nach einhelliger Ansicht gemäß § 1 Abs. 1 des Ladenschlußgesetzes vom 28. November 1956 (BGBl. I S. 875) auch Warenautomaten.

Zur Ausübung des Einzelhandels ist eine Erlaubnis erforderlich (§ 3 Abs. 1), die gemäß § 3 Abs. 2 EinzelHG zu versagen ist, wenn
1. weder der Unternehmer noch eine zur Vertretung des Unternehmers gesetzlich berufene noch eine von dem Unternehmer mit der Leitung des Unternehmens beauftragte Person die erforderliche Sachkunde nachweisen kann oder
2. Tatsachen vorliegen, aus denen sich der Mangel der für die Leitung des Unternehmens erforderlichen Zuverlässigkeit einer der in Nummer 1 genannten Personen ergibt.

Innerhalb des Einzelhandels differenziert das Einzelhandelsgesetz nach folgenden Gruppen:
Einzelhandel mit Lebensmitteln nach § 1 Abs. 1 des Lebensmittelgesetzes,
Einzelhandel mit Arzneimitteln und ärztlichen Hilfsmitteln – ausgenommen aus amtsärztlich kontrollierten Drogenschränken –,
Einzelhandel mit den übrigen Waren (im folgenden als allgemeiner Einzelhandel bezeichnet).

Für den Einzelhandel mit Lebensmitteln und Arzneimitteln verlangt § 4 Abs. 2 EinzelHG im Gegensatz zur allgemeinen Einzelhandelserlaubnis besondere Warenkunde. Den Nachweis der erforderlichen Sachkunde für den allgemeinen Einzelhandel hat erbracht, wer eine Kaufmannsgehilfenprüfung in einem beliebigen Zweig des Handelsgewerbes bestanden und danach eine praktische Tätigkeit im Handel von mindestens zwei Jahren ausgeübt hat (§ 4 Abs. 1 EinzelHG). Für den Nachweis der Sachkunde genügt ferner eine mindestens fünfjährige kaufmännische, davon eine zweijährige leitende Tätigkeit (§ 4 Abs. 3 EinzelHG). Letztlich sieht das Gesetz vor, daß der Bewerber, der die vorgenannten Voraussetzungen nicht erfüllt, seine Sachkunde für den Einzelhandel in einer besonderen Prüfung nachweist (§ 4 Abs. 4 EinzelHG). Hierzu bestimmt § 4 Abs. 1 der Verordnung vom 4. März 1960 (BGBl. I S. 172) folgendes:

Die in der Prüfung nach § 4 Abs. 4 des Gesetzes zu fordernde Sachkunde umfaßt die allgemeinen Kenntnisse der beim Einzelhandel vorkommenden kaufmännischen Vorgänge, jedoch nicht Warenkenntnisse.

Die Erlaubnis nach dem Einzelhandelsgesetz ist u.a. nicht erforderlich, wenn nach dem Tode des bisherigen Unternehmers der überlebende Ehegatte (§ 6 Nr. 1 EinzelHG) oder die Erben – diese allerdings nur bis zur Dauer von fünf Jahren – den Einzelhandel fortsetzen (§ 6 Nr. 2 EinzelHG).

II.

Der Betroffene des Ausgangsverfahrens ist Friseur. Er hatte ohne Erlaubnis einen Zigarettenautomaten an seiner Wohnung angebracht. Wegen des hierdurch begangenen Verstoßes gegen baurechtliche Vorschriften ist der Betroffene gemäß § 367 Nr. 15 StGB durch Strafverfügung vom 10. November 1959 rechtskräftig mit einer Geldstrafe von 10 DM bestraft worden. Ferner verhängte der Landrat gemäß § 9 EinzelHG mit Bußgeldbescheid vom 12. November 1959 gegen ihn ein Bußgeld von 20 DM, weil er aus dem Zigarettenautomaten im Oktober 1959 jedermann Waren zum Verkauf angeboten habe, ohne im Besitz der Einzelhandelserlaubnis zu sein.

Gegen den Bußgeldbescheid beantragte der Betroffene gerichtliche Entscheidung. Das Amtsgericht hob den Bußgeldbescheid mit Beschluß vom 4. Januar 1960 als unzulässig auf, weil die Polizei die Vorschrift des § 28 des Gesetzes über Ordnungswidrigkeiten nicht beachtet habe und die Verhängung einer Geldbuße den schon nach § 367 Nr. 15 StGB wegen derselben Tat bestraften Betroffenen gegen den Grundsatz „ne bis in idem" verstoße. Hiergegen legte der Landrat Rechtsbeschwerde zum Oberlandesgericht ein mit der Begründung, daß die gerichtlich bereits rechtskräftig geahndete Handlung und die durch Bußgeldbescheid zu ahndende Handlung des Betroffenen im Verhältnis der Tatmehrheit ständen.

Das Oberlandesgericht hat das Verfahren nach Art. 100 Abs. 1 GG ausgesetzt und die Entscheidung des Bundesverfassungsgerichts darüber erbeten, ob § 3 EinzelHG mit dem Grundgesetz vereinbar ist. Es hält die Rechtsbeschwerde des Landrats für zulässig und begründet. Tateinheit zwischen Verstößen gegen die baurechtlichen Vorschriften und gegen das Einzelhandelsgesetz liege nicht vor; der Grundsatz „ne bis in idem" greife also nicht ein. Das Oberlandesgericht will trotzdem den angefochtenen Beschluß des Amtsgerichts bestätigen, aber mit der Maßgabe, daß der Bußgeldbescheid als unbegründet aufgehoben wird. Das Oberlandesgericht hält § 3 EinzelHG für unvereinbar mit Art. 12 Abs. 1 GG:

Art. 12 Abs. 1 GG übertrage dem Gesetzgeber die Befugnis, die Berufsausübung zu regeln. Der Regelungsvorbehalt, der den Schutz der Gemeinschaftsinteressen sicherstellen solle, stehe unter dem Grundsatz der Verhältnismäßigkeit. Das Allgemeinwohl sei nicht in jedem Fall und von allen Personen, die Einzelhandel betreiben wollten, gefährdet. Für den, der z.B. verschlossene Waren wie Konserven oder Zigaretten verkaufe, sei eine Sachkunde ohne Bedeutung. Eine Einflußnahme auf die Qualität der von ihm veräußerten Ware sei von vornherein ausgeschlossen, zumal wenn die Ware nicht durch eine Person, sondern durch einen Automaten abgegeben werde. Hier erschöpfe sich die Tätigkeit des Einzelhändlers darin, den leer gewordenen Automaten aufzufüllen. Die Erfordernisse einer kaufmännischen Sachkunde oder Zuverlässigkeit gemäß § 4 EinzelHG seien in diesen Berufszweigen nicht erforderlich. Die Allgemeinheit werde bei Vorhandensein einer Sachkunde nicht mehr und nicht weniger geschützt. Ihre gesetzliche Notwendigkeit bedeute für den Einzelhändler in gewissen Berufszweigen eine Auflage, die in keinem Verhältnis zu dem Schutze stehe, der der Allgemeinheit daraus erwachse.

Keines der nach §§ 77, 82 BVerfGG anzuhörenden Verfassungsorgane hat sich zu der Vorlage geäußert.

III.
Die Vorlage ist zulässig.

1. Das vorlegende Gericht hat im einzelnen dargetan, daß dem bei ihm in der Rechtsbeschwerde anhängigen Bußgeldverfahren der Rechtsgrundsatz „ne bis in idem" nicht entgegenstehe, da zwischen der bereits rechtskräftig bestraften Übertretung nach § 367 Nr. 15 StGB und der dem Bußgeldverfahren zugrunde liegenden Tat keine Tateinheit bestehe. Demnach könnte der Betroffene des Ausgangsverfahrens wegen einer Ordnungswidrigkeit gemäß §§ 3, 4 und 9 EinzelHG mit einer Geldbuße belegt werden. Diese Ansicht ist jedenfalls nicht offensichtlich unhaltbar.

Bei der Entscheidung kommt es darauf an, ob die zur Prüfung gestellte Norm mit dem Grundgesetz vereinbar ist. Zwar will das Oberlandesgericht ebenso wie das Amtsgericht im Ergebnis den Bußgeldbescheid aufheben, aber nicht als unzulässig, sondern als unbegründet. Dies ist eine andere Entscheidung, zu der das Oberlandesgericht nur kommen kann, wenn das Bundesverfassungsgericht die zu prüfende Norm für nichtig erklärt (vgl. BVerfGE 18, 353 [360]).

2. Wenngleich die Ausführungen des Oberlandesgerichts nicht frei von Unklarheiten sind, läßt sich aus ihnen doch entnehmen, daß das Gericht von der Auffassung ausgeht, es könne den Betroffenen nicht mit einer Geldbuße belegen, wenn die gesetzlichen Voraussetzungen für die Erlaubnis wegfallen. Die Ausführungen zeigen in ihrem Zusammenhang, daß es dem Gericht dabei nur auf das Erfordernis der Sachkunde ankommt. Zur Frage der Zuverlässigkeit hat es keine näheren Ausführungen, auch nicht in tatsächlicher Hinsicht, gemacht. Für die Entscheidung des Oberlandesgerichts kommt es somit nach seiner nicht offensichtlich unhaltbaren Ansicht darauf an, ob der diese Voraussetzungen statuierende § 3 Abs. 2 Nr. 1 EinzelHG ganz oder doch für einen sachgemäß abzugrenzenden Kreis von Einzelhändlern, zu denen der Betroffene in jedem Fall gehören müßte, mit dem Grundgesetz vereinbar ist.

IV.
Die Zulassungsvoraussetzung der Sachkunde ist in ihrer gegenwärtigen gesetzlichen Ausgestaltung mit dem Grundgesetz nicht vereinbar.

1. Maßstab der Prüfung ist Art. 12 Abs. 1 GG. Die Auslegung dieser Bestimmung in der Rechtsprechung des Bundesverfassungsgerichts ist an dem Grundgedanken orientiert, daß im Hinblick auf den besonderen Rang gerade dieses Grundrechts, der in seinem engen Zusammenhang mit der freien Entwicklung der menschlichen Persönlichkeit im ganzen begründet liegt, die aus Gründen des Gemeinwohles unumgänglichen Einschränkungen unter dem Gebot strikter Wahrung des Prinzips der Verhältnismäßigkeit stehen. Darauf beruht die sogenannte Stufentheorie,

wie sie im Apotheken-Urteil (BVerfGE 7, 377) entwickelt ist (vgl. auch BVerfGE 13, 97 [104 f.]). Eingriffe in die Berufsfreiheit dürfen deshalb nicht weiter gehen, als die sie legitimierenden öffentlichen Interessen erfordern; die Eingriffsmittel müssen zur Erreichung der angestrebten Zwecke geeignet und dürfen nicht übermäßig belastend sein.

2. Das Gesetz über die Ausübung des Einzelhandels regelt trotz dieser Bezeichnung nicht die Berufsausübung, sondern den Zugang zum Beruf. Das Erfordernis der Sachkunde ist eine subjektive Zulassungsvoraussetzung im Sinne der Rechtsprechung des Bundesverfassungsgerichts (BVerfGE 7, 377 [406 f.]). Die Aufnahme des Berufs als Einzelhändler wird von dem Besitz bestimmter Kenntnisse abhängig gemacht, die durch einen besonderen Ausbildungsgang und grundsätzlich auch in einer Prüfung nachzuweisen sind.

Subjektive Zulassungsvoraussetzungen sind nur zum Schutze eines wichtigen Gemeinschaftsgutes gerechtfertigt. Sie beschränken die freie Berufswahl empfindlich, da sie dem Bewerber den Beginn der Tätigkeit in dem von ihm gewählten Beruf verwehren, bis er den Nachweis erbringt, daß er eine längere Zeit erfordernde Ausbildung durchlaufen und eine besondere Prüfung bestanden hat (BVerfGE 13, 97 [107]).

Die Prüfung der Geeignetheit und Notwendigkeit dieser Zulassungsvoraussetzungen wird im vorliegenden Fall dadurch erschwert, daß das Gesetz sie allgemein „für den Einzelhandel mit Waren aller Art" (die Ausnahmen des § 4 Abs. 2 EinzelHG kommen für das Ausgangsverfahren nicht in Betracht) aufstellt, obwohl unter der Bezeichnung „Einzelhandel", wie bekannt, Betriebe zusammengefaßt werden, die sich nach Größe, Warensortiment und Personalausstattung erheblich unterscheiden.

3. Während das Einzelhandelsschutzgesetz einen Konkurrenzschutz des Einzelhandels durch eine mehr oder weniger dichte Sperre für die Errichtung neuer oder die Erweiterung bestehender Einzelhandelsgeschäfte bezweckte, will das Einzelhandelsgesetz den Beruf des Einzelhändlers ordnen. Sein Ziel ist eine Leistungssteigerung des Einzelhandels. Außerdem will es verhindern, „daß durch eine schrankenlose Gewerbefreiheit der Einzelhandel mehr und mehr zu einem Ausweichplatz und Versuchsfeld für gescheiterte Existenzen und für unlautere Elemente wird" (vgl. Bericht des Ausschusses für Sonderfragen des Mittelstandes, BT-Drucks. II/3654 S. 1). Auf diese Weise soll, wie bei den Gesetzesberatungen mehrfach betont wurde, zugleich der Verbraucher geschützt werden.

4. Diese Erwägungen des Gesetzgebers vermögen das Zulassungserfordernis der Sachkunde, jedenfalls so wie es in § 3 Abs. 2 Nr. 1 in Verbindung mit § 4 Abs. 1, 3 und 4 EinzelHG unterschiedslos für alle Unternehmer des allgemeinen Einzelhandels vorgeschrieben ist, nicht zu rechtfertigen.

a) Der Schutz des Verbrauchers, der dem Einzelhändler als Kunde gegenübersteht, vor der Gefahr gesundheitlicher oder auch wirtschaftlicher Schädigung könnte als ein wichtiges Gemeinschaftsinteresse angesehen werden, das an sich auch subjektive Zulassungsvoraussetzungen rechtfertigen würde. Für diesen Zweck ist aber das hier gewählte Mittel ungeeignet.

Der Einzelhändler wirkt durch „Warendistribution" an der Bedarfsdeckung mit. Seine volkswirtschaftliche Funktion ist es, Waren zu beschaffen, zu lagern und – regelmäßig an private Verbraucher – abzusetzen. Die Be- und Verarbeitung der Ware („Manipulation") tritt ganz zurück, sie ist weitgehend von den Produktions- und Großhandelsbetrieben übernommen worden; in der Regel werden verwendungsbereite Konsumwaren abgesetzt (vgl. Hans Buddeberg, „Einzelhandelsbetrieb" in Handwörterbuch der Sozialwissenschaften, Bd. 3 1961 S. 101 f.).

Gesundheitliche Gefahren könnten dem Verbraucher von einem fachlich ungeeigneten Einzelhändler beim Handel mit Lebensmitteln, Arzneimitteln und dergleichen drohen. Für diese Warenzweige gelten aber besondere Vorschriften, die hier nicht zu prüfen sind. Der allgemeine Einzelhandel kann den Kunden in aller Regel gesundheitlich nicht gefährden. Die Möglichkeit wirtschaftlicher Gefährdung ist dagegen nicht auszuschließen, wenn der Einzelhändler etwa mangelhafte Ware beschafft, die Ware unsachgemäß lagert oder den Kunden unzulänglich berät. Diese Gefahr könnte ausgeschlossen oder doch gemindert werden, wenn von dem Einzelhändler der Nachweis der Warenkunde in seiner besonderen Branche gefordert würde. Gerade diesen Nachweis verlangt das Gesetz aber nicht. Es begnügt sich mit dem Nachweis allgemeiner kaufmännischer Kenntnisse, die in einer ganz anderen Branche erworben sein können.

b) Offensichtlich soll die Zulässigkeitsvoraussetzung der Sachkunde in erster Linie den Interessen des Berufsstandes selbst, der Erhaltung seiner Leistungsfähigkeit und seines sozialen Ansehens, dienen. Jedoch hat der Gesetzgeber bei der Verfolgung dieses – an sich berechtigten – Zieles die Schranken nicht beachtet, die ihm durch den Grundsatz der Verhältnismäßigkeit gezogen sind.

Selbstverständlich bedarf jeder Einzelhändler gewisser kaufmännischer Kenntnisse. Das Maß dessen, was „erforderlich" ist, d.h. billigerweise erwartet und verlangt werden kann, ist aber sehr verschieden. Gerade hier wirkt sich der bereits hervorgehobene Umstand bedenklich aus, daß das Gesetz für alle Einzelhändler schematisch gleiche Voraussetzungen aufstellt, während doch eine Differenzierung nach Größe und Art des Betriebes offensichtlich allein der Sachlage entsprochen hätte. Im Einzelhandel überwiegt noch immer der Klein- und Kleinstbetrieb, in dem der Inhaber mit seinen Familienangehörigen den wesentlichen Teil aller Arbeiten selbst leistet. Er kommt mit einem verhältnismäßig geringen Maß kaufmännischer Kenntnisse aus; im Fall des Ausgangsverfahrens hat das Oberlandesgericht mit Recht dargelegt, daß die (kaufmännische) Sachkunde für den betroffenen Automatenaufsteller ohne jede Bedeutung sei. Auf der anderen Seite ist nicht zu übersehen, daß diese kaufmännische Sachkunde vor allem im Interesse des Einzelhändlers selbst liegt; sie sichert seinen Wirtschaftserfolg und vermindert sein Berufsrisiko. Daraus folgt aber, daß der Einzelhändler schon von sich aus bestrebt sein wird, die für seinen Betrieb notwendigen kaufmännischen Kenntnisse sich anzueignen. Die Erfahrung zeigt, daß ihm das in der Regel auch gelingt, zumal ihm für Fragen der Betriebsführung der Rat seiner Standesorganisationen (Betriebsberatungsstellen) zur Verfügung steht. Außerdem sorgen für die laufende Weiterbildung besondere Einrichtungen der Berufsorganisation. Wenn der Einzelhändler es unterläßt, sich diese Kenntnisse zu verschaffen, hat er die wirtschaftlichen Folgen selbst zu tragen; er wird im Konkurrenzkampf auf die Dauer nicht bestehen können. Das Interesse der Allgemeinheit oder auch nur seiner Kunden erfordert es nicht, ihn gegen die Folgen seines wirtschaftlich unvernünftigen Verhaltens durch gesetzliche Vorschriften zu sichern; vor allem ist es nicht vertretbar, aus diesem Grunde auch einwandfrei tüchtigen und wirtschaftskundigen Bewerbern den Zutritt zum Beruf unnötig zu erschweren.

Es geht deshalb weit über das Maß des Erforderlichen hinaus, wenn der Gesetzgeber von allen Einzelhändlern den Nachweis beträchtlicher kaufmännischer Kenntnisse durch eine schematisch gleiche Ausbildung und Prüfung bereits als Voraussetzung für die Aufnahme des Berufs verlangt. Wenn nach Ansicht des Gesetzgebers die Verhältnisse in bestimmten Einzelhandelszweigen wirklich die Einführung einer solchen Zulassungsvoraussetzung als notwendig erscheinen lassen sollten, müßten die der Allgemeinheit sonst drohenden Gefahren im einzelnen dargelegt und wahrscheinlich gemacht werden. Auch dann müßte der Gesetzgeber versuchen, solchen Gefahren zunächst auf der Stufe der Ausübungsregelung zu begegnen. Mit der verfassungsrechtlichen Garantie einer freien Berufswahl ist es dagegen nicht vereinbar, wegen solcher vielleicht in Einzelfällen drohender Gefahren gewissermaßen prophylaktisch einen ganzen Berufsstand fühlbaren Einschränkungen der Berufsfreiheit zu unterwerfen.

c) Die Sorge um die Leistungsfähigkeit und das soziale Ansehen eines ganzen Berufsstandes kann nur ausnahmsweise die Einführung subjektiver Zulassungsvoraussetzungen rechtfertigen. Das Bundesverfassungsgericht hat dies für das Handwerk angenommen (BVerfGE 13, 97). An der Erhaltung eines gesunden und leistungsfähigen Handwerkerstandes besteht ein hohes Gemeinschaftsinteresse, vor allem deshalb, weil im Handwerk auch weitgehend der Nachwuchs für die übrige gewerbliche Wirtschaft, insbesondere auch die industriellen Betriebe, ausgebildet wird. Zum Schutz des Handwerks durfte der Gesetzgeber deshalb die Stufe der Ausübungsregelungen überschreiten und den sogenannten großen Befähigungsnachweis in Gestalt der Meisterprüfung verlangen. Vergleichbare Verhältnisse liegen beim Einzelhandel nicht vor; einmal wird hier die Ware nicht be- oder verarbeitet; an das persönliche fachliche Können des Unternehmers brauchen also nicht so hohe Anforderungen gestellt zu werden; zum anderen vereinigt der Einzelhandel in sich Betriebe verschiedenster Art und Größe, vom Einzelautomaten (wie im Ausgangsverfahren) bis zum Kaufhaus. Mit der Berufung auf ein allgemeines Gemeinschaftsinteresse an der Erhaltung „des Einzelhandels" schlechthin lassen sich daher Grundrechtsbeschränkungen nicht sinnvoll rechtfertigen. Die sehr verschiedene Stellung und Funktion der beiden Berufszweige im wirtschaftlichen und sozialen Leben wird auch in der Rechtsentwicklung sichtbar: Im Handwerk entsprechen Befähigungsnachweis und Meisterprüfung alter Rechtstradition, der Einzelhandel war bis in die neueste Zeit von jeder rechtlichen Zulassungsbeschränkung grundsätzlich frei.

d) Der Gesetzgeber ist offenbar selbst nicht völlig davon überzeugt, daß die Sachkunde beim Einzelhändler bereits zu Beginn der Berufstätigkeit unumgänglich notwendig sei. Denn das Gesetz läßt zu, daß nach dem Tod des Geschäftsinhabers der Ehegatte oder die Erben den Betrieb ohne Erlaubnis, also auch ohne den Nachweis der Sachkunde, weiterführen, offenbar in der – häufig nicht zutreffenden – Annahme, diese Personen hätten sich durch die Mitarbeit im Betrieb die nötige Sachkunde bereits erworben oder könnten sie in einer fünfjährigen Praxis noch nachträglich erwerben. Auch dies zeigt, daß das Erfordernis des Sachkundenachweises in der jetzigen Form über das Maß des Notwendigen hinausgeht.

5. An der rechtlichen Beurteilung ändert sich auch dadurch nichts, daß das Gesetz dem Unternehmer, der die erforderliche Sachkunde selbst nicht nachweisen kann oder will, gestattet, einen Vertreter einzustellen, der seinerseits diese Sachkunde besitzt. Abgesehen davon, daß wohl in der Mehrzahl der Fälle dieser Ausweg die wirtschaftliche Kraft des Einzelhandelsunternehmens übersteigen dürfte und dem Unternehmer auch aus anderen Gründen nicht zuzumuten ist, würde für den Vertreter wie für den Unternehmer selbst gelten, daß diese Zulassungsvoraussetzung nicht in angemessenem Verhältnis zu den zu schützenden Gemeinschaftsinteressen steht.

6. Da aus den dargelegten Gründen die gesetzliche Regelung mit der Berufsfreiheit nicht vereinbar ist, braucht nicht geprüft zu werden, ob der Gesetzgeber etwa mit der vorgeschriebenen ver-

hältnismäßig langen Ausbildungszeit auch einen versteckten Konkurrenzschutz für die bereits im Beruf stehenden Einzelhändler bezweckte. Dies wäre mit Art. 12 Abs. 1 GG nicht vereinbar (vgl. BVerfGE 7, 377 [408]).

7. § 3 Abs. 2 Nr. 1 EinzelHG erweist sich sonach insoweit als verfassungswidrig, als er beim allgemeinen Einzelhandel schon als Voraussetzung für die Zulassung zum Beruf den Nachweis der erforderlichen Sachkunde fordert. Damit werden § 4 Abs. 1, 3 und 4 EinzelHG sowie die entsprechenden Vorschriften der Verordnung über den Nachweis der Sachkunde für den Einzelhandel vom 4. März 1960 (BGBl. I S. 172) insoweit gegenstandslos.

3. Beschluß vom 11.10.1972 – 1 BvL 2/71 –

Zur Verfassungsmäßigkeit des Sachkundenachweises nach dem Einzelhandelsgesetz.

Beschluß des Ersten Senats vom 11. Oktober 1972 – 1 BvL 2/71 –
in dem Verfahren wegen verfassungsrechtlicher Prüfung des § 3 Abs. 2 Nr. 1 und Abs. 3 Satz 2 sowie des § 4 Abs. 2 bis 4 des Gesetzes über die Berufsausübung im Einzelhandel vom 5. August 1957 (BGBl. I S. 1121), soweit die Sachkunde für den Einzelhandel mit Lebensmitteln nachzuweisen ist, – Aussetzungs- und Vorlagebeschluß des Verwaltungsgerichts Hannover vom 12. Oktober 1970 – VI A 58/70 –.

Entscheidungsformel:
Das Gesetz über die Berufsausübung im Einzelhandel vom 5. August 1957 (Bundesgesetzbl. I S. 1121) ist mit Artikel 12 Absatz 1 in Verbindung mit Artikel 3 Absatz 1 des Grundgesetzes unvereinbar, soweit es keine Möglichkeit vorsieht, für den Einzelhandel mit Lebensmitteln eine auf bestimmte Warenarten beschränkte Erlaubnis zu erteilen und für den Sachkundenachweis entsprechend geringere Anforderungen zu stellen.

Gründe:
A. – I.
Zur Ausübung des Einzelhandels ist nach § 3 Abs. 1 des Gesetzes über die Berufsausübung im Einzelhandel vom 5. August 1957 (EinzelHG) eine Erlaubnis erforderlich. Diese darf nach dem Wortlaut des § 3 Abs. 2 Nr. 1 EinzelHG nicht erteilt werden, wenn weder der Unternehmer noch eine zur Vertretung des Unternehmens gesetzlich berufene noch eine von dem Unternehmer mit der Leitung des Unternehmens beauftragte Person die erforderliche Sachkunde nachweisen kann.

Durch Beschluß des Bundesverfassungsgerichts vom 14. Dezember 1965 (BVerfGE 19, 330) wurde § 3 Abs. 2 Nr. 1 EinzelHG für nichtig erklärt, soweit er den Einzelhandel mit Waren aller Art mit Ausnahme der in § 3 Abs. 3 Satz 2 EinzelHG genannten Waren – das sind unter anderem Lebensmittel im Sinne des § 1 Abs. 1 des Lebensmittelgesetzes – betrifft. Für den Einzelhandel mit Lebensmitteln ist daher der Nachweis der Sachkunde noch erforderlich. In welchen Fällen dieser Nachweis als erbracht anzusehen ist, regelt § 4 Abs. 2 bis 4 EinzelHG wie folgt:

(2) Absatz 1 gilt nicht für den Einzelhandel mit Lebensmitteln im Sinne des § 1 Abs. 1 des Lebensmittelgesetzes, mit Arzneimitteln und ärztlichen Hilfsmitteln – ausgenommen aus amtsärzt-

lich kontrollierten Drogenschränken. Den Nachweis der Sachkunde für den Einzelhandel in einem dieser Warenzweige hat erbracht, wer

1. nach Ablegung der Kaufmannsgehilfenprüfung eine praktische Tätigkeit von mindestens drei Jahren in einem Handelsbetrieb des entsprechenden Warenzweiges ausgeübt hat oder
2. eine für den Handel in dem entsprechenden Warenzweig anerkannte Prüfung abgelegt und danach eine praktische Tätigkeit von mindestens zwei Jahren in einem Handelsbetrieb des entsprechenden Warenzweiges ausgeübt hat oder
3. die Voraussetzungen des Absatzes 3 für den entsprechenden Handelszweig erfüllt.

(3) Die Sachkunde im Sinne des Absatzes 1 besitzt ferner, wer eine mindestens fünfjährige kaufmännische Tätigkeit, davon eine zweijährige leitende Tätigkeit, nachweisen kann.

(4) Wer die Voraussetzungen der Absätze 1 bis 3 nicht erfüllt, kann die Sachkunde für den Einzelhandel in einer besonderen Prüfung vor der von der höheren Verwaltungsbehörde errichteten und ihrer Aufsicht unterstehenden Stelle nachweisen. Dies gilt auch für den Einzelhandel mit Lebensmitteln, Arzneimitteln und ärztlichen Hilfsmitteln im Sinne des § 3 Abs. 3. ...

Zu den Lebensmitteln im Sinne des § 1 Abs. 1 des Lebensmittelgesetzes vom 17. Januar 1936 (RGBl. I S. 17) gehören nach der Fassung dieser Vorschrift durch das Änderungsgesetz vom 21. Dezember 1958 (BGBl. I S. 950) auch Stoffe, die dazu bestimmt sind, von Menschen gekaut zu werden, also auch Kaugummi.

Einzelhandel betreibt nach § 1 Abs. 1 EinzelHG, wer gewerbsmäßig Waren anschafft und sie unverändert oder nach im Einzelhandel üblicher Be- oder Verarbeitung in einer oder mehreren offenen Verkaufsstellen zum Verkauf an jedermann feilhält. Zu den offenen Verkaufsstellen gehören nach § 1 Abs. 1 Nr. 1 des Ladenschlußgesetzes vom 28. November 1956 (BGBl. I S. 875) auch Warenautomaten (BVerfGE 19, 330 [332]).

Die Erlaubnis nach dem Einzelhandelsgesetz ist unter anderem nicht erforderlich, wenn nach dem Tode des bisherigen Unternehmers der überlebende Ehegatte (§ 6 Nr. 1) oder die Erben – diese allerdings nur bis zur Dauer von fünf Jahren – den Einzelhandel fortsetzen (§ 6 Nr. 2). Ferner sind die Vorschriften des Einzelhandelsgesetzes nicht anwendbar für das Hausieren sowie für den Straßen- und Markthandel (§ 2).

II.
Die Klägerin des Ausgangsverfahrens ist Eigentümerin von 12 Warenautomaten, die an verschiedenen Stellen des Stadtgebietes von Hannover aufgestellt sind. Sie verkauft damit unverpackte Kaugummikugeln, denen Fußballbilder beigegeben sind.

Von der zuständigen Behörde auf die Erlaubnispflicht des von ihr betriebenen Handels aufmerksam gemacht, beantragte die Klägerin des Ausgangsverfahrens im November 1969 eine Einzelhandelserlaubnis. Sie gab zum Nachweis ihrer Sachkunde an, daß sie von 1957 bis 1960 zunächst als Volontärin im Textileinzelhandel und danach bis 1967 als Kontoristin im elterlichen Betrieb, einer Suppenkonservenfabrik, tätig gewesen sei. Prüfungen habe sie nicht abgelegt. Die Beklagte des Ausgangsverfahrens – die Landeshauptstadt Hannover – lehnte den Antrag mit der Begründung ab, diese berufliche Tätigkeit reiche nicht aus, um die Sachkunde für den Lebensmitteleinzelhandel nachzuweisen.

Mit der nach erfolglosem Widerspruch erhobenen Klage macht die Klägerin des Ausgangsverfahrens geltend, es verstoße gegen den Grundsatz der Verhältnismäßigkeit, wenn der Vertrieb von Kaugummi durch Automaten den strengen gesetzlichen Anforderungen für den Vertrieb von Lebensmitteln unterworfen werde. Kaugummi sei ein völlig ungefährlicher Süßwarenartikel. Er bleibe bis zu einem halben Jahr frisch und werde danach allenfalls äußerlich unansehnlich. In den Automaten werde er hygienisch einwandfrei gespeichert. Jeder Automat werde alle zwei bis sechs Wochen mit frischer Ware versorgt und dabei auch gereinigt.

Die Beklagte des Ausgangsverfahrens vertritt den Standpunkt, auch für den Vertrieb von Kaugummi sei der für den Lebensmitteleinzelhandel geforderte Sachkundenachweis zu erbringen. Die Gummikugeln seien in den Automaten unmittelbar der Lichteinwirkung, Hitze und Kälte ausgesetzt. Sie müßten daher ständig sachkundig überprüft werden, um die Verbraucher vor Gesundheitsschäden zu bewahren.

Das Verwaltungsgericht hält das Erfordernis des Sachkundenachweises in der für den Einzelhandel mit Lebensmitteln in § 3 Abs. 2 Nr. 1 und Abs. 3 Satz 2 sowie § 4 Abs. 2 bis 4 EinzelHG angeordneten Weise für nicht mit dem Grundgesetz vereinbar. Es hat dem Bundesverfassungsgericht die Frage zur Entscheidung vorgelegt, ob § 3 Abs. 2 Nr. 1 und Abs. 3 Satz 2 sowie § 4 Abs. 2 bis 4 EinzelHG, soweit die Sachkunde für den Einzelhandel mit Lebensmitteln nachzuweisen ist, gegen Art. 12 verstoßen.

Die Klägerin des dortigen Verfahrens bedürfe, wenn sie Kaugummi aus Automaten vertreibe, der Erlaubnis für den Einzelhandel mit Lebensmitteln. Zu deren Erteilung seien jedoch die Voraussetzungen über den Nachweis der Sachkunde nicht erfüllt. Sie habe weder die Kaufmannsgehilfenprüfung noch sonst eine Fachprüfung abgelegt; sie sei auch nicht fünf Jahre kaufmännisch im Lebensmitteleinzelhandel tätig gewesen. Auch einer Sachkundeprüfung nach § 4 Abs. 4 EinzelHG habe sie sich nicht unterzogen. Nach den Bestimmungen des Einzelhandelsgesetzes sei daher die beantragte Erlaubnis zu versagen.

Den Anforderungen, die an eine subjektive Berufszulassungsvoraussetzung zu stellen seien, werde aber der für den Lebensmitteleinzelhandel geforderte Sachkundenachweis nicht gerecht. Soweit allgemeine kaufmännische Kenntnisse verlangt würden, ergebe sich die Unvereinbarkeit dieser Forderung mit Art. 12 Abs. 1 GG bereits aus den Erwägungen, die zur Annahme der Verfassungswidrigkeit des Verlangens nach dem Sachkundenachweis für den Einzelhandel mit Waren aller Art geführt habe.

Auch das weitere Erfordernis, der Nachweis von Warenkenntnissen, sei mit Art. 12 Abs. 1 GG nicht vereinbar. Es sei zwar davon auszugehen, daß derartige Kenntnisse dazu beitragen könnten, die Allgemeinheit vor Gefahren zu schützen, die durch die unsachgemäße Behandlung von Lebensmitteln während des Vertriebs entstünden. Deshalb könne auch der Zugang zum Beruf des Lebensmitteleinzelhändlers durchaus vom Nachweis derartiger Kenntnisse abhängig gemacht werden. Für den Warenkundenachweis in seiner jetzigen Ausgestaltung sei jedoch zweifelhaft, ob er geeignet sei, diesen Schutzzweck zu erfüllen. Der Gesetzgeber verlange keine besonderen Kenntnisse für die Waren, deren Vertrieb beabsichtigt sei, sondern fordere allgemeine Kenntnisse und Erfahrungen, die der Bewerber in einem beliebigen Zweig des Lebensmitteleinzelhandels erwerben könne. Bei der Vielzahl verschiedener Lebensmittel sei es nicht ohne weiteres zu erwarten, daß jeder Bewerber, der diesen Sachkundenachweis erbringe, auch tatsächlich die fachlichen Kenntnisse besitze, die er für die besondere Art des von ihm beabsichtigten Einzelhandels benötige.

Schließlich habe der Gesetzgeber auch den Grundsatz der Verhältnismäßigkeit nicht beachtet, da von jedem Bewerber allgemeine, d.h. umfassende Kenntnisse auf dem Gebiet des Einzelhandels verlangt würden. Um den Gesetzeszweck zu erfüllen, würde es genügen, wenn der Bewerber lediglich besondere Kenntnisse für die Waren nachweise, die er tatsächlich vertreiben wolle. Daher müsse beachtet werden, welche Gefahr der Gesundheitsschädigung durch unsachgemäße Lagerung und Behandlung des einzelnen Lebensmittels gegeben sei. Bei Lebensmitteln, die von Natur aus haltbar seien oder durch Bearbeitung haltbar gemacht worden seien, sowie bei dauerhaft verpackten Lebensmitteln seien gesundheitliche Schädigungen in geringem Maße oder gar nicht zu befürchten. Diese Waren könnten auch ohne besondere Kenntnisse gefahrlos vertrieben werden. Verlange der Gesetzgeber gleichwohl für alle Lebensmittel dieselben umfassenden Warenkenntnisse, so gehe er über das Maß dessen hinaus, was für einen wirksamen Gesundheitsschutz erforderlich sei. Das gelte um so mehr, als in § 2 EinzelHG ausdrücklich das Feilhalten von Lebensmitteln im ambulanten Gewerbe, an öffentlichen Orten oder im Marktverkehr von den Vorschriften des Einzelhandelsgesetzes ausgenommen sei.

III.

Keines der nach §§ 77, 82 Abs. 1 BVerfGG zu hörenden Verfassungsorgane hat sich zur Vorlage geäußert. Das Bundesverwaltungsgericht hat gemäß § 82 Abs. 4 BVerfGG wie folgt Stellung genommen:

Es habe es bisher grundsätzlich von der Sache her als gerechtfertigt angesehen, daß der Gesetzgeber die Zulassung zum Beruf des Lebensmitteleinzelhändlers im Interesse der Erhaltung der Volksgesundheit von dem Nachweis einer besonderen Sachkunde abhängig gemacht habe (Urteil vom 23. Juni 1959, DVBl. 1959, S. 664; vom 27. September 1962, GewArch. 1963, S. 36). In der erstgenannten Entscheidung sei darüber hinaus ausgeführt, der Gesetzgeber dürfe die Behörden jedenfalls nur ermächtigen, so viel an kaufmännischem Wissen von dem einzelnen Bewerber zu verlangen, wie zum Betrieb des von ihm beabsichtigten Unternehmens erforderlich sei.

B. – I.

Die Vorlage ist zulässig.

Das vorlegende Gericht hat die Bestimmungen des § 3 Abs. 2 Nr. 1, des § 3 Abs. 3 Satz 2 sowie des § 4 Abs. 2 bis 4 EinzelHG zur verfassungsmäßigen Prüfung vorgelegt. Diese Vorschriften regeln die Zulassung zum Betrieb eines Einzelhandels mit Lebensmitteln aller Art. Die Klägerin des Ausgangsverfahrens begehrt jedoch offensichtlich nicht eine derartige allgemeine Erlaubnis, sie will lediglich den Vertrieb von Kaugummi durch Warenautomaten gestattet bekommen. Für das vorliegende Verfahren ist es daher zunächst von Bedeutung, ob es gegen das Grundgesetz verstößt, daß das Einzelhandelsgesetz nur eine Erlaubnis zum Betrieb eines Einzelhandels mit Lebensmitteln aller Art kennt und keine auf bestimmte Warensorten beschränkte Erlaubnis mit entsprechend geringeren Voraussetzungen. Nur im Rahmen dieser für das Ausgangsverfahren gegenwärtig allein maßgeblichen Rechtsfrage vermag das Bundesverfassungsgericht auf die Vorlage die Verfassungsmäßigkeit des Einzelhandelsgesetzes zu prüfen (BVerfGE 3, 187 [196]).

Aus den Gründen des Vorlagebeschlusses ist ersichtlich, daß auch das Verwaltungsgericht die Prüfung derartig eingeschränkt wissen will, da es eine differenzierende Beachtung der Gesundheitsgefährdung gerade durch den Vertrieb der Waren, mit denen der Bewerber zu handeln beabsichtigt, als erforderlich ansieht. Erst in zweiter Linie, falls das Fehlen einer Bestimmung über eine eingeschränkte Erlaubnis sich als grundgesetzgemäß erweisen sollte, ist die Verfassungsmäßigkeit des Sachkundenachweises für die allgemeine Lebensmitteleinzelhandelserlaubnis zur Prüfung gestellt. Die Vorlage ist daher mit der Maßgabe zulässig, daß zunächst zu prüfen ist, ob das Einzelhandelsgesetz gegen das Grundgesetz verstößt, soweit es keine Möglichkeit vorsieht, für den Einzelhandel mit Lebensmitteln eine auf bestimmte Warenarten beschränkte Erlaubnis zu erteilen und für den Sachkundenachweis entsprechend geringere Anforderungen zu stellen.

II.

Es ist mit dem Grundgesetz nicht vereinbar, daß das Einzelhandelsgesetz die Erteilung einer auf bestimmte Warensorten beschränkten Erlaubnis ausschließt.

1. Die Verfassungsmäßigkeit von Voraussetzungen zur Zulassung zum Beruf des Lebensmitteleinzelhändlers ist an Art. 12 Abs. 1 GG zu messen.

Das Gesetz über die Ausübung des Einzelhandels regelt den Zugang zu diesem Beruf. Das Erfordernis der Sachkunde ist eine subjektive Zulassungsvoraussetzung im Sinne der Rechtsprechung des Bundesverfassungsgerichts (BVerfGE 7, 337 [406 f.]; 19, 330 [337]). Sie ist, da sie den Bewerber in der freien Berufswahl empfindlich zu beeinträchtigen vermag, nur zum Schutze eines wichtigen Gemeinschaftsgutes gerechtfertigt. Einem derartigen anzuerkennenden Gemeinschaftsinteresse – dem Schutz des Verbrauchers vor der Gefahr gesundheitlicher Schädigung – dienen im Grundsatz der Erlaubnisvorbehalt und das Erfordernis des Sachkundenachweises für den Betrieb eines Lebensmitteleinzelhandels, auch wenn nur ein beschränktes Sortiment vertrieben werden soll.

2. Der Gesetzgeber hat jedoch, auch wenn das Interesse des Gemeinwohls eine Einschränkung der Berufswahl rechtfertigt, den Grundsatz der Verhältnismäßigkeit zu beachten, insbesondere muß das eingesetzte Mittel erforderlich sein, um den erstrebten Zweck zu erreichen. Das ist der Fall, wenn der Gesetzgeber nicht ein anderes, gleich wirksames, aber das Grundrecht nicht oder doch weniger fühlbar einschränkendes Mittel hätte wählen können (BVerfGE 30, 292 [316]).

a) Die Anforderungen des § 4 Abs. 2 bis 4 EinzelHG zur Gewährung der Erlaubnis für den Einzelhandel mit Lebensmitteln aller Art mögen dem Grundsatz der Verhältnismäßigkeit entsprechen, da der Schutz der Allgemeinheit vor gesundheitlichen Schädigungen durch unhygienisch oder sonst unsachgemäß behandelte Lebensmittel eingehende Schutzmaßnahmen gebietet. Hier ist jedoch nicht zu prüfen, ob die Anforderungen, die an die Erteilung der Erlaubnis zum Einzelhandel mit Lebensmitteln aller Art gestellt sind, gegen das Grundgesetz verstoßen. Es geht hier zunächst nur darum, zu beurteilen, ob es verfassungsrechtlich zulässig ist, daß das Einzelhandelsgesetz für den Einzelhandel mit einzelnen Lebensmitteln keine beschränkte Erlaubnis mit entsprechend geringeren Anforderungen vorsieht.

b) Auch soweit die Berufszulassungsbeschränkung allgemein dem Grundsatz der Verhältnismäßigkeit entspricht, kann sie nach Art. 12 Abs. 1 in Verbindung mit Art. 3 Abs. 1 GG verfassungswidrig sein, wenn nicht in allen wesentlichen geregelten Fällen die Verhältnismäßigkeit gewahrt oder in gleicher Weise gewahrt ist, die Beschränkung also nicht die Ungleichheiten berücksichtigt, die typischerweise innerhalb der betroffenen Berufsgruppen bestehen (BVerfGE 25, 236 [251]; 30, 292 [327]). Das ist anzunehmen, wenn nicht nur einzelne, aus dem Rahmen fallende Sonderfälle, sondern bestimmte, wenn auch zahlenmäßig begrenzte Gruppen typischer Fälle ohne zureichende sachliche Gründe verhältnismäßig stärker belastet werden als andere.

Eine derartige verfassungsrechtlich nicht hinnehmbare besondere Belastung ist bei den Unternehmern gegeben, die lediglich ein beschränktes Sortiment im Lebensmitteleinzelhandel vertreiben wollen.

Während das Einzelhandelsgesetz für andere Fälle Ausnahmebestimmungen enthält, z.B. in § 6 für überlebende Ehegatten oder Erben verstorbener Unternehmer – sie bedürfen zur Fortführung des Lebensmitteleinzelhandels keiner Erlaubnis – oder in § 2 für Markthändler – sie dürfen ohne Erlaubnis Lebensmittel vertreiben –, gelten für den Unternehmer, der auch nur mit einem Lebensmittelartikel Einzelhandel betreiben will, soweit die genannten Ausnahmebestimmungen für ihn nicht anwendbar sind, die allgemeinen Vorschriften des § 3 Abs. 2 Nr. 1 und des § 4 Abs. 2 bis 4 EinzelHG. Er muß, um hierfür eine Erlaubnis erhalten zu können, eine Sachkunde in einem Maße nachweisen, die für einen Lebensmitteleinzelhandel mit umfangreichem Sortiment erforderlich sein mag, jedoch in keinem Verhältnis zu der von ihm geplanten Tätigkeit steht. Wer lediglich z.B. wie im Ausgangsfall Kaugummi oder sonstige kaum verderbliche Süßigkeiten im Einzelhandel vertreiben will, bedarf, um ohne gesundheitliche Gefährdung für seine Kunden handeln zu können, nicht der in § 4 Abs. 2 bis 4 EinzelHG geforderten Vorbildung oder Prüfung.

Das Einzelhandelsgesetz belastet somit Bewerber, die lediglich ein beschränktes Sortiment von Lebensmitteln vertreiben wollen, verhältnismäßig stärker als Bewerber, die einen umfangreichen Handel mit Lebensmitteln beabsichtigen. Ein hinreichender sachlicher Grund für eine nicht differenzierende Behandlung ist nicht erkennbar. Auch soweit eine besondere, das gegenwärtige Maß übersteigende Überwachungstätigkeit erforderlich sein sollte, um die Einhaltung beschränkter Erlaubnisse zu sichern, vermag dies nicht den grundsätzlichen Ausschluß einer derartigen Möglichkeit zu rechtfertigen.

Es handelt sich bei den Personen, denen lediglich an einer beschränkten Einzelhandelserlaubnis gelegen ist, nicht nur um eine verfassungsrechtlich unbeachtliche, aus dem Rahmen fallende besondere Gruppe. Eine Beschränkung des Sortiments ist, wie auch der dem Ausgangsverfahren zugrunde liegende Sachverhalt zeigt, aus technischen Gründen besonders für Unternehmer geboten, die Lebensmittelautomaten aufstellen und betreiben wollen. Daß diese Vertriebsform nicht eine völlig unerhebliche Unterart des Lebensmitteleinzelhandels darstellt, zeigt die wachsende Verbreitung derartiger Warenautomaten. Allerdings können nach dem Einzelhandelsgesetz gegenwärtig nur solche Personen Lebensmittelautomaten einsetzen, die eine allgemeine Lebensmitteleinzelhandelserlaubnis haben. Es ist daher anzunehmen, daß diese Unternehmer häufig darüber hinaus ein Ladengeschäft betreiben. Der Verkauf durch Automaten wird dort in der Regel nur den üblichen Vertrieb im Ladengeschäft ergänzen. Trotzdem ist nicht von der Hand zu weisen, daß es eine hinreichend große Zahl von Unternehmen gibt, die Lebensmittel allein über Automaten verkaufen oder verkaufen wollen. Das Interesse des Konsumenten an dieser Vertriebsform läßt sie auch für den Unternehmer wirtschaftlich bedeutsam erscheinen.

Bei einer solchen vielleicht zahlenmäßig kleinen, aber nach typischen Merkmalen deutlich abgrenzbaren Gruppe – Personen, die einen Lebensmitteleinzelhandel mit eng begrenztem Sortiment betreiben wollen – ist der Zugang zu dem begehrten Beruf von unverhältnismäßig strengen und weitgehenden Voraussetzungen abhängig. Soweit diese Personen jene Bedingungen nicht erfüllen, ist ihnen daher die Möglichkeit genommen, auch nur in sehr beschränktem Umfang mit Lebensmitteln zu handeln. Da das Einzelhandelsgesetz keine Möglichkeit vorsieht, diese Sonderfälle angemessen zu berücksichtigen, sie vielmehr unterschiedslos den allgemeinen Vorschriften unterwirft, ist bei der getroffenen Zulassungsregelung Art. 12 Abs. 1 in Verbindung mit Art. 3 Abs. 1 GG verletzt worden.

3. Die Entscheidung über die Art, in der die Sonderfälle des Berufes des Lebensmitteleinzelhändlers berücksichtigt werden sollen, obliegt dem Gesetzgeber. Er muß darüber befinden, ob und gegebenenfalls in welcher Weise auch bei einem Antrag auf Erteilung einer beschränkten Erlaubnis der Nachweis der Sachkunde zu verlangen ist. Das Bundesverfassungsgericht kann nur die Unvereinbarkeit der gegenwärtigen Regelung mit dem Grundgesetz feststellen.

B. Bundesverwaltungsgericht

1. Urteil vom 9.2.1962 – VII C 192.60 –

Zu den Voraussetzungen für die Erteilung einer Ausnahmebewilligung.

Urteil des Bundesverwaltungsgerichts vom 9.2.1962, VII C 192/60

I. Der am 31.12.1927 geborene Kläger hat das Schriftsetzerhandwerk erlernt und im Frühjahr 1950 in diesem Handwerk die Gesellenprüfung abgelegt. Er wurde schon im Jahre 1935 Vollwaise. Die Miterben des am 20.12.1940 verstorbenen Druckereibesitzers A.B. in C. überließen ihm laut Erklärung vom 31.12.1948 ihre Erbanteile an der Druckerei, die ein Onkel des Klägers bis 1951 weiterführte. Am 8.12.1949 erteilte die beigeladene Handwerkskammer, die zu dieser Zeit hierfür nach der damals in der britischen Besatzungszone geltenden Regelung zuständig war, dem Kläger die Ausnahmebewilligung für den Druckereibetrieb mit der Verpflichtung, innerhalb von vier Jahren die Meisterprüfung abzulegen und bis dahin einen Meistergesellen zu beschäftigen. Durch eine Erklärung vom 13.11.1949 hatte der Kläger diese Verpflichtung ausdrücklich anerkannt. Als der Onkel des Klägers den Betrieb aus gesundheitlichen Gründen nicht mehr leiten konnte, übernahm ihn der Kläger am 1.8.1951 selbst. Er legte aber die Meisterprüfung nicht innerhalb der vorgesehenen Frist ab.

Am 9.2.1956 drohte die beigeladene Handwerkskammer ihm die Löschung in der Handwerksrolle an. Der Kläger legte dagegen Einspruch ein und beantragte außerdem bei dem hier beklagten Regierungspräsidenten, ihm die Ausnahmebewilligung für das Buchdruckerhandwerk zu erteilen, wobei er sich bereit erklärte, die Meisterprüfung bis zum 30.6.1958 abzulegen. Nachdem der Regierungspräsident durch Bescheid vom 29.3.1957 den Antrag auf Erteilung der Ausnahmebewilligung abgelehnt hatte, wies die Handwerkskammer durch Bescheid vom 22.5.1957 den Einspruch des Klägers gegen die Löschungsankündigung zurück. Hiergegen beschritt der Kläger den Verwaltungsrechtsweg. Seine Klage, mit der er die Aufhebung der Bescheide der Handwerkskammer vom 9.2.1956 und 22.5.1957 erstrebte, blieb im ersten und zweiten Rechtszuge ohne Erfolg. Über die hiergegen vom Kläger eingelegte Revision hat der erkennende Senat noch nicht befunden, weil es ihm angebracht erschien, zunächst abzuwarten, ob der Kläger im Zuge des hier vorliegenden Streitverfahrens die Erteilung einer Ausnahmebewilligung und damit seine Eintragung in die Handwerksrolle erreichen kann.

Nachdem der Regierungspräsident durch Bescheid vom 23.7.1957 den Einspruch des Klägers gegen die Ablehnung der Ausnahmebewilligung ebenfalls zurückgewiesen hatte, erhob der Kläger auch gegen ihn Klage auf Erteilung der Ausnahmebewilligung. Auch diese Klage hatte im ersten und zweiten Rechtszuge keinen Erfolg. Die Revision führte zur Zurückweisung an das Berufungsgericht.

II. In der Sache selbst steht die Frage zur Entscheidung, ob dem Kläger die von ihm gemäß § 7 Abs. 2 Handwerksordnung vom 17.9.1953 (BGBl. I S. 1411) – HandwO – nachgesuchte Ausnahmebewilligung zwecks Eintragung in die Handwerksrolle unter Verletzung des Gesetzes versagt worden ist.

1. Mit Recht hat das Berufungsgericht zunächst geprüft, ob der Kläger seine Eintragung in die Handwerksrolle etwa schon auf Grund des § 112 HandwO beanspruchen konnte, demzufolge die bei Inkrafttreten der Handwerksordnung – d.h. am 24.9.1953 – „vorhandene Berechtigung" eines Gewerbetreibenden, ein Handwerk als stehendes Gewerbe selbständig zu betreiben, bestehen bleibt". Diese Frage hat das Berufungsgericht ohne Rechtsirrtum verneint. Ob am 24.9.1953 eine solche Berechtigung zugunsten des Klägers bestand, richtete sich nach dem bis zum Ablauf des 23.9.1953 in Nordrhein-Westfalen geltenden Recht, d.h. der Dritten Verordnung über den vorläufigen Aufbau des deutschen Handwerks vom 18.1.1935/22.1.1936 (RGBl. 1935 I S. 15, 1936 I S. 42) – 3. HandwVO –, die insoweit im Bereich der ehemaligen britischen Besatzungszone nach § 27 der Verordnung des Zentralamts für Wirtschaft in der britischen Zone über den Aufbau des Handwerks vom 6.12.1946 (GVBl. NW 1947 S. 21) bis zum Inkrafttreten der Handwerksordnung vom 17.9.1953 anzuwenden war. Zur Zeit des Inkrafttretens dieser Handwerksordnung hatte der Kläger die Meisterprüfung nicht abgelegt. Auch auf die ihm im Dezember 1949 erteilte Ausnahmebewilligung kann sich der Kläger nicht berufen, da ihm diese Bewilligung nur befristet unter der Auflage erteilt worden war, die Meisterprüfung innerhalb der vorgesehenen Frist abzulegen. Da der Kläger dieser Auflage nicht nachgekommen ist, ist die ihm seinerzeit erteilte Ausnahmebewilligung damit hinfällig geworden. Das hat der erkennende Senat bereits in seiner Entscheidung vom 24.7.1959 VII C 98/59 (GewArch. 1959/60 S. 231) mit der Begründung ausgesprochen, daß die Vorschrift des § 112 HandwO nur den Zweck verfolgt, die bei Inkrafttreten der Handwerksordnung bestehenden Berechtigungen, so wie sie damals wirksam waren, aufrechtzuerhalten.

2. Der Kläger bedarf hiernach zur selbständigen Handwerksausübung einer Ausnahmebewilligung gemäß § 7 Abs. 2 HandwO. Wie der Senat bereits in der zur Veröffentlichung bestimmten Entscheidung vom 26.1.1962 VII C 68/59[1]) im einzelnen ausgeführt hat, sind bei der Behandlung von Anträgen auf Erteilung einer Ausnahmebewilligung folgende Gesichtspunkte zu beachten:

Bei der rechtlichen Beurteilung ist davon auszugehen, daß § 7 HandwO für die Eintragung in die Handwerksrolle, die nach § 1 des Gesetzes zwingende Voraussetzung für den selbständigen Betrieb eines Handwerks als stehendes Gewerbe ist, zwei Wege eröffnet. Sie stimmen darin überein, daß in beiden Fällen die erforderliche fachliche Befähigung unerläßliche Voraussetzung für eine solche Eintragung bildet. Sie unterscheiden sich voneinander im wesentlichen insofern, als der Nachweis dieser Befähigung in verschiedener Weise geführt werden kann. Im Regelfalle soll dies durch Ablegung der Meisterprüfung geschehen, der ein im einzelnen im Gesetz vorgezeichneter Ausbildungsgang vorauszugehen hat. In Ausnahmefällen kann der Befähigungsnachweis auch in anderer geeigneter Weise geführt werden.

---

1) Siehe jetzt BVerwGE 13, 317

a) Im Vordergrund steht aber in jedem Falle das Erfordernis des Befähigungsnachweises: Wer in die Handwerksrolle eingetragen werden will, kann das nur dann erreichen, wenn er die für eine einwandfreie Handwerksausübung erforderliche Befähigung besitzt. Diese Befähigung des einzelnen Handwerkers ist die unentbehrliche Grundlage, um den Leistungsstand und die Leistungsfähigkeit des Handwerks zu sichern, deren Erhaltung die in der Handwerksordnung getroffene Berufsregelung dient. Diese Berufsregelung ist gerade unter diesen Gesichtspunkten in der Entscheidung des Bundesverfassungsgerichts vom 17.7.1961 (NJW 1961 S. 2011 = DVBl. 1961 S. 818 = JZ 1961 S. 701 = DÖV 1961 S. 861 = GewArch 1961 S. 157)[1] als ein beachtliches Anliegen des unter wirtschafts- und gesellschaftspolitischen Gesichtspunkten der Förderung würdigen Handwerksstandes anerkannt worden, dem der Gesetzgeber Rechnung tragen konnte, ohne damit die Grundrechte des einzelnen, insbesondere das in Art. 12 Abs. 1 GG gewährleistete Recht der freien Berufswahl, in verfassungswidriger Weise zu beeinträchtigen.

aa) Eine solche Beeinträchtigung hat das Bundesverfassungsgericht insbesondere auch insoweit verneint, als die Handwerksordnung den Ausbildungsgang und die Anforderungen bezüglich der ihn abschließenden Meisterprüfung und des damit in der Regel zu erbringenden Befähigungsnachweises regelt. Die erfolgreiche Ablegung dieser Prüfung setzt nach § 41 HandwO voraus, daß „der Prüfling die in seinem Handwerk gebräuchlichen Arbeiten meisterhaft verrichten kann und die notwendigen Fachkenntnisse sowie die erforderlichen betriebswirtschaftlichen, kaufmännischen und allgemeintheoretischen Kenntnisse besitzt". Wenn hiernach eine „meisterhafte" Beherrschung der in dem jeweiligen Handwerk gebräuchlichen Arbeiten erwartet werden muß, so dürfen die insoweit zu stellenden Anforderungen, wie das Bundesverfassungsgericht in diesem Zusammenhang ausgeführt hat, nicht dahin überspannt werden, daß außergewöhnliche, das allgemeine handwerkliche Niveau weit übersteigende Leistungen verlangt werden; jedoch muß in jedem Falle erwartet werden, daß der Bewerber „imstande ist, die handwerklichen Arbeiten selbständig nach den allgemeinen handwerklichen Grundsätzen werkgerecht auszuführen". Um als selbständiger Handwerker seinen Betrieb einwandfrei leiten zu können, bedarf er auch entsprechender kaufmännischer, betriebswirtschaftlicher und allgemeintheoretischer Kenntnisse und muß deshalb, wie auch das Bundesverfassungsgericht anerkannt hat, die erforderlichen Grundlagen dieser Wissensgebiete ebenfalls beherrschen.

bb) Der erkennende Senat hat in seiner Entscheidung vom 5.5.1959 (BVerwGE 8, 287)[2] ausgesprochen, daß auch derjenige, der ohne Ablegung der Meisterprüfung mit Hilfe einer Ausnahmebewilligung seine Eintragung in die Handwerksrolle erreichen will, grundsätzlich etwa die gleichen Kenntnisse und Fertigkeiten nachweisen muß, wie sie von einem Berufsbewerber verlangt werden müssen, der die Meisterprüfung mit Erfolg bestehen will. Auch nach der Entscheidung des Bundesverfassungsgerichts kann es angesichts der eindeutigen in § 7 Abs. 2 HandwO getroffenen Regelung nicht der Sinn der Ausnahmebewilligung sein, durch eine erhebliche Erleichterung der fachlichen Anforderungen unqualifizierten Bewerbern den Weg zur selbständigen Ausübung des Handwerks zu eröffnen. Derartige Erleichterungen, die ein Absinken des handwerklichen Leistungsstandes unter ein in jedem Falle zu wahrendes Mindestniveau zur Folge haben würden, können einem Berufsbewerber auch nicht aus sozialen Gründen zugebilligt werden. Das gilt auch für die in dem Bericht des Ausschusses für Wirtschaftspolitik (zu Nr. 4172 der Drucksachen des Deutschen Bundestages – 1. Wahlperiode 1949 – S. 7) bei der Erörterung des für eine Ausnahmebewilligung in Betracht kommenden Personenkreises erwähnten,

---

vom Schicksal besonders hart betroffenen Gruppen, wie u.a. die Heimatvertriebenen, die Sowjetzonenflüchtlinge und die Spätheimkehrer. Vielmehr wird in den den besonderen Belangen dieser Personengruppen gewidmeten Spezialgesetzen den Angehörigen dieser Gruppen eine bevorzugte Berücksichtigung bei der Berufszulassung nur unter der Voraussetzung zugesichert, daß sie die persönlichen Voraussetzungen für eine solche Berufszulassung erfüllen, insbesondere die Befähigung oder fachliche Eignung nachweisen. Insoweit kann auf § 69 Abs. 1 Bundesvertriebenengesetz in der Fassung vom 14.8.1957 (BGBl. I S. 1215), auf § 7a Abs. 3 Heimkehrergesetz in der Fassung vom 17.8.1953 (BGBl. I S. 931) und schließlich auch auf die auf ähnlichen Erwägungen beruhende Vorschrift des § 37 Abs. 1 Schwerbeschädigtengesetz in der Fassung vom 14.8.1961 (BGBl. I S. 1234) verwiesen werden.

cc) Der erkennende Senat hat in der schon an früherer Stelle genannten Entscheidung vom 5.5.1959 (BVerwGE 8, 287)[1] auch bereits gewisse Hinweise zu der Frage gegeben, wie der Befähigungsnachweis im Falle des § 7 Abs. 2 HandwO auf andere Weise als durch Ablegung einer Meisterprüfung geführt werden soll. Sofern es sich um die Erteilung einer Ausnahmebewilligung an solche Berufsbewerber handelt, die nicht den in der Handwerksordnung vorgesehenen Ausbildungsgang durchlaufen, sondern ihre Kenntnisse „durch den Besuch von technischen Fachschulen, anerkannten höheren technischen Lehranstalten oder anerkannten Fachschulen oder höheren Fachschulen" erworben haben oder „als Unselbständige im Handwerk oder in der Industrie in entsprechenden verantwortlichen Stellungen tätig gewesen sind" (so wiederum der bereits an früherer Stelle genannte Ausschußbericht), werden sich in vielen Fällen keine besonderen Schwierigkeiten für die Beurteilung ergeben, ob der Bewerber den erforderlichen Voraussetzungen genügt. Nicht selten wird aber eine solche Beurteilung nur durch eine Überprüfung des Bewerbers und seiner bisherigen Tätigkeit möglich sein. Der erkennende Senat hat hierzu in der zuvor genannten Entscheidung zum Ausdruck gebracht, daß es nicht im Sinne des Gesetzes liegen könne, einen solchen Bewerber, namentlich wenn er bereits in vorgerücktem Alter steht, einer schulmäßigen Prüfung nach Art einer Meisterprüfung zu unterwerfen. Vielmehr wird in solchen Fällen in einer zwangloseren Form versucht werden müssen, das richtige Bild über die Befähigung des Bewerbers zu gewinnen. Daß eine solche Überprüfung eine objektive, nur von sachlichen Gesichtspunkten bestimmte Beurteilung zum Ziele haben und daß auch die Auswahl der Prüfer eine Gewähr hierfür bieten muß, versteht sich von selbst. Der Senat glaubt gleichwohl hierauf hinweisen zu sollen, weil er aus verschiedenen ihm zur Entscheidung vorliegenden Streitfällen den Eindruck gewonnen hat, daß gegenüber solchen Bewerbern, die ihre Eintragung in die Handwerksrolle nicht über den in der Handwerksordnung vorgesehenen Ausbildungsgang und die ihn abschließende Meisterprüfung, sondern auf Grund einer Ausnahmebewilligung erreichen wollen, eine gewisse Voreingenommenheit bestehen mag, die sie etwa als Außenseiter oder gar als unerwünschte Mitglieder des Handwerksstandes erscheinen lassen könnte. Eine solche Einstellung läßt sich mit der gesetzlichen Regelung nicht vereinbaren. Die Handwerksordnung sieht neben der den Regelfall bildenden Meisterprüfung ausdrücklich die Möglichkeit vor, den Nachweis der für die selbständige Handwerksausübung erforderlichen Befähigung auch auf andere geeignete Weise zu erbringen. Daraus folgt, daß die Überprüfung eines Bewerbers um eine Ausnahmebewilligung in einer jeweils dem Einzelfalle angepaßten angemessenen Art und Weise vorgenommen und dabei stets sein bisheriger beruflicher Werdegang in sachlicher Weise berücksichtigt werden muß.

Weist der Bewerber um eine Ausnahmebewilligung unter Berücksichtigung dieser Gesichtspunkte die erforderliche fachliche Befähigung nach, so hat er, soweit es auf seinen Leistungsstand ankommt, nach dem Gesetz den gleichen Rechtsanspruch auf Eintragung in die Handwerksrolle wie der, der die Meisterprüfung erfolgreich abgelegt hat. Daß er nicht – wie der letztere – den Meistertitel führen darf (§ 46 HandwO) und auch nicht ohne weiteres zur Anleitung von Lehrlingen befugt ist (§ 18 HandwO), ändert – wie der erkennende Senat bereits in seiner Entscheidung vom 9.10.1959 (BVerwGE 9, 207)[1] dargelegt hat – nichts daran, daß die Eintragung in die Handwerksrolle auf Grund einer Ausnahmebewilligung den Eingetragenen in gleicher Weise wie den auf Grund der Meisterprüfung eingetragenen Handwerksmeister zur Ausführung aller im Rahmen des jeweiligen Handwerks anfallenden Arbeiten legitimiert. Ausschlaggebend ist allein das für eine einwandfreie selbständige Handwerksausübung erforderliche Ausmaß der Befähigung, gleichviel auf welchem Wege sie erworben und in welcher Weise sie nachgewiesen wird.

dd) Wie der Senat aus dem ihm in zahlreichen Streitsachen vorliegenden umfangreichen Material ersehen konnte, treten an die für die Erteilung der Ausnahmebewilligung zuständigen Stellen bisweilen Bewerber heran, die den in der Handwerksordnung vorgesehenen Ausbildungsgang noch nicht so weit abgeschlossen haben, daß sie sich bereits mit sicherer Aussicht auf Erfolg der Meisterprüfung stellen konnten, die aber aus besonderen Gründen – etwa weil der Sohn den Handwerksbetrieb des plötzlich berufsunfähig gewordenen Vaters sofort übernehmen soll oder weil dem Bewerber eine einmalig günstige Gelegenheit geboten wird, sich durch eine nicht aufschiebbare Übernahme eines Handwerksbetriebes eine selbständige Existenzgrundlage zu schaffen – auf beschleunigte Eintragung in die Handwerksrolle mit Hilfe einer Ausnahmebewilligung Wert legen. Die für die Erteilung der Ausnahmebewilligung zuständigen Behörden stehen alsdann vor der Frage, wie sie in derartigen Fällen den Wünschen solcher Bewerber gerecht werden können, ohne dabei die gesetzlichen Vorschriften zu verletzen. Sie haben in diesen Fällen vielfach den Weg einer zunächst befristeten Ausnahmebewilligung gewählt, die in § 8 Abs. 2 HandwO ausdrücklich vorgesehen ist. Eine solche Handhabung ist aber nur dann mit dem Gesetz vereinbar, wenn der Berufsbewerber in der Ausbildung so weit fortgeschritten ist, daß ihm die selbständige Führung des Handwerksbetriebes auf befristete Zeit unbedenklich anvertraut und erwartet werden kann, daß er sich die ihm für den vollen Befähigungsnachweis noch fehlenden Kenntnisse und Fertigkeiten in begrenzter Zeit aneignen kann. Die Behörden pflegen ein solches Entgegenkommen durch Erteilung einer befristeten Ausnahmebewilligung mit der Auflage zu verbinden, daß innerhalb der gewährten Frist der Nachweis der vollen Befähigung geführt werden muß. Ein solches Verlangen ergibt sich zwangsläufig aus dem Gesetz, das auch für die Ausnahmebewilligung grundsätzlich etwa die gleiche Befähigung voraussetzt, wie sie auch in der Meisterprüfung nachgewiesen werden muß, so daß ohne diesen Befähigungsnachweis eine befristet erteilte Ausnahmebewilligung auf die Dauer nicht aufrechterhalten werden kann. Es erscheint dem Senat jedoch mit der gesetzlichen Regelung nicht vereinbar, wenn eine solche Auflage in der Weise erteilt wird, daß der – der Sache nach ohne weiteres erforderliche – Befähigungsnachweis nur durch Ablegung der Meisterprüfung zu führen sei. Vielmehr muß es die Behörde, wenn sie es vertreten zu können glaubt, die Eintragung in die Handwerksrolle in Abweichung von dem Regelfalle ohne Ablegung der Meisterprüfung und ohne den vollen Befähigungsnachweis befristet im Wege der Ausnahmebewilligung zu erteilen, dem befristet eingetragenen Handwerker überlassen, ob er den für die Aufrechterhaltung dieser Eintragung auf die Dauer erforderlichen Nachweis der vollen Befähigung durch Nachholung der Meisterprüfung oder auf eine andere geeignete Weise führen will. Dabei muß insbesondere berücksichtigt werden, daß ein Handwerker, der auf Grund einer befristeten Ausnahmebewilligung die selbständi-

---

[1] Siehe VerwRspr. Band 12 Nr. 226

ge Leitung eines Handwerksbetriebes übernimmt, in aller Regel gewissen Anfangsschwierigkeiten, wie sie sich häufig in jungen Betrieben ergeben, gegenüberstehen wird, die gerade in der ersten Zeit nach der Betriebsübernahme einen verstärkten persönlichen Einsatz erfordern, und daß ihm in dieser Anlaufperiode vielfach die Zeit und auch die Mittel fehlen werden, namentlich an auswärts stattfindenden Meisterkursen teilzunehmen. In jedem Falle muß sich aber sowohl der Bewerber, der sich um eine solche nur vorläufige und deshalb befristete Ausnahmebewilligung bemüht, wie auch die Behörde, die sie zu erteilen hat, darüber im klaren sein, daß es sich hierbei nicht um eine Dauerlösung, sondern um eine vorläufige Maßnahme handelt, die nach dem die Berufsregelung im Handwerk beherrschenden Leistungsprinzip auf die Dauer nur aufrechterhalten werden kann, wenn innerhalb begrenzter Frist der volle Befähigungsnachweis, wie ihn die Handwerksordnung erfordert, – gleichviel in welcher Weise – erbracht wird.

b) Die Eintragung in die Handwerksrolle ohne Ablegung der Meisterprüfung soll, wie das Gesetz besagt, „in Ausnahmefällen" erfolgen. Die bisherige Rechtsprechung ging überwiegend davon aus, dem Gesetz sei zu entnehmen, daß die Erteilung einer Ausnahmebewilligung neben dem zuvor im einzelnen erörterten Erfordernis der fachlichen Befähigung weiterhin die Feststellung besonderer Umstände voraussetze, die es rechtfertigten, ausnahmsweise von der Ablegung der Meisterprüfung abzusehen. Dabei ging man weiterhin davon aus, daß diese beiden Voraussetzungen – d.h. der Befähigungsnachweis und das Vorliegen eines Ausnahmetatbestandes – etwa das gleiche Gewicht hätten, so daß bei der Verneinung eines Ausnahmetatbestandes die Möglichkeit einer Ausnahmebewilligung ohne weiteres entfiele, ohne daß die Frage der fachlichen Befähigung überhaupt geprüft zu werden brauchte. Dabei wurde bei der Prüfung, ob ein Ausnahmefall gegeben sei, in der Rechtsprechung – auch des erkennenden Senats – ein verhältnismäßig strenger Maßstab angelegt. Hieran kann nach der Entscheidung des Bundesverfassungsgerichts vom 17.7.1961[1] nicht mehr festgehalten werden. Das Bundesverfassungsgericht hat hierzu im letzten Abschnitt der Begründung seiner Entscheidung ausgeführt, daß die von ihm grundsätzlich als unbedenklich anerkannte Beschränkung des Rechts der freien Berufswahl, der der angehende Handwerker durch den in der Handwerksordnung vorgeschriebenen mehrjährigen mit der Meisterprüfung abschließenden Ausbildungsgang unterworfen wird, gerade durch die in § 7 Abs. 2 HandwO eröffnete Möglichkeit gemildert und auf ein verfassungsrechtlich vertretbares Maß zurückgeführt werde. In diesem Zusammenhang hat das Bundesverfassungsgericht weiterhin zum Ausdruck gebracht, daß nur eine großzügige Handhabung bei der Prüfung, ob ein Ausnahmefall gegeben sei, dem Schutz des einzelnen dienenden Sinn des Art. 12 Abs. 1 GG gerecht werde, und dabei betont, „dem Bestreben des Gesetzes, den Leistungsstand und die Leistungsfähigkeit des Handwerks zu erhalten und zu fördern, laufe eine weite Auslegung des Begriffs der Ausnahmefälle nicht zuwider, weil ein Berufsbewerber in jedem Falle die zur selbständigen Ausübung seines Handwerks notwendigen Kenntnisse und Fertigkeiten nachweisen" müsse. Diese Ausführungen in der Begründung der Entscheidung stehen mit dem Inhalt der eigentlichen Entscheidungsformel in einem so engen sachlichen und gedanklichen Zusammenhang, daß ihnen die gleiche verbindliche Kraft zukommen muß wie der Entscheidungsformel selbst.

Der Gesetzgeber hat – wie es in dem bereits mehrfach erwähnten Ausschußbericht heißt – nach sorgfältigen Überlegungen bewußt davon abgesehen, einen „Katalog" der Ausnahmefälle aufzustellen, in denen auf Grund eines in anderer geeigneter Weise geführten Befähigungsnachweises ein Rechtsanspruch auf Eintragung in die Handwerksrolle auch ohne Ablegung der Meister-

---

1) Siehe VerwRspr. Band 14 Nr. 75

prüfung anerkannt werden soll. Dabei hat sich der Gesetzgeber von der Erwägung leiten lassen, daß bei der Vielgestaltigkeit der Lebensumstände eine erschöpfende Aufzählung der zu berücksichtigenden Tatbestände in einem „Katalog" schlechthin unmöglich wäre. Der Ausschuß hat sich deshalb in seinem Bericht darauf beschränkt, gewisse Hinweise und Richtlinien für die praktische Handhabung zu geben. Das Bundesverfassungsgericht hat hierzu grundsätzlich ausgesprochen, Ausnahmefälle seien „mindestens dann anzunehmen, wenn es eine übermäßige nicht zumutbare Belastung darstellen würde, einen Berufsbewerber auf den Nachweis seiner fachlichen Befähigung durch Ablegung der Meisterprüfung zu verweisen", dabei aber betont, wann das der Fall sei, lasse sich nur unter Berücksichtigung aller Umstände des Einzelfalles beurteilen. Anhand einiger Beispiele hat das Bundesverfassungsgericht aber mit Nachdruck betont, daß von der Erteilung einer Ausnahmebewilligung – den Befähigungsnachweis stets vorausgesetzt – nicht engherzig Gebrauch gemacht werden sollte, zumal eine großzügige Praxis dem Ziele der Handwerksordnung entgegenkäme, die Schicht leistungsfähiger selbständiger Handwerkerexistenzen zu vergrößern.

Die Verwaltungsbehörden und die Verwaltungsgerichte werden hieraus als Ergebnis die Folgerung zu ziehen haben, daß bei der Beurteilung, ob eine Ausnahmebewilligung zu erteilen ist, die Frage des Befähigungsnachweises stets im Vordergrund zu stehen hat und deshalb an erster Stelle zu prüfen ist und daß bei nachgewiesener Befähigung in der Beurteilung des Ausnahmefalles nicht engherzig verfahren werden darf.

3. Aus diesen allgemeingültigen Grundsätzen ergibt sich für die Entscheidung des hier zur Erörterung stehenden Streitfalles folgendes:

Die Vorgeschichte dieses Falles reicht in eine Zeit zurück, in der noch nicht die Handwerksordnung vom 17.9.1953, sondern in der damaligen britischen Besatzungszone noch die Dritte Verordnung über den vorläufigen Aufbau des deutschen Handwerks vom 18.1.1935/22.1.1936 (RGBl. 1935 I S. 15; 1936 I S. 42) – 3. HandwVO – galt. Nach § 6 dieser Verordnung durften nach dem Tode eines selbständigen Handwerkers – in gleicher Weise wie seine Witwe – auch „minderjährige Erben während der Minderjährigkeit" den Handwerksbetrieb fortführen, selbst wenn sie die Meisterprüfung nicht abgelegt hatten. Diese Berechtigung endete mit Erreichung der Volljährigkeit. Als der Kläger den Betrieb im Wege der Erbfolge am 31.12.1948 übernahm, wurde er an diesem Tage gerade volljährig, konnte sich also auf dieses Privileg fortan nicht mehr berufen, vielmehr seine Eintragung in die Handwerksrolle nur nach den allgemeingültigen Vorschriften erreichen.

Wohl in dem Bestreben, dem Kläger die Betriebsübernahme zu ermöglichen, hat ihm damals die Handwerkskammer eine befristete Ausnahmebewilligung mit der Auflage erteilt, die Meisterprüfung binnen vier Jahren nachzuholen. Derartige Ausnahmebewilligungen setzen zwar nach dem Wortlaut der damals geltenden Vorschrift des § 3 Abs. 2 der 3. HandwVO nicht – wie das heute in § 7 Abs. 2 HandwO ausdrücklich vorgeschrieben ist – den Nachweis der „zur selbständigen Ausübung des zu betreibenden Handwerks notwendigen Kenntnisse und Fertigkeiten" voraus. Sinngemäß sollte aber auch damals die Ausnahmebewilligung nur an solche Bewerber erteilt werden, die eine entsprechende fachliche Qualifikation besäßen. Darauf läßt der Hinweis in § 3 Abs. 2 der 3. HandwVO schließen, daß eine Ausnahmebewilligung „insbesondere zugunsten von Personen, die in einem Betriebe der Industrie eine Ausbildung als Facharbeiter erhalten haben und fünf Jahre als solche tätig gewesen sind", erteilt werden könne. Ob es mit dem Sinn dieser Regelung vereinbar war, dem Kläger – der damals knapp 22 Jahre alt war und noch einige

Monate vor der erst im Frühjahr 1950 bestandenen Gesellenprüfung stand, der sich auch bei seiner Jugend die erforderlichen Kenntnisse und Fertigkeiten noch nicht anderweitig erworben haben konnte – eine zur vorläufigen – immerhin auf vier Jahre befristeten – selbständigen Handwerksausübung berechtigende Ausnahmebewilligung zu erteilen, erscheint zweifelhaft. Daß die Handwerkskammer damals selbst erhebliche Zweifel hatte, ob der Kläger hierfür schon hinreichend vorbereitet war, läßt die Tatsache erkennen, daß sie ihm eine – für eine solche befristete Ausnahmebewilligung ungewöhnlich geräumige – Frist von vier Jahren zubilligen zu müssen glaubte, um den Leistungsstand zu erreichen, der von einem selbständigen Handwerker erwartet werden muß. Diese Frage braucht hier indessen nicht abschließend erörtert zu werden, da, wie bereits dargelegt, die dem Kläger im Dezember 1949 erteilte Ausnahmebewilligung inzwischen dadurch hinfällig geworden ist, daß er die Meisterprüfung nicht, der ihm seinerzeit gemachten Auflage entsprechend, fristgemäß abgelegt hat.

Wenn der Kläger nunmehr im Wege der Ausnahmebewilligung in die Handwerksrolle eingetragen werden will, so muß er zunächst nachweisen, daß er die hierfür nach § 7 Abs. 2 HandwO notwendige Befähigung besitzt. Diese Frage hat das Berufungsgericht bisher nicht geprüft. Dies muß nunmehr unter Beachtung der hierzu an früherer Stelle gegebenen Hinweise nachgeholt werden. Dabei wird auch zu berücksichtigen sein, inwieweit der Kläger seit dem Jahre 1949 den ererbten Handwerksbetrieb tatsächlich selbständig geleitet und hierbei die nach § 7 Abs. 2 HandwO notwendigen Kenntnisse und Fertigkeiten erworben hat. Dies nötigt zur Zurückweisung der Sache an das Berufungsgericht.

Sollte das Berufungsgericht zu dem Ergebnis gelangen, daß der Kläger die nach § 7 Abs. 2 HandwO notwendige Befähigung nicht besitzt, so müßte die Klage abermals abgewiesen werden.

Sollte hingegen der Befähigungsnachweis des Klägers erbracht werden, so würde ihm die nachgesuchte Ausnahmebewilligung erteilt werden müssen. Nachdem ihm im Jahre 1949 – gleichviel, ob dies damals angebracht war oder nicht – eine Ausnahmebewilligung erteilt und ihm damit die Möglichkeit gegeben worden war, den ererbten Handwerksbetrieb selbständig zu leiten, und nachdem der Kläger nunmehr zwölf Jahre lang als selbständiger Handwerker in der Handwerksrolle eingetragen ist und seinem Betrieb seine Lebensarbeit und vermutlich auch nicht unerhebliche Geldmittel gewidmet hat, liegt es nicht im Sinne der Entscheidung des Bundesverfassungsgerichts, ihm die Erteilung der Ausnahmebewilligung – sofern er den Befähigungsnachweis auch ohne Ablegung der Meisterprüfung erbringt – mit der Begründung zu verweigern, daß hier kein Ausnahmefall vorliegt.

2. Urteil vom 8.6.1962 – VII C 244.59 –

1. Die Erteilung einer Ausnahmebewilligung unter Beschränkung auf einen Handwerkszweig eines Vollhandwerks ist jedenfalls dann zulässig, wenn nach früher geltenden Vorschriften für den Antragsteller eine abgeschlossene Berufsausbildung in diesem Handwerkszweig möglich war; in diesem Falle brauchen zur Erteilung der Ausnahmebewilligung nur die zur Ausübung dieses Handwerkszweiges notwendigen Kenntnisse und Fertigkeiten nachgewiesen zu werden.

2. Beim Nachweis der notwendigen Kenntnisse und Fertigkeiten können auch solche Arbeiten des Antragstellers berücksichtigt werden, die dieser unbefugt, d.h. ohne in der Handwerksrolle eingetragen gewesen zu sein, ausgeführt hatte.

3. Der Nachweis der zur Führung eines selbständigen Handwerksbetriebs notwendigen kaufmännischen und betriebswirtschaftlichen Kenntnisse gemäß § 7 Abs. 2 HO beschränkt sich auf die Grundlagen dieser Wissensgebiete.

(Nichtamtliche Leitsätze)
(§§ 1, 7 Abs. 2, 112 HO; Nr. 4 der Anlage A zur HO – Positivliste; Nr. 44 des Verzeichnisses der handwerksmäßigen Gewerbe v. 6.12.1934)

Urteil des BVerwG vom 8.6.1962 – VII C 244/59

Der am 7. Juni 1914 geborene Kläger erlernte nach Besuch der Volksschule im Straßenbaugeschäft seines Vaters während der Zeit vom 1. Oktober 1928 bis zum 30. September 1931 den Beruf eines Steinsetzers, der mit dem eines Pflasterers identisch ist, und bestand am 15. September 1931 die Gesellenprüfung. Anschließend arbeitete er zunächst als Geselle im väterlichen Unternehmen weiter, um sich auf die Meisterprüfung vorzubereiten. Als sein Vater im Jahre 1934 aus Gesundheitsrücksichten die Führung des Geschäfts niederlegen mußte, nahm er den Kläger als Mitinhaber in das Geschäft auf. Seit dieser Zeit – ausgenommen die beiden Jahre seines aktiven Wehrdienstes 1936/38 – leitete der Kläger bis zu seiner Einberufung zum Kriegsdienst im Herbst 1939 das Unternehmen, das 15 bis 20 Arbeitskräfte beschäftigte. Nach seiner Entlassung aus der Kriegsgefangenschaft im Jahre 1945 arbeitete er, da das Straßenbaugewerbe damals darniederlag, zunächst als Kraftfahrer und Hilfsarbeiter in verschiedenen Berufen. Seit dem Jahre 1951 ist er wieder in seinem erlernten Beruf als Pflasterer tätig und arbeitete seitdem bei verschiedenen Straßenbaufirmen als Geselle oder Facharbeiter. Außerdem übernahm er verschiedentlich Aufträge auf eigene Rechnung, ohne jedoch einen Gewerbebetrieb angemeldet zu haben.

Am 15. März 1955 beantragte der Kläger die Erteilung einer Ausnahmebewilligung zur Eintragung in die Handwerksrolle als Pflasterer. Diesen Antrag lehnte die Behörde durch Bescheid vom 5. August 1955 ab, da der Kläger weder die erforderlichen meisterlichen Kenntnisse auf dem Gebiet des Straßenbauhandwerks besitze noch in seiner Person Gründe vorlägen, die den Erlaß der Meisterprüfung rechtfertigen könnten. Nach erfolglosem Einspruch beschritt der Kläger den Verwaltungsrechtsweg.

Seine Klage, mit der er die Aufhebung der ablehnenden Bescheide und die Verpflichtung der Behörde erstrebt, ihm die nachgesuchte Ausnahmebewilligung zu erteilen, wurde im ersten Rechtszuge abgewiesen.

Das Berufungsgericht vernahm einen Bauingenieur als Sachverständigen über die praktischen wie über die kaufmännischen und theoretischen Kenntnisse des Klägers und gab der Klage statt. Die Revision der beigeladenen Handwerkskammer blieb ohne Erfolg.

Aus den Gründen:
Die einleitenden Ausführungen des Berufungsgerichts, in denen es die Vereinbarkeit der in den §§ 1 und 7 der Handwerksordnung vom 17. September 1953 (BGBl. I S. 1411) – HandwO – getroffenen Regelung mit dem Grundgesetz bejaht hat, stehen im Ergebnis in Übereinstimmung mit der inzwischen ergangenen Entscheidung des Bundesverfassungsgerichts vom 17. Juli 1961 (NJW 1961 S. 2011 = DVBl. 1961 S. 818 = JZ 1961 S. 701 = DÖV 1961 S. 861 = GewArch. 1961 S. 157 = VerwRspr. Bd. 14 S. 258).

Der Kläger erstrebt gemäß § 7 Abs. 2 HandwO die Erteilung einer Ausnahmebewilligung zwecks Eintragung in die Handwerksrolle als Pflasterer. Der Beruf des Pflasterers ist in der einen Bestandteil der Handwerksordnung bildenden Anlage A dieses Gesetzes, welche ein Verzeichnis derjenigen Gewerbe enthält, „die als Handwerk betrieben werden können" – der sog. Positivliste –, unter der lfd. Nr. 4 beim Gewerbe der Straßenbauer in einem eingeklammerten Zusatz aufgeführt. Das bedeutet nach der diesem Gewerbeverzeichnis vorangestellten authentischen Interpretation des Gesetzgebers, daß das Gewerbe eines Pflasterers einen zum Handwerk der Straßenbauer gehörenden Handwerkszweig darstellt. Die Frage, ob die in der Positivliste aufgeführten Handwerkszweige als selbständige Handwerke in die Handwerksrolle eingetragen werden können und ob diese Eintragung nicht den vollen Nachweis aller Kenntnisse und Fertigkeiten voraussetzt, wie er für die Eintragung des Handwerks verlangt wird, zu dem der Handwerkszweig jeweils gehört, ob also insbesondere das Gewerbe eines Pflasterers in die Handwerksrolle eingetragen werden kann und ob hierfür der Befähigungsnachweis als Pflasterer oder als Straßenbauer erforderlich ist, soll hier nicht generell erörtert werden, weil eine grundsätzliche Stellungnahme zu dieser Frage für die Entscheidung des vorliegenden Streitfalles entbehrlich ist. Denn der Kläger, dessen Antrag auf Erteilung einer Ausnahmebewilligung hier zur Erörterung steht, befindet sich insofern in einer besonderen Lage, als er während seiner Lehrzeit in den Jahren 1928 bis 1931 als Steinsetzer – d.h. als Pflasterer – ausgebildet worden ist und am 15. September 1931 vor dem Prüfungsausschuß der Steinsetzer-Zwangsinnung zu Berlin die Gesellenprüfung bestanden hat. Zu jener Zeit bestand mithin noch ein Steinsetzer-(Pflasterer-)Handwerk. Auch in dem auf Grund der Ersten Verordnung über den vorläufigen Aufbau des deutschen Handwerks vom 15. Juni 1934 (RGBl. I S. 493) in der Bekanntmachung des Reichswirtschaftsministers vom 6. Dezember 1934 (Deutscher Reichsanz. und Preuß. Staatsanz. Nr. 287 vom 8. Dezember 1934) veröffentlichten „Verzeichnis der Gewerbe, die handwerkmäßig betrieben werden können", findet sich unter der lfd. Nr. 44 folgende Fassung: „Pflasterer (Steinsetzer), Straßenbauer." Diese Fassung weicht von der jetzt geltenden Positivliste ab, in der nur der Straßenbauer als Handwerk, hingegen der Pflasterer als ein zu diesem Handwerk gehörender Handwerkszweig gekennzeichnet ist. Dieser beruflichen Entwicklung des Klägers muß, wenngleich die Vorschrift des § 112 HandwO hier nicht unmittelbar Anwendung finden kann, weil der Kläger zur Zeit des Inkrafttretens dieses Gesetzes die Berechtigung zur selbständigen Ausübung eines Handwerks noch nicht besaß, in sinngemäßer Berücksichtigung ihrer Zielsetzung Rechnung getragen werden. Deshalb muß dem Kläger, der im Gewerbe eines Pflasterers zu einer Zeit, als dieses Gewerbe als selbständiges Handwerk anerkannt war, als Lehrling und Geselle ordnungsgemäß ausgebildet worden ist, die Möglichkeit gegeben werden, sich in diesem erlernten Beruf auch selbständig zu machen, selbst wenn das Gewerbe des Pflasterers in der jetzt geltenden gesetzlichen Regelung nur als Handwerkszweig des Straßenbauerhandwerks ausgewiesen ist und hieraus – was hier, wie schon an früherer Stelle bemerkt, nicht entschieden werden soll – zu folgern sein sollte, daß ein nur als Handwerkszweig gekennzeichnetes Gewerbe grundsätzlich als solches nicht in die Handwerksrolle eingetragen werden kann. Diesem berechtigten Verlangen des Klägers kann unter den gegebenen Umständen nur dadurch entsprochen werden, daß ihm eine auf die selbständige Ausübung des Gewerbes eines Pflasterers beschränkte Ausnahmebewilligung erteilt und daß hierbei von ihm nur ein dieser begrenzten Berufsausübung entsprechender, auf die Erfordernisse der einwandfreien Ausübung des Gewerbes eines Pflasterers beschränkter Befähigungsnachweis verlangt wird.

Diesen Befähigungsnachweis hat das Berufungsgericht auf Grund der durchgeführten Beweisaufnahme als erbracht angesehen. Das Berufungsgericht ist auf Grund der Bekundungen des ihm von der Stadtverwaltung als sachkundig benannten Sachverständigen, der die vom Kläger ausgeführten Pflasterarbeiten besichtigt, ihre technisch einwandfreie Ausführung bestätigt und auch die fachtheoretischen Kenntnisse des Klägers als ausreichend bezeichnet hat, zu der Überzeugung gelangt, daß die fachliche Qualifikation des Klägers für eine einwandfreie selbständige handwerkliche Betätigung als Pflasterer gegeben sei. Die hierfür weiterhin erforderlichen kaufmännischen und betriebswirtschaftlichen Kenntnisse hat das Berufungsgericht auf Grund der mehrjährigen leitenden Tätigkeit des Klägers im Geschäft seines Vaters als gegeben erachtet. Diesen in freier Beweiswürdigung getroffenen Feststellungen kann aus Rechtsgründen nicht entgegengetreten werden. Die Angriffe, die die Beigeladene nunmehr nachträglich im Revisionsverfahren gegen die Eignung des Sachverständigen, gegen den Beweiswert seiner Bekundungen und gegen die Beweiswürdigung des Gerichts erhebt, sind durchweg nicht geeignet, der Revision zum Erfolg zu verhelfen. Insbesondere kann die Beigeladene im Revisionsverfahren nicht mehr mit Erfolg geltend machen, die von dem Sachverständigen begutachteten Arbeiten seien nicht vom Kläger selbst ausgeführt worden, nachdem sich dieser von jeher zum Nachweis seiner Fachkenntnisse auf diese Arbeiten bezogen und die Beigeladene dem bisher nur entgegengehalten hatte, es habe sich hierbei um Schwarzarbeiten gehandelt, die als solche nicht berücksichtigt werden könnten. Auch dieser Auffassung, an der die Beigeladene im Revisionsverfahren festgehalten hat, kann nicht gefolgt werden. Die Frage, ob der Kläger mit der Ausführung dieser Arbeiten gegen das Gesetz verstoßen hat, indem er sich als selbständiger Handwerker betätigte, ohne damals die gesetzlichen Voraussetzungen für eine solche Tätigkeit zu erfüllen, besagt nichts über die qualitative Bewertung dieser Arbeiten und steht ihrer Berücksichtigung bei der Beurteilung der fachlichen Befähigung des Klägers nicht entgegen. Die Angriffe der Revision gegen die Beurteilung der kaufmännischen und betriebswirtschaftlichen Kenntnisse des Klägers tragen nicht der Tatsache Rechnung, daß ein selbständiger Handwerker, wie das Bundesverfassungsgericht in seiner Entscheidung vom 17. Juli 1961 ausgeführt hat, nur die Grundlagen dieser Wissensgebiete zu beherrschen braucht. Da das Berufungsgericht auch das Vorliegen eines Ausnahmefalles aus zutreffenden Erwägungen bejaht hat, die in Einklang mit den Grundsätzen stehen, die das Bundesverfassungsgericht im letzten Abschnitt seiner zuvor genannten Entscheidung niedergelegt hat, hat es der Klage mit Recht stattgegeben.

3. Urteil vom 6.12.1963 – VII C 32.62 –

Eine Wäscherei, die ausschließlich mit Maschinen betrieben wird, die durch ungelernte oder kurzfristig angelernte Arbeitskräfte sachgemäß bedient werden, ist kein Handwerksbetrieb.

– Amtlicher Leitsatz –
(§§ 1 und 13 HO)

Urteil des BVerwG vom 6.12.1963 – VII C 32/62

Die Klägerin betreibt seit dem Jahre 1950 eine Wäscherei als Familienbetrieb. Am 8. Dezember 1953 beantragte sie bei der beklagten Handwerkskammer, sie in die Handwerksrolle einzutragen. Sie wiederholte diesen Antrag auf einem ihr übersandten Formblatt am 20. Dezember 1953. Am 14. Januar 1954 teilte die Beklagte ihr mit, daß sie gemäß § 9 in Verbindung mit § 112 der Handwerksordnung in die Handwerksrolle eingetragen sei. Im Jahre 1956 verlangte die Klägerin ihre Löschung in der Handwerksrolle, da ihre Wäscherei kein Handwerksbetrieb sei. Dies lehnte die Beklagte ab. Die Klägerin beschritt den Verwaltungsrechtsweg.

Das Verwaltungsgericht besichtigte den Betrieb der Klägerin und gab der Klage statt. Es hob die angefochtenen Bescheide auf und verpflichtete die Beklagte, die Klägerin mit Wirkung vom 27. November 1957 in der Handwerksrolle zu löschen.

Gegen dieses Urteil legte die Beklagte Berufung ein. Der Verwaltungsgerichtshof nahm ebenfalls eine Besichtigung des Betriebes der Klägerin vor und wies dann die Berufung der Beklagten zurück. Über die Einrichtung und die Arbeitsweise des Betriebes der Klägerin enthält das Berufungsurteil folgende Festellungen:

„Das Unternehmen der Klägerin besteht aus einer Mietwaschküche, in der Kunden ihre Wäsche unter Verwendung von Maschinen, die die Klägerin gegen Bezahlung zur Verfügung stellt, selbst waschen, der Wäscherei, die die Klägerin betreibt, und der Plätterei. Zur Wäscherei gehören zwei halbautomatische Trommelwaschmaschinen zu 20 und 12 kg Fassungsvermögen, eine weitere Waschmaschine für die Buntwäsche, eine Wäscheschleuder und eine Trockenmaschine. Tätig sind in der Wäscherei die Klägerin, die als Kontoristin gelernt hat, ihr Ehemann, der gelernter Automechaniker ist, und ihre Tochter, die als Bürohilfe ausgebildet ist. Keiner von ihnen hat eine Ausbildung im Wäschereihandwerk. Die Wäsche wird von den Kunden selbst nach Weiß- und Buntwäsche sortiert, bevor sie in die Wäscherei der Klägerin gebracht wird; von der Klägerin oder einem ihrer Angehörigen wird eine weitere Sortierung nicht vorgenommen. Ebensowenig erfolgt eine unterschiedliche Behandlung der Wäsche nach Stoff- oder Gewebeart. Weiß- und Buntwäsche erhalten die gleiche Waschlauge. Der Unterschied in ihrer Behandlung besteht lediglich darin, daß die Buntwäsche aus der Waschmaschine wieder herausgenommen wird, wenn die Lauge die Temperatur von 60° C erreicht hat, während die Weißwäsche erst bei 80° C herausgenommen wird. Die Waschmittel, die für die Lauge verwendet werden, sind konfektioniert und werden nach der von der Waschmittelfabrik zur Verfügung gestellten sog. ‚Rezeptur‘, die eine Gebrauchsanweisung für den Waschvorgang darstellt, verwendet. Entsprechend dieser Gebrauchsanweisung wird die Wäsche ohne besondere Vor- oder Nachbehandlung (z.B. Fleckenentfernung) in den Maschinen gewaschen, gespült, geschleudert und – falls der Kunde dies wünscht – getrocknet.“

Die Revision hatte keinen Erfolg.

Aus den Gründen:
Ohne Rechtsirrtum legt das Berufungsgericht dar, daß die Wäscherei der Klägerin kein Handwerksbetrieb ist.

Die Revision irrt, wenn sie ausführt, der Betrieb der Klägerin sei schon deshalb ein Handwerksbetrieb, weil sie das Arbeitsziel eines handwerksmäßigen Wäschereibetriebes verfolge. Nach § 1 Abs. 1 der Handwerksordnung vom 17. September 1953 (BGBl. I S. 1411) ist der selbständige Betrieb eines Handwerks nur den in der Handwerksrolle eingetragenen Handwerkern gestattet. Nach § 1 Abs. 2 der Handwerksordnung ist ein Gewerbebetrieb dann ein Handwerksbetrieb, wenn er handwerksmäßig betrieben wird. Die Handwerksordnung schützt also den handwerksmäßigen Betrieb. Sie schützt die Handwerksmeister vor dem Wettbewerb von ungenügend ausgebildeten Personen, die die nötigen Fertigkeiten nicht beherrschen. Dagegen schützt die Handwerksordnung die Handwerker nicht vor dem Wettbewerb von Betrieben, die auf nicht handwerksmäßige Weise dieselben Waren erzeugen oder dieselben Leistungen erbringen. Hat die technische Entwicklung dahin geführt, daß Leistungen, die früher von voll ausgebildeten Handwerkern erbracht wurden, mit Hilfe von Maschinen ohne handwerkliches Können erbracht werden, so können solche Tätigkeiten nicht auf Grund der Handwerksordnung verboten werden; denn sie werden nicht handwerksmäßig betrieben. Wie auch der Oberbundesanwalt zutreffend ausführt, ist ein handwerklicher Betrieb nicht mehr vorhanden, wenn die Verwendung von Maschinen für die Entfaltung der Handfertigkeit keinen Raum mehr läßt. In einem handwerksmäßigen Betriebe bedient sich der Handwerker zur Erleichterung seiner Tätigkeit und zur Unterstützung seiner Handfertigkeit der Maschinen. Wird aber die Arbeit von einer Maschine geleistet, deren Bedienung in kurzer Zeit erlernt werden kann, so ist der Betrieb nicht mehr handwerksmäßig. Zutreffend legt der Verwaltungsgerichtshof auf Grund seiner tatsächlichen Feststellungen dar, daß in dem Betrieb der Klägerin die notwendigen Arbeiten in vollem Umfange auch durch ungelernte oder kurzfristig angelernte Arbeitskräfte sachgemäß vorgenommen werden. Die Wäscherei der Klägerin wird nicht handwerksmäßig betrieben.

Diese Auslegung des § 1 der Handwerksordnung folgt besonders auch aus der Entscheidung des Bundesverfassungsgerichts vom 17. Juli 1961 (BVerfGE 13, 97). Gegen die Rechtsgültigkeit der §§ 1 und 7 der Handwerksordnung waren gewichtige Bedenken aus Art. 12 GG hergeleitet worden. Das Bundesverfassungsgericht hat diese Bedenken zurückgewiesen. Dabei sind von maßgeblicher Bedeutung die Darlegungen des Bundesverfassungsgerichts über das Wesen des Handwerks. Danach setzt die ordnungsgemäße Ausübung des Handwerks Kenntnisse und Fertigkeiten voraus, die nur durch theoretische und praktische Schulung zu erwerben sind (aaO. S. 115). Wird der Zugang zu einem solchen Beruf nur dem freigegeben, der die zur ordnungsmäßigen Erfüllung der Berufstätigkeit erforderlichen Fertigkeiten erworben hat, so wird dem Bewerber nur etwas zugemutet, wozu er sich bei verständiger Würdigung ohnehin aus eigenem Entschluß veranlaßt sehen würde. Das gilt ganz besonders, wenn es sich, wie beim Handwerk, um Berufe handelt, deren kennzeichnende Eigentümlichkeit gerade darin liegt, daß der Betriebsinhaber weitgehend selbst ausführend mitarbeitet, so daß es gerade auf seine persönlichen Fertigkeiten und Kenntnisse entscheidend ankommt (aaO., S. 115). Mit dem grundsätzlichen Erfordernis einer Ausbildungszeit von 6 bis 9 Jahren hat der Gesetzgeber den ohnehin notwendigen Ausbildungsgang lediglich in einer durchschnittlich angemessenen Weise formalisiert (aaO. S. 119). Von einem derartigen Begriff des Handwerks ausgehend, dessen Betrieb also hohe technische Fertigkeiten, die nur in mehrjähriger Tätigkeit erlernt werden können, voraussetzt, hat das Bundesverfassungsgericht die Rechtsgültigkeit der Vorschriften der Handwerksordnung aus der Sicht des Art. 12 GG bejaht. Diese Darlegungen müssen bei der Auslegung des § 1 der Handwerksordnung beachtet werden. Auch hiernach wird die Wäscherei der Klägerin nicht handwerksmäßig betrieben, so daß sie kein Handwerksbetrieb ist.

Die Ablehnung des Beweisantrages, einen Handwerksbetrieb zu besichtigen, ist kein Verfahrensmangel; denn daraus, daß auch ein Handwerksmeister Maschinen besitzt, würde sich nicht ergeben, daß der Betrieb der Klägerin handwerksmäßig geführt wird. Die Handwerksmäßigkeit eines Gewerbebetriebes kann nicht mit der Begründung bejaht werden, daß im Handwerk dieselben Maschinen benutzt würden. Einem Handwerksmeister steht es wie jedem anderen Gewerbetreibenden frei, Maschinen anzuschaffen und zu benutzen. Hat er seinen Betrieb völlig mit Maschinen ausgerüstet, so ist darüber, ob er seinen Gewerbebetrieb nicht mehr handwerksmäßig betreibt, nicht zu entscheiden, wenn weder er noch eine andere zuständige Stelle die Löschung in der Handwerksrolle gemäß § 13 der Handwerksordnung beantragt.

Endlich scheitert das Löschungsbegehren der Klägerin auch nicht an § 13 der Handwerksordnung. Nach dieser Vorschrift kann ein selbständiger Handwerker die Löschung in der Handwerksrolle aus dem Grunde, daß der Betrieb kein Handwerksbetrieb sei, nur dann beantragen, wenn eine wesentliche Veränderung in den für die Eintragung maßgeblichen Verhältnissen eingetreten ist. Die Klägerin ist aber, wie das Berufungsgericht überzeugend darlegt, niemals eine Handwerkerin gewesen; die Voraussetzungen für ihre Eintragung lagen niemals vor. Schon aus diesem Grunde steht § 13 der Handwerksordnung ihrem Löschungsbegehren nicht entgegen.

4. Urteil vom 28.05.1965 – VII C 116.64 –

1. Das Grundrecht der freien Berufswahl sichert grundsätzlich auch die Freiheit der Entscheidung, ob neben einem Beruf ein weiterer ausgeübt werden, wie lange die Berufstätigkeit dauern und wann sie aufgegeben werden soll.

2. Deshalb darf die Erteilung einer Ausnahmebewilligung nicht mit der Begründung versagt werden, daß das beabsichtigte Handwerk neben einem weiteren Gewerbe auch nur vorübergehend betrieben werden soll.

– Amtliche Leitsätze –
(Art. 12 Abs. 1 GG; § 7 Abs. 2 HO).

Urteil des BVerwG vom 28.5.1965 – VII C 116/64 –

Der im Jahre 1921 geborene Kläger beantragte am 28. März 1960 die Genehmigung zur nebenberuflichen Tätigkeit als Maler. Zur Begründung seines Antrages machte er geltend: Er sei seit 1941 bei verschiedenen Meistern als Malergehilfe – teils als Vorarbeiter, teils als Hausmaler – tätig gewesen. Infolge einer schweren Kriegsbeschädigung und eines im Juli 1954 erlittenen Betriebsunfalles habe er seinen Beruf als Maler aufgeben müssen und betätige sich im wesentlichen als Kraftfahrer und Hausmeister in einem Hotel. Um den Lebensunterhalt für seine vierköpfige Familie zu verbessern, habe er im August 1959 einen Betrieb für das Schleifen und Versiegeln von Fußböden eröffnet. Bei dieser Arbeit könne er hin und wieder auf ausdrücklichen Wunsch der Kundschaft auch kleinere Malerarbeiten ausführen. Er habe sich zwar im Hinblick auf seine Kriegs- und Zivilbeschädigung sowie auf seine finanzielle Lage der Meisterprüfung nicht unterzogen, könne jedoch eine Prüfung über seine Befähigung zur Ausübung des Malerhandwerks ablegen. Die Behörde lehnte die Erteilung einer Ausnahmebewilligung für die Eintragung in die Handwerksrolle mit der Begründung ab, der Kläger könne weder die erforderliche Befähigung nachweisen noch besondere Gründe geltend machen, die es rechtfertigen könnten, ausnahmsweise von der Ablegung der Meisterprüfung abzusehen. Die nach erfolglosem Widerspruch erhobene Anfechtungs- und Verpflichtungsklage wurde mit der Begründung abgewiesen, in den 25 Monaten, während deren der Kläger als Malergehilfe tätig gewesen sei, habe er sich die für die selbständige Ausübung des Malerhandwerks erforderlichen Kenntnisse und Fertigkeiten nicht aneignen können; die Frage, ob ein die Erteilung einer Ausnahmebewilligung rechtfertigender Ausnahmefall vorliege, brauche daher nicht geprüft zu werden. Die Berufung des Klägers wurde durch Urteil vom 14. Mai 1964 (GewArch. 1964 S. 229) zurückgewiesen. In der Begründung dieses Urteils ist ausgeführt: Das Bundesverfassungsgericht habe in seiner Entscheidung vom 17. Juli 1961 (BVerfGE 13, 97) daran festgehalten, daß im Falle der Erteilung einer Ausnahmebewilligung besondere Gründe vorliegen müßten, die es rechtfertigten, ausnahmsweise von der Ablegung der Meisterprüfung abzusehen, und hierzu lediglich festgestellt, daß eine großzügige Auslegung des Begriffs der Ausnahmefälle angebracht sei. Daher könne auch nach der dieser Entscheidung folgenden Rechtsprechung des Bundesverwaltungsgerichts eine Ausnahmebewilligung nur dann erteilt werden, wenn nicht nur die erforderliche fachliche Qualifikation nachgewiesen werde, sondern außerdem Tatsachen vorlägen, welche die Annahme eines Ausnahmefalles rechtfertigten. Von einer Prüfung der fachlichen Qualifikation könne dann abgesehen werden, wenn mit Sicherheit feststehe, daß ein Ausnahmefall nicht vorliege. Dies treffe hier zu. Mit Hilfe der Ausnahmebewilligung solle einem Berufsbewerber, der die Betätigung im Handwerk als Lebensberuf aufnehmen möchte, dies auch ohne Ablegung einer Meisterprüfung ermöglicht werden. Dieses Berufsziel verfolge der Kläger indessen nicht. Er wolle vielmehr ein Einzelhandelsgeschäft betreiben und erstrebe die beantragte Ausnahmebewilligung, mit deren Befristung auf drei Jahre er sich einverstanden erklärt habe, nur deshalb, weil seine Einkünfte aus seiner sonstigen gewerblichen Tätigkeit nicht ausreichten, um außer dem Unterhalt seiner Familie auch noch den Ausbau des Ladens zu finanzieren, und er mit Hilfe der Einkünfte aus einer nebenberuflich ausgeübten Tätigkeit als Maler den Ausbau des Ladengeschäfts abschließen wolle. Das könne jedoch die Annahme eines Ausnahmefalls nicht rechtfertigen, so daß es schon aus diesem Grunde bei der Abweisung der Klage verbleiben müsse.

Die Revision führte zur Zurückweisung der Sache an das Berufungsgericht.

Aus den Gründen:
Die Ausnahmebewilligung, um die sich der Kläger bemüht, setzt nach § 7 Abs. 2 der Handwerksordnung vom 17. September 1953 (BGBl. I S. 1411) – HandwO – voraus, daß der Bewerber „die zur selbständigen Ausübung des von ihm zu betreibenden Handwerks als stehendes Gewerbe notwendigen Kenntnisse und Fertigkeiten nachweist" und daß außerdem besondere Gründe vorliegen, die es rechtfertigen, ausnahmsweise von der Ablegung der Meisterprüfung abzusehen. Wenn der erkennende Senat in der Entscheidung vom 26. Januar 1962 (BVerwGE 13, 317 ff./324) ausgeführt hat, „daß bei der Beurteilung, ob eine Ausnahmebewilligung zu erteilen ist, die Frage des Befähigungsnachweises stets im Vordergrund zu stehen hat und deshalb an erster Stelle zu prüfen ist", so sollte damit nur richtungsweisend zum Ausdruck gebracht werden, daß dem Erfordernis des Befähigungsnachweises eine besondere Bedeutung zukommt, weil er in jedem Falle die unabdingbare Voraussetzung für die Eintragung in die Handwerksrolle ist und die insoweit zu stellenden Anforderungen auch aus sozialen Gründen nicht herabgesetzt werden dürfen (a.a.O., S. 317, 319), während bei der Prüfung der Frage, ob ein Ausnahmefall anzunehmen ist, nach der Entscheidung des Bundesverfassungsgerichts vom 17. Juli 1961 (BVerfGE 13, 97 ff./120–122) ein weniger strenger Maßstab anzulegen ist. Diese Ausführungen des Senats schließen es aber, wie das Berufungsgericht zutreffend ausgeführt hat, nicht aus, daß dann, wenn das Vorliegen eines solchen Ausnahmefalles auch bei großzügiger Beurteilung dieser Frage zu verneinen ist, die Ausnahmebewilligung lediglich mit dieser Begründung versagt wird und eine Prüfung der fachlichen Qualifikation, weil sie dann entbehrlich ist, unterbleibt.

In dieser Weise hat das Berufungsgericht den hier zur Entscheidung stehenden Streitfall lösen zu sollen geglaubt: Es hat von einer Prüfung der Befähigung des Klägers abgesehen, da es das Vorliegen eines Ausnahmefalles schlechthin deshalb verneinen zu müssen glaubte, weil der Kläger das Malerhandwerk nicht als alleinigen Lebensberuf erwählen, sondern es nur vorübergehend neben seinem Einzelhandels- und Reisegewerbe betreiben wolle, um zu dessen Erträgnissen zusätzlich Einnahmen zu erzielen. Mit dieser Begründung kann indessen die Annahme eines Ausnahmefalles nicht abgelehnt werden.

Die durch Art. 12 Abs. 1 GG jedem Deutschen gewährleistete Freiheit der Berufswahl sichert ihm – soweit dem nicht verfassungsrechtlich zulässige Beschränkungen entgegenstehen (vgl.

z.B. § 3 Abs. 4 des Gesetzes über das Bundesverfassungsgericht) – auch die freie Entschließung darüber, ob er sich auf einen einzigen Beruf beschränken oder nebenher noch einen weiteren Beruf ausüben will (Entscheidungen des Bundesverwaltungsgerichts vom 15. Dezember 1953 – BVerwGE 1, 48 ff. [53] – und vom 29. Juni 1954 – BVerwGE 1, 165 ff. [168] – und des Bundesverfassungsgerichts vom 17. Dezember 1958 – BVerfGE 9, 39 – und vom 21. Februar 1962 – BVerfGE 14, 19 ff. [22] –; von Mangoldt-Klein, Das Bonner Grundgesetz, Anm. III 5 zu Art. 12, Bd. 1 S. 364; Bachof in Bettermann-Nipperdey-Scheuner, Die Grundrechte, Bd. III/1 S. 187/189). Ebenso sichert Art. 12 GG jedem Deutschen die Freiheit der Entschließung, ob er seinen Beruf über eine längere oder kürzere Zeit hinweg ausüben will. Denn die Freiheit der Berufswahl umfaßt nicht nur die Entscheidung über den Eintritt in einen Beruf, sondern auch die Entscheidung darüber, ob und wie lange jemand, der einen bestimmten Beruf ergriffen hat, weiter in ihm verbleiben und ob und wann er ihn aufgeben will (Entscheidungen des Bundesverfassungsgerichts vom 11. Juni 1958 – BVerfGE 7, 377 [401] –, vom 16. Juni 1959 – BVerfGE 9, 338 [344/45] – und vom 4. März 1964 – BVerfGE 17, 269 [276] –). Das folgt auch aus dem engen gedanklichen Zusammenhang zwischen der in Art. 12 Abs. 1 GG gewährleisteten Freiheit der Berufswahl und dem allgemeinen verfassungsrechtlichen Grundsatz der freien Entfaltung der Persönlichkeit, auf den das Bundesverfassungsgericht wiederholt verwiesen hat (BVerfGE 7, 377 [400]; 13, 181 [185]). Wenn als ein Beruf, dessen besonderen Schutz Art. 12 Abs. 1 GG bezweckt, jede wirtschaftlich sinnvolle – erlaubte – Betätigung erfaßt wird, die der einzelne sich als Lebensaufgabe und Lebensgrundlage erwählt (so BVerfGE 7, 377 [397]; 13, 181 [185]; 14, 19 [22]), so folgt daraus allerdings, daß eine solche Berufstätigkeit auf eine gewisse Dauer berechnet sein muß (BVerwGE 1, 54).

Diese Voraussetzung ist hier gegeben. Denn der Kläger beabsichtigt, das Malerhandwerk über eine längere Zeit zu betreiben. Daß er es nicht unter allen Umständen bis zum Ende seiner Erwerbsfähigkeit auszuüben gedenkt, steht entgegen der Auffassung des Berufungsgerichts der Annahme nicht entgegen, daß er auch seine Arbeit als Handwerker, wenn auch neben seiner sonstigen gewerblichen Tätigkeit, zu einer seiner Existenzsicherung dienenden Lebensgrundlage machen will.

Es steht daher im Widerspruch zu Art. 12 Abs. 1 GG, wenn das Berufungsgericht dem Kläger die begehrte Ausnahmebewilligung schon deshalb versagen zu können glaubt, weil er das Malerhandwerk, für dessen Ausübung er die Ausnahmebewilligung erstrebt, nicht als alleinigen Beruf, sondern neben einem anderen Gewerbe und vielleicht nur während einiger Jahre ausüben möchte, bis er sein Einzelhandelsgeschäft so ausgebaut hat, daß es ihm allein eine hinreichende Existenzgrundlage bietet. Wenn der Kläger seine berufliche Tätigkeit im Malerhandwerk in dieser Weise nach Umfang und Dauer beschränken will, so stehen dem gesetzliche Gründe, namentlich auch auf Grund der Handwerksordnung, nicht im Wege. Es ist mit Art. 12 Abs. 1 GG nicht vereinbar, den Kläger wegen dieser seiner freien Entschließung überlassenen Selbstbeschränkung seiner handwerklichen Tätigkeit in der Ausübung dieser Tätigkeit überhaupt zu behindern, sofern die gesetzlichen Voraussetzungen für die Erteilung einer Ausnahmebewilligung vorliegen sollten.

Bei der Beurteilung der vom Berufungsgericht allein erörterten Frage, ob hier ein die Erteilung einer Ausnahmebewilligung rechtfertigender Ausnahmefall gegeben ist, muß hiernach entgegen der Auffassung des Berufungsgerichts der Umstand außer Betracht bleiben, daß der Kläger das Malerhandwerk nicht als alleiniges Gewerbe und voraussichtlich nur vorübergehend ausüben will. Sieht man hiervon ab, so muß nach den in der Entscheidung des Bundesverfassungsgerichts vom 17. Juli 1961 (BVerfGE 13, 97 ff. [120–122]) entwickelten Grundsätzen das Vorliegen eines solchen Ausnahmefalles bei Berücksichtigung folgender Umstände anerkannt werden: Der Kläger hat, wovon bereits das Verwaltungsgericht ausgegangen ist, die Gesellenprüfung im Malerhandwerk im Jahre 1940 abgelegt. Anschließend ist er, wie er unwiderlegt behauptet hat, zum Wehrdienst einberufen worden, hat nach Beendigung des Krieges nur vorübergehend als Maler gearbeitet, diese Arbeit aber aus gesundheitlichen Gründen wieder aufgeben müssen und sich einer anderen Erwerbstätigkeit zugewandt. Wenn sich der Kläger nunmehr aus beachtlichen persönlichen Gründen entschlossen hat, das Malerhandwerk vorübergehend als zusätzliche Erwerbsquelle in dem Umfang auszuüben, wie dies sein Gesundheitszustand erlaubt, so bietet diese Entwicklung im Zusammenhang mit der Tatsache, daß der Kläger inzwischen ein Alter von fast 44 Jahren erreicht und für den Unterhalt einer vierköpfigen Familie zu sorgen hat, im Sinne der letztgenannten Entscheidung des Bundesverfassungsgerichts ausreichenden Anlaß, in diesem Falle von der Ablegung der Meisterprüfung abzusehen und dem Kläger den Befähigungsnachweis ohne eine solche zu ermöglichen.

Kann hiernach auf Grund des vorliegenden Sachverhalts das Vorliegen eines Ausnahmefalles bereits festgestellt werden, so bedarf die weitere Frage, ob der Kläger auch die für die Erteilung einer Ausnahmebewilligung erforderliche fachliche Qualifikation besitzt, noch näherer Prüfung. Das nötigt zur Zurückweisung der Sache an das Berufungsgericht. Dieses wird bei der weiteren Behandlung des Streitfalles davon auszugehen haben, daß die Bedenken, die das Verwaltungsgericht in seiner Entscheidung vom 30. März 1961 gegen die Befähigung des Klägers daraus hergeleitet hat, daß er nach Ablegung seiner Gesellenprüfung nur etwas mehr als zwei Jahre als Malergehilfe tätig gewesen ist, eine abschließende Verneinung dieser Befähigung noch nicht rechtfertigen können. Andererseits wird nach der Rechtsprechung des erkennenden Senats (BVerwGE 8, 278 [290]) allein auf Grund der vom Kläger vorgelegten Zeugnisse der Befähigungsnachweis nicht als geführt angesehen werden können. Nachdem sich aber der Kläger mehrfach erboten hat, den Befähigungsnachweis in einer Prüfung zu erbringen, kann ihm diese Beweisführung nicht abgeschnitten werden. Diesen Beweis wird das Berufungsgericht nunmehr zu erheben und dabei die in der Entscheidung des erkennenden Senats vom 26. Januar 1962 – BVerwGE 13, 317 [319 f.] – erörterten Gesichtspunkte zu berrücksichtigen haben.

5. Urteil vom 16.9.1966 – I C 53.65 –

1. Zur Bedeutung des Art. 12 Abs. 1 GG für die Auslegung des Handwerksbegriffs im Berufszulassungsrecht.

2. Typische „Expreß-Schuhbars" werden nicht handwerksmäßig betrieben.

– Amtliche Leitsätze
(Art. 12 Abs. 1 GG; § 1 Abs. 2 HO)

Urteil des BVerwG v. 16.9.1966 – I C 53/65

Aus den Gründen:
Der Kläger betreibt seit April 1962 eine „Expreß-Schuhbar", ohne in der Handwerksrolle eingetragen zu sein. Der Beklagte verbot ihm durch Ordnungsverfügung vom 18. Juni 1962 die selbständige Ausübung des Schuhmacherhandwerks. Der Regierungspräsident wies den Wider-

spruch mit Bescheid vom 11. September 1962 zurück, weil die Ausführung von Schuhreparaturen, gleich welcher Art, also auch in einer sogenannten Schuhbar, in jedem Falle der Eintragungspflicht nach der Handwerksordnung unterliege. Anfechtungsklage und Berufung waren erfolglos. Wegen der Gründe des Berufungsurteils vom 16. Dezember 1964 wird auf den Abdruck im Gewerbearchiv 1965 S. 166 Bezug genommen. Das Berufungsgericht hat die Revision wegen Abweichung von der Entscheidung des VII. Senats des Bundesverwaltungsgerichts vom 6. Dezember 1963 (BVerwGE 17, 230) zugelassen. Der Kläger hat die Revision eingelegt und beantragt, die Ordnungsverfügung und die übrigen Vorentscheidungen aufzuheben. Er rügt u.a. Verletzung materiellen Rechts – Verkennung des Handwerksbegriffs.

Die Revision hat Erfolg.

Die materiellrechtliche Prüfung ergibt, daß im Grundsätzlichen an der Entscheidung des VII. Senats des Bundesverwaltungsgerichts (BVerwGE 17, 230) darüber festzuhalten ist, wann ein Gewerbe handwerksmäßig betrieben wird.

Abgesehen von § 15 Abs. 2 GewO (hierzu s. a.a.O. S. 231), ist von § 1 Abs. 1 und 2 in Verbindung mit §§ 7 und 8 des Gesetzes zur Ordnung des Handwerks (Handwerksordnung) vom 17. September 1953 (BGBl. I S. 1411) – HandwO – auszugehen (jetzt zufolge des Gesetzes vom 9. September 1965 [BGBl. I S. 1254] in der Neufassung vom 28. Dezember 1965 [BGBl. 1966 I S. 1] gültig). Danach ist Voraussetzung für die Befugnis zum selbständigen Betrieb eines Handwerks die Eintragung in die Handwerksrolle (§ 1 Abs. 1 HandwO), die vom Nachweis handwerklich-meisterlicher Befähigung abhängig ist (§§ 7 und 8 a.a.O.). Als Handwerksbetrieb unterliegt nach § 1 Abs. 2 HandwO der Eintragungspflicht ein Gewerbebetrieb, wenn er handwerksmäßig betrieben wird und zu einem Gewerbe gehört, das in der Anlage A zur Handwerksordnung aufgeführt ist – nach der Neufassung: ... und vollständig oder in wesentlichen Tätigkeiten ein (solches) Gewerbe umfaßt. Wie schon BVerwGE 17, 230 (231/232) erkennen läßt, hängt die Eintragungspflicht des § 1 Abs. 1 HandwO davon ab, daß zwei Voraussetzungen nebeneinander erfüllt sind: die handwerksmäßige Betriebsart und die fachliche Zugehörigkeit zu einem handwerksfähigen, d.h. in Anlage A HandwerksO, der sogenannten Positivliste, aufgeführten Gewerbe. Daran hat auch die Neufassung nichts geändert.

Daß die Schuhbars als Schuhreparaturbetriebe fachlich zum Schuhmachergewerbe (Nr. 58 alt/ 77 neu der Positivliste) gehören, steht außer Zweifel (s. BVerwGE 17, 230 [231 und 232]). Dafür bedarf es nicht des Hinweises, daß sich ihre Tätigkeiten, wie im Berufsurteil eingehend dargelegt, in den Fachlichen Vorschriften für die Meisterprüfung und im Berufsbild finden und einen wesentlichen Teil der darin aufgeführten Einzeltätigkeiten ausmachen. Diese beiden Quellen bieten aber für die Anwendung des § 1 Abs. 2 HandwO nicht mehr als erläuternde Einzelheiten zur Positivliste. Für das andere Tatbestandsmerkmal, die handwerksmäßige Betriebsart, ist ihnen nichts zu entnehmen.

Die Rechtsgrundlagen für die Auslegung des Begriffs „handwerksmäßig betrieben" ergeben sich in Beachtung des Art. 12 Abs. 1 GG und des Grundsatzes der Verhältnismäßigkeit aus den Auffassungen, die das Bundesverfassungsgericht in seinem Handwerks-Beschluß vom 17. Juli 1961 (BVerfGE 13, 97) zur Verfassungsmäßigkeit des sogenannten Großen Befähigungsnachweises im Handwerk, zum Begriff des Handwerksbetriebes und zu seiner Abgrenzung – insbesondere von der Industrie – dargelegt hat. Das Bundesverfassungsgericht hat den Großen Befähigungsnachweis (d.h. das Erfordernis des Nachweises handwerklicher Kenntnisse und Fertigkeiten als – subjektive – Berufszulassungsvoraussetzung) gemäß seiner im Apotheken-Urteil (BVerfGE 7, 377) entwickelten Stufentheorie unter Betonung des Grundsatzes der Verhältnismäßigkeit mit dem Schutz wichtiger Gemeinschaftswerte gerechtfertigt, nämlich der Erhaltung des Leistungsstandes und der Leistungsfähigkeit des Handwerks sowie der Sicherung der Nachwuchsausbildung für die gesamte gewerbliche Wirtschaft. Ferner hat das Bundesverfassungsgericht (a.a.O. S. 123) es als ein typisches Strukturmerkmal der Handwerksbetriebe hervorgehoben, daß der Betriebsinhaber kraft persönlicher handwerklich-fachlicher Qualifikation entscheidenden Einfluß auf den Wert der handwerklichen Leistung des Betriebes habe; gerade dies rechtfertige es, die selbständige Ausübung eines Handwerks vom Nachweis persönlicher Fertigkeiten und Kenntnisse abhängig zu machen.

Neben den genannten Gemeinschaftswerten läßt sich bei einigen handwerksfähigen Gewerben noch an Gefahren für die Gesamtheit oder die Einzelnen aus einer unsachgemäßen Berufsausübung denken. Jedoch war das für den Erlaß der Handwerksordnung nicht maßgebend (a.a.O. S. 110). Auch könnten sich aus diesem Gesichtspunkt keine anderen Folgerungen ergeben als aus den vom Bundesverfassungsgericht ausschließlich verwerteten Gründen. Denn nach dem Grundsatz der Verhältnismäßigkeit (s. bes. a.a.O. S. 104) kann eine Beschränkung der Berufsfreiheit gerade durch den handwerklichen Großen Befähigungsnachweis nur bei solchen Tätigkeiten gerechtfertigt sein, für deren einwandfreie, fachgerechte Ausübung es auf handwerkliche Kenntnisse und Fertigkeiten überhaupt ankommen kann. Dagegen ist aus den Ausführungen des Bundesverfassungsgerichts zu folgern, daß es Art. 12 Abs. 1 GG verletzten würde, den Großen Befähigungsnachweis auch dann zu verlangen, wenn ein Betrieb sich ausschließlich auf Arbeiten beschränkt, für deren einwandfreie Ausführung statt der sechs- bis neunjährigen handwerksmäßigen Ausbildung eine in wenigen Anlerntagen erreichbare Vertrautheit mit einigen in dem Betrieb vorhandenen technischen Hilfsmitteln voll ausreicht (BVerwGE 17, 230 [233]). Ob gleichartige „einfache" Tätigkeiten auch in handwerksmäßigen Betrieben in erheblichem Umfang oder gar überwiegend – neben „schwierigen", d.h. nur mit handwerklichen Kenntnissen und Fertigkeiten einwandfrei ausführbaren Arbeiten – vorkommen, kann für die Regelung der Berufszulassung keine Rolle spielen.

Etwas anderes läßt sich nicht, wenigstens nicht für die Schuhbars, daraus herleiten, daß das Bundesverfassungsgericht unter den Rechtfertigungsgründen für den Großen Befähigungsnachweis neben dem – qualitätsmäßigen – Leistungsstand auch die – wirtschaftliche – Leistungsfähigkeit des Handwerks genannt hat. Damit hat es besonders ein Gemeinschaftsinteresse daran für schutzwürdig erklärt, den Handwerkerstand als eine wesentliche Gruppe des Mittelstandes zu erhalten; dieses Moment kann nach dem Gesamtzusammenhang der Gründe des Handwerks-Beschlusses, zumal bei Mitberücksichtigung des Einzelhandels-Beschlusses vom 14. Dezember 1965 (BVerfGE 19, 330 [341]) nicht dafür ausreichen, einer Abspaltung hochmodernisierter – übrigens mittelständisch bleibender – Betriebe vom Handwerksstande gerade durch Festhalten am Großen Befähigungsnachweis auch da entgegenzuwirken, wo er seinen Sinn verliert, weil die Beschränkung auf primitive Maschinenarbeit eine handwerkliche Befähigung nicht mehr zur Geltung kommen läßt.

Auch die Ausführungen des Bundesverfassungsgerichts über die Verfassungsmäßigkeit der Anlage A zur Handwerksordnung (s. Leitsatz 3 zum Handwerks-Beschluß, a.a.O. S. 98 sowie S. 117 f.) sprechen nicht gegen das Vorstehende. Die Positivliste sowie neben ihr die Berufsbilder und die Fachlichen Vorschriften für die Meisterprüfungen geben mit der Aufführung und erläuternden Beschreibung der handwerksfähigen Gewerbe dem (zweiten) Tatbestandsmerkmal der fachlichen Zugehörigkeit in § 1 Abs. 2 HandwO seinen Inhalt; sie sagen aber nichts für das (erste) Tatbestandsmerkmal der handwerksmäßigen Betriebsart. Sie sind weniger für das Erfordernis als für die Modalitäten, den Umfang und die Gestaltung des für die einzelnen Handwerke zu erbringenden Befähigungsnachweises von Bedeutung.

Soweit die Handwerksordnung mit den Worten „handwerksmäßig betrieben" in ihrem § 1 Abs. 2 den Handwerksbegriff als Voraussetzung für die Eintragungspflicht und damit für die Berufszulassungsschranke des Großen Befähigungsnachweises verwendet, darf bei der Auslegung nicht unberücksichtigt bleiben, daß die Freiheit der Berufswahl jetzt nicht mehr, wie nach Art. 111 WRV, unter dem Vorbehalt des – einfachen – Gesetzes steht, sondern als Grundrecht gemäß Art. 12 Abs. 1 Satz 1 GG nur noch nach Maßgabe der Grundsätze, die das Bundesverfassungsgericht u.a. im Apotheken-Urteil, im Handwerks-Beschluß und im Einzelhandels-Beschluß entwickelt hat, durch Gesetz beschränkt werden kann. In dem hier allein interessierenden Zusammenhang der Berufszulassung sind daher verfassungsrechtliche Überlegungen bei der Auslegung des Handwerksbegriffs entgegen der Ansicht von Fröhler (Zur Abgrenzung von Handwerk und Industrie, 1965, S. 61 f.) nicht nur am Platze, sondern notwendig. Die Entscheidung des Bundesverfassungsgerichts, daß die Handwerksordnung die selbständige Ausübung der handwerklichen Berufe in verfassungsrechtlich einwandfreier Weise ordnet, läßt keineswegs jede denkbare Auslegung ihrer einschlägigen Vorschriften zu. Die Gründe, mit denen allein das Bundesverfassungsgericht die Einengung der Berufswahl gerechtfertigt hat, setzen zugleich der Auslegung Grenzen. Der Begriff des Handwerks und des Handwerksbetriebes – nach dem Gesetzeswortlaut: eines handwerksmäßig betriebenen Gewerbes – ist daher wenigstens für seine Schlüsselfunktion in der Regelung des Zugangs zum Beruf – wie es sich bei der Anknüpfung anderer Rechtsfolgen verhält, ist hier nicht zu klären – nicht ohne weiteres als ein vorgegebenes soziologisches und wirtschaftliches Faktum zu verstehen und nicht ausschließlich auf einer so vorgegebenen begrifflichen Ebene auszulegen. Die übergreifende verfassungsrechtliche Einwirkung – nicht nur: Zielsetzung – des Art. 12 Abs. 1 GG verbietet jede solche Auslegung des Handwerksbegriffs in § 1 Abs. 2 HandwO, die über § 1 Abs. 1 und § 7 oder § 8 HandwO zu einer verfassungswidrigen Beschränkung der Berufswahl führen würde. Das und nicht ein Streben nach größtmöglicher Grundrechts-Effektivität erfordert in diesem Zusammenhang verfassungsrechtliche Erwägungen.

Der Begriff und die Abgrenzung des Handwerks gegen andere Betriebsarten, besonders gegen die Industrie, sind nicht unveränderlich starr. Von jeher wandeln sie sich – sei es zum Vorteil oder zum Nachteil des Handwerkerstandes – infolge technischer, wirtschaftlicher und sozialer Entwicklungen. So wechseln zuweilen einzelne Zweige des Handwerks – wie auch sonstige Berufszweige – zu anderen Betriebsformen über. Zuweilen aber erschließen solche Entwicklungen dem Handwerk auch neue Arbeitsbereiche oder die Möglichkeit, sich technische oder betriebswirtschaftliche Errungenschaften ohne Aufgabe des handwerklichen Charakters zu eigen zu machen. Entsprechend ändern sich auch Bedeutung und Gewicht der mannigfachen Merkmale, die sich zur Abgrenzung des Handwerksbegriffs heranziehen lassen, so u.a. die Bedeutung der hier interessierenden, zunehmenden Verwendung von Maschinen für die Zuordnung der Betriebe zum Handwerk oder zur Industrie (BVerwGE 17, 230 [233 f.]). Auch der erkennende Senat hält daher den sogenannten dynamischen Handwerksbegriff für durchaus berechtigt. Dieser Begriff darf nicht mißverstanden oder mißbraucht werden. Er darf nicht über den Einfluß des Grundgesetzes auf herkömmliche Auffassungen im Berufszulassungsrecht hinwegtäuschen oder dazu verleiten, dem Großen Befähigungsnachweis auch Betriebe zu unterwerfen, bei denen die nach der Rechtsprechung des Bundesverfassungsgerichts zu schützenden Gemeinschaftswerte nicht berührt sind. Der dynamische Handwerksbegriff muß also auch im fachlichen Bereich der handwerksfähigen Gewerbe versagen, soweit die Betriebsart handwerkliche Kenntnisse und Fertigkeiten – z.b. durch Verwendung von Maschinen und genormtem Material bei Beschränkung auf die Übernahme „einfacher" Arbeiten – entbehrlich macht, ohne die einwandfreie Qualität der Leistung in Frage zu stellen.

Die Einführung der Begriffe „handwerksähnliches Gewerbe" und „handwerksähnliche Betriebsform" in das Gesetz nebst der Aufzählung der handwerksähnlich betreibbaren Gewerbe (Art. 1 Nrn. 17 und 97 des Gesetzes vom 9. September 1965; §§ 18 bis 20, 90 Abs. 2 und Anl. B HandwO n.F.) berührt nicht die Voraussetzungen für die Berufszulassungsschranke des Befähigungsnachweises. Diese Neuregelung erstreckt die Zugehörigkeit zur Handwerkskammer, die für die selbständigen Handwerker bisher mit dem Erfordernis des Großen Befähigungsnachweises gleichlief, auf weitere, diesem Erfordernis nicht unterworfene Gewerbetreibende. Für oder gegen die vorstehenden Darlegungen ergibt sich daraus nichts. Auch der Umstand, daß Schuhbars nicht – wie etwa Flickschneidereien oder Schnellreinigungen (Nrn. 30 und 34 Anl. B HandwO n.F.) – in den Kreis der handwerksähnlich betreibbaren Gewerbe einbezogen sind, läßt nicht darauf schließen, daß der Gesetzgeber die Rechtsprechung des VII. Senats des Bundesverwaltungsgerichts hätte mißbilligen wollen; er hat sie vielmehr im Grundsätzlichen anerkannt, wie die Berichte der Bundestagsausschüsse zum Entwurf des Änderungsgesetzes (zu Drucks. IV/1461 S. 4) erkennen lassen (s. auch Siegert in BB 1965 S. 1090).

Der erkennende Senat folgt dem VI. Senat des Bundesverwaltungsgerichts auch in der Beurteilung derjenigen Schuhreparaturen, die – wie oben festgestellt – in den Schuhbars vorgenommen werden. Sie sind den im obigen Sinne „einfachen" Arbeiten zuzurechnen. Dabei kommt den vom VII. Senat erläuternd erwähnten Umständen, ob es eines besonderen Anpassungsvermögens an die Erfordernisse einer individuellen Behandlung jedes einzelnen Reparaturgutes bedarf und ob die Arbeiten das Gefüge und den Aufbau eines Schuhes im ganzen oder wesentliche Bestandteile berühren, an und für sich keine entscheidende Bedeutung zu. Wichtig ist auch insoweit nur, ob die Arbeiten oder ein Teil von ihnen trotz der Vereinfachung durch die für Schuhbars typische Betriebsart – Maschinen und genormtes Material – den Grad der Schwierigkeit erreichen, bei dem zur Erzielung einwandfreier Leistungen über die schnell erlernbare Vertrautheit mit den technischen Hilfsmitteln der Schuhbars hinaus eine handwerkliche Ausbildung im Schuhmachergewerbe nötig wird. Das ist auch beim Besohlen in dem von den Schuhbars geübten maschinellen Klebeverfahren nicht der Fall. Insoweit findet übrigens die Entscheidung des VII. Senats (BVerwGE 17, 230) eine Bestätigung in der allgemein bekannten Erfahrung, daß seit dem Aufkommen der Schuhbars keine Klagen der Öffentlichkeit über minderwertige Leistungen laut geworden sind. Die Ausführungen des Berufungsgerichts und seine neuen tatsächlichen Feststellungen widerlegen die Entscheidung nicht. Ob in den Schuhbars, ungeachtet der Primitivität ihrer Arbeitsweise, vielfach „gelernte" Schuhmacher tätig sind, ist für die Entscheidung ebenso unerheblich wie die Werbemethoden. Daß den Fachlichen Vorschriften und den Berufsbildern nichts für die Beurteilung des Tatbestandsmerkmals „handwerksmäßig betrieben" zu entnehmen ist, ergibt sich aus den vorstehenden Darlegungen. Auch bei den – vom Kläger so genannten – Testreparaturen ergeben die Feststellungen und Ausführungen des Berufungsgerichts nichts für die Überschreitung des eben genannten Schwierigkeitsgrades. Die Häufung verschiedenartiger Reparaturen an einem Schuh kann die Schwierigkeit nicht erhöhen. Ein um 1 cm höherer Absatz ist nicht schwieriger zu erneuern als ein flacherer; von einem Übergriff in das Orthopädieschuhmacherhandwerk ist dabei jedenfalls so lange nicht zu sprechen, wie nicht festgestellt ist, ob die alten Absätze des Schuhpaares gleichhoch waren. Stepparbeiten so geringen

Umfangs, wie er sich aus den festgestellten Einzelpreisen ergibt, sind ebenfalls nicht „schwierig".

Nach alledem geht es nicht an, den Betrieb einer typischen „Expreß-Schuhbar" wegen fehlender Eintragung in die Handwerksrolle schlechthin zu untersagen. Der Klage ist daher unter Aufhebung der Vorentscheidungen stattzugeben.

Unberührt bleibt die Befugnis der Behörden einzuschreiten, wenn eine Schuhbar zu wirklich handwerksmäßigem Betrieb übergeht.

6. Urteil vom 15.12.1983 – V C 40.81 –

HwO § 1 Abs. 1 und 2: Zum Einbau vorgefertigter Normfenster und Türen durch Handwerker ohne Meisterprüfung – Fortsetzung bisheriger Rechtsprechung (Urteil vom 23.6.1983).

BVerwG, Urteil vom 15.12.1983 – 5 C 40.81 – (OVG Münster)

Der Kl., der die Gesellenprüfung im Tischlerhandwerk abgelegt hat, vertreibt und montiert seit 1973 industriell vorgefertigte Türen und Fenster. Als Gegenstand seines Gewerbes meldete er bei dem Bekl. zunächst die „Montage von Bauelementen" an. 1978 teilte er dem Bekl. mit, daß sein Gewerbe nunmehr zusätzlich den Verkauf von Türen und Fenstern umfasse. Die gewerbliche Tätigkeit des Kl., der abgesehen von einer Bürokraft keine eigenen Arbeitskräfte beschäftigt, erstreckt sich nach seinen Angaben im wesentlichen auf die Sanierung von Altbauten. Die anfallenden Montagearbeiten, das gegebenenfalls erforderliche Ausbauen der alten Fenster und Türen sowie den Einbau und das Einputzen der gelieferten neuen Bauelemente, läßt der Kl. durch zwei fremde Firmen durchführen, die ihm hierfür vier bis fünf Arbeitskräfte zeitweise zur Verfügung stellen. Die notwendige Vermessung nimmt er selbst vor, soweit dies von den Kunden gewünscht wird. Er stellt auch die Rechnungen über die geleisteten Arbeiten aus und haftet seinen Kunden für auftretende Mängel.

Nachdem der Kl. erfolglos um die Erteilung einer Ausnahmebewilligung zur Eintragung in die Handwerksrolle mit dem Tischlerhandwerk nachgesucht hatte, untersagte ihm der Bekl. die Fortsetzung des Handwerksbetriebes „Montage von Bauelementen" und drohte die zwangsweise Betriebsschließung an. Zur Begründung führte er aus, der Kl. übe mit der Montage von Baufertigteilen wesentliche Tätigkeiten des Tischler-, des Rolladen- und Jalousiebauer- sowie des Dachdeckerhandwerks aus, ohne in die Handwerksrolle eingetragen zu sein.

Widerspruch, Klage und Berufung blieben erfolglos. Das BVerwG hat das Berufungsurteil aufgehoben und die Sache an das Berufungsgericht zurückverwiesen.

Aus den Gründen:
Der festgestellte Sachverhalt rechtfertigt nicht die Auffassung des Berufungsgerichts, der Kl. übe mit der Montage vorgefertigter Fenster und Türen wesentliche Tätigkeiten eines in der Anlage A zur HwO aufgeführten Gewerbes aus und bedürfe deshalb gemäß § 1 Abs. 1 und 2 HwO i.d.F. vom 28.12.1965 (BGBl. 1966 I S. 1) mit seinem Betrieb der Eintragung in die Handwerksrolle.

Richtig ist zwar, daß der Kl. insoweit Teiltätigkeiten eines in der Positivliste aufgeführten, mithin handwerksfähigen Gewerbes ausübt. So nennt die Verordnung über das Berufsbild und über die Prüfungsanforderungen im praktischen Teil und im fachtheoretischen Teil der Meisterprüfung für das Glaser-Handwerk vom 9.12.1975 (BGBl I S. 3012) als dem Berufsbild des Glasers zuzurechnende Tätigkeit u.a. den Einbau von Fenster- und Fenstertür-Elementen (§ 1 Abs. 1 Nr. 2). Ferner führt die Verordnung über die Berufsausbildung zum Tischler vom 15.7.1977 (BGBl I S. 1261) in § 3 Nr. 18 das „Einbauen von montagefertigen Teilen und Erzeugnissen" auch als Gegenstand der Berufsausbildung zu diesem Handwerk auf. Diese veröffentlichten Ausbildungs-Berufsbilder sowie die fachlichen Ausbildungs- und Prüfungsvorschriften können für die Frage der fachlichen Zugehörigkeit einer Tätigkeit zu einem handwerksfähigen Gewerbe mit herangezogen werden, da sie erläuternde Einzelheiten über das Arbeitsgebiet und über dessen Bewältigung benötigten fachlichen Fertigkeiten und Kenntnisse enthalten (BVerwGE 25, 66 [67]; 58, 217 [219]). Anhaltspunkte dafür, daß das gegenwärtige tatsächliche Berufsbild des Glaser- und Tischlerhandwerks von den veröffentlichten Ausbildungs-Berufsbildern dahin abweicht, daß die Montage von Fertigteilen, insbesondere vorgefertigter Fenster und Türen, nicht (mehr) zu den typischen Tätigkeiten dieser Handwerksberufe gehört, bestehen nicht. Dabei kann offenbleiben, ob, wie der Kl. behauptet, Handwerksbetriebe kaum noch bereit sind, fertige Fenster- und Türelemente lediglich einzubauen. Entscheidend ist, daß sie jedenfalls die von ihnen selbst gefertigten oder von ihnen gelieferten Teile nach wie vor auch einbauen.

Dies allein reicht indessen nicht aus, die Montage von Fertigteilen in der Art, wie sie der Kl. vornimmt, den Vorschriften der HwO zu unterwerfen. Hinzutreten muß vielmehr, daß es sich bei den Tätigkeiten, Verrichtungen und Arbeitsweisen um solche handelt, die den Kernbereich gerade dieses Handwerks ausmachen und ihm sein essentielles Gepräge geben. Arbeitsvorgänge, die aus der Sicht des vollhandwerklich arbeitenden Betriebes dieser Sparte als untergeordnet und damit vom Typ her gesehen als unbedeutend oder unwesentlich erscheinen, vermögen die Annahme eines handwerklichen Betriebes nicht zu rechtfertigen (Fröhler–Kormann, Die Tragweite der Ermächtigung des § 1 Abs. 3 HwO, GewArch 1975, 313 [317]; BVerwGE 58, 217 [221]). Fallen in einem Betrieb lediglich Tätigkeiten an, die ohne Beherrschung in handwerklicher Schulung erworbener Kenntnisse und Fähigkeiten einwandfrei und gefahrlos ausgeführt werden können, so daß es an der Spitze des Betriebes keines für die selbständige Ausübung des betreffenden Handwerks qualifizierten Leiters bedarf, dann liegt lediglich ein den Vorschriften der HwO nicht unterfallendes sogenanntes Minderhandwerk oder Kleingewerbe vor (Urteil vom 8.6.1962 – BVerwG 7 C 88.59 – [Buchholz 451.45 § 1 HwO Nr. 3]; BVerwGE 28, 128; Urteil vom 12.7.1979 – BVerwG 5 C 11.79 – [Buchholz 451.45 § 1 HwO Nr. 18]; BVerwGE 58, 217 [222]).

Der festgestellte Sachverhalt läßt keine eindeutige Schlußfolgerung zu, ob für das Einsetzen der von dem Kl. gelieferten vorgefertigten Fenster und Türen meisterhafte Kenntnisse und Fertigkeiten erforderlich sind. Das Berufungsgericht hat sich auf die Feststellung beschränkt, der fachmännische Einbau der Fenster und Türen wie auch der Ausbruch der alten Teile könne nicht als einfach bezeichnet werden. Erst der handwerklich ausreichend vorgebildete Fachmann könne die für eine bestimmte Bauöffnung erforderliche Größe des Einbauteils, dessen Anpassung und die Art seiner Befestigung feststellen und daraus die notwendigen Maße des zu bestellenden Fertigteils ermitteln. Bei den unterschiedlichen Materialien bedürfe die Montage sowohl der Einbau- als auch der Wandteile besonderer Kenntnisse der Werkstoffkunde, der geeigneten Verbindungen und Abdichtungen. Diese Feststellungen allein rechtfertigen noch nicht die Annahme, für die in Frage stehenden Tätigkeiten sei die meisterliche Beherrschung eines Handwerks erforderlich. Beschränkt sich ein Gewerbebetrieb auf die Ausführung handwerklicher Arbeiten, für deren einwandfreie Ausführung eine in kurzer Anlernzeit angeeignete Vertrautheit mit den Fertigungs- und Montagevorgängen genügt, so ist es vom Sinn der HwO her nicht gedeckt, gleichwohl von dem Betriebsinhaber die Eintragung in die Handwerksrolle zu verlangen (vgl. hierzu BVerwGE 58, 217 [223]). Dies hat das Berufungsgericht verkannt, wenn es darauf abstellt, der Einbau der von dem Kl. vertriebenen Fertigfenster und Türen erfordere die Kenntnisse eines „handwerklich ausreichend ausgebildeten Fachmannes". Es bedarf deshalb noch weiterer tatsächlicher Feststellungen, ob die hier in Betracht stehende Tätigkeit eine das Glaseroder Tischlerhandwerk prägende Bedeutung hat und deshalb meisterliche Kenntnisse und Fertigkeiten erfordert. Dabei ist auch zu berücksichtigen, daß der Einbau von Fenster- und von Fenstertür-Elementen nur eine von insgesamt 27 dem Glaserhandwerk zuzurechnenden Tätigkeiten ist und daß die den Fertigbauteilen beigefügten Montageanleitungen den Selbsteinbau durch den Laien ermöglichen sollen. Der erkennende Senat hat bereits in seinem Urteil vom 23.6.1983 – BVerwG 5 C 37.81 – unter Hinweis auf die dort unter Hinzuziehung eines Sachverständigen getroffenen tatsächlichen Feststellungen ausgeführt, vieles spreche dafür, daß es sich bei der Montage von Fertigfenstern um ein den Vorschriften der HwO nicht unterfallendes Minderhandwerk handele. Ob dies auch für die Montagearbeiten in der Art, wie sie der Kl. vornimmt, zutrifft, wird das Berufungsgericht im Rahmen seiner erneuten Verhandlung zu prüfen haben.

Ergibt die weitere Aufklärung des entscheidungserheblichen Sachverhalts, daß der Kl. einen vollhandwerklich arbeitenden Gewerbebetrieb unterhält, so kommt es, wie das Berufungsgericht insoweit zutreffend ausgeführt hat, nicht darauf an, ob er die Montagearbeiten durch eigene Arbeitskräfte oder durch Subunternehmer ausführen läßt. Maßgebend ist, daß er gegenüber seinen Kunden als alleiniger Vertragspartner auftritt und ihnen gegenüber auch die Erfüllung der handwerklichen Verpflichtungen übernimmt. Ebensowenig ist es entscheidungserheblich, ob das Schwergewicht der gewerblichen Tätigkeit des Kl. in dem Verkauf oder in der Montage der Bauelemente liegt. Das BVerwG hat bereits in seinem o.a. Urteil vom 23.6.1983 klargestellt, daß die Montage vorgefertigter Fenster durch den Lieferanten nicht etwa die Begriffsmerkmale eines Hilfsbetriebes erfüllt und deshalb nicht gemäß §§ 2 Nr. 3, 3 Abs. 1 HwO von den Vorschriften der HwO ausgenommen ist. Denn die Fertigteile sind bereits mit ihrer Auslieferung an den Kunden gebrauchsfähig im Sinne des § 3 Abs. 3 Nr. 2 Buchst. a HwO. Ob der Kl. die Montage im Rahmen eines handwerklichen Nebenbetriebes (vgl. hierzu ebenfalls das Urteil vom 23.6.1983) ausführt oder ob Verkauf und Einbau handwerksrechtlich als ein einheitlicher Vorgang anzusehen sind, bedarf jedenfalls nach dem bisher festgestellten Sachverhalt keiner Klärung. Gemäß §§ 2 Nr. 3, 3 Abs. 1 HwO gelten die Vorschriften der HwO auch für handwerkliche Nebenbetriebe, die mit einem Unternehmen des Handels verbunden sind, es sei denn, daß eine solche Tätigkeit nur in unerheblichem Umfang ausgeübt wird. Dies ist nach § 3 Abs. 2 HwO der Fall, wenn die Tätigkeit während eines Jahres den durchschnittlichen Umsatz und die durchschnittliche Arbeitszeit eines ohne Hilfskräfte arbeitenden Betriebes des betreffenden Handwerkszweiges nicht übersteigt. Dem VG, auf dessen Urteil das Berufungsgericht insoweit verweist, ist darin beizutreten, daß diese Voraussetzungen hier schon deswegen nicht gegeben sind, weil der Kl. zur Montage der Bauteile zwei Subunternehmer mit vier bis fünf Arbeitskräften beschäftigt. Der auf diese Tätigkeit entfallende zeitliche Arbeitsaufwand liegt damit über der durchschnittlichen Arbeitszeit eines Einmannbetriebes. Es kommt deshalb bei Zugrundelegung der bisher getroffenen tatsächlichen Feststellungen auf die Höhe der hierdurch erzielten Umsätze nicht an.

Abkürzungsverzeichnis

BayVBl	=	Bayerische Verwaltungsblätter
BB	=	Der Betriebsberater
Betr.	=	Der Betrieb
BVerfGE	=	Entscheidungen des Bundesverfassungsgerichts
BVerwGE	=	Entscheidungen des Bundesverwaltungsgerichts
DÖV	=	Die Öffentliche Verwaltung
DOK	=	Die Deutsche Ortskrankenkasse
DRiZ	=	Deutsche Richterzeitung
DVBl	=	Deutsches Verwaltungsblatt
EuGRZ	=	Europäische Grundrechte-Zeitschrift
FamRZ	=	Familienrechtszeitschrift
GewArch	=	Gewerbe-Archiv
HwO	=	Gesetz zur Ordnung des Handwerks (Handwerksordnung)
JA	=	Juristische Arbeitsblätter
JR	=	Juristische Rundschau
JuS	=	Juristische Schulung
JZ	=	Juristenzeitung
MDR	=	Monatsschrift für Deutsches Recht
NJW	=	Neue Juristische Wochenschrift
NVwZ	=	Neue Zeitung für Verwaltungsrecht
RdA	=	Recht der Arbeit
RdJ	=	Recht der Jugend und des Bildungswesens
SaarJBl	=	Justizblatt des Saarlandes
VerwArch	=	Verwaltungsarchiv
VRspr	=	Verwaltungsrechtsprechung
VwGO	=	Verwaltungsgerichtsordnung
ZDH-Rdschr.	=	Rundschreibendienst des Zentralverbands des Deutschen Handwerks
ZDH-Inform.	=	ZDH-Informationen
ZeK	=	Zeitschrift für evangelisches Kirchenrecht
ZfSH	=	Zeitschrift für Sozialhilfe

Stichwortverzeichnis

Geld verdienen mit dem Mikrocomputer

Egal, ob als Computerhändler, Softwareverkäufer, Hobbyprogrammierer, Versandhändler, Adressenbüro oder freier Mitarbeiter von Computer-Fachzeitschriften, mit diesem Buch zeigen wir erstmals, wie auch Sie im boomenden Mikrocomputer-Markt verdienen können.

Steigen Sie jetzt ein in das Geschäft mit den intelligenten Maschinen. Profitieren Sie jetzt von der neuen Arbeitsmappe „Geld verdienen mit dem Mikrocomputer''.

Fachbücher und Fachzeitschriften über Computer und Programme gibt es viele. Ein Buch aber, wie Sie selbst mit dem eigenen Mikrocomputer Geld verdienen können, hat es noch nie gegeben. **Hier ist es!** Über 130 Seiten im Großformat, praktische Arbeitshilfen und ausführliche Informationen über mehr als 30 verschiedene Möglichkeiten, mit dem eigenen Mikrocomputer Geld zu verdienen.

Dazu mehrere hundert wichtige Lieferanten- und Kontaktadressen, ein ausführliches Verzeichnis über Programmfernlehrgänge, ein komplettes Fachbuch- und Fachzeitschriftenverzeichnis und ein kleines, kompaktes Lexikon der Computer-Fachbegriffe. Alle Informationen in einem handlichen und pflegeleichten Arbeitsordner. Dazu viele praktische Arbeitsbögen und Tips für die Unternehmensgründung. Darüber hinaus erfahren Sie:

- wie Sie mit Vereinskarteien Geld verdienen können,
- was Sie über Datenschutz wissen müssen,
- wie man mit dem Computer Gebrauchtwagen vermittelt,
- wie man mit einer billigen Schreibmaschine Textverarbeitung betreibt,
- wie clevere Verkäufer nebenberuflich 200.000 DM Umsatz jährlich machen,
- wie man aus Computerspielereien Geld macht und viele andere Tips.

Ob Profi oder „Neuling'', in dieser neuartigen und umfangreichen Arbeitsmappe finden auch Sie zahlreiche lukrative Ideen. Nach den persönlichen und fachlichen Voraussetzungen gegliedert. So können auch Sie aus Ihren Computerkenntnissen bares Geld machen.

Der Autor, Peter Kirchmeier, selbst sieben Jahre leitender Angestellter in der Computerbranche, hat seine ganzen Erfahrungen und viele verblüffende Ideen zu Papier gebracht. Profitieren Sie von den geldbringenden Tips dieses Kenners der Computerbranche.

Erweiterte Neuauflage, Arbeitsmappe DIN A 4, alle Materialien komplett, mit Lexikon der Fachausdrücke   98,— DM

Der große Ideenklau

Wie man Erfolgsideen für Werbung und Verkauf kopiert

Egal, ob Sie sich aktiv mit dem Verkaufen beschäftigen oder nur ab und zu einmal Verhandlungen führen, ob Sie bereits ein eigenes Unternehmen besitzen oder nach einer lukrativen Nebenbeschäftigung suchen, von den zahlreichen Ideen dieses Buches werden Sie bald schon einige kopieren und zu Ihrem eigenen Nutzen einsetzen.

Ideen zu klauen (vornehmer ausgedrückt: ,,zu übernehmen''), ist in der Werbung und im Verkauf bei den Erfolgreichen gang und gäbe. Denn der Erfolg ist fast ausschließlich eine Frage der Ideen. Nur kann kein Mensch, selbst keine große Werbe- oder Verkaufsförderungsagentur so viele Ideen am laufenden Band produzieren, wie für den Erfolg notwendig sind. Also werden die besten Ideen von anderswo einfach ,,übernommen'', oder genauer gesagt ,,geklaut''.

Jetzt können auch Sie von dieser ,,Technik'' der Erfolgreichen profitieren. Murray Raphel, Inhaber eines Ladenzentrums in Atlantic City und dafür ständig auf der Suche nach neuen Werbeideen, und Ray Considine, Star-Verkäufer und ebenso eifrig auf der Suche nach immer neuen Verkaufsideen, zeigen Ihnen, wie Sie die Technik des Ideenklauens am wirkungsvollsten einsetzen. Und liefern Ihnen gleich ein paar hundert ihrer erfolgreichsten Ideen zum sofortigen Klauen mit.

2. Auflage, 240 Seiten   48,— DM

Wie textet man eine Anzeige, die einfach alles verkauft

In diesem Buch zeigt Ihnen der amerikanische Mail Order-(Versandhaus-) Millionär Hubert K. Simon, wie Sie eine Spitzenanzeige für jede x-beliebige Sache in einem Tag schreiben. Egal, ob Sie Waren oder Dienstleistungen verkaufen, Bewerber suchen oder preiswerte Geschäftsräume per Anzeige finden wollen, Hubert Simon zeigt Ihnen, wie Sie mehr Erfolg erzielen. Aus dem Inhalt: Spezielle Tips für Kleinanzeigen — Ein geistreicher Trick, mit dem Sie jede Anzeige verbessern — Wie Sie Kunden für 25 Pfennig ,,einkaufen'' können — Wirkungsvolle Schlußzeilen — Wie Sie glaubwürdig wirken — und, und, und.

7. erweiterte Auflage
176 Seiten mit 37 Beispielanzeigen und zehn Checklisten für bessere Werbung, gebunden   48,— DM

Werbung, die ankommt

199 Beispiele, Erfolgsregeln und praktische Folgerungen eines Werbefuchses, des Hamburger Lintas-Copy-Chief Walter Schönert. Zahlreiche Checklisten, Anzeigen- und Textmuster machen das Werk zu einem echten Anwendungsbuch für die Praxis der Werbung.
4. überarbeitete Auflage, 276 Seiten, gebunden   48,— DM

Geschäfte per Post

Ein umfassender Aufbaukurs für Existenzgründer und Selbständige auf der Suche nach neuen Vertriebswegen. Diplom-Kaufmann Reinhold Schütt verrät Ihnen alles, was Sie für den erfolgreichen Start ins lukrative Versandhandelsgeschäft benötigen. Sofort anwendbares Wissen mit vielen Beispielen, Checklisten, Tabellen, Abbildungen von Originaldokumenten und großem Adressenteil. Aus dem Inhalt: Wieviel Startkapital Sie wirklich brauchen — Die idealen Mail-Order-Artikel — Vier Methoden für den Verkauf per Post — Erfolgsrezepte für Ihre Werbung — Die schnellsten und preisgünstigsten Versandwege ... und vieles mehr.

208 Seiten, Großformat 21 x 29,8 cm, hochwertiger Elefantenhaut-Einband   98,— DM

Import — Export

Ein Wegweiser für Existenzgründer und Unternehmer zum erfolgreichen Aufbau einer Import-Export-Firma mit vielen hundert aktuellen Kontakt- und Informationsadressen.

Hier schreibt endlich jemand, der selbst erfolgreich ein Import-Export-Geschäft aufgebaut hat. Autor Diplom-Kaufmann Reinhold Schütt zeigt Ihnen, wie Sie die ertragreichsten Handelsartikel auswählen, wie Sie die Zuverlässigkeit Ihrer Geschäftspartner herausfinden, wie Sie das Beste aus den versandtechnischen, steuerlichen und zollamtlichen Vorschriften machen und vieles andere mehr. Durch viele hundert Adressen können Sie Ihr Wissen sofort gewinnbringend umsetzen. Dipl.-Kaufmann Reinhold Schütt hat für die zweite Auflage sein Werk von Grund auf überarbeitet und erheblich erweitert. Sie finden jetzt noch mehr Informationen, ergänzt durch Tabellen, Checklisten und dutzende Abbildungen von Originaldokumenten.

2. überarbeitete und erweiterte Neuauflage

288 Seiten im Großformat 21 x 29,8 cm, hochwertiger Elefantenhaut-Einband   98,— DM

Gründen, kaufen, franchisen

So finden Sie die richtige Branche, um erfolgreich Ihr eigener Chef zu werden

Haben Sie jemals davon geträumt, aus Ihrem bisherigen Berufsleben auszubrechen und Ihr eigener Chef zu werden? Wenn ja, dann ist dies das richtige Buch für Sie. Und wenn die ungünstigen Statistiken Sie bisher zögern ließen, (35 Prozent aller Unternehmen werden nicht älter als 3 Jahre), dann ist dieses Buch doppelt wichtig für Sie.

Sie erfahren in diesem neuen Spezialreport, wie große Konzerne die neuen Tätigkeitsbereiche auswählen, die sie reich machen. Autor Kenneth Albert, erfolgreicher US-Unternehmensberater und Spezialist für Existenzgründungen, zeigt Ihnen hier erstmals, wie Sie jetzt die Methoden der Großunternehmen für Ihr eigenes Unternehmen, für Ihren eigenen Erfolg nutzbar machen können

● bei der Auswahl einer Franchise,

● bei der Beurteilung eines bestehenden Geschäftsbetriebes, der Ihnen zum Kauf angeboten wird,

● bei der Analyse der Chancen für die Gründung eines neuen Unternehmens.

Es gibt viele Bücher über Aufbau und Führung eines Kleinunternehmens. Aber alles Managementwissen nützt Ihnen nichts, wenn Sie von Anfang an einen Geschäftstyp ausgewählt haben, der nicht hundertprozentig zu Ihnen paßt. Ohne dieses Buch würden Sie vielleicht nur die bekanntesten Branchen ins Auge fassen und dabei genau den Geschäftstyp übersehen, der optimal zu Ihren Fähigkeiten paßt. Mit Hilfe dieses Spezialreports untersuchen Sie jetzt alle Möglichkeiten, geleitet von dem einzigartigen Zwei-Stufen-Ansatz zur Wahl eines Kleinunternehmens, das erfolgreich sein und Ihre persönlichen Erwartungen erfüllen wird.

Deutsche Erstausgabe, 256 Seiten, gebunden   48,— DM

Tips zur Unternehmensgründung

Das Standardwerk zur Existenzgründung. Empfohlen von Industrie- und Handelskammern und tausendfach in der Praxis bewährt. Sechste völlig überarbeitete und wesentlich erweiterte Auflage.

Aus dem Inhalt: *Was Sie über Steuern, Recht und Buchhaltung wissen müssen — Welche Rechtsform die beste ist — Welche Genehmigungen Sie zur Unternehmensgründung benötigen — Wie Sie den richtigen Steuerberater finden — Wie Sie Personalkosten sparen — Wie Ihre Schreibarbeiten nur die Hälfte kosten — Wie Sie den größtmöglichen Kredit von Ihrer Bank erhalten — Welche Werbeträger die besten Resultate bringen und zahlreiche weitere Tips.*

7. überarbeitete und erweiterte Auflage, 184 Seiten, gebunden   48,— DM

Geld verdienen von zu Hause aus

50 Tips für Nebenverdienste — speziell für Frauen

Hatten Sie nicht schon immer den Wunsch, mit Ihrer Freizeit *mehr* anzufangen? Suchen Sie nach einer sinnvollen und finanziell einträglichen Nebentätigkeit? Wie Sie Ihre Kenntnisse und Erfahrungen aus einer Ausbildung, aus einer früheren Berufstätigkeit oder aus der intensiven Beschäftigung mit einem Hobby gewinnbringend einsetzen können, das erfahren Sie in diesem neuen Buch. Hier finden Sie keine unseriösen Heimarbeitsangebote, die auf faulen Abnahmegarantien basieren. Sondern erfolgserprobte Tips, wie Sie sich selbst einen attraktiven Nebenverdienst schaffen können, bei dem Sie selbständig arbeiten. Nach Ihren eigenen Vorstellungen. Bequem von zu Hause aus. Und für den eigenen Geldbeutel.

Doch da tauchen zunächst ein einmal viele Fragen auf: Nebenverdienst und Familie — ist das überhaupt miteinander vereinbar? Kann ich mir in der eigenen Wohnung einen Arbeitsplatz einrichten? Wie organisiere ich das Ganze? Muß ich meine Nebentätigkeit als Gewerbe anmelden? Was sagt das Finanzamt? Wie ist das mit der Versicherung? Welche Bücher muß ich führen? Was für Tätigkeiten sind mir erlaubt? Was ist gewinnversprechend?

Jetzt gibt es auf all diese Fragen eine sachkundige und ideenreiche Antwort: ,,Geld verdienen von zu Hause aus'' von C.V. Rock. In diesem neuen Buch finden Sie nicht nur 50 Nebenverdienst-Tips speziell für Frauen, sondern auch ausführliche Hintergrundinformationen, die Ihnen bei Vorüberlegungen, Planung und Durchführung einer nebenberuflichen oder gar hauptberuflichen Existenzgründung helfen.

Im Hauptteil des Buches stellt Ihnen der Autor dann 50 Ideen für Nebenverdienste vor. Ideen, die Sie von zu Hause aus, in der eigenen Wohnung verwirklichen können. Einige klingen ungewöhnlich, andere ganz alltäglich. Mit allen läßt sich Geld verdienen.

Aus dem Inhalt:
— Wie Sie mit solider Büroerfahrung mehr machen können, als bloß Briefe abzutippen
— Wie Sie mit Vereinen Geld verdienen können
— Welche Hobbyprodukte sich für gutes Geld verkaufen lassen
— Wofür Sammler heute tief in die Tasche greifen
— Wie Sie einen Nebenverdienst ohne eine einzige Mark Kapital starten können

Zu jeder Idee finden Sie neben ausführlichen Anleitungen Angaben über potentielle Abnehmer und wie man sie erreicht. Über Erstausstattung und Startkapital. Dazu als wertvolle Ergänzung für den sofortigen Beginn Kontakt- und Lieferantenadressen sowie weiterführende Literaturangaben.

Nutzen Sie diese absolute Neuheit! Es gibt kaum Vergleichbares in deutschen Buchläden. Holen Sie sich die zahlreichen Nebenverdienst-Tips in diesem Buch. Profitieren Sie von den vielfältigen Erfahrungen und Tips. Entscheiden Sie sich für Ihren eigenen Nebenverdienst. Entscheiden Sie selbst, wie intensiv Sie ihn betreiben wollen. Ganz auf Ihre Aufgaben in Familie, Haushalt und Beruf abgestimmt. Beginnen Sie jetzt eine eigenverantwortliche und lukrative Tätigkeit. Zögern Sie nicht, Ihre Chance wahrzunehmen!

2. überarbeitete Auflage, 240 Seiten   48,— DM

Wie mache ich mich
als Immobilienmakler selbständig

Der bundesdeutsche Markt für Immobilien ist riesig. Jedes Jahr wechseln zehntausende von Grundstücken und Gebäuden den Besitzer, werden Wohnungen verkauft und vermietet. Ein großer Teil dieser Geschäfte kommt durch die Vermittlung von Immobilienmaklern zustande. Eine interessante und lukrative Branche für jeden, der seine Existenzgründung mit der richtigen Strategie angeht.

Endlich ein Handbuch zum Thema

Das notwendige Wissen für den Start und das laufende Geschäft vermittelt Ihnen dieser Spezialreport. Zwei Kenner des Immobilienmarktes stellen in leicht verständlicher Form dar, wie Sie sich als Immoblilienmakler erfolgreich selbständig machen können. Sie helfen Ihnen, die Marktchancen realistisch einzuschätzen und richtig zu nutzen.

Detaillierte Informationen für Ihren Erfolg

Recht: Welche Voraussetzungen Sie für die Gewerbeerlaubnis erfüllen müssen! Welche Rechte und Pflichten Sie gegenüber Ihren Kunden haben! Wie Sie Verträge und Vereinbarungen gestalten!

Organisation: Wie Sie nebenberuflich von zu Hause aus starten können! Mit welchem einfachen Hilfsmittel Sie stets einen Überblick über Aktivitäten und Erfolg Ihres Unternehmens haben!

Verkaufstechnik: Welches die fünf Fragetypen sind, die Ihre Kunden ,,auftauen'' lassen! Was bei der Besichtigung eines Objekts der vielleicht entscheidende Kniff ist!

Werbung: Wie Sie Kunden und Objekte gewinnen! Welche wirksame Art der Werbung Sie keinen Pfennig kostet!

Finanzierung und Bewertung: Wie wichtig Finanzierungsberatung für Ihren Verkaufserfolg ist! Wie Sie den richtigen Wert einer Immobilie ermitteln!

Praxistips: Mit welcher Geschäftspolitik Sie sich deutlich von den schwarzen Schafen der Branche abheben! Wann es sinnvoll ist, selbst Immobilien zu kaufen!

Beispielkalkulationen, Muster für Vereinbarungen, Verträge und Kundenbriefe erleichtern Ihren Start. Zahlreiche Fallbeispiele von erfolgreichen Vermittlungsgeschäften helfen Ihnen, die Fehler zu vermeiden, die Sie Geld und Ihren guten Ruf kosten. Dieses Buch mit seinen Tips und Tricks aus der Praxis wird Ihnen zum unentbehrlichen Begleiter bei Ihrem Start in der Immobilienbranche werden.

Fachkundige Autoren

Horst (Ha.A.) Mehler war langjähriger Redakteur und Lektor beim ZDF. Heute arbeitet er als freier Autor in der Nähe von Wiesbaden. Klaus Kempe, RDM, lebt in Düsseldorf. Er ist Gründer und Inhaber einer der größten Maklerfirmen in der Bundesrepublik Deutschland sowie Verfasser zahlreicher Fachbeiträge zum Thema Immobilien.

Empfohlen von Fachleuten

,,Erfolg ist deshalb entscheidend eine Frage der richtigen Strategie. Die vermittelt nun ein neues Buch des Bonner Verlags Norman Rentrop mit dem Titel ,Wie mache ich mich als Immobilienmakler selbständig'. Die beiden Autoren, Horst Mehler und Klaus Kempe, sind Profis in dem Geschäft. Entsprechend umfassend sind die Informationen, die der Leser für den Einstieg in den Immobilienmarkt erhält. Mehler und Kempe geben Hinweise, wie man die eigenen Marktchancen herausfinden kann und beschreiben deutlich Fehler, die jeder vermeiden sollte. Der Rechtslage ist ebenso ein ausführliches Kapitel gewidmet wie dem Thema Organisation. Besonders detailliert befassen sich die Autoren mit der Verkaufstechnik und der Werbung. Denn was nützen die besten Angebote, wenn der Makler die Kunden nicht überzeugen kann. Abgeschlossen wird das immerhin 352 Seiten dicke Grundlagenwerk mit Darstellung zur Finanzierung und Bewertung der Objekte sowie mit zahlreichen Praxistips.'' *(Hamburger Grundeigentum)*

,,Denn die Möglichkeit, so detailliert auf die andere Seite des Schreibtisches blicken zu können, ist selten. Insofern ist das vorliegende Werk weit mehr als ein How-to-do-Buch für potentielle Immobilienmakler.'' *(Wirtschaftswoche)*

,,Wir können Ihnen das Studium dieses Werkes nur empfehlen.'' *(Maklerbrief intern)*

2. erweiterte Auflage, 352 Seiten, gebunden   48,— DM

Handbuch für
Geschäfte mit dem Mikrocomputer
Ihr Weg zum Erfolg in der Mikrocomputer-Branche

Nun endlich auch in deutscher Sprache: das umfassende, zweibändige Handbuch über das lukrative Geschäft mit dem Mikrocomputer. Der Autor Victor Wild ist Absolvent der renommiertesten Wirtschafts-Hochschule der USA, der Harvard Business School. Heute ist er ein mit allen Wassern gewaschener, erfolgreicher Unternehmer in der Mikrocomputer-Branche.

In diesem Spezialreport vermittelt Ihnen Victor Wild das gesamte Wissen, das Sie für den Start Ihres eigenen Geschäftes mit dem Mikrocomputer brauchen. Das Werk umfaßt zwei Bände mit insgesamt 520 Seiten Umfang. Band I informiert Sie über Entwicklungen und Zukunftschancen auf dem internationalen Mikrocomputer-Markt. Hier finden Sie die wichtigsten und lukrativsten Einstiegsmöglichkeiten. Band II enthält das umfassende Know-how für den praktischen Aufbau Ihres Unternehmens mit vielen Tips und Kniffen aus der eigenen Erfahrung von Victor Wild. Leicht verständliche Anleitungen werden unterstützt durch zahlreiche Fallbeispiele, Tabellen, Checklisten und Abbildungen.

Aus dem Inhalt von Band I:

— Wie sich der Markt für Mikrocomputer entwickelt und welche Zweige die besten Zukunftsaussichten haben
— Alles über das Riesengeschäft mit der Software
— Wie Sie als freiberuflicher EDV-Berater das große Geld machen
— Wie Sie sich mit gebrauchten Computern nebenberuflich und von zu Hause aus eine goldene Nase verdienen
— Wie Sie mit etwas technischem Geschick aus der Wartung ein Riesengeschäft machen
— Die entscheidenden 20 Schritte zur Gründung Ihres eigenen Unternehmens
— Ausführliche Interviews mit jungen Unternehmern, die erfolgreich Geschäfte mit dem Mikrocomputer machen

Aus dem Inhalt von Band II:

— Wie Sie das Wachstum Ihres Unternehmens planen und stets im Griff behalten
— Wie Sie in drei Schritten eine leistungsfähige Betriebs-Organisation aufbauen
— Welche sechs Punkte Sie bei der Personalplanung beachten sollten
— Warum es sich lohnen kann, eine bestimmte Gesellschaftsform zu wählen
— Zehn clevere Möglichkeiten, wie Sie Kreditverhandlungen mit Ihrer Bank richtig angehen

Dieses große Werk mit seinen vielen Anregungen und Praxis-Tips wird Ihnen zum unentbehrlichen Ratgeber und Begleiter auf Ihrem Weg zur Selbständigkeit in der Mikrocomputer-Branche werden. Profitieren Sie von diesem Spezialreport. Bestellen Sie noch heute.

Deutsche Erstausgabe, 2 Bände im Schuber, zusammen 520 Seiten.   198,— DM

Direktvertrieb

Ein Wegweiser für Existenzgründer und Unternehmer zum erfolgreichen Aufbau einer Direktvertriebsorganisation

Dieser Spezialreport stellt Ihnen einen lukrativen Vertriebsweg für Waren und Dienstleistungen vor, an den Unternehmer auf der Suche nach neuen Absatzwegen nicht sofort denken: den Direktvertrieb mit Hilfe einer Außendienstorganisation. Das ist eine interessante Alternative zum herkömmlichen Verkauf über Groß- und Einzelhandel: Sie werben Interessenten über Anzeigen und Direktwerbebriefe, und Ihre Verteter beraten und verkaufen dann zu Hause bei den Kunden. Wie erfolgreich der Direktvertrieb sein kann, beweisen seit vielen Jahren Firmen wie Vorwerk, Avon oder Tupperware, die heute Millionen Kunden betreuen. In mehr als 50 Branchen hat sich der Direktvertrieb fest etabliert: Von Alarmanlagen über Bettwäsche, Elektrogeräte und Pauschalreisen bis hin zu Zentralheizungen reicht die Angebotspalette, und ständig kommen neue Bereiche hinzu.

Der Direktvertrieb erfüllt den Wunsch der Verbraucher nach intensiver, individueller Beratung. Durch die geringen Kosten beim Aufbau des Außendienstes ist der Direktvertrieb für Sie besonders lukrativ. Sie benötigen kein aufwendiges Verkaufspersonal. Ihre Vertreter, die auf Provisionsbasis arbeiten, können Sie, zumindest am Anfang, bequem von zu Hause aus betreuen.

Was Sie für den Aufbau Ihres eigenen Direktvertriebs wissen müssen, finden Sie in diesem Spezialreport: Welche Produkte für den Direktvertrieb besonders geeignet sind! Über welche fünf Wege Sie erfolgreich Vertreter finden! Wie wichtig die Provision für die Motivation Ihrer Außendienstleute wirklich ist! Welche acht Techniken Ihren Vertretern zum Verkaufsabschluß verhelfen! Welche Rolle die Unterstützung durch den Kundendienst spielt und viele wichtige Themen mehr.

Diplom-Kaufmann Reinhold Schütt (er ist auch Autor unserer Spezialreporte ,,Import-Export'' und ,,Geschäfte per Post'') weiß aus eigener langjähriger Erfahrung, worauf es beim Aufbau eines Direktvertriebs ankommt. Er schreibt präzise und verständlich. Beispiele aus seiner eigenen unternehmerischen Praxis verdeutlichen die einzelnen Themen. Zahlreiche Abbildungen, Tabellen, Musterverträge und -briefe sowie Checklisten helfen Ihnen, von Anfang an praktisch mit diesem Buch zu arbeiten. So können Sie die vielen Tips und Informationen sofort auf Ihre eigene Situation, Ihre eigene Firma umsetzen. Zusätzlichen Nutzen bringt Ihnen das Buch durch die umfassenden Anhänge: Hier finden Sie die Adressen, die Ihnen den Start erleichtern. Kein langes Suchen mehr nach Anschriften von Verbänden, Institutionen, Handelskammern oder Bezugsquellen. Für Sie sind alle Angaben sofort griffbereit. Das große Stichwortverzeichnis macht gezieltes Suchen nach Informationen zu einer Sache von Sekunden.

Ob Sie als Existenzgründer oder als bereits tätiger Unternehmer den Direktvertrieb für mehr Umsatz nutzen wollen — dieser Spezialreport wird zu Ihrem unentbehrlichen Ratgeber in der täglichen Praxis werden.

Orginalausgabe, 240 Seiten im Großformat 21 x 29,8 cm, hochwertiger Elefantenhaut-Einband   98,— DM

Alfred R. Stielau-Pallas

Ab heute erfolgreich

Schon immer gab es arme und reiche Menschen, Unglückliche und Glückliche, Ängstliche und Zuversichtliche, Erfolglose und Erfolgreiche. Und schon immer konnte jeder Mensch selbst entscheiden, zu welcher Gruppe er gehören wollte.

Welches die Faktoren sind, die den Erfolg bestimmen, und wie Sie sich diese Faktoren für Ihren persönlichen Erfolg im beruflichen und privaten Leben zunutze machen können, das schildert der deutsche Erfolgsautor der achtziger Jahre, Alfred R. Stielau-Pallas, in seinem Buch für jeden leicht verständlich.

Als Gründer des Pallas Forum und des Pallas Club hat er seit vielen Jahren engen Kontakt zu Prominenten aus dem gesamten deutschen Sprachraum. In zahlreichen Interviews mit diesen Persönlichkeiten hat er immer klarer herausgearbeitet, was Erfolgreiche kennzeichnet. Dieses Wissen setzt Alfred R. Stielau-Pallas nicht nur in seinem eigenen Leben um. Er gibt seine Erkenntnisse in Büchern, Vorträgen und Seminaren als Wegweiser und Training an alle Interessierten weiter. Der Weg zum Erfolg steht jedem offen, der nur bereit ist, sich zu engagieren.

Auch Sie können mit Hilfe des Trainingsprogramms in diesem Buch Schritt für Schritt lernen, wie Sie *ab heute erfolgreich* sein können, wenn Sie *jetzt* beginnen, Ihre Zukunft zu verändern!

Aus dem Inhalt: Der richtige Energieeinsatz — Auf die Einstellung kommt es an — Die Goldene Regel — Das Schlüsselwort für Erfolg heißt: Heute.

Alfred R. Stielau-Pallas
geboren 1947, lebt heute als Autor und Teacher for Success (Erfolgstrainer) im Berchtesgadener Land. Er ist Gründer und Leiter des Pallas Club für Erfolgreiche und Prominente. An seinen Vorträgen haben bis heute tausende Erfolgsuchende teilgenommen, und seine Seminare werden auch von Einkommensmillionären besucht.

3. Auflage, 272 Seiten, gebunden   48,— DM

Die Erfolgreichen

Deutschlands junge Unternehmer

**Wie sie den deutschen Weg zur Spitzenleistung gingen.
Welche Ansichten sie verbinden. Was Sie von ihnen lernen können.**

Auf den Seiten dieses Buches wird der Lebensweg von 20 Menschen nachgezeichnet, die es als Unternehmer geschafft haben, ,,nach oben'' zu kommen. Sie gehören heute zu den Spitzenverdienern in der Bundesrepublik Deutschland. In ausführlichen Interviews hat Autor Horst Mehler ihre Unternehmerlaufbahn nachgezeichnet, ihre Schwierigkeiten, ihre Anstrengungen, ihre Schritte zum Erfolg.

Unter den Erfolgreichen, die auch selbst ausführlich zu Worte kommen, sind so bekannte Persönlichkeiten wie

— Dr. Egon Müller, der als Bergbaulehrling anfing und heute einer der größten Versandbuchhändler Deutschlands ist,

— Volker Dolch, Erfinder, Wissenschaftler und Chef einer internationalen Elektronikfirma, der buchstäblich mit nichts anfing,

— Klaus Kempe, der nach einer harten Jugend und vielen Rückschlägen zu einem der größten Immobilienmakler in der Bundesrepublik aufgestiegen ist.

Die Erfolgreichen in diesem Buch gehören alle zur ,,jungen Generation'' unter Deutschlands Unternehmern. Bis auf wenige Ausnahmen sind sie nicht über 40 Jahre alt und haben ihren unternehmerischen Aufstieg in den siebziger Jahren begonnen. Aber nicht von ungefähr machten diese Menschen solch atemberaubende Karrieren. Es lohnt sich, ihre Ansichten, Meinungen, Prinzipien und Erfolgsgrundsätze kennenzulernen.

Trotz aller Unterschiedlichkeiten stellt man fest, daß bestimmte Eigenschaften allen Erfolgreichen gemeinsam sind. Es ist hochinteressant, zu erkennen, daß es keineswegs notwendig ist, von Haus aus reich mit materiellen Gütern gesegnet zu sein, um die Spitze zu erreichen. Alle vorgestellten Unternehmer hatten vielmehr zuerst und vor allem klare Vorstellungen davon, was sie erreichen wollten und wie. Klar war ihnen auch, daß der Weg nach oben nur durch unermüdliche Aktivität zu schaffen war. Der Weg zur Spitzenleistung führte über Arbeit, harte Arbeit und kostete oft Opfer. Doch was heute allein zählt: Die Unternehmer haben es geschafft. Sie stehen heute verdientermaßen an der Spitze. Und keiner denkt daran, es sich nun bequem zu machen — alle haben noch Pläne für neue, ehrgeizige Vorhaben!

Diese Gemeinsamkeiten der Erfolgreichen drücken sich in einer geistigen Einstellung und Motivation aus, von der jeder profitieren kann, gerade auch als Existenzgründer oder Jungunternehmer. Insofern ist dieses Buch, das oberflächlich gesehen bloß den geschäftlichen Erfolg nachzeichnet, mehr: Es ist ein Buch, aus dem jeder lernen kann, ein Buch, das unternehmerischen Mut macht.

Originalausgabe, 272 Seiten, gebunden   48,— DM

der erfolgsberater

Handbuch für den erfolgreichen Aufbau eines eigenen Unternehmens

Wo verraten erfolgreiche Experten ihre Erfolgsgeheimnisse?

Wie oft haben Sie sich schon gewünscht, daß Sie beim erfolgreichen Aufbau Ihres eigen Unternehmens Spezialisten zur Verfügung haben? Finanzplaner, Organisationsmanager, Unternehmensberater, Rechtsanwalt, Steuerexperte, Personalberater, Versicherungskaufmann, Werbeberater.

Jetzt ist endlich Schluß damit, daß sich das nur Großunternehmen leisten können: Wir haben die besten Erfolgsberater für Sie unter Vertrag genommen. Das Expertenwissen dieser Spezialisten ist nun kein Geheimnis mehr. Auch Sie können sich dieses Fachwissen leisten.

Es ist für Sie griffbereit im großen Loseblattwerk:

der erfolgsberater

Ihr ,,Erfolgsberater'' ist immer auf dem neuesten Stand

Das komplette Grundwerk mit vielen hundert Seiten Fachberatung, Tips und Tricks können Sie sofort abrufen. Der praktische Sammelordner ist, wenn Sie ihn bekommen, jeweils auf dem neuesten Stand.

Damit Sie aber auch nach Ankunft des Grundwerkes stets auf der Höhe der allerneuesten Entwicklungen bleiben, hält unser Expertenteam Ihren ,,Erfolgsberater'' immer aktuell.

Monatlich kommt eine Ergänzungslieferung von ca. 90 Seiten mit neuesten Problemlösungen und wertvollen Zusatzinformationen. Damit sind Sie auf dem laufenden. Und Ihr ,,Erfolgsberater''-Handbuch auch.

Im ,,Erfolgsberater'' alles mit einem Griff und alles auf den ersten Blick

Ein Loseblatt-Handbuch ist an sich die praktischste Sache der Welt. Wie beim ,,Erfolgsberater'' hat man mit Aktualisierungslieferungen neueste Entwicklungen stets im Griff. Die meisten Loseblattwerke machen jedoch mit dem lästigen Einsortieren der Ergänzungslieferungen viel Arbeit. Weil man immer viele Blätter mühsam in einzelne Rubriken einordnen muß.

Anders beim ,,Erfolgsberater''. Bei unserem idealen Ordungs-System heften Sie die Ergänzungslieferung, so wie sie mit der Post kommt, in einen 2. Ordner, der gleich mitgeliefert wird, **mit einem Griff** oben auf — fertig. Auf welche Frage Sie jetzt auch eine Antwort suchen, unser Stichwortregister läßt Sie nie im Stich! Sie finden jede Problemlösung **auf den ersten Blick.**

Das ,,Erfolgsberater''-Entscheidungssystem kann Gewohnheit werden

Jedes Beratungsthema ist einheitlich so aufgebaut, wie in der Praxis ein Entscheidungsprozeß abläuft. So wird die griffige Komplettberatung bei jedem Thema angeboten:

1 Problemfindung
Wie Sie echte Schwierigkeiten erkennen und in den Griff bekommen.

2. Rechtslage
Wie Sie juristischen Problemen aus dem Wege gehen.

3. Finanzen/Steuern
Wie Sie alle Steuertricks nutzen, wie Sie am günstigsten finanzieren.

4. Innenbetrieb
Wie Sie mit personellen und organisatorischen Auswirkungen fertig werden.

5. Beschaffung
Wer zuständig ist, und wo Sie was am günstigsten besorgen.

6. Werbung und Vertrieb
Die besten Werbetricks und die erfolgversprechendsten Vertriebswege.

7. Entscheidung
Checklisten, Prüflisten, Pläne, Vertragstexte und andere Entscheidungshilfen.

Das Loseblattwerk für den Praktiker

Der Verlag Norman Rentrop präsentiert das Expertenwissen für den erfolgreichen Aufbau Ihres eigenen Unternehmens. Hier veröffentlichen die erfahrensten und erfolgreichsten Spezialisten konkrete Problemlösungen, für die Großunternehmen teuer bezahlen.

Lassen Sie sich ohne Risiko überzeugen. Fordern Sie kostenlos und unverbindlich die Gratisinformation über den ,,Erfolgsberater'' an vom **Verlag Norman Rentrop, Th.-Heuss-Str. 4/EB, 5300 Bonn 2, Telefon 0228/364055.** Sie kommt sofort.

der
werbeberater

Ideenservice für erfolgreiche Werbung und Öffentlichkeitsarbeit

Haben Sie für Ihre Werbung eine Werbeagentur oder müssen Sie das auch noch selbst machen?

Bislang konnten sich nur große Unternehmen den Service teurer Werbeagenturen leisten. Das war schade. Denn geade in dynamischen kleineren Unternehmen kann die richtige Werbeidee sehr schnell mehr Umsatz und Gewinn bewirken. Deshalb gibt's jetzt den ,,Werbeberater''. Unser Expertenteam liefert Ihnen das gesamte Werbewissen und aktuelle Ideen. Sie brauchen nur noch zuzugreifen.

Mehr Umsatz, mehr Gewinn mit der richtigen Werbeidee

Auf 1.272 Seiten finden Sie alles, was Sie über Werbung und Öffentlichkeitsarbeit wissen müssen. Kein Fachchinesich. Keine trockene Theorie. Sondern anhand von Beispielen wird Schritt für Schritt erklärt, wie wirkungsvolle Werbung gemacht wird. Wie Händler ihren Umsatz steigerten. Wie Dienstleistungsbetriebe neue Kunden fanden. Wie Handwerker in die Zeitung kamen. Wie Existenzgründer aus Gelegenheitskäufern Stammkunden machten. Alle Beispiele mit genauer Anleitung, wie auch Sie die Werbeideen für sich nutzen können. Mit Adressen, Telefon- und Telexnummern (falls vorhanden) und exakten Preis- und Kostenangaben.

Nachschlagewerk und aktuelle Monatszeitschrift zugleich

,,Der Werbeberater'' bietet Ihnen doppelten Nutzen:
1. Wie in einem Lexikon können Sie zu jedem Thema nachschlagen: Anzeigenwerbung, Kinowerbung, Plakatwerbung, Bus- und Straßenbahnwerbung, Bildschirmtext, Sportwerbung, Werbebriefe, Telefonmarketing, Messen und Ausstellungen, Öffentlichkeitsarbeit, Mitarbeitermotivation, Rundfunkspots, Verpackungen, Gemeinschaftswerbung, und, und, und.
2. Jeden Monat erhalten Sie etwa 60 Seiten neue Ideen und Beratungsthemen, aus denen Sie sich die Anregungen, Hilfen und fix und fertigen Werbevorschläge nur noch herauszupicken brauchen.

,,Der Werbeberater'' macht sich schnell bezahlt

Selbst kleine Anzeigen kosten schnell ein paar Hundert DM. Wenn ,,Der Werbeberater'' Sie vor einem einzigen Flop bewahren kann, hat er sich bereits mehr als bezahlt gemacht.

So kommen Sie in die Zeitung

Öffentlichkeitsarbeit lohnt sich für jeden Betrieb. Deshalb finden Sie im ,,Werbeberater'' eine eigene Rubrik Aktionen/Veranstaltungen. Voll von Beispielen erfolgreicher Öffentlichkeitsarbeit.

Ihr ,,Werbeberater'' immer auf dem neuesten Stand und alles mit einem Griff

Unser Expertenteam hält den ,,Werbeberater'' immer aktuell. Jeden Monat kommt eine Ergänzungslieferung mit ca. 60 Seiten neuester Praxisbeispiele und wertvoller Zusatzinformationen. Während viele Loseblattwerke mit lästigem Einsortieren Arbeit bringen statt Entlastung, heften Sie Ihr neuestes Expertenwissen jeden Monat in Ihren Beratungsordner einfach oben auf — fertig. Auf welche Frage Sie jetzt auch eine Antwort suchen, Sie finden jede Problemlösung sofort mit dem aktuellen Suchwortregister.

So urteilt die Presse:

,,...eine Fundgrube für Geschäftsleute, die ihre Werbung selber machen wollen, ohne daß sie ,handgestrickt' wirkt; aber auch Profis werden das Werk wohl gern als Ideensammlung zur Hand haben wollen.'' *Baugewerbe*

,,Die Autoren sind erfahrene Praktiker. Namen wie Schönert, Kirchner, Dr. Bauer, Keuler, Wülfing bürgen für Qualität. Das herkömmliche Kommunikations-Chinesisch wird vermieden.'' *texten + schreiben*

Lassen Sie sich ohne Risiko überzeugen. Fordern Sie kostenlos und unverbindlich die Gratisinformation über den ,,Werbeberater'' an vom **Verlag Norman Rentrop, Theodor-Heuss-Str. 4/WB, 5300 Bonn 2, Telefon 0228/364055**. Sie kommt sofort.

die geschäftsidee

Ein Abonnement sichert Ihnen die jeweils neuesten Geschäftsideen und einen wichtigen Informationsvorsprung

Brandaktuell können Sie alle zwei Monate die neuesten Ergebnisse des Geschäftsidee-Redaktionsteams auf Ihren Tisch bekommen. Durch ein Abonnement. Fordern Sie kostenlos und unverbindlich die Gratisinformation „SR" vom Verlag Norman Rentrop, Theodor-Heuss-Str. 4/SR, 5300 Bonn 2, Tel. 0228/364055, an. Sie kommt sofort.

Kurzbeschreibung

Die Geschäftsidee erscheint sechsmal im Jahr. Jede Ausgabe umfaßt 96—104 DIN-A 4-Seiten und enthält **zwei** ausführliche Marktstudien, genannt „**Unternehmenskonzepte**", über lukrative Unternehmen, die mit geringem Startkapital (meist 500 DM bis 100.000 DM) zu gründen sind.
Darüber hinaus veröffentlichen wir:

1. Erfolgsberichte erfolgreicher Jungunternehmer

Da lesen Sie keine Reportagen, die ans Herz gehen, sondern knallhart ausrecherchierte Berichte über Leute, die in den letzten Jahren das große Geld gemacht haben.

2. Neue Produkte

Informationen über wirkliche Neuheiten, die es zum Teil in Deutschland noch gar nicht gibt. Womit können Sie Ihr Angebot erweitern und Zusatz-Umsatz reinholen? Alle Angaben immer mit Bezugsquellennachweis, mit vollständiger Adresse und Telefonnummer.

3. Aktuelle Warnungen vor betrügerischen Angeboten

Immer wieder versuchen Scharlatene, gutgläubigen Menschen mit phantastischen Versprechungen das Geld aus der Tasche zu locken. Wir beobachten neue Anbieter und sagen Ihnen, was Sie davon zu halten haben.

4. Kurzberichte über brandheiße, seriöse Geschäftsgelegenheiten

5. Werbetips

Hier erfahren Sie, wie clevere Geschäftsleute statt durch mehr Geld durch mehr Köpfchen bessere Werbewirkung erzielen.

6. Lizenz-Börse

Technologische Neuheiten und ihre Herstellungspreise. Und neue Produkte, für die Sie Lizenzen erwerben können.

7. Franchise-Portraits

Wie Sie sich mit Lizenzen großer Unternehmen selbständig machen können. Was kosten Lizenzen? Was sind sie wirklich wert? Worauf müssen Sie achten?

Die Geschäftsidee ist nur im Abonnement erhältlich.

Wer liest die Geschäftsidee?

Bezieher sind in erster Linie Personen, die sich mit einem lukrativen Kleinunternehmen eine eigene Existenz bzw. ein zweites Bein aufbauen wollen oder die nach einer Kapitalanlage suchen, bei der sie die volle Kontrolle behalten.
Darüber hinaus zählen aber auch folgende Fachleute zu unseren Abonnenten:

Rechtsanwälte

halten sich durch unseren Dienst auf dem laufenden, um ihre Mandanten besser über Geschäftsmöglichkeiten beraten zu können.

Steuerberater/Wirtschaftsprüfer

werden von ihren Klienten immer wieder nach günstigen Geschäftsgelegenheiten gefragt. Dafür abonnieren sie unsere unabhängig erstellten Berichte.

Bankkaufleute

verlangen nach objektiven Informationen über Kosten- und Ertragsfragen von Kleinunternehmen. Die „Geschäftsidee" liefert sie ihnen.

Unternehmensberater

benötigen unsere gründlich und umfassend ausgearbeiteten Berichte, um ihren Klienten, die oft mit wenig durchdachten Plänen zu ihnen kommen, in der Praxis erprobte, erfolgreiche Unternehmen empfehlen zu können.